경남 근현대사

사건—공간—운동

1862 2023

사건 — 공간 — 운동

경남 근현대사

김명희
이향아
김중섭
전갑생
장상환
박영주
김정호
이혜숙
고영남

경상국립대학교 사회과학연구원 기획

경상국립대학교출판부

지역에 기반한 근현대사 쓰기의 서장을 열며

이 책은 기존의 한국근현대사 관련한 역사 서술이 지역의 현대사를 충분히 담아내지 못하고 있다는 인식에서 출발했다. 지역 현대사에 대한 서술의 부재는 그 자체가 지역의 실정을 이해하고 미래를 기획하는 모든 작업에서 장애가 되지만, 이는 단지 인식론적 공백에 머물지 않고 지역에 기반한 연구와 교육적 실천을 도외시하는 크고 작은 관행들로 이어져 오늘날 지역 소멸의 위기에 일조하고 있다는 점에서 심각성을 더한다. 이러한 인식 아래 지역에 기반한 역사 쓰기와 근현대사 역사 교재의 필요성에 저자들은 뜻을 모았고, 이 책은 국립대육성사업의 지원을 받아 경상국립대학교 사회학과가 2022년 1학기 USG 공유대학 공동체혁신 전공에 팀티칭 수업으로 개설한 〈사건으로 보는 경남 지역 근현대사〉와 2022년 경상국립대학교 사회과학연구원이 2회에 걸쳐 개최한 학술행사를 통해 기획·집필된 원고들의 결실이다.

그간 일제강점기 부산, 울산, 경남 지역의 항쟁의 기억을 다룬 역사서나 경상남도 차원에서 편찬된 『경상남도사』가 있지만, 특정한 시공간에 제한된 서술은 경남 지역에서 전개된 근현대의 역사적 사건들을 폭넓게 아우르지 못하며, 지자체 차원에서 제출된 지방사는 국가사를 설명하는 보조적 맥락에서 쓰여 지역의 역사와 변동을 이끌어낸 행위주체와 사회구조에 대한 관심은 미미하다. 이러한 인식론적 공백은 자본과 국가 권력을 중심으로 전개된 한국 현대사에서 지역이 점하고 있는 주변부적 위치를 보여주는 지점이기도 하다.

그러나 국가사나 중앙권력 중심의 역사 기술에서 지역사가 공백으로 남겨져 있다고 해서 지역 자체가 빈 공간일 수는 없다. 지역에는 사람이 있고 사람들의 관계가 있으며, 그러한 한 생활세계로서의 지역은 연대성을 경험하는 모태이자 핵심 단위라고 할 수 있다. 또한 생활세계로서의 지역이든 주변부로서의 지역이든, 지역은 보통 사람들의 노동과 일상이 자리한 삶의 터전이자 존재 조건이라 할 수 있다. 이러한 맥락에서 '지역'은 행정 구역상의 지방이나 물리적인 공간에 머물지 않고 사회적이고 인식론적인 공간을 의미한다. 또한 지역에서 구조화되는 개인의 삶은 언제나 국가적·지구적 수준의 힘과 연결되어 있기에, 지역은 공동체·국가·세계가 교차하는 탄력적인 시공간이라고 할 수 있다.

특히 이 책의 주요 대상이 되는 경남 지역은 인권운동의 효시라 할 수 있는 형평운동의 발원지였고, 일본과 근접한 지리적 조건상 일제강점기 가장 많은 일본군'위안부' 피해자가 양산되었을 뿐 아니라 문제해결을 위한 연대 운동 또한 여느 지역보다 치열하게 전개되었던 곳이다. 전쟁과 폭력으로 점철된 한국현대사의 비극은 어느 지역이든 예외 없이 존재하지만, 한국전쟁 전후 민간인 학살 진상 규명 운동의 전형이 된 이른바 '거창학살' 유족들의 끈질긴 운동이 시작된 지역이 바로 경남이다. 4대 한국 민주화운동에서 두 축을 차지하는 3·15의거와 부마항쟁의 발원지인 동시에 국가산업단지 설립을 동반한 한국의 산업화와 1987년 민주화 이후 민주노조운동의 물꼬를 튼 마창노련의 역사가 쓰인 곳 또한 바로 경남이라는 사실은 역사적 사건을 둘러싼 피해의 역사성과 끈질기게 이어온 운동성이 경남이라는 시공간에 공존하고 있음을 일러준다.

이러한 맥락에서 이 책은 사건사적 분석과 운동사적 분석을 교차시킴으로써 중앙에 종속된 지방사나 국가사의 일부로서의 지역사가 아닌 '지역'이라는 시좌에서 경남 지역 근현대사 다시 쓰기를 시도한다. 경남 근현대사를 가로지르는 역사적 사건들은 일회적이고 우연적인 현상이 아니라 과정 속에 있는 구조의 발현이며, 거꾸로 구조를 이해하고 설명할 수 있는 계기이자 단서가 된다. 동시에 사건은 인간행위와 실천의 산물이며, 사건 자체에는 새로운 운동과 역사적 국면들을 열어내는 연쇄작용이 자리한다. 그리고 이러한 사건과 운동이 교차하는 구체적인 시공간에 지역 구성원들의 상호주관적인 경험 또한 자리한다. 이러한 관점에서 이 책은 경남 지역 근현대사를 관통하는 사건, 공간, 운동의 상호작용에 주목했다. 곧 이는 기존 역사 서술에서 배제되고 소외된 지역 주체들의 역사를 복원하여 한국 근현대사의 중심부에 기입하는 작업이라 할 수 있다.

이 책은 크게 2부로 구성되어 있고 모두 11편의 글을 수록하고 있다. 책의 전반부가 일제강점기와 한국전쟁, 산업화 시기를 관통하는 주요 사건을 통해 경남 지역 현대사와 시공간이 구조화되는 과정을 살핀다면, 후반부는 산업화와 민주화 이후 경남 지역에서 전개된 사회운동의 역사를 기록하고 있다. 먼저 1부는 '사건으로 보는 경남 근현대사'라는 주제로 6편의 글을 싣는다. 대표적인 전국사건이었던 3·1독립운동부터 경남 진주를 그 시발(始發)로 하는 형평운동, 일제 강점기 일본으로 이주한 합천 주민들의 원폭 피해와 경남에서 끌려간 일본군'위안부' 피해자들의 문제 해결 역사, 한국전쟁기 전개된 민간인 학살과 국가 주도 산업화의 역사가 그것이다.

1부의 첫 장을 여는 「근대 사회로 이끈 3·1운동과 형평운동: 진주 지역을 중심으로」(김중섭)에서는 3·1운동과 형평운동의 역사를 진주 지역을 중심으로 고찰한다. 이 두 사례의 역사는 전통사회에서 근대 사회로의 이행이 백성들의 적극적인 참여 속에서 이루어졌음을 드러내 보여준다. 특히, 일제의 강점 아래 독립을 주창하며 일어난 3·1운동은 전국적인 민중 운동으로서 다양한 사회운동의 확산으로 이어졌으며, 자유와 평등의 가치 확산에 이바지했다. 그리고 전통사회의 신분제 유습을 타파하고 평등사회를 지향하는 형평운동은 근대 사회로의 이행을 촉진하는 대표적인 사례였다. 이러한 구체적인 사례를 통한 역사 과정의 설명은 조선의 전통사회 유산을 극복하고 평등한 근대 사회로 나아가기 위한 지역 역사의 전개와 주체적 활동을 보여준다.

1부의 Ⅱ장과 Ⅲ장은 일제강점기 강제로 동원된 조선인들의 역사와 그 이후를 경남의 사례를 중심으로 살펴본다. 먼저 Ⅱ장 「강제 동원과 '합천의 히로시마'」(전갑생)에서는 강제 동원과 재난재해 등의 이유로 일본 히로시마와 나가사키로 떠났다가 히로시마와 나가사키 원폭 피해자가 되어 합천으로 다시 돌아온 조선인들의 육체적·정신적 고통과 트라우마, 대물림되는 소외와 가난을 이야기한다. 즉 피폭 1세대는 물론이고, 피폭 2·3세대들의 고통 속에서 원폭의 피해와 역사적 사건이 남긴 상흔은 현재에도 끝나지 않고 재생산되고 있는 것이다. 일부 정치권과 지역이 원폭 피해자 지원대책 마련을 위한 특별법 제정을 노력하고 있다지만, 원폭 피해 2·3세대들에게 궁극적으로 필요한 해결책인 '핵무기

금지조약'은 요원하다.

이어지는 Ⅲ장 「강제로 끌려간 경남의 일본군'위안부'들과 운동의 역사」(김명희)는 경남에서 끌려간 일본군'위안부' 피해자들의 피해 현황과 아울러 경남 지역사회 차원에서 전개된 문제 해결의 역사를 고찰한다. 특히 이 글은 문제 해결 운동을 이끈 연대의 동학과 교차성에 주목했다. 피해자-지원 활동가 사이의 연대가 전시 성범죄와 여성 인권 유린을 지역 공론장에 발화하는 구심점이 되었다면, 민간의 주도적 참여 속에 경남 지역에 건립된 13개의 평화비와 지자체 수준에 제·개정된 피해자 지원 및 기념 조례는 상징과 공간을 매개로 한 기억의 연대를 촉진함으로써 지역 내/지역 간 연대와 민-관 협력의 기틀을 마련했다. 이러한 고찰을 통해 김명희는 경남의 일본군'위안부' 운동이 지구수준, 국가수준, 지역수준의 다층적 공간에서 지역 현실에 기초한 여성 이슈가 어떻게 전개되는지를 보여주는 좋은 사례임을 밝히고 있다.

1부의 Ⅳ장과 Ⅴ장은 경남 지역사회가 경험한 한국전쟁 시기 민간인 학살 사건을 살펴본다. 먼저 「경남이 겪은 한국전쟁: 한국전쟁 전후 민간인 학살」(전갑생)에서는 1990년대 이후 시민사회 주도로 밝혀진 한국전쟁 전후 민간인 학살사건의 전모와 진상 규명 운동의 현주소를 소개하고, 경남 김해 지역 국민보도연맹원 학살 명부에 주목한다. 이를 통해 전갑생은 민간인 피해자의 성격과 조직적인 국가 집단 가해자에 대한 정의 및 범주를 구체화하고, 민간인학살 진상 규명의 남은 과제를 제시하고 있다.

이어지는 「산청·함양·거창 학살과 유족운동의 전개 과정」(김명희)은 이른바 '거창 사건'으로 알려진 거창 지역 민간인 학살과 산청·함양 지역의 학살이 1951년 2월 동일 시기, 동일 부대, 동일 작전명에 의해 자행된 하나의 사건임을 짚는 것으로 시작한다. 각각이 별개의 사건으로 알려진 역사 자체가 사건의 진실에 대한 조직적인 부인·은폐·축소에서 비롯된 국가범죄 부인(denial)의 한 양상이라는 것이다. 이러한 관점에서 이 글은 '산청·함양·거창 학살'이라는 새로운 명명 하에 거창 유족회와 산청·함양 유족회를 중심으로 두 유족회가 70년에 이르는 긴 세월 동안 어떤 전략으로 가족 상실의 아픔을 딛고 과거 청산 운동의 주체로 싸워 올 수 있었는지를 통합적 관점에서 살핀다. 요컨대 유가족은 한국전쟁기 국가범죄의 피해자인 동시에 사건에 대한 권리를 지닌 주체이자 과거 청산 운동을 이끈 핵심적 행위자라는 것이다.

일제강점기와 한국전쟁에 이어 1부의 마지막 글인 Ⅵ장에서는 해방 이후 한국의 산업화 문제를 다룬다. 「경남의 산업 경관과 국토 개발: 70년대 마산, 창원, 거제의 국가산업단지 형성 과정을 중심으로」(이향아)에서는 국가와 국토이용이라는 측면에서 경남의 산업 경관이 형성된 초기 과정을 분석한다. 이에 따르면 1960-70년대 산업단지의 설립을 주도한 개발국가(developmental state)의 경제개발정책은 국토개발정책에 다름 아니며, 경남지역은 한국 산업화의 기반을 구축한 핵심적인 '공간'이다. 이러한 관점에서 이 장은 경남의 대표적인 국가산업단지인 마산 수출자유지역, 창원 기계공업기지, 거제 조선공업단지 세 산업단지 형성 배경과 산업단지의 배후지인 모도시와의 관계적 측면을 살펴본다. 이는 탈산업시대 각 도시공동체가 당면한 문제의 근원을 파악하고, 세 산업단지와 모도시인 마산, 창원, 거제와의 초기경로의 관계적 측면을 밝힌다는 점에서 중요한 의미가 있다.

2부는 '경남의 사회운동과 지역 민주주의'라는 주제로 5편의 글을 싣는다. 농민운동, 민주화운동, 여성운동, 교육운동 등 한국사회 및 민주주의를 일구는 데 기여한 경남 사회운동의 역사를 여러 주체 및 부문 운동의 관점에서 조명하고자 하는 것이다.

2부의 첫 장을 여는 Ⅶ장 「경남의 농민운동: 진주농민항쟁에서 우리영농조합법인까지」(장상환)는 봉건사회의 폐습에 항거하고 향후 동학농민운동에 큰 영향을 끼쳤던 1862년 진주농민항쟁을 농민운동의 시작 지점으로 본다. 일제강점기 서부 경남 지역 지주들의 진주시 거주, 지식인의 성장 등을 배경으로 소작인 운동 조직이 진주에서 처음 탄생한 것이다. 나아가 산업화와 민주화를 거치면서 발전한 150여 년간 경남 농민운동의 역사를 시기별로 나누어 살펴봄으로써 농민운동의 정치세력화와 우리영농조합운동 등의 성과를 평가하고 남은 과제를 전망하고 있다.

Ⅷ장인 「경남의 민주화운동: 3·15의거와 부마항쟁」(박영주)은 한국 사회 4대 민주화운동 중 중요한 두 축인 1960년 3·15의거와 1979년 부마항쟁의 시대적 배경과 전개 과정을 살핀다. 특히 이 글은 두 항쟁이 마산이라는 도시를 거점으로 발생했다는 점에 주목하고, 경남 지역에서 촉발된 사회운동이 한국사회 민주화의 중요한 국면을 열어낸 계기가 되었다는 점을 환기시킨다. 이를 통해 이 글은 지역사와 국가사의 접촉면이 역사적 위상의 문제와 관계하는 지점들을 보여주고, 지역사와 국가사의 관계 설정에 대한 새로운 고민을 열어주고 있다.

Ⅸ장 「경남의 노동운동: 1987년 이후 마창지역 민주노조운동을 중심으로」(김정호)은 1987년을 전후로 시작된 경남의 노동운동의 역사를 고찰한다. 이를 통해 1987년 노동자대투쟁이후 전국 최초로 결성된 지역노조인 마산창원노동조합총연합(마창노련)의 설립을 중심으로 한 민주노조운동의 성격과 의의를 설명한다. 나아가 마창노련의 해체와 함께 설립

된 전국민주노동조합총연맹(민주노총)의 역사적 의미를 돌아보고 경남 지역 민주노조 운동이 전국 노동운동의 발전에 기여한 지점을 지역 연대의 맥락에서 논한다. 그 역사적 과정을 돌아볼 때 '지역'은 노동자들이 기업별 노조의 벽을 넘어 계급적 연대를 실현하는 일차적 단위였고, 국가 권력과 직접적으로 충돌하는 계급 정치의 공간이었다는 것이다.

X장 「경남의 여성운동: 6월항쟁 이후 경남 여성운동의 흐름」(이혜숙)은 1987년 6월항쟁 이후 경남지역에서 전개된 여성운동의 흐름을 시기별로 나누어 살펴본다. 1980년대 후반부터 민주화 과정과 지역 시민사회의 발전, 여성주의의 인식 확산과 맞물린 경남지역 여성운동의 발전 과정을 여성운동 단체 활동을 중심으로 개괄하고, 2015년 이후 여성운동의 제도화와 페미니즘에 대한 반격이 부상한 맥락에서 새롭게 제기되는 경남 여성운동의 과제를 도출한다. 이를 통해 이 글은 여성운동의 대중화와 저변확대, 그리고 구체화 과정이 삶의 현장인 지역사회에서의 구체적 변화와 어떻게 맞물려 있는지를 조명하고 있다.

2부는 XI장인 「경남의 교육운동: 민주주의와 인권의 길」(고영남)로 마무리된다. 경남 지역 근현대사를 구성하는 많은 현안에도 불구하고 교육과 그 운동의 역사는 지역 사회의 근대성을 압축적으로 드러내는 정치의 공간이다. 이 글은 교육을 통해 획득하는 지위 권력의 양과 질에 따라 그 특정 세대의 노동권이 달라지며, 사회·경제적 지위에 영향을 크게 준다는 관점에서 교육이 지역에서 어떤 '정치적 공간'의 성격을 지니는지를 살펴본다. 특히 학교민주주의와 관련해서는 공공성을 가진 초중등교육을 중심으로 전개된 전교조 교사들의 참교육 실천운동을, 인권과 관련해서는 경남학생인권조례제정운동을 다루면서 민주주의와 인권의 길을 모색하고 있다.

이 책에 수록된 글들이 경남지역 근현대사에서 전개된 사건과 운동을 모두 아우르거나 온전히 대표한다고 말할 수는 없을 것이다. 하지만 오랜 시간 지역의 각 영역에서 목소리를 내온 저자들이 머리를 맞대고 토론하고 고민한 결과물인 『경남 근현대사: 사건, 공간, 운동』이 기존 지역사 연구의 공백을 메우면서 경남을 비롯한 다양한 지역사 연구의 물꼬를 트는 마중물이 되고, 지역에 기반한 역사 쓰기와 교육적 실천을 촉진하는 작은 밑거름이 되길 희망한다.

무엇보다 이 책에 참여한 집필진의 연구사와 생애사 자체가 이미 경남 지역사 및 운동사의 일부라고 해도 과언이 아닐 정도로, 지역적 삶과 연구에 누구보다 충실했던 공저자 선생님들의 헌신과 노고가 없었다면 이 책의 기획은 애초에 가능하지 않았을 것이다. 2022년 〈사건으로 보는 경남 지역 근현대사〉 강의에서 원고 집필에 이르기까지 책의 기획에 뜻을 같이하고 고된 여정을 함께 해준 공저자 선생님들께 깊은 존경과 감사의 인사를 드린다. 아울러 수업과 학술행사, 책 편집의 모든 공정에서 눈에 보이지 않는 궂은일을 도맡아 준 경상국립대학교 대학원 사회학과 김민재, 김치홍, 서은수, 송해리, 임징빈 조교의 노고에 고마움을 전한다. 마지막으로 시장성 없는 책의 취지와 의미를 깊이 이해하고 출판 작업을 전격 지원해준 경상국립대학교 출판부 관계자분들께 감사드린다.

2023년 2월 5일 집필진을 대표하여

김명희·이향아 씀

차례

IV. 경남이 겪은 한국전쟁: 한국전쟁 전후 민간인 학살 사건

전갑생

V. 산청·함양·거창 학살과 유족운동의 전개 과정

김명희

VI. 경남의 산업 경관과 국토 개발: 70년대 마산, 창원, 거제의 국가산업단지 형성 과정을 중심으로

이향아

第2部 경남의 사회운동과 로컬 민주주의

X. 경남의 여성운동: 6월항쟁 이후 경남 여성운동의 흐름

이혜숙

XI. 경남의 교육운동: 민주주의와 인권의 길

고영남

일러두기

단행본과 정기간행물, 잡지는『 』, 논문과 기사, 기고문, 법률은「 」, 노래와 영화, 연극, 작품명은 < >로 표시했다.

제1부

사건으로 보는 경남 근현대사

I. 근대 사회로 이끈 3·1운동과 형평운동

진주 지역을 중심으로

김중섭(경상국립대학교 사회학과 명예교수)

1. 머리글

19세기 말 20세기 초에 조선 사회는 나라 안팎으로 커다란 변화를 겪었다. 나라 문을 걸어 잠그고 서양 문물의 유입을 막으려고 했지만 국제 정세를 거스를 수 없었다. 외세 문물이 조선 사회로 들어오면서 사회 전반의 변화가 빨라졌다. 이러한 변화 과정에서 서양 종교가 들어오고, 농민항쟁(1862), 갑신정변(1884), 1894년의 갑오농민전쟁, 갑오개혁 등으로 이어지는 일련의 사건들이 줄지어 일어났다. 그리고 청일전쟁(1894~1895), 노일전쟁(1904)과 같은 외국의 세력 다툼 현장이 되었다. 결국, 조선은 서구 열강의 세력 다툼에서 나라의 존립 위기를 겪었고, 급기야는 일제의 식민지로 전락하고 말았다.

일제 식민지로 전락한 한국의 20세기 전반기는 말 그대로 격동의 시기였다. 일제는 다양한 방법으로 식민지 조선을 통치했고, 사회 구성원들은 그에 저항하며 전통 사회에서 탈피하여 근대 사회로 나아가고자 활동했다.

특히, 1919년 3월 1일에 시작되어 전국을 휩쓴 만세 시위와 그 영향 아래 전개된 사회 변화를 일컫는 3·1운동은 근대 역사의 분수령으로 평가된다. 대한민국 헌법 전문에 "유구한 역사와 전통에 빛나는 우리 대한민국은 3·1운동으로 건립된 대한민국임시정부의 법통"을 잇고 있음을 밝히고 있다. 이렇게 우리는 법치 국가 대한민국의 토대인 헌법을 통해 3·1운동의 영향으로 임시정부가 수립되어 지금의 대한민국에 이르렀음을 명시하며 임시정부의 국가 형식과 비전을 귀중하게 간직하고 있다.

3·1운동은 단순한 만세 시위가 아니라 근대 사회로 나아가는 한국 역사의 흐름을 바꾸어 놓는 '혁명'으로 평가된다(이준식, 2020: 32-36). 이 글은 3·1운동의 배경, 전개 과정, 그 이후의 사회 변화를 파악하여 의미를 새기고, 그 역사를 올바로 이해하기 위하여 구체적 사례로서 경남 진주 지역 3·1운동의 과정과 성격을 살펴보고자 한다. 아울러 3·1운동의 영향 아래 일어난 백정 신분 차별 철폐 운동인 형평운동은 전통 사회에서 근대 사회로 나아가는 역사적 과정이라는 점에 주목하여 진주 지역 중심으로 논의하고자 한다.

2. 3·1운동과 진주

3·1운동의 배경

3·1운동 배경에는 일제의 식민 지배라는 시대 상황이 있다. 일제는 1905년(을사년)에 조약(을사늑약)을 맺어 대한제국의 외교권을 박탈했다. 대한제국은 더 이상 국제 사회에서 독립 국가 지위를 행사하지 못하고 일본에 의탁하는 존재가 되었다. 그 뒤 1910년(경술년)에 일제는 '한일합방 조약'을 강요하여 대한제국의 국권을 빼앗았다. 이것을 일제는 '한일합방'이라고 선전했지만, 대한제국에는 통치권을 빼앗기며 존재 자체를 잃어버린 치욕스러운 사건이었다. 곧, '경술국치'였다. 이렇게 보는 관점

에 따라 '경술국치'나 '한일합방'이라고 달리 부르는 사건을 통해 조선은 일본의 식민지로 전락했다.

조선의 국권을 빼앗은 일제는 식민 통치를 위해 갖가지 방법으로 기존의 사회 질서를 송두리째 뒤흔들었다. 우선, '헌병경찰제'를 도입하여 사회 전반을 강압적으로 통제했다. 군인과 경찰 임무를 혼용한 변형적인 이 제도는 전시도 아닌데 군인처럼 무장한 경찰(헌병)이 일상생활을 감시하고 통제하게 했다. 헌병 경찰은 집회나 단체 결성을 철저하게 통제했다. 심지어 학교 교육 현장이나 관공서 행정에도 개입했다. 집회 및 결사의 자유 같은 기본적 권리뿐만 아니라 언론 출판도 철저하게 통제했다. 한국어 신문은 조선총독부 기관지 『매일신보』만 발간되었고, 소수의 종교잡지만 한국어로 발간되었다.

또 일제는 법 개정을 통해 사회 활동 전반을 탄압했다. 1910년 12월에 제정하여 1911년부터 시행한 '회사령'은 회사 설립 통제가 목적이었다. 이 법은 한국인의 상공업 활동을 간섭하고 통제하며 경제 활동을 위축시켰고, 궁극적으로 일본 자본의 한국 진출을 용이하게 하여 한국 경제를 빠르게 일본의 영향권으로 편입시켰다.

1911년에 공포된 '조선교육령'은 교육 활동 통제가 목적이었다. "충량한 국민 육성"을 위하여 한국어(조선어) 관련 과목을 줄이고 일어('국어'로 지칭) 과목을 강화했다. 또 학교 설립 기준을 강화하여 한말에 폭발적으로 일어난 사립학교 설치 운동을 탄압했다. 그 결과, 1911년 2,085개였던 사립 각종학교 가운데 1,400여 개가 폐쇄되어 1920년에는 661개만 남았다. 그만큼 한국인의 교육 기회가 크게 줄어들었다. 그러면서 일제는 관리하기 쉬운 공립보통학교(초등학교)를 세웠는데, 1911년 152개에서 1920년 641개로, 고작 380여 개 더 세웠을 뿐이었다. 반면에, 한국으로 이주한 일본인 학교는 대거 세웠다.

1919년 한국인 보통학교는 517개, 사립 각종학교는 670개로, 취학 연령 어린이의 1할 정도가 학교에 다녔다. 반면에, 일본인 소학교는 380개로 대상자가 거의 모두 취학했다. 한국인과 일본인 교육 투자도 엄청나게 차이가 났다. 1919년 일본인 학교의 학생 1인당 평균 교육비는 98.3엔이었는데, 한국인 학교는 학생 1인당 33.6엔으로 3분의 1 수준이었다.

또 일제는 토지 소유권 등기 같은 새로운 제도를 도입하여 토지 통제권을 강화했다. 그리고 1911년부터 1918년까지 토지조사사업을 시행하여 왕실 소유의 공공 재산인 역둔토를 국유화하는 등 농업 사회의 경제적 기반을 뒤흔들어 놓았다(신용하, 1982). 그 결과, 일제 관리의 동양척식주식회사와 일본인 개인 지주가 대규모 토지를 소유하는 데 반해, 많은 한국인은 소작 빈농으로 전락했다.

요컨대, 나라를 빼앗긴 한국인은 '합방'된 나라에서 동등하게 대우받는 국민이 아니라 지배와 억압 아래 차별받는 2등 국민이 되었다. 경술국치로 나라를 잃은 한국인들은 10년 동안 일제의 강압적인 식민 통치를 겪으면서 독립 열의를 더욱 강하게 갖게 되었다. 자연스럽게 일제에 항거하는 활동이 국내외에서 활발하게 일어났다. 의병 활동을 계승한 항일 무장 투쟁이 중국 동북 지역 중심으로 전개되었고, 독립을 주장하는 국외 인사들의 선언과 단체 활동이 잇달아 일어났다. 또 1918년에 끝난 제1차 세계대전의 뒤치다꺼리를 위해 파리강화회의가 열리면서 조성된 국제 사회 분위기나 미국 윌슨 대통령의 민족자결주의 주창과 국제기구 창설 제안 등은 한민족의 독립 열의를 높이는 데 자극제가 되었다. 이런 가운데 1919년 2월 8일 도쿄 유학생들이 독립선언을 선포했다.

이러한 국내외 분위기에서 1919년 3월 1일 서울을 비롯한 평양, 의주, 선천군, 안주, 진남포, 원산 등 7곳에서 민족 해방과 독립을 요구하는 만세 시위가 일어났다. 종교 지도자 33인이 독립선언문을 발표하고 경찰에 잡혀갔다. 여러 곳에서 한꺼번에 일어난 만세 시위의 파급 효과는 엄청나게 컸다. 대한제국 황제였던 고종의 인산(장례)에 맞추어 전국 곳곳에서 서울로 모여들었던 사람들은 독립 만세 시위를 목도한 뒤, 각 지역으로 돌아가 만세 시위를 주도했다. 독립 만세 시위는 지역마다 다른 양상이었지만, 꾸준히 전국으로 퍼져 갔다.

진주 3·1운동의 전개

경남의 만세 시위는 다른 지역보다 비교적 늦게 시작되었다. 3·1운동을 준비하는 기독교 인사가 2월 말에 부산과 마산을 방문하여 기독교 관계자에게 동참을 권유한 적이 있어 일찍 시작할 기회는 있었지만, 아직 준비가 되지 않았다는 이유로 동참을 거절하여 시위가 늦어진 것이다.

만세 시위는 3월 9일 함안에서 처음 일어났다. 이어서 11일 부산에서, 13일 동래, 창령(영산), 밀양에서, 14일 창녕, 의령, 통영에서, 17일 함안에서 일어났다. 그리고 18일에 진주를 비롯하여 합천, 통영, 하동에서 일어났다.

진주의 만세 시위 준비나 전개 과정, 확산 양상은 전형적인 3·1운동 모습을 보여 준다(김중섭, 2012: 49-61; 조헌국, 2020: 133-170). 1월 21일 고종의 별세(승하) 소식에 3월 3일로 예정된 장례(인산)에 참여하기 위하여 서울에

갔던 진주 사람들이 만세 시위를 처음 경험했다. 그들은 3월 1일 민족 지도자 33인의 독립선언문 낭독과 시위, 2일의 파고다공원의 학생 독립 선언문 낭독과 시위 등을 목격하고 독립선언문을 챙겨서 3월 11일 진주로 돌아왔다. 진주 거리에는 이미 3월 10일에 '조선 독립' 격문이 나붙어서 경찰이 삼엄한 경계를 펴고 있었다.

진주 시위는 20대, 30대 젊은이들이 준비했다. 강달영, 박진환, 김재화, 김재홍, 강상호 등 지역 활동가, 한규상을 비롯한 광림학교 교사와 여러 학교 졸업생과 재학생, 심두섭 등 기독교인들이었다. 직업은 교사, 대서인, 미곡상, 잡화상, 광산업, 농업, 순사 등 다양했다. 그 가운데에는 한말의 국채보상운동, 애국계몽운동, 청년 활동에 참여했던 경험자들도 있었다. 호주 선교사가 세운 광림학교, 사립 봉양학교, 타지의 상급 학교에서 근대 교육을 받은 사람들이 대거 동참했다. 지역 유력자나 그 자제들의 대거 참여도 하나의 특징이었다. 관제 언론조차 "진주 소요 범인에 재산가가 다수"라고 보도할 정도였다(『매일신보』, 1919. 4. 26.).

첫 시위는 사람들이 많이 모이는 장날을 이용하기로 계획했다. 독립선언문은 등사하여 미리 준비해 놓았다. 3월 18일 장날에 계획대로 만세 시위를 시작했다.[1] 법원 앞, 매립지, 공원(촉석광장), 시장(남문 안) 등지에서 동시에 시위를 벌였다. 광림학교 학생들의 악대가 시위대를 이끌었다. 많은 주민들이 적극적으로 호응하면서 시위는 시가지 전체로 확산되었다. 일제 경찰은 대규모 시위대에 대응하여 소방차까지 동원하며 시위대를 해산시키려고 했다. 첫날 시위는 시내 곳곳에서 저녁 늦게까

1 진주 지역의 만세 시위는 기록 자료에 따라 다소 내용이 달랐다. 처음 일어난 곳이 다섯 곳이라고도 하고, 여섯 곳이라고도 했다. 만세 시위가 시작되자 많은 주민들이 적극적으로 참여하면서, 계획과 달리 더 많은 곳에서 일어났을 가능성이 있다. 또 주동자에 대하여도 여러 설이 있다. 한꺼번에 여러 곳에서 많은 사람이 참여하면서 여러 해석이 나왔을 것으로 짐작된다. 이러한 쟁점에 대하여 조현국(2020) 볼 것.

지 계속되었다.

시위는 이튿날에 다시 일어났다. 이렇게 진주 시내는 연나흘 동안 만세 시위 분위기에 휩싸였다. 상인들은 가게 문을 닫고 학생들은 등교를 거부하며 시위에 참가했다. 거리의 걸인(거지)들도 시위에 참가했고, 기생들도 집단으로 경찰서 앞으로 몰려가 시위했다. 시위대 일부는 진주와 삼천포(사천)를 잇는 도로를 점거하여 통행을 막기도 했다.

진주 시위는 말 그대로 범시민이 참여한 가운데 폭발적으로 전개되었다. 『매일신보』는 첫날 3,000명, 그 다음 날 8,000명이라고 보도했다. 참가자가 만 명에 이르렀다는 추정도 있다.[2] 당시 12,000명 정도의 진주 주민이 거의 모두 참가한 셈이다. 이렇게 진주 읍내에서 시작된 시위는 수곡면 창촌리, 문산면 소문리, 일반성면 창촌리 등 인근 농촌 지역으로 확산되었다.

처음 일어난 지 한 달이 지난 4월 18일, 진주 시내 재판소에서 만세 시위 주모자에 대한 재판이 열렸다. 이에 맞추어 대규모 시위가 다시 일어났다. 3,000명의 시위대가 재판소로 몰려가 독립 만세를 외쳤다. 예전처럼, 시장 상인들은 가게 문을 닫고 학생들은 동맹 휴교를 하고 시위에 참여했다. 이에 경찰이 시위대를 향하여 발포하여 적어도 1명이 사망하고, 여러 명이 부상을 입었다.

이날 이후 진주 지역 시위는 간헐적으로 소규모로 일어났지만, 점차 소강 상태로 접어들었다. 그러나 반일 분위기는 지역 전역에 퍼져 쉽게 사그라들지 않았다.

---

2 추정 근거는 불분명하다. 언론 보도로 짐작할 뿐이다. 단지, 경남 도청 소재지이자 서부 경남 중심지인 진주의 만세 시위에 인근 주민들이 참여했을 가능성으로 볼 때 시위 참가 규모가 크게 과장된 것은 아니라고 짐작된다.

진주의 만세 시위 양상은 3·1운동의 특징을 잘 보여 준다. 우선, 지역 주민들이 자발적으로 나서서 치밀하게 준비했다. 특히, 젊은이들이 앞장섰다. 서울을 비롯한 전국의 만세 시위 소식에 영향을 받은 듯하지만, 다른 지역과 연계하지 않고 독자적으로 시위를 준비했다. 요컨대, 진주 지역의 3·1운동은 우발적이거나 충동적으로 일어난 것이 아니었다. 또한 전국적인 조직이나 지휘 아래 일어난 것이 아니라 지역 주민들의 독자적이며 자발적인 행동의 결과였다.

또 하나의 특징은 각계각층 주민들의 적극적인 참여였다. 농민, 상인, 학생, 기독교인, 지역 유지, 기생, 걸인 등 다양한 배경의 주민들이 시위에 참여했다. 말 그대로 범민족적인, 범시민적인 만세 시위였다. 단지, 일제 부역 집단만이 3·1운동을 폄훼하며 시위를 진정시키려고 했다.

일제는 다른 지역과 마찬가지로, 진주 3·1운동도 강압적인 수단으로 대응했다. 헌병 경찰이 시위를 막을 수 없자 군대와 소방대를 동원하여 무력으로 시위를 진압했다. 무력 진압으로 발생한 사상자는 호주선교회가 운영하는 배돈병원으로 옮겨져 치료를 받았다.

그리고 일제는 많은 만세 시위자를 체포·구금했다. 대부분은 일제의 반인권적인 태형 처분을 받고 풀려났지만, 일부는 재판에 회부되었다(김중섭, 2012: 56-58). 적어도 주동자 24명이 징역 6개월에서 3년까지 선고받아 복역했다. 그 가운데 권채근은 복역 중에 장독으로 옥사했고, 3년 징역형을 언도받은 김재화는 출옥 후 17일 만에 매 맞은 후유증으로 사망했다.

3·1운동의 유산

전국 곳곳에서 일어난 거센 3·1 만세 시위를 겪은 일제는 식민 정책을 바꾸었다. 이른바 무단통치에서 문화통치로 바꾸었다고 선전하면서 헌병경찰 제도를 폐지하는 등 강압적인 통제 정책을 다소 완화했다. 한글 신문과 잡지 발간이 허용되어『조선일보』,『동아일보』가 창간되었고, 한국인의 단체 결성이나 집회가 다소 쉬워졌다.

3·1운동 영향으로 나타난 가장 두드러진 것은 근대 사회로의 변화 양상이었다. 그 가운데 하나가 임시정부 수립이었다(이준식, 2020: 34-55). 3·1운동 전부터 준비하던 연해주 대한국민의회, 3·1운동 직후 서울(한성)에서 결성된 한성정부, 천도교 중심의 조선민국임시정부 등이 생겨났고, 그 뒤 여러 갈래의 임시정부 운동을 통합한 대한민국임시정부가 상하이에서 결성되었다. 임시정부의 목적은 대한민국 독립을 쟁취하기 위한 해외 활동 기반 조성이었지만, 형태와 정치적 지향은 독립을 쟁취한 미래의 대한민국 모습을 보여 주었다.

우선, 1919년 4월에 제정된 대한민국임시헌장은 조선 시대로의 왕정 복귀가 아니라, 인민이 주인인 민주공화국임을 천명했다. 헌법 성격의 이 문건은 "대한민국은 민주공화제로 함"(제1조)이라고 규정하며, 자유, 평등, 평화의 나라를 지향한다고 명시했다. 대한민국 인민은 "남녀 귀천 및 빈부의 계급 없이 일체 평등"(제3조)하고, "신교(종교) 언론 저작 출판 결사 집회 신서(통신) 주소 이전 신체 및 소유의 자유를 향유"(제4조)한다고 규정했다. 그리고 "대한민국은 인류의 문화 및 평화에 공헌하기 위하여 국제 연맹에 가입함"(제7조)을 밝혔다.

<표 1-1> 대한민국 임시헌장

제1조 대한민국은 민주공화제로 함.
제2조 대한민국은 임시정부가 임시의정원의 결의에 의하야 차를 통치함.
제3조 대한민국의 인민은 남녀 귀천 급 빈부의 계급이 무하고 일체 평등임.
제4조 대한민국의 인민은 신교 언론 저작 출판 결사 집회 신서 주소 이전 신체 급 소유의 자유를 향유함.
제5조 대한민국의 인민으로 공민 자격이 유한 자는 선거권 급 피선거권이 유함.
제6조 대한민국의 인민은 교육 납세 급 병역의 의무가 유함.
제7조 대한민국은 신의 의사에 의하여 건국한 정신을 세계에 발휘하며 진하야 인류의 문화 급 평화에 공헌하기 위하야 국제연맹에 가입함.
제8조 대한민국은 구 황실을 우대함.
제9조 생명형 신체형 급 공창제를 전폐함.
제10조 임시정부는 국토회복 후 만 일 개년 내에 국회를 소집함.

[자료] 법제처 국가법령정보센터(1919. 4. 11.)

3·1운동 이전에는 왕조로 돌아가자는 복벽운동이 있었지만, 3·1운동을 경험하면서 민주공화국이 대한민국의 미래상으로 굳어졌다. 자유와 평등에 기초하고, 국제 사회의 문화와 평화에 공헌하겠다고 밝힌 대한민국임시정부의 정신과 비전은 오늘날 대한민국을 이끌어가는 좌표가 되었다. 요컨대, 3·1운동은 민주공화정, 자유, 평등, 평화의 근대 사회로 나아가는 역사의 분수령이었다.

3·1운동의 또 하나의 큰 성과는 지역 주민들의 개혁운동 태동이었다. 비록 독립을 되찾는 것은 실패했지만, 사회 변혁을 위한 집합행동이 사회 전반에 확산되기 시작했다. 사회가 바뀌는 것을 꿈꾸고, 또 목격한 경험은 사회 개혁 활동의 자양분이 되었다.

각 지역의 3·1운동 참여자들은 한국 사회를 바꾸려는 다양한 사회운동을 추진했다. 지역의 청년, 여성, 농민, 노동자, 지식인 등은 스스로 사회 개혁 활동의 주체 세력으로 발전해 갔다. 그들은 조선 시대의 전통 사회에 퍼져 있는 폐습을 타파하고 낙후된 유산을 극복하여 자유, 평등을 누리는 사회를 만들고자 했다. 각 지역의 다양한 활동은 근대 사회로 나아가고자 하는 사회 개혁의 원동력이 되었다. 그러한 활동은 대한민국임시정부가 제정한 임시헌장의 정신과 맞닿아 있었다.

요컨대, 3·1운동은 전통 사회에서 근대 사회로 나아가는 역사의 분수령이었다. 민주주의 사회의 토대인 민주공화정을 지향하는 임시정부가 수립되었고, 다양한 형태의 사회 개혁을 추진하는 지역사회 활동이 태동되었다. 1920년대 초 그러한 변화의 흐름을 잘 보여 주는 곳이 진주 지역이었다(김중섭, 2020).

진주 지역의 사회단체 활동 확산

애국 계몽과 실력 양성 활동

3·1운동을 경험한 진주 사람들은 일제에 대항하여 독립을 쟁취하기 위해서 민족 실력 양성이 필요하다고 생각했다. 선진 사회로 나아가기 위해서 주민 의식을 일깨워야 한다고 인식하며 선택한 방안이 교육과 계몽 활동이었다(김중섭, 2012: 85-140). 이것은 한말에 활발했던 사립학교 설립 운동의 전통을 잇는 것이었다.

1920년대 초 한국인의 90퍼센트 이상이 문맹 수준이라고 추산되었다. 조선의 유교 문화에서 여성 문맹률은 더 높았다(노영택, 1994: 123-129). 이를 타개하기 위하여 비인가 학교가 전국 곳곳에 세워졌다. 낮에는 강습소, 밤에는 야학이란 이름으로 운영되었다. 진주에서도 이러한 활동이 활발했다. 언론 보도 사례만 보더라도 1920년대 전반기에 18개 이상의 강습소나 야학이 활동했다(김중섭, 2012: 118-127). 진주군 19개 면 가운데 적어도 9개 면에 분포되었다. 지수, 대곡, 대평, 금산, 문산, 일반성, 이반성, 명석 등 인구가 많은 지역에는 거의 모두 개설되었다. 이와 별도로 여성, 노동, 형평 같은 특정 집단을 위한 야학도 개설되었다.

수업료 없는 강습소나 야학은 정규 학교에 갈 수 없는 어린이들이 한글, 셈본 등을 배울 수 있는 곳이었다. 교사는 중등 교육을 받은 지역 청장년들이었다. 그들은 보수 없이 실용 지식을 가르쳤다. 건물 유지비, 운영비 등은 지역 유지들이 찬조금으로 부담했다.

진주에는 비인가 학교뿐만 아니라 정규 학교 교육도 활발했다. 1895년 경남에서 가장 먼저 진주에 소학교가 설립되었다. 이 학교는 1906년 '보통학교령'에 따라 공립보통학교로 바뀌는 등 변화를 겪으면서 지금까지 초등 교육을 맡고 있다. 진주는 도청 소재지로서 교육 선진 지역의 혜택을 누린 셈이다. 또 1910년대에 사립학교가 몇 군데 설립되어 교육 기회를 제공했다. 그러나 수용 학생 수가 절대적으로 적어 학교 설립이 시급했다. 이런 상황을 타개하기 위하여 일어난 것이 3·1운동 이후의 초등학교(보통학교) 설립 운동이었다. 각 지역의 강습소나 야학은 정규 학교 설립 운동의 디딤돌이 되었다. 그 결과 진주는 다른 지역보다 빨리 초등학교가 많이 설립되었다. 일제는 1928년에 2개 면마다 1개 학교를 세웠다고 선전했는데, 진주에는 이미 19개 면 가운데 15개 면에 설립되어 있었다.

한편, 진주에는 1910년에 중등 교육기관으로 공립실업학교(훗날 농림학교로 바뀜)가 처음 설립되었지만, 인문계 중등학교는 없었다. 상급 학교 진학을 위해서는 다른 지역으로 유학을 가야 하는 형편이어서 중등학교 설립은 지역의 현안 과제였다. 중등학교 설립 운동도 3·1운동이 계기가 되었다. 그 결과 1920년 3월에 일신고등보통학교(앞으로 일신고보로 줄임) 기성회가 결성되었다.

일신고보 설립 운동은 진주군 지수면의 대농 지주 허만정이 주도했다. 많은 지역 유지들이 적극적으로 참여하여 1922년 10월에 학교 설립에 필요한 자본금이 모였다. 그 뒤 와세다대학 졸업생 백남훈을 교장으로 초빙했다. 그는 황해도 은율 출신으로 진주와 지역적 연고가 없었지만, 도쿄 2.8독립선언을 주도한 도쿄기독청년회(YMCA) 총무를 지낸 이력이 있어 민족 교육의 적임자로 인식되었다. 진주 인근 마을 사람들은 1922년 겨울과 1923년 봄 농한기를 이용하여 자발적으로 학교 부지 조성 작업에 참여했고, 마을 유지들은 부역하는 그들에게 점심을 제공했다. 이와 같이 지역 주민들은 일신고보 설립을 기대하며 한마음으로 협력했다.

1923년 3월 조선총독부로부터 재단법인 일신고보 설립 인가를 받았다. 자본금이 모이고, 학교 부지가 조성되고, 학교 재단이 인가받으면서 개교의 기대가 날로 높아졌다. 그런데 조선총독부는 학교 재단을 인가하고도 학교 설립 허가는 내주지 않았다. 지역 주민과 사회단체들이 집회를 열어 학교 설립 허가를 거듭 촉구했다. 그러나 조선총독부의 비협조로 1924년 봄의 개교는 무산되었다. 이에 대응하여 주민들이 1924년 내내 학교 설립 허가 촉구 활동을 계속 벌이자, 조선총독부도 마침내 10월에 일신고보 설립 허가를 내주었다.

그런데 12월에 들어서 사태가 급변했다. 조선총독부는 12월 8일 관보에 경남도청을 1925년 4월 1일에 진주에서 부산으로 이전한다고 공고한 것이다. 도청 이전은 1910년 일제 강점 이후 되풀이되어 제기되었지만, 그때마다 진주 주민들의 거센 반발로 무산되었다. 그런데 조선총독부가 다시 추진한다는 소식이 전해지자 진주 주민들이 거세게 반발했다(김중섭, 2012: 141-176). 그러나 일제는 경남도청 이전을 강행하면서 주민 반발을 무마하기 위한 보상안을 제시했다. 그 가운데 하나가 일신고보 설립에 관련된 것이었다.

일제는 모금된 학교 설립 자본금과 부지를 기부하면 남자학교를 공립으로 설립하고, 사립 여자고등보통학교의 설립 허가를 내주겠다고 제안했다. 요컨대, 지역 주민들이 여러 해 동안 마련한 돈과 땅을 다 빼앗아 가고, 그 대신에 학교 설립 허가증만 내주겠다는 것이었다. 이렇게 되면, 여학교 설립을 위해 자본금을 다시 모으고 학교 부지를 새로 마련하여 건물을 지어야 한다. 게다가 일제 제안에는 남학교를 통제하기 쉬운 공립으로 만들겠다는 속셈이 깔려 있었다.

이 제안을 둘러싸고 학교 설립 추진 세력은 의견이 갈렸다. 주도적으로 활동한 허만정, 백남훈 등은 남학교의 공립 설립에 반대했다. 그러나 일제는 일부 이사들을 이용하여 이사회에서 이 안을 수용하도록 했다. 그리하여 진주에는 두 개의 중등학교가 생기게 되어 1925년 4월 공립 진주고등보통학교와 사립 일신여자고등보통학교가 동시에 개교했다.

사립 일신여고보는 개교했지만, 이사진의 내홍으로 운영의 어려움에 봉착했다. 결국, 허만정에게 일신여고보 재단이사로 복귀할 것을 요청했고, 백남훈도 돌아와서 2대 교장을 맡았다. 이후 일신여고보는 여성 교육의 중심으로 크게 발전했다.

요컨대, 3·1운동의 유산으로 1920년대 진주에서 활발하게 일어난 비인가 교육 시설 운영과 정규 학교 설립 운동은 전통 사회의 문맹을 깨치고 근대 사회로 나아가는 데 토대가 된 주민 교육과 계몽에 크게 이바지했다. 그러한 열성적인 주민교육운동은 진주가 교육도시로 발전하는 토양을 조성했다.

유교 문화의 폐습 타파

3·1운동 이후 또 하나 주목할 만한 것은 어린이운동이었다. 1921년 6월 진주 지역의 젊은 청년과 학생들이 우리나라 최초의 어린이 단체인 진주소년회를 결성했다. 실력 양성과 애국 계몽을 위하여 교육이 강조되는 사회적 분위기에서 어린이 권익 단체를 만든 것이다.

삼강오륜으로 집약되는 유교 사상이나 윤리는 어른, 남성 중심의 세계관 및 사회관을 강조했다. '장유유서'로 상징되는 어른 중심의 사회 질서, 윤리 규범은 어린이가 온전한 사람으로 대접받는 것을 가로막았다. 또 '남녀유별'을 내세우며 여성을 남성보다 낮은 존재로 대우했다. 진주의 어린이운동은 이러한 유교 문화와 관습에 도전한 것이었다. 어린이를 사람으로 존중하며 기본적 권익을 증진하고자 했다. 이것은 전통적 폐습을 타파하고 평등과 인간 존엄을 실현하는 근대 사회로 나아가는 과정이었다.

20세기 초 진주는 어린이와 여성 교육과 권리 증진 활동의 경험을 했다. 1905년 진주에 개신교를 전래한 호주선교회는 남학교와 여학교를 세웠고, 기독유치원을 개설하고 교회에 주일학교를 열어 어린이 권익 증진을 도모했다(김중섭, 2012: 179-209). 선교 목적으로 시작한 이러한 활동은 어린이와 여성에 대한 인식 개선과 권리 증진에 이바지했다. 가톨릭에서도 1905년 프랑스 신부의 부임으로 공소에서 본당으로 승격된 문산성당 중심으로 어린이 교육과 인식 개선 활동이 이루어졌다.

외래 종교뿐만 아니라 전통 종교인 증산교에서 파생된 보천교와 동학을 계승한 천도교도 어린이 권리 증진 활동을 벌였다. 특히, 3·1운동

이후 진주에서 교세를 넓혀 가던 보천교와 천도교가 1923년에 소년회를 조직하여 활동했다. 그리고 도쿄 유학 중인 진주 사람 강영호는 천도교인 방정환 등과 함께 1923년 5월 도쿄에서 어린이 단체 색동회 창립에 참여했다.

어린이와 여성을 업신여기는 전통 사회의 폐습을 타파하려는 사회적 분위기에 맞추어 여성 권익 증진 활동도 활발하게 일어났다. 삼강오륜에서 강조하는 '남녀유별'은 남성 지배의 질서였고, 삼종지도는 여성의 남성 예속을 강화했다. 이러한 관습을 타파하려는 움직임이 여성의 평등 대우와 사회 활동을 장려하는 기독교의 영향 아래 활발하게 일어났다(김중섭, 2021).

호주 선교사 커를 일행은 진주에 도착한 이듬해 1906년에 남자학교뿐만 아니라 여자학교를 열었고, 교회 내의 여성 활동을 적극적으로 권장했다. 선교 학교와 교회는 여성 교육과 활동의 중심지가 되었다. 그들의 활동은 여성에 대한 지역 주민들의 인식 개선에 일조했다.

3·1운동 이후 여러 여성 단체가 생겨 났다. 진주야소교(예수교) 부인회는 여성 활동의 구심점 역할을 하다가 1920년 11월에 불온 행동을 이유로 경찰에 해산당하기도 했다. 교회의 남녀 청년 신도들은 1920년 7월 진주기독청년회 결성에 동참했고, 그런 가운데 여성 회원들은 1921년 12월에 진주여자기독청년회를 분리·결성하여 활동을 이어갔다. 1923년 2월에 천주교여자청년회가 설립되면서 여성 활동의 지평이 확대되었다.

이와 같은 외래 종교 중심의 여성 청년단체 결성은 전통적인 남성 중심 사고에서 벗어나도록 도우며 여성의 사회 활동과 교육이 중요하다는 것을 일깨우며 여성 권익과 인식 개선에 이바지했다. 이러한 사회적 분위기에서 여성 야학이 개설되고, 여성 중등교육기관인 일신여고보가 설립되었다. 여성의 사회 참여 흐름은 1927년 신간회 자매 단체인 근우회 진주지회 창립으로 이어졌다.

요컨대, 3·1운동 이후 진주의 어린이와 여성의 권익 증진 활동은 유교 문화나 사상에 뿌리를 둔 전통 사회의 폐습 타파에 이바지했다. 그런 가운데 사회적 약자의 권리를 인식하고 평등한 근대 사회로 나아가고자 하는 사회적 분위기가 조성되었다.

농촌 사회의 부조리 없애기

농업에 기반한 조선 사회에서는 지주전호제가 널리 퍼져 있었다. 그 뒤 전호는 소작인으로 바뀌면서 소작 제도가 정착되었다. 지주는 소작인에게 경작할 농토를 빌려 주고, 소작인은 그 땅에서 나온 소출의 일정량을 소작료로 지주에게 납부했다. 이 과정에서 일어난 지주의 불합리하고 불공정한 전횡이 커다란 사회 문제가 되었다. 예컨대, 지주는 소출의 7할, 많게는 8할을 소작료로 요구했다. 심지어 지주는 볏짚 같은 부산물까지 착취하고, 소작료로 낸 산물을 지정 장소까지 무상으로 운반할 것을 요구했다. 통상 지주는 마름을 두고 소작 토지를 관리했는데, 지주뿐만 아니라 마름까지 소작인에게 갖가지 부당한 요구를 했다. 만약 소작인이 반항하면, 지주는 소작권 변경을 통하여 소작인에게 보복했다.

소작 제도의 불합리한 관행이 일제 식민지 시기에 더욱 악화되면서 소작인들은 빈곤에 억눌리며 피폐한 삶을 살았다. 이런 상황인데도 대규모 토지를 점유한 일제의 동양척식주식회사나 일본인 지주는 물론, 한국인 지주도 불합리한 소작 제도를 개선하려고 하지 않았다.

소작 제도 개혁은 농민 단체 중심으로 전개되었다. 진주 3·1운동의 지도자 강달영, 김재홍 등이 출옥하여 1922년 2월에 조선노동공제회 진주지회(진주노동공제회)를 결성하면서 진주 지역 농민운동이 활발해졌다(김중섭, 2012: 263-288). '노동'이란 이름이 붙었지만, 이 단체는 창립 초기부터 소작농과 소규모 자작농의 권익을 위하여 활동했다. 그들을 농업에 종사하는 '노동자'로 인식했던 것이다.

진주노동공제회는 조선노동공제회의 하위 조직이었지만, 독자적으로 여러 활동을 벌여 나갔다. 특히, 18세기 이후 농촌 지역에 널리 확산된 지주 소작인 제도의 불합리, 불공정, 부조리를 개혁하는 데 주력했다. 예컨대, 7할 내지 8할에 이르는 소작료를 5할로 내릴 것, 가뭄이나 홍수 같은 재해에도 정해진 소작료를 내야 하는 정조(定租) 제도를 없앨 것, 소작료로 지불한 소출(벼)이나 농사 부산물인 볏짚을 지주 요구 장소까지 무상으로 운반하는 노역 관행을 없앨 것, 지주나 마름에게 가외로 주는 물품 증여 관행을 없앨 것 등을 요구했다. 이것들은 소작인들을 짓누르는 대표적인 병폐들이었다.

진주노동공제회는 1922년 9월 4일 전국 최초로 대규모 소작인 집회를 열었다. 1,000여 명의 집회 참가자들은 요구 사항을 결의하고 시가행진을 벌이며 소작 제도의 실태를 널리 알렸다. 이 집회를 계기로 불공정한 소작 문제에 대한 사회적 관심이 높아졌고, 전국의 소작 운동이 활발해졌다. 아울러 일한 것에 대한 공정한 댓가, 합리적 소작제 정착, 부조리한 물품 증여 혁파 등에 대한 요구가 거세졌다. 그러면서 농민들이 전반적인 사회문제에 대한 관심을 갖게 되고, 다른 사회운동 단체와의 협력도 활발해졌다.

진주노동공제회의 열성적인 활동으로 진주군은 면마다 하위 조직이 생겼다. 그리고 1923년에는 양화직공조합, 자유노동조합, 운수종합조합 같은 별도 조직이 생겨났다. 그리하여 노동자, 농민의 단결과 권익 신장 활동이 더욱 활발해졌다.

3·1운동 참여자들은 진주노동공제회뿐만 아니라 일신고보 설립 기성회, 기독청년회, 보천교 소년회, 천도교 소년회 같은 여러 단체의 결성에 앞장섰다. 다음에 논의할 형평사도 그 가운데 하나였다. 이처럼 3·1운동 참여자들은 많은 사회 단체 결성과 활동을 주도하면서 사회문제에 대한 관심을 공유하고 서로 연대했다. 3·1운동 이후 진주 지역 사회단체가 크게 늘어났는데, 1925년까지 언론에 보도된 단체만 해도 60개가 넘었다. 그런 단체의 목적은 대개 조선 사회의 폐습을 타파하고 근대 사회로의 이행을 추구하는 것이었다. 앞서 논의한 애국 계몽과 실력 양성을 위한 주민 교육 활동, 유교 문화의 폐습을 타파하려는 어린이와 여성 권익 활동, 부조리, 불공정, 불합리한 소작 제도의 개혁 활동은 그런 모습의 대표적인 사례들이었다. 이렇게 다양한 목적의 사회운동이 활발하게 전개되었기 때문에 1920년대를 '사회운동의 시대'라고 일컫게 된다. 사회 개혁 활동의 자양분인 3·1운동의 경험이 '사회운동의 시대'를 이끌었던 것이다.

요컨대, 3·1운동은 근대 사회로의 개혁을 지향하는 활동의 출발점이고 원동력이었다. 주민들은 3·1운동을 겪으면서 민족 해방과 사회 개혁에 관심을 갖게 되고, 또 활동에 적극적으로 참여하게 되었다. 그러한 사회 개혁 활동은 3·1운동의 역사적 성격을 규정짓는 한 요소였다.

3. 형평운동의 발전

신분제 사회와 백정 차별

3·1운동 이후 사회 개혁 활동의 대표적인 또 다른 사례가 백정 해방 운동인 형평운동이다. 조선 시대 신분제에서 최하층민으로 가장 천대받으며 살아온 백정 차별을 철폐하자는 형평운동은 전통 사회에서 근대 사회로의 이행을 이끌었다. 이것 역시 3·1운동이 근대 역사의 분수령이라는 것을 보여 주는 증거였다.

형평운동의 배경에는 조선 사회를 지탱한 신분제, 특히 백정의 사회적 상황이 있다. 태어나면서 정해진 신분은 평생 동안 사회적 지위나 관계, 직업을 규정하는 기준이었다. 그것은 크게 양반, 중인, 상민, 천민으로 구분되어 엄격한 위계질서를 유지했다. 문반과 무반으로 구성된 양반은 정부의 상위직 관리를 맡는 지배층으로 지배 이념인 유교에 기초한 통치의 중추 세력이었다. 양반 아래의 중인은 역관(외교관), 의관(의사) 같은 전문가 집단으로 지배 집단을 뒷받침하며 체제 유지에 이바지했다. 중인 아래의 상민은 인구의 절대다수를 차지하는 농민과 상거래에 종사하는 상인으로 구성되었다. 토지를 경작하는 농민은 농업 사회인 조선 사회의 근간이었다.

최하층 신분 집단은 특정 직업에 종사하는 천민이었다. 천민 가운데 가장 많은 수는 노비로, 관청에 속한 공노비와 개인이 소유한 사노비로 나뉘었다. 그밖에 지배 집단의 놀이 상대로 예능을 담당하는 기생, 굿을 하는 무당, 불가에 속한 승려 등이 천민에 속했다. 그 가운데 하나가 가

축의 도살이나 정육, 가죽 가공 같은 특정한 일에 종사하는 백정이다. 그들은 버드나무로 가구를 만들어 팔거나, 거리에서 노래나 춤을 제공하는 일도 했다.

신분에 따라 엄격한 행동 양식과 규범이 요구되었고 차별 관습이 자행되었다. 특히, 백정 차별이 가장 심했다. 예컨대, 백정은 비백정과 결혼하지 못하고, 다른 신분 집단과 떨어져서 자기들끼리 모여 살고, 비백정과는 불평등한 교제 관습이 통용되었다. 나이에 상관없이 비백정에게 존댓말을 쓰고 반말로 응대받는 등 비백정과 대등한 관계를 가질 수 없었다. 옷차림이나 거주 환경도 엄격하게 제약받고, 비백정들이 요구하는 대로 행동해야 했다. 이러한 차별 관습을 어길 경우, 비백정들로부터 사사로운 처벌을 받았다.

신분제는 1894년 갑오개혁을 통해 법적으로 사라졌다. 곧, 신분 집단으로서 백정은 더 이상 존재하지 않게 되었다.[3] 그러나 백정 차별 관습은 쉽게 사라지지 않았다. 따라서 차별 관습을 둘러싼 갈등과 충돌이 곳곳에서 빈번하게 일어났다. 대표적 사례가 1900년 2월 진주에서 일어난 백정들의 집단 탄원이있다.

백정 장덕찬은 진주 인근 16개 군의 백정들과 함께 다른 사람들처럼 갓을 쓰게 해 달라고 관찰사에게 탄원했는데, 관찰사는 오히려 백정들에게 갓끈은 소가죽으로 하라고 차별 지시를 내렸다. 차별에 저항하는 백정들에게 관찰사가 오히려 차별을 자행한 것이다. 게다가 백정들의 집단 탄원을 못마땅하게 여긴 비백정들이 백정 마을을 습격하는 일도

3 갑오개혁으로 신분 제도가 철폐되면서 '옛백정' 또는 '백정 후손'이 정확한 표현이겠지만, 이후에도 백정 호칭이 여전히 사용되었다. 형평운동이 일어난 1920년대, 30년대에도 통상적으로 백정이라고 지칭되었다. 이 글에서 역사 용어의 관행대로 백정이라고 쓰는 것에 양해를 구한다.

벌어졌다.

백정 차별 관습은 1909년 5월에 일어난 동석 예배 거부 사건에서도 드러났다. 1905년 진주에 온 호주선교회의 커를 선교사가 기독교를 전래하여 일부 백정이 개종하자 그들 마을에 별도의 예배소를 설치하여 예배를 보았다. 커를이 안식년을 떠나며 대신 진주에 부임한 선교사 라이얼은 가까운 두 곳의 예배소를 합치도록 했다. 이에 반발하여 비백정 신도들이 백정들과의 동석 예배를 거부했다. 선교사들의 중재로 분란은 7주 만에 해소되어 함께 예배를 보는 것으로 마무리되었다. 이 사건은 법적으로 신분이 없어졌어도 백정 차별 관습이 남아 있는 것을 여실히 보여 주었다.

20세기 초에 백정 차별 관습은 남아 있었지만, 또한 진주 백정들은 차별 관습을 없애기 위하여 노력했다. 집단적으로 행정 책임자에게 평등 대우를 진정하기도 하고, 평등사상을 전파하는 기독교를 믿기도 했다. 이렇게 차별 관습의 완강함과 그에 대항하는 백정들의 활동과 의식의 축적은 1923년 4월 백정 신분 해방을 주장하는 형평사 결성으로 이어졌다.

진주의 형평사 창립 과정

형평사 창립의 직접적인 동력은 3·1운동 이후 다양한 사회운동이 활발하게 일어나는 사회적 분위기였다. 1922년 겨울이나 1923년 봄에 백정 차별 철폐를 위한 단체 결성 움직임이 진주에서 일어났다. 이것은 3·1운동을 경험한 진주 지역 활동가들과 백정공동체 지도자들의 협력으로 이루어졌다. 백정 출신으로는 이학찬, 장지필이 앞장섰다. 백정 마을의 유지 이학찬은 진주 최초의 공설시장에서 정육점을 경영하는 재력가였다. 장지필(1882~1958?)은 진주에서 80리 떨어진 의령 출신의 백정이었다. 백정 차별 철폐를 위해서 관찰사에게 탄원을 냈던 백정 지도자 장덕찬이 그의 부친이었다. 장지필은 1910년에 백정들의 도수조합 결성을 시도한 적이 있고, 일본에 유학하여 메이지(明治)대학을 다니다가 중퇴한 이력을 갖고 있는 지식인이었다.

비백정으로 형평사 창립에 앞장선 강상호, 신현수, 천석구 등은 지역의 여러 단체에서 활동하는 사회운동가였다. 강상호(1887~1957)는 대농 지주의 아들로 진주농업학교를 다니며 국채보상운동에 참여한 적이 있었다. 그리고 3·1운동을 주동하여 복역했고, 출옥한 뒤 동아일보 초대 진주지국장을 역임하였다. 그 뒤 일신고보 설립운동, 진주노동공제회 등 여러 단체에 참여한 직업적 사회운동가였다. 한약상의 아들 신현수(1893~1961)는 3·1운동에 참여한 뒤 청년회, 저축계, 금주단연회, 부업장려회 등 여러 사회단체에서 활동한 이력을 갖고 있다. 형평사 창립 시기에는 조선일보 진주지국장을 맡고 있었다. 천석구는 문방구, 지물 등을 취급하는 잡화 도매상을 경영하며 지역 사회운동을 후원했다. 형평사 창립 이후에는 금주단연회, 보천교 소년회 등에 참여하기도 했다.

요컨대, 형평사 창립은 재력 있고 교육받은 백정 출신 지도자들과 여러 단체에서 활동하는 지역 활동가들이 협력하여 추진되었다. 그뿐만 아니라 여러 단체의 직업적 사회운동가들이 형평운동을 지원했다.

1923년 4월 24일 진주청년회관에서 백정과 사회단체 활동가 70여 명이 참석한 가운데 형평사(衡平社) 기성회가 열렸다. 다음 날 열린 발기총회에서 형평사 창립이 공식화되었다. 단체 이름은 '저울[衡]처럼 평등한[平] 사회를 만들고자 하는 단체[社]'라는 의미였다. 저울은 백정들이 일터에서 쓰는 상징적 기구였다. 백정 차별을 철폐하고 평등한 사회를 만들려는 것이 목적이었다.

이틀에 걸친 회의에서 형평사 창립 취지, 조직 구성, 운영 방침 등이 정해졌다. 이날 채택된 '형평사 주지'는 "공평은 사회의 근본이요, 애정은 인류의 본량이다"로 시작하면서 창립 취지를 명확하게 밝히고 있다. 그리고 "계급을 타파하며, 모욕적 칭호를 폐지하며,[4] 교육을 장려하여 참사람이 되기를 기약함"이라는 구체적인 목적을 명시하였다.

형평사 사칙(社則) 19개조와 세칙 6개 항으로 조직과 운영을 규정하였다. 본사를 진주에 두고, 각 도에 지사, 군에 분사를 설치한다고 하였다. 처음부터 진주에 본부를 둔 전국 조직을 계획한 것이다. 사원 자격은 조선인 누구라도 참여할 수 있다고 규정하였다. 백정, 비백정 구분 없는 개방 조직을 지향한 것이다. 운영 경비는 사원들의 입사금과 사비, 찬조금으로 충당하고, 조직은 위원 5인의 집단 지도 체제 아래 재무, 간부, 서기, 이사, 고문 등의 임원진을 두기로 하였다.

사칙에 형평중학 설립, 잡지 발간을 명시하였고, 세칙에 야학, 강습소, 잡지 구독, 강연 개최 등 교육 장려와 지식 계발 사항을 규정하였다. 아울러 회원의 상호 친목을 명문화하고, 사회적 지탄을 받는 주색, 도박, 풍기 문란 등의 금지, 근검절약 등 미풍 조장, 사원들의 애환에 상부상조한다는 규정을 통하여 백정공동체 발전과 회원들의 안녕복리를 도모하였다.

---

4 고려 시대에 백정은 농지를 경작하는 양민이었다. 조선 초기에 세종이 고려 시대의 천민인 양수척, 수척, 재인 등을 백정이라고 부르도록 하며 포용 정책을 폈다. 그런데 세종의 의도와 달리, 그들은 신백정이라고 지칭되며 여전히 차별을 받았다. 그 뒤 '신' 자가 떨어져 나가면서 '백정'은 최하층 신분 집단의 호칭이 되었다. 조선 5백 년의 차별을 기억하는 형평사원들은 차별의 상징인 백정 호칭 철폐를 핵심 요구 사항으로 삼았다.

발기총회에서는 위원으로 강상호, 신현수, 천석구, 이학찬, 장지필을, 실무진인 간사(하석금, 박호득), 이사(하윤조, 이봉기, 이두지, 하경숙, 최명오, 유소만, 유억만), 재무(정찬조), 서기(장지문) 등을 선출하였다. 30대 중반에서 40대 초반의 실무진은 20세기 초에 처음 개설된 공설시장에서 정육점을 경영하는 백정 출신이었다. 그들은 직업뿐만 아니라 혈연으로 맺어있었다.

발기총회 이후 장지필과 신현수, 그리고 강상호와 이학찬으로 구성된 두 개 조가 경상도 일원과 충청도, 전라도 지방의 여러 곳을 방문하며 형평운동 참여를 독려하였다. 현지 백정들과 사회운동가들은 그들의 방문에 적극적으로 호응하고, 곳에 따라서는 그에 맞추어 지사나 분사 결성 모임을 가졌다. 이처럼 각 지역의 백정 지도자들과 사회운동가들이 백정 차별을 철폐하고 평등 사회로 나아가고자 하는 형평사를 적극적으로 참여하고 지지하면서 형평운동은 전국으로 빠르게 확산되었다. 이것은 3·1운동 이후에 형성된 근대 사회로 나아가는 사회적 흐름을 반영하는 것이었다.

5월 13일, 창립 20일 만에 형평사 창립 축하식이 진주에서 열렸다. 식을 시작하기 전, 형평사원들은 자동차로 시가지를 돌아다니면서 행사를 알리는 전단지를 뿌렸다. 행사장인 진주좌(극장)에 400여 명의 백정과 사회운동가들이 모였다. 대부분 경남 지역에서 온 백정들이었다. 그 가운데에는 멀리 대구, 충남, 충북에서 온 이도 있었다. 그리고 진주의 사회운동가들도 대거 참석하였다. 발기총회 때는 진주 사람들만 모였지만, 창립 축하식은 전국 행사가 되었다. 이것은 백정 역사에 유례없는 큰 행사였다.

강상호의 개회사로 창립 축하식이 시작되었다. 이어서 신현수의 취지 설명, 정희찬의 축전 낭독이 있었다. 축전이 전국 곳곳에서 왔다. 일본에서 온 것도 있었다. 이진우, 강달영, 강대창, 조우제 등 진주노동공제회와 청년회에서 활동하는 사회운동가와 진주 주재 일본인 언론인 가쓰다 이스케(勝田伊助)의 내빈 축사가 있었다. 그 뒤 진주지역 활동가 남홍(南洪)이 강연을 하였다.

창립 축하식 다음 날, 각 지역 대표자들이 진주청년회관에 다시 모여 임원진 개편과 향후 활동 방침을 논의하였다. 새 임원으로 이성순, 조익선(이상 부산), 박유선, 이상윤(이상 마산), 김경삼(대구)이 위원으로 보선되고, 조주선(경남 부산), 김경삼(경북 대구), 천명순(충남 논산), 강태원(충북 옥천)이 지사장으로 선임되었다. 이들은 피혁상이나 정육점을 경영하는 백정 출신 재력가들이었다.

창립 축하식을 거치면서 형평운동은 빠르게 전국으로 확산되었다. 형평사는 진주의 단체가 아니라 전국적인 사회운동 단체가 되었다. 심지어 일본에도 알려졌다. 일본 유학생 단체 북성회는 기관지 『척후대』에 형평사 창립 소식을 크게 보도하면서 연대를 표명했다.

많은 지역에서 형평사 분사가 조직되었다. 일제 자료에 따르면, 창립 첫해에 전국 조직이 80개나 되었다. 그러한 발전의 동력은 백정들의 적극적인 참여와 3·1운동 이후 형성된 사회운동 세력의 협조였다. 그 저변에는 백정 차별 철폐, 더 나아가서는 신분제 유습을 없애며 평등한 근대 사회로 나아가려는 사회적 흐름이 깔려 있었다.

형평사 반대 활동

형평사가 창립되자 진주에서 형평사 반대 움직임이 일어나기 시작했다. 기생조합은 창립 축하식 여흥 공연 요청을 거절했다. 일부 주민들은

“백정들이 건방졌다”라며 행패를 부렸다. 이러한 분위기가 증폭되어 집단적인 형평사 반대 활동이 일어났다.

5월 24일, 마을 조직인 농청 대표자들이 형평사 배척과 소고기 불매 운동을 결의했다. 그들은 청년회와 진주노동공제회에게 형평사와의 관계 단절을 요구하는 한편, 형평사 창립을 주도한 비백정 출신 지도자들을 비난했다. 그러면서 형평사와 비백정 지도자들을 공격하는 깃발을 들고 시가지를 돌아다니며 폭력 시위를 벌였다. 이에 대하여 형평사도 사원 전체가 공동으로 강력하게 대응한다는 방침을 결의했다. 그러면서 결사대를 조직하여 사무실과 형평사 지도자들을 보호하는 활동을 폈다.

시가지 전체가 긴장하는 가운데 사회단체 활동가들이 형평사와 반대 세력 사이의 갈등을 해결하기 위해서 적극적으로 중재에 나섰다. 그들은 농민들과 형평사원들 사이에 원한이 있을 수 없다고 하면서 양측의 화해를 도왔다. 결국 3주 정도 지속된 대립은 양측의 화해로 해결되었다. 농청은 소고기 불매 운동을 취소하고, 형평사는 결사대를 해체했다. 그 이후에도 형평사원과 주민들 사이의 충돌과 대립이 간헐적으로 일어났지만, 형평운동 반대 활동이 조직적으로 지속되지는 않았다.

진주 사례와 같은 형평운동 반대 활동이 전국 곳곳에서 빈번하게 일어났다(김중섭, 1994: 161-192). 충돌의 원인은 다양했다. 차별 관습에 익숙한 비백정들이 형평운동에 반대하여 일어나기도 하고, 형평사원들이 비백정의 불손한 언사나 행동에 반발하여 일어나기도 했다. 또 형평사원들이 경찰이나 관리들의 부당한 요구를 거부하면서 일어나기도 하고, 형평사원 자녀의 학교 입학을 둘러싼 갈등으로 일어나기도 했다. 요컨대, 충돌의 저변에는 백정 차별 관습을 유지하려는 세력과 백정 권익을 증진하려는 형평사 측의 갈등이 깔려 있었다.

이러한 충돌 사건은 언론에 빈번하게 보도되었다. 특히, 형평사 창립 초기의 진주 사건, 1923년 8월의 경남 김해 주민들과의 충돌, 1924년 7월 충남 천안군 입장면의 학술강습회 차별 사건 등은 전국 신문에 대서특필되었다(김중섭, 1994: 165-169).

그 가운데 가장 큰 충돌 사건은 1925년 8월의 예천 사건이었다(김중섭, 1994: 169-179). 형평사 예천분사 행사에서 예천청년회장이 백정 모욕 발언을 하자 형평사원들이 항의했는데, 이에 반감을 품은 농민들이 그날 저녁 형평사 사무실에 난입하여 사원들을 집단 구타했다. 이 충돌로 예천은 며칠 동안 양측의 폭력 사태가 지속되었다. 행사를 위해 예천을 방문했던 중앙총본부 임원 장지필과 이소가 큰 부상을 입고 입원했고, 일부 사원들은 폭력을 피해 다른 마을로 피신하기도 했다. 이 폭력 사태가 알려지면서 전국의 형평사와 사회단체들이 집회를 열어 폭행 사건을 규탄하며 예천 형평사원들을 응원했다. 일부 단체는 예천 현장에 조사대를 파견하기도 했다. 그러면서 전국의 형평사 조직이 더욱 결속되고, 다른 사회운동 단체와의 연대가 강화되었다.

형평사원들과 농민들의 충돌이 거세지자 경찰이 개입하여 양측 세력을 강제 해산했다. 그러면서 경찰은 폭력을 휘두른 농민들을 관대하게 처분한 반면에, 방어하며 맞대응한 형평사원들은 폭력 행사라는 이유로 구속했다. 결국 경찰의 부당한 편파 수사로 몇 명의 형평사원들이 유죄 판결을 받아 복역했다.

일반적으로 형평운동 반대 활동은 일시적으로 일어났다가 형평사에 우호적인 사회단체의 중재로 사라졌다. 반대 활동을 지속하기 위한 상설 조직의 결성 사례는 찾아볼 수 없었다. 그러나 경찰의 불합리한 편파

수사로 형평사원들이 구금되거나 유죄 판결을 받은 사례는 많았다. 한편, 차별 사건에 대항하면서 전국 차원이건 지역 차원이건 형평사원들의 결속력이 강화되고, 다른 사회운동 단체와의 연대 활동이 활발해졌다. 그리고 형평사 총본부는 형평운동 반대 활동에 단호하게 대항한다는 입장을 견지했다. 각 지사와 분사에 적극적인 대항을 지시하는 한편, 형평사 전체의 공동 대응을 독려했다. 그 결과 차별의 부당성을 인식하는 형평사원들이 늘어났고, 그에 따라 충돌 사건 건수가 늘어났다. 이것도 사원들의 인식 개선을 가져온 형평운동의 성과라고 평가된다.

형평운동의 분열과 통합

창립 첫해부터 조직 수가 급증하고 형평운동이 확산되면서 본사 위치에 대한 문제가 제기되었다. 한반도 최남단에 위치한 진주는 전국 활동에 부적합하다는 것이었다. 대부분의 사회운동 단체가 서울에 본부를 두고 서울 중심으로 활동하는 상황에서 형평사도 본사를 서울이나 중부 지역으로 옮겨야 한다는 주장이 나왔다. 결국 1923년 11월 대전에서 대표자 회의를 열어 1924년 3월까지 본사를 중간 지점인 대전으로 이전하기로 결의했다.

본사 위치와 함께, 활동 방침에 대하여도 의견 대립이 일어났다. 대대로 이어온 전통 산업이 상업화, 자본주의화되면서 형평사원들은 더욱 경제적 곤란을 겪게 되었다. 이에 대하여 형평사 차원의 대책이 필요하다는 주장이 제기되었다. 그러나 진주 지도부는 이런 문제를 심각하게 인식하지 않고 여전히 진주본사를 유지하려고 했다.

1924년 2월 부산에서 열린 임시총회에서 본사 이전을 1924년 4월 창립 1주기 이후로 늦추기로 결의했다. 경상도 지역 사원들이 주도한 부산 임시총회 결과에 중부권 형평사원들이 크게 반발했다. 결국 두 세력은 파벌 대립을 벌이게 되었다(김중섭, 1994: 135-150).

1924년 3월, 진주 지도부에 반발하는 사원들이 천안에 모여 혁신회 창립 총회를 열었다. 본사의 서울 이전을 결정하고, 피혁 공장 설립, 피혁 제품 공동 판매, 도축장 일꾼 임금 인상 등 사원들의 경제 문제 개선 방안을 채택했다. 아울러 사원 자녀를 위한 학교 설립, 사원 교양 잡지 발간 등 창립 초기 활동 방침을 계승한다는 입장을 확인했다.

백정 차별 철폐와 평등 대우라는 목표는 같았으나 혁신 세력 측은 사원들의 경제적 권익을 강조한 것이 진주본사 측과 달랐다. 그래서 양측을 '온건파'와 '혁신파'로 구분했다. 경상도 사원들의 지지를 받는 온건파는 진주본사 유지를 주장하여 '진주파'로, 충청, 전라, 경기, 강원 지역의 지지를 받는 혁신파는 본사의 서울 이전을 주장하여 '서울파'로 구분했다. 또 지리적 특성에 따라 '남파'와 '북파'로 지칭했다.

형평사를 창립한 지도자들은 장지필을 제외하고 모두 온건파에 속했다. 그들은 경상도 사원들의 지지를 받으며 형평운동 내에서 일정한 수준의 영향력을 유지했다. 대표적인 인물이 강상호였다. 그러나 장지필은 중부 지역 형평운동 활동가들과 함께 혁신 활동을 주도했다. 형평사 총본부를 서울로 옮긴 뒤에 그는 다른 사회운동 단체와의 연대와 협력을 더욱 강화하며 형평운동을 이끌었다. 그래서 이 파벌 대립을 강상호과 장지필의 대결 구도로 보았다.

파벌 대립은 형평운동 발전에 걸림돌이 되었다. 차별 사건 지역에 따라 서울 총본부와 진주본사가 따로 대응하여 엇박자가 나기도 했고, 1924년 4월에는 창립 1주년 행사가 진주와 서울에서 따로 열렸다. 그러면서 일본 수평사의 축전은 진주본사로 가고, 수평사 활동가는 서울 행사에 참가하는 일도 생겼다.

파벌 대립에 대한 비판이 형평사 안팎으로부터 거세게 나왔다. 젊은 형평사원들은 형평청년회를 결성하여 독자적인 목소리를 내며 파벌 해소와 통합을 요구했다. 다른 사회운동 활동가나 진보적 지식인들도 형평운동 발전을 위해서 통합이 시급하다는 것을 강조했다.

결국 두 세력의 지도자들은 파벌 해소를 약속하며 통합 대회 개최와 총본부의 서울 이전에 합의했다. 1924년 8월 15일 대전에서 통합을 위한 임시 전국대회가 열렸다. 지도부가 다시 구성되고, 활동 전략과 방침이 조정되었다. 그리고 총본부를 서울로 이전하면서 진주본사 시대는 막을 내렸다. 그 뒤 해마다 4월에 정기 전국대회가 서울에서 열렸다. 다른 사회운동 단체와의 교류가 더욱 활발해지면서 형평운동은 사회운동계의 일각을 차지하게 되었다.

그렇지만 파벌 대립의 앙금은 쉽게 사라지지 않았다. 1935년 4월 대동사로 바뀔 때까지 간헐적으로 강상호를 비롯한 경상도 형평사원들은 서울 총본부와 갈등을 빚었고, 서울 총본부는 그들의 협조를 이끌어 내야 하는 과제를 안고 활동해야 했다.

형평운동 조직과 활동의 발전

일제 관헌 자료에 기초하여 작성한 〈그림 1-1〉에서 보듯이, 형평사 조직 수는 꾸준히 늘어나서 1930년 165개, 1931년 166개까지 기록했다. 그러나 1930년대 초부터 급격히 줄어들어 대동사로 개칭하며 이익집단으로 전락한 1935년에는 113개로 줄어들었다. 실제로 1930년대

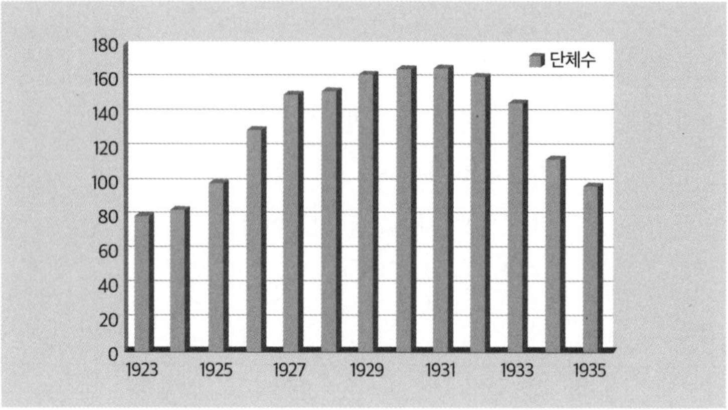

<그림 1-1> 형평사 조직 수의 변화

전반기에 활동하는 분사는 이보다 훨씬 적었다. 1920년대 말 세계 경제 대공황의 여파로 경제 상황이 어려워지자 총본부 분담금을 납부하지 않고 활동하지 않는 분사 수가 크게 늘어났다. 이와 같이 시기별로 부침이 있는 형평운동의 활동 상황을 살펴보고자 한다.

우선, 형평운동이 활성화되면서 지역별 조직이 크게 늘어났다. 창립 초기에 경상도 중심으로 빠르게 확장되었고, 이어서 충청, 전라 지역의 분사가 대거 생겨났다. 서울 총본부로 이전한 뒤에는 강원도, 경기도, 황해도에서 조직이 크게 늘어났다. 그렇지만 평안도, 함경도 등 북부 지역에서는 조직이 거의 생기지 않았다.

지역 간의 조직률 차이는 현지 백정 상황과 무관치 않다. 백정 차별이 사라진 북부 지역에서는 백정의 존재가 파악되지 않았다. 따라서 형평사 조직의 필요성이 적었을 것이다. 반면에, 남부 지역에서는 여전히 백정 차별이 남아 있었고, 게다가 백정 전통 산업의 경제 상황이 악화되었다. 도축장이나 건피장, 피혁 산업에 자본이 유입되고 비백정 점유율이 높아지면서 백정들은 더 이상 기득권을 유지할 수 없었다. 그들은 도축장이나 건피장의 운영권을 잃고, 도부로 전락하기도 했다. 정육점 경영자는 고기 가격이나 공급 분량을 결정하는 도축장에 의존해야 하는 형편이었다. 피혁상이나 대형 정육점을 경영하는 일부 백정은 부를 축적했지만, 대개의 형평사원들은 경제적으로 어려움을 겪었다. 그들은 형평사가 경제적 권익 옹호 활동을 해 줄 것을 기대했고, 이를 위하여 사원들의 단결을 요구했다. 이런 상황은 형평사원들이 열성적으로 형평사 조직을 결성하고 활동하는 동기로 작용했다.

형평운동이 발전하면서 다양한 목적의 하위 단체가 생겨났다(김중섭, 1994: 199-212). 청년회, 정위단, 학우회, 여성회였다. 처음 생긴 하위 단체는 진주형평청년회였다. 1924년 3월, 지도부 파벌 싸움이 심해지는 상황에서 진주의 청년 사원들이 파벌 대립 해소와 형평운동 발전을 목적으로 독자적인 단체를 조직했다. 이후 여러 지역에서 형평청년회가 자생적으로 생겨났다. 1925년 하반기에는 전북, 강원 등지의 도 단위 형평청년연맹이, 12월에는 전국 조직인 형평청년연맹이 결성되었다.

젊은 사원들의 독자적인 활동은 형평운동에 활기를 불어넣었다. 그들은 활동 공간을 넓혀 가면서 영향력을 키워 갔다. 그들은 대부분 사회주의 이념을 적극적으로 수용하며 진보적인 변혁을 지향하고, 다른 사회운동과의 협력과 연대 활동에 적극적이었다. 형평청년회 활동을 통하여 그들은 지역과 전국 조직의 활동가로 성장했다. 1920년대 말 형평청년회 출신의 젊은 활동가들이 대거 총본부 임원을 맡으면서 형평사 지도부 구성과 활동 방침에 변화가 일어났다. 그러면서 1920년대 말, 1930년대 초에 형평운동의 활동 방침을 둘러싼 온건한 노장층과 진보적인 소장층 사이의 대립이 일어나기도 했다.

또 하나의 하위 조직은 정위단이다. 1925년 1월에 서울에서 활동하는 도부 중심으로 결성된 정위단은 사원의 생활 안정, 직업 보호, 상호 협력, 외부 탄압에 대한 단호한 대처 등을 목적으로 내걸었다. 파벌 대립에 대한 비판과 응징을 주장하며 형평운동 반대 활동에 대항하는 전위대 역할을 자임했다. 도축장의 도부 파업 지원 등 사원 권익을 위한 활동을 하면서 전국 조직화를 의도했지만 성공하지 못하고, 비교적 짧은 기간 활동하다가 도부조합으로 전환되었다. 정위단 활동가 일부는 나중에 총본부 임원으로 활동하며 형평사 내 진보 세력의 한 축을 형성했다.

형평여성회는 1920년대 중반 충남 강경, 전북 군산, 충남 서산 해미, 전북 김제 금구 등지의 형평분사 내에 조직되었다. 소수 지역이지만, 여성 사원들이 독자적인 조직을 결성하여 여성 권익 활동을 벌인 것은 주목할 만한 일이었다. 조선 사회에서 여성 백정은 한편으로는 남성 중심의 유교 문화로부터, 다른 한편으로는 신분제로 이중적 차별을 받은 희생자였기 때문이다. 일부 여성 사원은 전국대회 대의원으로 참석하여 여성 사원의 권익 문제를 논의했다. 지역에 따라서는 여성 사원을 위한 야학을 개설하고 공개 강좌를 열었다. 고기를 팔러 다니는 행상을 하며 집안의 경제 활동을 분담했던 여성 백정들은 전국대회와 지역 회의에서 여성 사원들의 권리 증진 활동을 더욱 적극적으로 벌였을 것으로 짐작된다.

형평사원 학생 자녀들로 구성된 형평학우회는 중앙총본부 지원 아래 1925년 6월에 결성되었다. 교육은 형평사 창립 초기부터 형평사의 핵심적인 활동 내용이었다. 학교에 가지 못한 사원 자녀들을 위하여 야학이나 강습소를 개설하고, 정규 학교 입학 시기에는 중앙총본부 차원에서 자녀 입학 권장 활동을 전개했다. 그러면서 학교 입학자가 늘어났지만, 형평사원의 취학 비율은 여전히 아주 낮았다. 특히, 상급 학교에 진학하는 자녀는 더욱 적었다. 이런 상황에서 재학 중인 사원 자녀들의 친목과 학업 열의를 높이기 위하여 형평학우회가 조직되었다.

형평학우회는 방학을 이용하여 사원들의 교육과 계몽 활동을 벌였다. 강원도 원주·횡성, 충남 입장 등의 지역 분사는 지역 학우회를 결성하며 그들의 활동을 응원했다. 그러나 학생이었던 탓에 활동을 지속하기가 어려웠다. 1928년 이후 활동은 중단되었지만, 핵심 활동가들은 총본부 임원으로 활동을 계속 이어갔다.

형평운동의 발전은 조직뿐만 아니라 다양한 활동으로 나타났다. 그 가운데 하나가 다른 사회운동 단체와의 연대 활동이었다. 창립 초기부터 지역의 사회단체들과 협력해 왔는데, 총본부의 서울 이전 이후에는 전국 차원의 연대 활동이 더욱 활발해졌다. 이에 호응하여 사회운동 단체들도 형평사 지지를 표방하며 연대와 협력에 적극적이었다. 예컨대, 사회운동 세력의 양대 산맥인 조선노농총동맹과 조선청년총동맹은 제각기 1924년 4월의 전국대회 의제로 형평사 지지를 상정하여 공식적으로 논의했다. 이렇게 형평운동이 사회운동 세력의 한 축을 차지하면서 언론은 사회운동권을 묘사할 때 관행적으로 청년, 농민, 노동, 여성과 함께, 형평을 포함시켰다.

사회운동 단체와의 연대와 협력이 활발해지면서 형평운동에 미치는 외부의 영향이 더욱 커졌다. 사회운동 세력의 이념, 활동 방향, 역학 관계 등이 형평사에 반영되었다. 심지어 외부 세력의 파벌이나 이념적 대립이 형평운동의 전개에 영향을 미쳤다. 대표적인 사례가 1925년 4월

화요회의 조선민중운동자대회와 경쟁단체인 서울청년회의 민중운동대회 반대단체 연합회의 개최가 동시에 추진될 때 드러난 형평사 내부의 분열상이었다. 전국의 사회운동 단체들이 대립하는 두 대회에 경쟁적으로 참가를 신청했는데, 형평사 분사들도 그 경쟁의 대열에 끼어서 두 갈래로 분열되었던 것이다. 이런 경험을 겪은 이후 1925년 4월의 형평사 정기총회에서 외부의 파벌 다툼에 개입하지 않고 독자적인 발전을 도모한다는 결의안을 채택하기도 했다.

외부 세력과의 연대와 협력, 영향의 양상은 형평운동 기간 내내 여러 형태로 되풀이되어 나타났다. 1927년에 일어난 고려혁명당 사건은 형평사원들이 민족주의 외부 세력과 협력한 또 하나의 대표적 사례였다(김중섭, 1994: 250-256). 1926년 4월 만주 길림에서 만주의 정의부, 국내의 천도교와 형평사 활동가들이 독립운동을 목적으로 고려혁명당을 결성하고 형평사의 이동구가 책임 비서를 맡았다. 1924년과 1925년에 형평사 총본부 중앙집행위원이었던 이동구는 형평사 활동가들을 이 조직에 끌어들였다.

1927년 1월 고려혁명당 임원들이 일제 경찰에 체포되어 존재가 발각되면서 형평사 중앙위원인 장지필, 오성환, 조귀용, 서광훈, 유공삼의 참여가 확인되었다. 정의부, 천도교 활동가들과 함께 기소된 그들 가운데 일부는 혐의 사실을 부인하여 장지필, 조귀용은 1심에서, 서광훈은 2심에서 무죄 판결을 받았다. 그러나 이동구, 오성환, 유공삼이 유죄 언도를 받아 2년에서 5년까지 복역했다. 형평사 지도자들이 민족주의 단체와 협력했음을 보여 주는 이 사건을 겪으면서 형평사 지도부가 재편되었다. 핵심 지도자들이 감옥에 있는 상황에서 젊은 활동가들이 대거 총본부 임원으로 선임되었던 것이다.

1920년대 후반 진보적 경향의 젊은 활동가들이 사회주의 단체와 긴밀하게 협력한 것을 보여 주는 사례는 '해소론' 논쟁이었다(김중섭, 1994: 266-279). 1930년대 초 세계 공산주의운동을 이끄는 코민테른은 계급 해방 운동에 장애가 되는 단체를 해소(해체)하여 계급 투쟁 혁명 조직을 만들어야 한다고 지시했다. 이른바 해소론이다. 이것은 형평사 내에서도 젊은 활동가 중심으로 제안되었다. 좌우 합작의 민족단일당 신간회는 사회주의 세력의 주도로 해산되었지만, 형평사에서는 순조롭게 진행되지 않았다. 진보적인 젊은 활동가들의 해소 주장에 많은 사원들이 반대했다. 특히, 장지필 등 형평사를 창립한 노장층 지도자들이 시기상조라거나 형평사는 고유한 목적과 성격을 갖고 있다는 이유로 반대했다.

1931년 내내 해소론의 입장 차이로 전국대회와 여러 지역 회의에서 분란이 일어났다. 그러나 해소안은 회의 때마다 거듭 부결되었다. 결국 형평사 해소 시도는 신간회와 달리 실패했다. 그러나 그 과정에 형평운동의 동력이 크게 떨어졌다. 특히, 1920년대 말 세계 경제 대공황과 맞물려 총본부의 재정 곤란과 각 지역의 활동성이 급격하게 줄어드는 상황에서 1930년대 초의 해소론 논쟁은 형평운동의 침체에 커다란 영향을 미쳤다. 결국 1930년대 전반기 전국 조직과 전국대회 참석자 수가 급격하게 줄어들었다.

형평사의 목적

1923년 4월 발기총회에서 채택한 형평사 주지와 사칙, 세칙은 형평사 창립 목적을 뚜렷하게 밝히고 있다. 이 목적은 지사나 분사 창립 때마다 거듭 확인되었다. 1923년 5월 11일 전북 익산군 이리에서 창립한

동인회(나중에 형평사 이리분사로 개칭)의 참여 독려 격문은 선조들의 외롭고 억울한 혼을 달래 주며, 자녀들은 앞으로의 세상의 주인공이 되게 하겠다는 창립 취지를 밝히고 있다. 모든 사람이 평등하게 대우받는 사회를 만들고자 한 것이다.

그리고 5월 20일 전북 정읍의 서광회(나중에 형평사 정읍분사로 개칭) 창립 선전문은 "인권의 유린, 경제의 착취, 지식의 낙오, 도덕의 결함"의 역사를 지적하고 백정은 권리 없는 존재였다고 절규하며 "권리를 회복하고 자유를 해방하고 질곡적 제도를 탈출하며 전통적 습관을 타파하여" 새로운 역사와 진선미(眞善美)를 누리는 생활을 만드는 것이 목적이라고 했다. 백정 역사의 부당함과 비인간적인 참혹함에서 벗어나 존엄을 누리는 사회를 만들고자 한 것이다.

요컨대, 형평운동은 조선 시대 신분제에서 차별을 받아 온 백정들이 참사람으로 대우받고자 하는 인권운동이며, 구성원들의 친목과 상호부조를 도모하는 공동체운동이었다(김중섭, 2015: 136-153). 1920년대에 널리 쓰이지 않은 '권리' '인권' 같은 개념을 선각적으로 인식하여 백정의 인권 회복과 증진을 분명하게 밝혔던 것이다.

형평사 전국대회나 지역 집회의 슬로건이나 선언, 강령 등은 반복하여 형평운동이 인권운동임을 강조했다. 1926년에 채택한 '형평사 선언'은 수천 년의 노예 역사에서 잃어버린 인권을 되찾자고 주장했다. 그리고 첫째 강령으로 "아등(我等)은 경제적 조건을 필요로 한 인권 해방을 근본적 사명"이라고 채택했다. 곧, 차별 철폐, 자유와 평등을 강조하며 인권이 경제적 조건에서 실현되어야 한다고 인식했다.

〈그림 1-2〉의 1930년 4월 형평사 전국대회 포스터는 "인생권과 생활권을 획득하자"라는 슬로건을 담고 있다. '인생권'은 사람이 살아가는

데 가장 기본이 되는 생존권, 사람으로서 존엄을 누리며 사는 데 필요한 권리를 의미한다. '생활권'은 사람이 생활하는 데 필요한 기본 권리로서 오늘날의 사회권과 경제권을 의미한다고 이해된다. 이와 같이 형평운동은 인권 개념을 인생권과 생활권 같은 영역까지 확장하며 백정 신분 차별 철폐라는 목적 아래 자유, 평등, 사회권, 경제권의 실현을 도모했다.

<그림 1-2> 1930년 제8회 형평사 전국대회 포스터

인권은 개인이 누리는 것이지만, 또한 사회적 보장이 요구된다. 이를 위하여 형평사 활동가들은 공동체운동의 중요성을 강조하며, 사원들에게 끊임없이 단결과 연대를 요구했다. 그리고 창립 초기부터 백정 공동체 전체의 권익 활동을 벌이며 공동체 의식을 강조했다. 특기할 만한 것은 백정 사회의 유산자, 교육받은 사람들이 공동체운동을 강조하는 형평운동을 이끌었다는 것이다. 백정들 사이에 빈부 격차가 있고, 배움의 정도가 달랐지만, 형평사원 모두의 권익을 위한 활동을 벌여 나갔다. 특히, 차별받고 공격당하는 사원들을 위하여 연대 투쟁을 벌이며 불합리한 차별 관습에 함께 대항했다. 또 배우지 못한 사원들을 위한 교육과 계몽 활동을 하고, 불안정한 일자리 상황이나 부당한 대우에 놓인 사원들을 위하여 공동 사업을 구상했다. 때로는 사원들을 위하여 동맹 파업을 벌였다. 선언이나 사칙에

사원의 상부상조와 친목을 명시하고, 경제적 권익 증진을 위한 산업별 조합 결성을 시도했다. 이와 같은 형평사원의 권익과 상호 발전을 위한 백정 공동체주의적인 의식과 방침은 전국대회나 지역 단체의 결의문, 포스터 슬로건, 회의 안건 등을 통해 백정 집단의 결속, 단결, 연대의 강조로 나타났다.

형평사는 백정들이 겪는 신분 차별의 사회적 상황이나 전통 산업에서 위협받는 경제적 상황을 타개하기 위해서 차별 행위에 공동 대응하고 경제적 권익 증진을 위하여 활동했다. 조선총독부의 지방 관청이나 일본인 거류민 단체로 넘어간 도축장, 건피장의 관리권을 되찾고자 했고, 피혁 산업의 대자본에 대응하여 가내 작업의 피혁 가공을 공동으로 하는 피혁회사 설립을 계획하고 피혁의 공동 생산과 공동 판매 도입을 추진했다. 또 도축장 도부의 작업 환경 개선을 위하여 임금 인상을 요구하며 파업을 벌였고, 도축장의 일방적인 고깃값과 공급량 결정에 공동 대응하며 정육업자들의 권익을 보호하고자 했다.

그러나 형평사 내에 사회주의 이념이 확산되면서 무산 사원에 대한 유산 사원의 착취 문제가 제기되고, "사원으로서 사원 착취를 반대하자" 같은 구호가 집회 장소에 내걸렸다. 또 해소론을 둘러싼 형평사 내의 갈등과 대립이 증폭되기도 했다. 다른 한편으로는 부유한 사원 중심으로 경제적 이익을 추구하는 움직임이 나타났다. 정육점 경영자 중심의 수육조합이 결성되고, 사원들의 경제적 부조 활동을 도모하는 동인 공제사 설립이 추진되었다. 이렇게 대립과 변화를 겪으면서 형평사 활동은 급격하게 침체되고, 급기야는 이익 집단으로 변질되고 대동사로 개칭하면서 형평운동의 인권운동 성격은 빠르게 사라졌다.

일제의 통제와 형평사의 변질

형평운동의 변질 배경에는 일제 강점기의 정치적, 사회적 상황이 있었다. 형평사는 창립 초기부터 일제의 감시와 통제에서 벗어날 수 없었다. 때로는 부당한 탄압을 받았다. 형평사 활동가들은 언제나 경찰의 감시 대상이었고, 모든 활동은 경찰의 통제 아래 진행되었다. 집회에서 참석자의 발언이 경찰의 제지로 중단되기도 하고, 유인물은 사전 검열을 받아야 했다. 관청이나 경찰의 부당한 처사가 예사였다. 특히, 일제 경찰의 탄압은 형평운동 전개에 큰 타격을 주었다. 앞서 언급한 고려혁명당 사건의 경우, 핵심 지도자들이 투옥되었을 때에 젊은 활동가들이 대거 임원을 맡으면서 위기를 모면했지만, 1930년대 초의 형평청년전위동맹 사건(앞으로 전위동맹 사건으로 줄임)은 치명적인 손상을 입혔다(김중섭, 1994: 279-285; 2015: 358-362; 고숙화, 2008: 284-316).

전위동맹 사건은 1933년 1월부터 일제 경찰이 전국의 젊은 형평운동가들을 대거 검거하면서 드러났다. 전국 여러 지역의 활동적인 사원 100여 명이 경찰의 심문과 취조를 받았다. 이른바 '형평청년전위동맹'이라는 단체를 만들어 공산주의 혁명을 도모했다는 혐의였다.

1933년 10월 경찰은 구속 14명, 불구속 41명을 검찰에 송치했다. 검찰은 불구속 상태였던 18명은 불기소로, 33명은 기소유예 처분으로 종결했다. 그리고 구속된 14명을 치안유지법 위반 등의 죄목으로 기소했다. 이들은 정위단, 형평청년회, 형평학우회 같은 단체의 핵심 활동가들로서 다른 사회운동 단체와의 연대 활동에도 적극적이었다.

검찰은 1년 5개월 동안 구속자 예비 심문 명목으로 사건 처리를 미루다가 1934년 12월에 재판에 회부했다. 그로부터 1년 가까이 된 1935

년 11월에 첫 재판이 시작되었다. 처음 체포된 지 2년 10개월이 흐른 뒤였다. 형평사는 이미 1935년 4월에 대동사로 이름을 바꾼 상황이었다.

1936년 1월에 1심 재판 판결이 내려졌다. 다른 사건에 연루된 이종률을 제외한 피고인 전원이 무죄 판결을 받았다. 그러나 검찰은 항소하여 사건을 복심(2심 재판) 법원으로 끌고 갔다. 결국 1936년 11월 2심 재판에서 이종률을 제외한 피고인 전원이 다시 무죄 판결을 받고서야 감옥에서 풀려날 수 있었다.

전위동맹 사건이 일제의 조작 사건이라는 것은 연구자들의 일치된 견해이다. 경찰은 전국의 대의원들이 정기대회에 참석하기 위해서 들락거리는 총본부 숙직실에서 비밀 단체를 결성했다고 하면서 젊은 활동가들에게 혐의를 뒤집어씌웠다. 경찰 조서 수천 매가 하루에 기록되었고, 비슷한 조서 내용이 반복되어 나타났다. 피고인들은 재판정에서 고문을 받았다고 폭로했다. 증거가 조작되고 혐의 사실이 허구라는 변호인의 주장이 설득력을 얻었다. 결국 일제 재판관도 피고인들의 혐의를 부정하며 무죄를 선고했다.

그러나 전위동맹 사건을 겪은 젊은 형평운동가들은 더 이상 활동할 수 없었다. 인신 구속된 14명만이 아니라 경찰 심문이나 취조를 받고 풀려난 활동가들도 경찰의 감시에서 벗어날 수 없었다. 형평운동은 이 사건을 겪으면서 활력을 잃게 되었다. 특히, 형평운동 내의 진보적 활동이 사라지고 말았다.

그즈음 형평운동은 빠르게 침체되고 있었다. 사원들의 경제적 곤란뿐만 아니라 해소론을 겪으면서 생긴 형평사 내의 갈등과 분열도 원인으로 작용했다. 게다가 1931년 만주사변 이후 전시 체제에 돌입하면서 일제의 통제가 더욱 심해졌다. 많은 사원들이 형평사 활동을 중단했고,

활동하지 않는 유명무실한 분사가 급증했다. 자연스럽게 전국대회 규모도 크게 줄었다.

한편, 사원들의 경제적 이익을 위한 수육조합과 공제조합이 생겨났다. 1935년 4월 전국대회에서 형평사는 대동사로 개칭되었다. 명목상 백정 차별 철폐 목표는 유지했지만, 점점 경제적 이익에 치중하는 이익집단으로 변질되어 갔다.

1936년 중일전쟁, 1939년 태평양전쟁으로 확전하면서 일제의 군국주의와 황민화 정책이 한국 사회를 휩쓸었다. 국민총동원령 아래 인적, 물적 물자를 전쟁에 동원하는 상황에서 대동사는 일제에 협력하는 부역집단으로 전락했다. 군수물자인 피혁조차 조선총독부가 관리하면서 사원들의 경제적 이익도 보호받기 힘들었다. 1940년 8월의 일제 자료는 대동사가 부산으로 이전하며 형평사로 개칭했다고 기록했지만 사실 여부는 확인되지 않는다. 그 기록 이후 대동사의 흔적은 더 이상 찾을 수 없다. 전란 중에 자연 소멸되었을 것으로 짐작된다.

형평운동의 유산

형평사는 일제 강점기에 가장 오랫동안 지속된 사회운동 단체이다. 신분제 유습인 백정 차별 관습을 없애기 위한 인권운동으로서 뚜렷한 발자취를 남겼지만, 형평운동의 역사는 1945년 해방 이후 빠르게 잊혔다. 백정 후손들의 노력이 없지는 않았지만, 국가 건설에 치중하고 남북분단으로 이데올로기의 편향성이 심해지는 상황에서 그 역사를 기억하는 이도 없고 연구도 활발하지 않았다(김중섭, 2022).

아울러 사회 전반적으로 신분 인식도 빠르게 바뀌어 갔다. 특히, 일제 식민지 말기와 해방 이후의 대규모 이동, 남북 분단과 6.25전쟁, 1960년대 산업화 과정의 급격한 사회 변동이 신분 관습 변화에 커다란 영향을 미쳤다. 옛 신분을 파악하기 어렵게 되면서 신분 의식도 희석되어 갔다. 그러나 천민 집단, 특히 백정에 대한 차별 의식은 오랫동안 사회 저변에 남아 있었다. 이런 상황에서 백정 후손이라고 드러내는 이도 없고, 형평운동의 역사를 증언해 줄 사람도 찾기 어렵게 되었다.

1980년대 후반, 민주화가 되고 사회사와 역사사회학의 연구 영역이 확대되면서 형평운동 연구도 조금씩 활성화되었다. 형평운동 역사에 대한 시민들의 관심도 생겨났다. 1991년 가을부터 형평사 창립지 진주에서 형평운동 역사를 기리려는 움직임이 일어나서 1992년 5월 형평운동 70주년 기념사업회의 결성으로 결실을 맺었다. 이 단체를 중심으로 1993년 4월 형평사 창립 70주년을 맞아 해방 이후 최초로 기념식이 열렸고, '형평운동의 현대적 조명'이란 주제의 국제학술회의가 개최되었다. 학술회의에서 발표된 한국, 일본, 미국, 영국 연구자들의 논문은 단행본으로 발간되었고(형평운동70주년기념사업회 엮음, 1993), 이듬해 일본어로 번역 출판되었다(衡平運動70周年記念事業會 엮음, 1994).

이름을 바꾼 형평운동기념사업회 중심으로 시민 성금이 모여서 건립된 형평운동기념탑이 1996년 12월 10일 세계인권선언일에 맞추어 제막되었다. 이 탑은 조선 오백 년 동안 백정 거주가 허용되지 않은 진주(외)성 안에 세워졌다. 백정들의 원혼을 달랜다는 의미에서 선택된 장소였다. 기념탑 준공에 앞서 '96 진주인권회의'가 열렸다. 형평운동 정신을 되살려 지역의 인권 상황을 논의하는 자리였다. 형평운동을 과거의 역사로만 가두지 말고 현재의 인권 상황을 살펴보고 개선하는 역사적 유산으로 활용하자는 의도가 있었다. 차별 없는 세상을 만들고자 한 형평운동 정신이 오늘날에 구현되기를 기대한 것이다. 역사를 어떻게 기억하고 기념하고 활용할 것인가는 오늘날 살고 있는 사람들의 몫이라는 것을 일깨워 준다.

2003년 4월 형평운동 80주년 기념 사업이 열렸다. 주제는 크게 둘이었다. 하나는 "형평운동과 문화와의 만남"이었다. 전통 예술인 오광대(탈춤)와 연극을 통하여 형평운동의 의미를 새기고자 했다. 진주오광대보존회는 창작 탈춤 〈백정〉을 시연했고, 진주의 연극단체 현장은 강상호와 장지필의 갈등을 통해 형평운동을 재조명한 창작극 〈불꽃〉을 무대에 올렸다.

또 다른 주제는 "인권 증진의 국제적 연대"였다. 형평운동기념사업회와 일본 부락해방·인권연구소가 협력하여 "21세기 인권 발전의 과제와 전망"이란 주제의 국제학술회의를 주최했다. 그리고 발표문을 엮은 책을 한국과 일본에서 동시에 출간했다(김중섭·도모나가 겐조 엮음, 2004; 金仲燮·友永健三 엮음, 2004). 아울러 〈차별받는 사람들의 현장〉이란 주제로 한국의 백정, 일본의 부락민, 인도의 달리트를 다룬 국제사진전을 국립진주박물관에서 열었다. 이 행사 개막식과 함께 세 집단에 대한 강연회가 열렸다. 형평운동 발상지 진주에서 한국 최초로 부락민과 달리트 인권운동을 비교하여 되돌아보는 행사였다. 아직도 차별 문제가 심각한 일본의 부락민과 인도의 달리트의 인권 상황을 이해하며 국제 연대를 모색하는 자리가 되었다.

2013년 형평운동 90주년에 맞추어 한국과 일본에서 동시에 행사가 마련되었다. 진주에서는 형평운동기념사업회가 기념 강연 등을 개최했고, 일본에서는 한국과 일본의 연구자들이 공동으로 참여하는 '형평사사료연구회'(2016년에 '조선형평운동사연구회'로 개칭)가 결성되었다. 이 연구회의 주요 목적은 한국과 일본의 형평운동 연구 결과를 공유하며 형평운동 관련 사료를 수집·정리하는 것이었다. 그 결실로 『조선형평운동사료집』(部落解放·人權研究所 衡平社史料硏究會 엮음, 2016)과 『조선형평운동사료집·속』(部落解放·人權研究所 朝鮮衡平運動史硏究會 엮음, 2021)이 발간되었다.

이 두 권의 자료집은 조선총독부 경무국, 각 도의 경찰부, 조선군 참모본부, 경성지방법원 검사국 등 일제 관헌의 문헌 자료, 그리고 신문, 잡지 등에 게재된 형평운동 관련 자료를 모아 엮은 것이다. 특히, 일제 조작 사건인 '형평청년전위동맹사건'의 경찰 보고서, 증거품, 피의자 심문조서, 의견서 등을 발굴하여 실었다. 형평운동의 전체 흐름을 밝혀 주는 주요 자료가 체계적으로 정리된 두 권의 자료집 발간으로 형평운동 연구가 더욱 활성화될 것으로 기대된다.

2023년은 형평사 창립 100주년이다. 이를 어떻게 기억하고 기념할 것인가 주목된다. 역사적 유산은 오늘날에 시의적절하게 이해되고 의미 있게 활용될 때 더욱 가치를 갖게 된다. 형평운동 역사를 되살리며 기리는 기념사업과 현대적 관점을 반영한 연구와 해석이 중요한 이유이다.

4. 맺음말

지금까지 진주 지역의 3·1운동과 형평운동을 살펴보았다. 범민족적인 만세 시위가 전국을 휩쓴 3·1운동은 근대 역사의 분수령이라고 평가된다. 특히, 두 가지 측면에서 그렇다. 첫째, 일제 강점으로부터 독립을 추진하며 수립된 임시정부는 '민주공화정'을 한국의 미래 국가로 그리며 자유와 평등, 평화를 사회의 핵심 가치로 설정했다. 이것은 조선 왕조로 되돌아가지 않고 새로운 사회로 나아가는 것을 천명한 의미 있는 역사였다.

둘째, 3·1운동은 전통 사회의 유습을 극복하고 근대 사회로의 이행을 촉진하는 자양분을 조성했다. 이 점은 진주의 3·1운동과 그 이후의 지역 사회운동을 통하여 확인되었다. 곧, 진주 사례는 전국 곳곳에서 일어난 사회 변동 양상을 보여 주는 본보기였다. 진주의 젊은 활동가들이 치밀하게 준비한 3·1 만세 시위에 각계각층의 진주 주민들이 적극적으로 참여했다. 3·1운동을 경험한 진주 주민들은 다양한 사회단체에 참여하면서 새로운 사회를 건설하고자 하는 사회 변혁 활동의 주체자로 발전했다. 지역 사회문제의 주체적인 행위자로 발전한 그들의 모습에서 근대적인 시민과 시민사회의 싹을 엿볼 수 있다. 비록 일제 식민 통치 아래 그 싹은 더 이상 발전하지 못했지만, 그러한 활동은 조선 사회의 문제를 주체적으로 해결하려는 역사적 전진으로 평가되었다. 문해력을 높이기 위한 교육과 계몽 활동, 유교 문화 아래 억압받던 어린이와 여성의 권익 증진 활동, 농촌 사회의 고질적인 병폐였던 불공정한 소작 제도 개선 활동 등의 진주 지역 역사는 그 시대의 사회 변동 양상을 보여 주는 적절한 사례였다.

진주에서 시작된 형평운동은 3·1운동 이후 사회 변혁 활동의 대표적인 사례로 평가된다. 신분 차별 피해 당사자 집단인 백정은 형평운동을 통하여 신분 차별 철폐라는 사회 변혁을 도모했다. 그들의 활동은 조선 시대의 신분제 유습을 타파하며 사람의 존엄과 자유, 평등을 실현하려는 인권운동이었다. 또 전통적 연결 고리를 새로운 관계로 만들어 구성원 모두의 번영과 권익을 추구하는 공동체운동이었다.

지금까지 진주 지역의 3·1운동과 형평운동을 통하여 조선의 전통 사회 유산을 극복하고 평등한 근대 사회로 나아가기 위한 지역 역사의 의미를 살펴보았다. 역사를 이해하고 기리며, 재해석하는 것이 역사를 새로운 사회 건설의 원동력으로 삼는 첫걸음이라는 것을 거듭 확인하게 된다.

참고문헌

1. 고숙화(2008), 『형평운동』, 독립기념관 한국독립운동사연구소.
2. 김중섭(1994), 『형평운동연구: 일제 침략기 백정의 사회사』, 민영사.
3. 김중섭(2012), 『사회운동의 시대: 일제침략기 지역 공동체의 역사사회학』, 북코리아.
4. 김중섭(2015), 『평등 사회를 향하여: 한국 형평사와 일본 수평사의 비교』, 지식산업사.
5. 김중섭(2020), 「진주지역 3·1운동과 근대사회 발전」, 김중섭 외, 『진주 3·1운동과 근대사회 발전』, 북코리아, 291–324쪽.
6. 김중섭(2021), 「진주 지역 호주선교회의 활동과 근대사회 발전」, 『역사와 경계』, 부산경남사학회, 121집, 65–101쪽.
7. 김중섭(2022), 「형평운동의 연구 동향과 자료」, 『현상과인식』, 한국인문사회과학회, 46권 2호(여름호), 29–61쪽.
8. 김중섭·도모나가 겐조 엮음(2004), 『세계화와 인권 발전』, 도서출판 오름.
9. 김중섭·이준식·김준형·조헌국·김희주·김형목·조미은(2020), 『진주 3·1운동과 근대사회 발전』, 북코리아.
10. 노영택(1994), 「일제시기의 문맹률 추이」, 『국사관논총』, 51집, 123–129쪽.
11. 신용하(1982), 『조선토지조사사업 연구』, 지식산업사.
12. 신용하(1986), 「조선노동공제회의 성립과 노동운동」, 『한국의 사회신분과 사회계층』, 문학과지성사, 71–201쪽.
13. 이준식(2020), 「3·1운동의 역사적 의미」, 김중섭 외 『진주 3·1운동과 근대 사회 발전』, 북코리아, 27–55쪽.
14. 조헌국(2020), 「진주지역 3·1운동의 전개과정」, 김중섭 외, 『진주 3·1운동과 근대사회 발전』, 북코리아, 133–170쪽.
15. 형평운동70주년기념사업회 엮음(1993), 『형평운동의 현대적 재인식』, 솔출판사.
16. 金仲燮·友永健三 엮음(2004), 『グローバル時代の人權を展望する』, 大阪: 解放出版社.
17. 部落解放·人權研究所 朝鮮衡平運動史研究會 엮음(2021), 『朝鮮衡平運動史料集(續)』, 金仲燮·水野直樹 감수, 大阪: 解放出版社.
18. 部落解放·人權研究所 衡平社史料研究會 엮음(2016), 『朝鮮衡平運動史料集』, 金仲燮·水野直樹 감수, 大阪: 解放出版社.
19. 衡平運動70周年記念事業會 엮음(1994), 『朝鮮の身分解放運動』, 民族教育センター 옮김, 大阪: 部落解放研究所.

Ⅱ. 강제 동원과 '합천의 히로시마'

전갑생(서울대학교 사회발전연구소 연구원)

1. 머리말: 합천, 박제된 피폭자들의 고향

한국의 '히로시마'라고 명명된 경남 합천은 국내에서 원자폭탄의 피해자들을 다수 수용하는 시설과 역사관 등을 갖추고 있는 곳이다. 매년 피폭자 1세와 2세들이 8월 6일 합천에서 위령제와 평화대회를 개최하고 있다.

그렇다면 합천 사람들은 언제부터 어떤 이유로 일본 히로시마와 나가사키 등지로 떠났는지, 원자폭탄 투하 전후의 삶과 귀환, 일본에 재입국 시도, 피폭자 수첩을 받기 위한 법정 투쟁, 일본인들의 도움, 한국 정부의 제도적 지원에 이르기까지 77년 동안 싸움의 연속이었다.

합천 지역의 피폭자 1세와 전후 1.5세대, 피폭 2세들은 1945년 8월 6일과 9일에 투하된 원자폭탄에 대한 집단 기억과 인식도 각양각색이다. 이 글은 1세대들이 파편적으로 기억하고 있는 일제 강점기 합천과 강제 동원, 귀환한 1세대, 다시 일본으로 재입국하려고 밀항한 사람들, 배제된 조선(한국)인 피폭자들의 투쟁 등을 살펴보고자 한다.

우선 일제 강점기 합천 지역의 상황과 강제 동원 과정 등을 살펴본다. 둘째, 두 번에 걸쳐 투하된 원자폭탄으로 인한 피해자의 귀환 과정, 합천에서 다시 일본으로 재입국을 시도하는 과정도 짚어 보고자 한다. 셋째, 합천 지역의 피폭 1세와 2세들의 삶을 통해 역사적 인식과 흐름까지 살펴보고자 한다.

2. 합천 사람들: 내몰리다, 끌려가다, 버려지다

자연재해: 내몰리다

조선인 피폭자의 대다수는 경남 합천 지역 주민이다. 생존한 피폭자와 2세도 상당수가 합천에 살고 있다. 합천이 '제2의 히로시마'로 불리는 이유이다. 합천은 예로부터 전란 때 피난하기 좋은 곳으로 알려져 있다. 초계면을 제외한 나머지 지역은 평야를 거의 찾아보기 힘들 정도며, 주요 경작지는 산간 계곡과 하천을 따라 형성돼 있다.

1922년의 합천 지역 농업은 소작농이 9,451명으로 가장 많았고 자작농이 3,447명, 자작과 소작을 겸하는 농민이 6,677명이었다. 겸업을 합치면 전체 소작인은 1만 6,128명으로 총 농업 인구 219,575명의 70% 이상을 차지하고 있었다. 또한 1925년 5월 합천의 농업 상황은 소작 호수 9,329호, 자작 3,989호(전체 농가 1만 3,318호)였다. 그만큼 합천군은 가난한 농민이 많았다. 여기에 1920년대 들어 합천에서는 다른 지역보다 자연재해가 극심해 많은 주민이 고향을 등지는 계기가 됐다. 1920년 7월 큰 홍수가 나면서 황강과 야로천이 범람해 150명이 실종되고 유실된 가옥도 650호에 달했다. 7월 28일부터 30일까지 사흘 동안에도 많은 비가 쏟아져 대병면 창리 괴화천(槐花川)에서 가옥 20여 채가 떠내려갔으며 이재민이 90여 명 발생했다. 이런 와중에 전염병까지 유행해 1920년 8월 콜레라로 수많은 사망자가 발생했다. 수재민·소작 농민들은 합천에 살 수 없어 매월 500명 가량이 일본으로 건너갔다.

합천에서는 1925년 7월에도 수해가 발생해 논 1,000정보 중 700정보가 물에 잠겼다. 1925년 말 빈농이 3,961호에 달했고 거리를 떠도는 걸인도 240명이나 있었다. 1929년 6월에는 물 부족으로 묘대(苗垈, 볍씨를 뿌려 모를 기르는 논) 파종조차 못했다. 설상가상으로 같은 달 27일부터 29일까지 홍수가 발생해 주민 13명이 죽고 가옥 838채가 유실·붕괴·침수되는 등 최악의 피해를 입었다. 이로 인해 합천은 쌀 생산량이 전년도에 비해 36% 이상 감소했고, 1929년 10월 말 학생 151명이 중도에 학업을 포기하고 말았다.

자연재해로 인한 피해는 농민에 그치지 않았다. 1931년 3월부터 1934년 4월까지 수해를 당한 노동자들은 3년 동안 공사장에서 일하고 받은 노임 중에서 10%씩 저금했던 돈을 찾아 쓰기 시작했다. 합천의 잇따른 자연재해는 전시 체제기까지 이어졌다. 1936년 8월 15일 황강이 범람하여 쌍책면 일대는 부상자 40명, 가옥 침수 270채, 가옥 파괴 150채, 농작물 침수 1,000정보, 이재민 800명이라는 큰 피해를 입었다. 농민들은 경남도에 지원을 요청했지만 전시 체제의 예산 문제로 제대로 반영되지 못했다. 1937년 6월에는 가뭄이 극심해 모내기를 하지 못한 논이 70%에 달했다. 절반은 용수가 부족해 모심기도 힘들었다. 1939년 5월에는 논에서 흙먼지만 일 정도로 극심한 가뭄이 닥쳤다.

초계와 용주, 율곡면 등지에서는 지주들이 소작료를 부당하게 요구해 마찰이 빚어졌다. 율곡면에서는 지주가 소작료를 턱없이 많이 요구해 면 직원이 입회한 상태에서 타작해 절반씩 가져가는 일도 있었다. 초계면에서는 지주가 가뭄으로 사용하지 못한 논에 대해서까지 소작료를 강요했다. 용주면에서는 소작인에게 물세와 창고세 등을 부당하게 물리고 지난해 소작료를 소급해 받아내려는 일도 벌어졌다.

반복되는 수해의 고통: 일본으로 떠나다

자연재해와 지주들의 횡포를 견디지 못한 농민들은 결국 고향을 떠나기 시작했다. 그중 상당수는 부산으로 가 18~20원을 주고 밀항선을 탔다. 1929년 1월부터 11월까지 일본으로 떠난 농민이 3,508명에 달했다. 1944년 징용령에 따라 합천에서 일본과 동남아시아로 끌려간 주민도 3,360명에 달했다. 일제의 강제 이주 정책에 의해 만주 등지로도 주민들이 떠나면서 합천에는 노동력이 부족해지는 사태가 빚어졌다. 농가들은 농번기에 품삯을 이전보다 배를 더 줘도 일손이 없어 쩔쩔 맬 정도였다.

1974년 원폭피해자원호협회 합천지부가 실시한 합천군 피폭자 실태조사에 따르면 당시 파악된 합천 지역(17개 면) 생존자 3,867명 중에서 율곡면이 1,165명으로 가장 많고, 합천면 682명, 대양면 632명, 쌍책면 543명, 용주면 532명, 묘산면 387명, 초계면 263명, 적중면 223명, 대병면 118명 등으로 많이 거주하고 있었다.

히로시마, 나가사키에서 피폭을 당한 외국인의 대부분은 조선인이다. 정확한 피폭자 수는 밝혀지지 않았으나, 그 수가 만 단위 이상으로 추정돼 국제적인 문제가 될 수 있다고 원폭재해지편집위원회는 지적했다. 이렇게 엄청난 수의 조선인이 피해를 입게 된 배경에는 두말할 것도 없이 일본의 식민 지배라는 역사가 자리하고 있다.

재일조선인에는 일반 이주자와 그 가족, 학생, 국민동원 계획에 의해 모집된 노무자, 국민징용령 발동으로 강제 연행된 동원 노무자가 포함되어 있다. 이 같은 이주의 역사적 동향은 조선인이 큰 피해를 입게 된 배경을 단적으로 보여 준다. 조선인 피폭자는 일제의 식민지 정책에 학대받고, 전쟁의 인적자원으로 많은 희생을 강제당한 데 이어 원자폭탄이라는 운명까지 맞게 된 최대 피해자라 할 수 있다. 1944년 말 히로시마현에 8만 1,863명(그중 집단적 강제 이입자는 5,944명), 나가사키현에 5만 9,573명(집단적 강제 이입자 2만 474명)이 거주한 것으로 확인된다. 그러나 이들 중 두 도시의 시(市)내에 거주한 숫자는 파악되지 않는다.

일제는 재일조선인을 감시하고 정보를 수집하면서 한편으론 창씨개명(1940년) 등을 통한 동화 정책과 내선일체화를 강제하고 있었기 때문에 조선인이 일본인 피해자 수에 뒤섞였을 가능성이 있다. 게다가 원폭 투하 때 조선인 중 몇 명이 피폭지 내에 있었고, 또 몇 명이 피폭 후 시내로 들어와 원폭의 영향을 받게 됐는지는 불확실하다. 히로시마, 나가사키 원폭 피해자 중 조선인 수에 대해 1968년 원폭피폭자원호협회(이하 협회, 훗날 한국원폭피해자협회로 개칭)는 피해자가 총 70,000명이고 생존자는 30,000명(중환자 30%) 정도로 추정된다고 밝혔다. 당시 협회 등록자는 1,136명이었다.

한국원폭피해자협회가 1972년 4월 발표한 히로시마 5만 명, 나가사키 2만 명이란 숫자는 피폭의 범위를 어디까지로 규정해 추계했는지, 또 시기적으로 언제까지의 사망과 귀국을 산출한 것인지가 분명하지 않다. 1973년 11월 당시 협회에는 6,281명(자진신고자)이 회원으로 등록돼 있었고, 3,081명이 등록신청서를 낸 상태였다. 1974년 4월 등록회원은 9,362명이다. 1991년 10월 조선인강제연행진상조사단은 두 지역의 피폭자 2,768명을 확인하고, 히로시마 517명과 나가사키 2,251명의 명단을 확보했다. 히로시마 피폭자는 1971년 일본에서 조사한 명단으로 이름, 나이 등이 기재돼 있다.

나가사키 피폭자 명단은 나가사키시 조사공자분(長崎市調査公者分) '나가

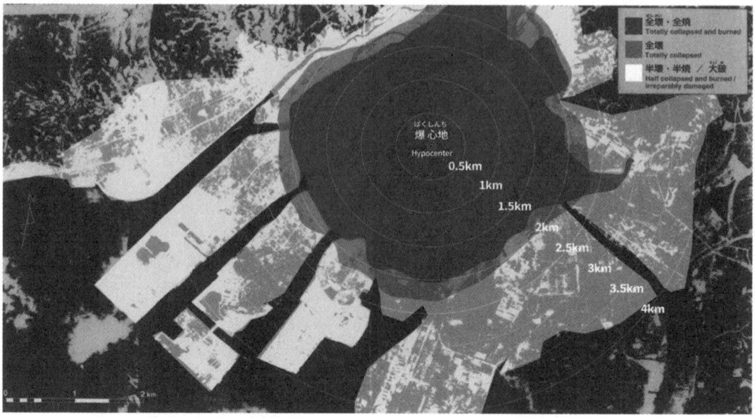

<그림 2-1> 1945년 8월 6일 원자폭탄 투하 직후 히로시마 시가지 ©히로시마 원폭자료관

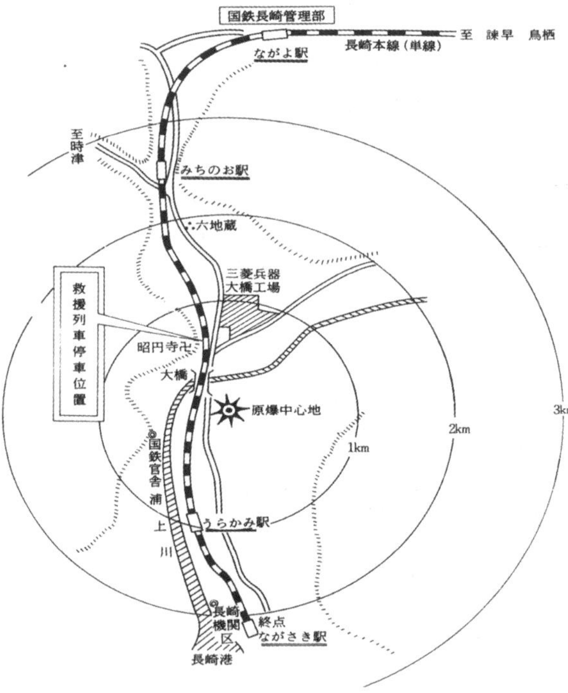

<그림 2-2> 1945년 8월 6일 원자폭탄 투하 직후 나가사키 시가지의 지도 ©히로시마 원폭자료관

사키조선인피폭자일람표(長崎朝鮮人被爆者一覽表)'(1983, 원적) 자료로, 조선인강제연행진상조사단이 1990년 12월 30일 입수한 자료에 포함돼 있다. 이 자료에는 이름, 생년월일, 피폭지, 피폭 당시의 주소, 본적지 등이 기록돼 있으며 히로시마보다 더 많은 피폭자에 대한 정보가 수록돼 있다.

3. 피폭자들: 돌아오다, 고통 받다, 대물리다

돌아오다: 피폭자들의 귀환과 애환

히로시마, 나가사키 두 지역의 조선인들은 병원, 학교 등지에 분산 수용되었다가 귀국 준비에 들어갔다. 종전 직후 재일조선인들은 귀국과 구제라는 구호 아래 '귀환자 단체' 등을 구성했다. 이들의 귀국을 시기별로 보면 제1기(1945. 8. 15.~11. 30., 자발적 집단 출국기), 제2기(1945. 12.~1946. 인양원호국을 통한 귀환), 제3기(1947. 1.~1948. 8. 15., 연합국 최고사령부 통제에 의한 귀향) 등 크게 세 시기로 구분할 수 있다.

시기별 귀국 인원은 일반 귀국자와 피폭자를 합쳐 2기 401,634명, 3기 106,988명으로, 이 숫자를 귀환자 총수 140만 명에서 빼면 대체로 90만 명에 달하는 조선인이 1기에 귀환했을 가능성이 있다. 이들 귀환자들은 시모노세키(下關, 도쿄), 센자키(仙崎, 야마구치), 하카다(博多, 후쿠오카), 사세보(佐世保, 나가사키) 등의 항구에서 여객선에 승선하여 부산으로 출발했다. 1945년 8월 21일 일본 정부는 조선인의 징용 해제 방침을 결정하고 9월 1일에 센자키에서 귀환선 제1호로 고안마루(興安丸)가 부산을 향해 출발했다. 이날 출발한 귀환자들 가운데 히로시마·나가사키 거주자는 각각 19,922명과 4,516명으로 총 24,438명이었다.

다수의 피폭자들은 가족·친인척과 함께 100~500엔을 주고 100톤 남짓한 낡은 어선을 빌려 타고 목숨을 건 항해를 감행했다. 1945년 10월 이런 식으로 밀항을 감행했던 권강승(67, 경남 합천군 율곡면 와리 원촌 거주)은 "풍랑으로 배가 난파됐고 겨우 목숨만 건질 수 있었다"라고 말했다. 이영춘(1935년생)은 "한국에 돌아왔는데 부산에 도착하자마자 배에 불이 났어요. 아부지가 '30년 헛 거 살았다', '이대로는 고향에 못 간다' 캄서 다시 일본으로 건너가 뿌릿고"라고 생계 문제로 일본으로 재입국을 시도했다고 말했다.

히로시마 원폭의 큰 피해자였던 미쓰비시중공업 강제 동원 노무자 246명은 1945년 9월 17일 큐슈 지역을 강타한 초대형 태풍에 의해 이끼(臺崎)섬 아시베만(芦邊灣)에서 조난을 당해 실종됐다. 같은 날 가츠우라(勝浦)만에서 조선인이 탄 배가 표류하다 59명 중 6명이 사망했고, 10월 11일 아시베만 구요시하마(淸石浜) 해안에서도 사체 168구가 인양됐다. 10월 14일에도 이끼섬 가쓰모토(臺崎勝本)에서 조선인이 탄 배가 침몰했다.

가까스로 조국에 돌아온 피폭자들은 잠시 부산에 머물다가 전국 각지로 흩어졌다. 하지만 그들을 맞이한 것은 지독한 가난과 차별이었다. 일본에서 온갖 고생 끝에 모아둔 재산은 원폭으로 일순간 잿더미로 변해 사라져 버렸다. 자연재해와 식량난을 견디지 못해 일본으로 갔다가 원폭을 맞고 돌아온 고향은 달라진 게 없었다. 혹독한 굶주림을 견디다 못한 일부 피폭자나 농민들은 고향을 등지고 다시 일본으로 밀항하는 사태가 벌어졌다. 1946년 1월 당시 나가사키로 밀항한 조선인이 8,491명에 이르렀으며 그들은 오무라·사세보 임시수용소에 있다가 다시 본국으로 송환됐다.

이런 와중에 1948년 3월 합천을 비롯한 산청·함양 일대는 대홍수로 다시 큰 위기를 맞았다. 이어 한국전쟁기인 1952~1953년에는 가뭄까지 겹쳐 식량난이 극에 달했다. 주민들은 면사무소로 몰려가 구호식량을 요청했지만 전쟁 중이라 면사무소도 어쩔 수 없었다. 결국 집이며 땅, 가축 등을 헐값에 팔아 치우고 다른 지역으로 이주하거나 일본 밀항에 나설 수밖에 없었다.

합천 지역 피폭자들의 트라우마

원폭 피폭자들은 육체적, 정신적 고통과 차별 속에 살아왔다. 피폭 직후 대다수 피해자들은 정신적 충격에서 벗어나지 못해 고통을 재생산하는 악순환의 굴레에 갇혀 있다. 이는 외상 후 스트레스 장애(Post Traumatic Stress Disorder, PTSD), 흔히 말하는 트라우마(trauma)의 전형적 양상이라 할 수 있다.[1]

트라우마는 사전적 의미에서 신체적인 손상과 생명의 위협을 받은

1 트라우마와 관련하여 그 기준은 두 가지가 있다. 하나는 미국 정신의학협회가 작성한 DSM(Diagnostic and Statistical Manual of Mental Disorders third Edition, 정신질환을 진단하기 위한 정략적 지침, 1980)이다. 이 지침에는 진단 규준의 명확성을 도모하고 임상성, 인성장애, 신체질병·신체 상태, 심리 상태, 심리사회적 스트레스, 과거 1년간의 최고적응도 등 다양한 관찰을 시도하고 있다. 또 하나의 이론은 쥬디스 하맨(Judith Leiws Herman)이 '인상적 입장으로부터의 정의'라는 글에서 트라우마를 이야기하고 있다. 전자는 현실에 일어난 자연재해나 원폭 등의 인위적 재해에 의한 트라우마도 포함하고 있다. 후자는 강간이나 학대 등 여성에게 일어나는 인간의 대사건에서 트라우마가 발생한다는 차이점을 보이고 있다. 쥬디스는 "트라우마의 기억"이 사라지지 않으면 격렬한 스트레스로 남는다고 주장했다.

사고에서 정신적으로 충격을 받은 뒤에 나타나는 질환으로, 주로 일상에서 경험할 수 없는, 예외적인 사건으로부터 발생한다. 예외적 사건은 천재지변, 사고, 전쟁, 고문, 성폭행, 인질, 소아 학대 등이 그 예라고 할 수 있다. 증상이 나타나는 시기는 개인에 따라 차이를 보이는데 충격 후 즉시 시작될 수도 있고 짧게는 며칠에서 몇 개월 혹은 몇 년이 지난 후가 될 수도 있다. 일반적으로 증상이 1개월 이상 지속되면 외상 후 스트레스 장애라고 하며, 1개월 안에 일어나고 지속 기간이 3개월 미만인 경우는 급성 스트레스 장애로 분류한다.

트라우마로 나타날 수 있는 증상은 불안, 공포, 분노, 슬픔, 절망감, 외로움, 죄책감, 수치심, 기억력 저하, 사건에 관한 기억의 반복, 자살 충동, 수면 습관 변화 등 매우 다양하다. 이런 증상은 피해자의 정치·경제·문화적 차이나 계급·계층에 따라 증폭 혹은 재생산된다.

일본에서도 원폭 피해자의 트라우마에 대해 본격적으로 연구가 시작된 것은 2008년 이후이다. 따라서 연구는 아직 초기 단계라 할 수 있다.

다만 원폭 직후 히로시마에서 한 교회 목사가 개인적으로 한 조사가 있어 관심을 끈다. 1948년 7월 피폭자 원조와 고아 구조 활동을 하던 히로시마 루카와(廣島流川)교회 다니모토 기요시(谷本淸) 목사는 자신의 교회에 다니는 피폭자 50명(17~73세)을 상대로 B5용지 2매에 심리적 영향, 피폭 장소, 부상 정도, 피폭 직후의 생사관(生死觀), 피폭 후 1년간의 행동, 원폭증의 증상 등 30항목을 질문한 뒤 그 답변을 정리했다.[2] 주요 문항 중 "굉음을 들었을 때 무엇을 상상했는가"라는 질문에 대해 응답자들은 "비행기의 굉음을 들으면 귀를 가리고 싶어졌고 어디론가

2 "〈廣島原爆〉投下3年後、被爆者に初のPTSD調査"『毎日新聞』, 2006. 7. 27.

숨으려고 한다", "몇 만 명의 사람들이 차례차례 겹쳐 죽음을 다투는 상태를 생각했으며 자꾸 눈물이 난다", "피폭 직후의 괴로움이 생각나고, 죽은 자들의 영혼이 보인다"라고 답했다.

또 "(사진을 찍을 때 사용하는) 마그네슘과 같은 빛을 보면 어떤 느낌이 드는가?"라는 물음에 "말로 표현할 수 없는 무서움과 죽음의 공포를 느낀다", "숨이 막히고 가슴에 압박이 느껴지며 아이의 죽음에 대한 기억이 떠올라 슬프다"라고 말했다.

"지진을 통해 원폭을 연상할 수 있을까"라는 문항에 대해선 "집에 깔린 상태에서 화재가 일어나 타 죽는 것을 생각하게 된다", "원폭 직후를 생각하면 공포심이 일어난다"라고 답해 전형적인 트라우마 증세를 호소했다.

이 조사 이후 트라우마에 대한 연구는 전혀 이뤄지지 않았다. 그러다가 2008년 8월 나가사키대학 의학부 보건학과 오오다 야스요키(太田 保之·정신신경학과 전공) 교수는 일본 내의 KAKEA과학연구비 조성사업에 따라 피폭자의 트라우마 상황을 연구한 결과에서 "피폭 체험이 심리적 외상에 큰 영향을 남겼으며, 피폭으로부터 60년을 거친 현재에도 트라우마의 정신 증상을 가지고 있는 피폭자는 28.1%에 이르고 있다"라고 진단했다.[3]

오오다 교수는 "심리적 외상이 강하게 남아 있는 피폭자는 전반적인 정신적 건강도도 낮다"라는 연구 결과를 내놨다.

그는 하나의 가설을 설정하여 연구를 진행했다. 폭심지에서 피폭 지점까지의 거리를 지표로 2.0km 이내에 있었던 피폭자, 2.5~3.0km에

---

3 太田 保之,「原爆被爆者の心的外傷と60年後の精神医學的な轉歸」KAKEA과학연구비 조성사업(연구과제번호 : 16591144), 2004~2005.

있었던 피폭자, 3.0km 이상 거리에 있었던 피폭자 등 3가지 분류로 나누어 분석했다. 그 결과 근거리 피폭자들은 3.0km 이상 피폭자들보다 트라우마 증상이 높게 나타났다. 이는 심리적 외상의 강도와 정신적 증상에 연관성이 존재하는 것을 의미한다. 심리적 외상이 강하게 남아 있는 피폭자는 성별이나 연령별로 봐도 신체 질환 이환율이 높으며, 그 신체 질환이 원자폭탄 피폭 체험과 밀접한 연관성을 가진다. 다른 사람 앞에서 자신이 피폭자라는 사실을 밝힐 수 없었던 경험을 가진 피폭자가 많은데, 특히 여성과 청년에게서 그런 경향이 강했다.

원자폭탄 피폭 체험은 심리적 외상으로 이어져 현재까지 정신적, 신체적 건강에 악영향을 주고 있다. 히로시마시는 원자폭탄실태조사연구회에 의뢰해 2008년 11월부터 2009년 3월까지 아키오다(安芸太田), 키타히로시마마치(北廣島町) 거주자(71~82세) 약 37,000명을 대상으로 설문조사를 실시, 피폭자들이 심각한 트라우마를 겪고 있다고 발표했다.

임상심리사가 피폭자 3만 7,000명 중 486명과 개별 면담을 실시한 결과, 피폭 후 1회 이상 수면 장애나 플래시백 등의 트라우마를 겪고 있는 사람이 5~9%였으며, 트라우마와 유사한 증상을 호소하는 피폭자도 상당수 있었다.

원폭 투하 직후 지금까지 트라우마 증상을 겪은 있는 피폭자는 전체 3만 7,000여 명 중 13%에 이르고 있다. 이는 한신(阪神) 대지진을 겪은 이재민이나 미국 국제무역센터 테러 사건을 겪은 사람들과 비슷한 경향이다.

히로시마대학 원폭방사선의학연구소 카미야 켄지(神谷研二) 소장은 '2008년 히로시마 조사는 원폭 체험자의 정신적 영향을 처음으로 파악

할 수 있었다는 데 의미가 있다'라고 평가했다.[4]

2011년 12월 27일 방사선영향협회 가사기 후미요시(笠置文善) 등은 '검은 비'를 체험한 피폭자를 조사하면서 트라우마 현황을 파악했다. 이 조사는 히로시마·나가사키 지역 71~82세 피폭자(건강수첩 미소지자 포함)와 원폭지로 지정되지 않은 지역에서 검은 비를 맞은 경험자를 대상으로 했다. 조사 대상자들은 검은 비를 경험하면서 심리적인 충격을 받았다고 답했다.[5]

2012년 1월 20일 후생노동성은 제6회 「원폭체험자등 보건의식조사 보고」에 관한 검토회의에서 히로시마 피폭자 3만 6,614명 중 2만 7,147명을 대상으로 설문조사를 실시한 결과를 내놓았다. 이 조사는 검은 비를 경험한 피폭자의 트라우마 증상을 살펴보고 있다. 조사 결과는 앞의 가사기 후미요시(笠置文善) 조사와 비슷한 결론을 내리고 있다.[6]

전체 조사자 2만 7,147명 중 1만 8,328명은 검은 비를 보고 트라우마를 경험했으며 아직도 그 장면을 잊을 수 없다고 증언했다. 특히 피폭 당시 0~9세(6,280명), 10~19세(3,395명), 20~29세(3,393명), 30~39세(2,212명) 사이가 가장 신각한 심리적 공황 상태를 겪고, 충격을 받았으며 40세 이상은 10% 이하로 상대적으로 적었다. 이처럼 피폭 시 유년기에서 30대 사이의 피폭자들은 검은 비를 목격하면서 내·외적 충격을 경험했고 현재까지 어느 정도 영향을 미치고 있었다.

피폭자가 받은 충격과 상처는 병리학적 트라우마(정신적 외상 충격) 외에

---

4 「広島への原爆投下で, 被爆者の5~9%がこれまでに, 心的外傷後ストレス障害(PTSD)を発症, 60年以上」『読売新聞』, 2010. 2. 15.

5 笠置文善,「心身の健康影響について(アンケートデータの解析)-地域の区分に基づく解析-」第4回ワーキンググループ提出資料, 2010. 12. 27. ; 広島大学 原爆放射線医学研究所 佐藤健一,「個別調査アンケートの統計解析(中間報告)」, 2011. 11. 25.

6 厚生労働省,『「原爆体験者等健康意識調査報告」の検証に関する』, 2012.

도 그 시대의 정치적·사회적 환경과 분리해 생각할 수 없다. 합천 지역 1세 피폭자들은 자연재해에 내몰린 약자였고 '화려한 황국신민'이 아닌 강제 노동과 전쟁에 나가 싸워야 하는 충성스러운 '총후국민(銃後國民)'이 되어야 했다. 이 두 굴레는 원폭과 결부되어 견고한 트라우마가 되었다. 그러므로 합천 지역 피폭자가 지닌 트라우마의 역사성과 삶을 통한 트라우마의 재생산 과정을 살펴볼 필요가 있다.

20세기는 전쟁의 시대이자 폭력이 난무하는 잔인한 시기였다. 조선의 식민지 이전 동북아 지역에서 일어난 여러(청·일, 러·일) 전쟁은 일본과의 악연의 단초에 불과했다. 1931년 일본의 만주 침략 이후 조선은 제국주의 전쟁에 무기와 식량을 생산하는 병참기지 역할을 담당하고 있었다. 이런 국가 간에 상존하는 폭력에 의해 상당수 조선인은 일본으로부터 물리적·정신적 피해를 당했다. 특히 히로시마와 나가사키로 갔던 합천 주민들은 원자폭탄이라는 거대한 폭력을 통해 절망과 절멸이라는 극한적 상황을 경험했다. 원폭 현장이라는 예외적인 시간과 공간에서 참혹한 장면을 목격한 피폭자들은 자신도 그렇게 될 수 있다는 공포감에 휩싸였다. 피폭 1세 구선이(85·여)는 "피폭 후 집 앞 도랑에 빠져 있던 수많은 시체와 학교 운동장에서 시체를 불태우는 장면은 결코 잊을 수 없다"라고 털어놨다. 그는 원폭 후유증으로 유산을 했고 가족도 화상으로 큰 고통을 겪어야 했다.

손귀달(74, 2004년 당시)은 "히로시마 시내에서 친척을 찾기 위해 꼬챙이로 시체 더미를 뒤지기도 했고, 한 학교 운동장에서 나무 장작 위에 기름칠한 시체를 올려놓고 태우는 광경을 직접 목격하기도 했다"면서 "꿈에 다시 볼까 두렵다"라고 말했다. 원폭 직후 일본인들의 살해 위협에 대한 두려움도 조선인 피폭자에게는 큰 충격이 됐다. 김일조(84)는 히로시마에서 무너진 집 잔해에 깔려 있다가 어머니가 발견해 목숨을 건졌다. 그는 "가진 모든 것이 그곳에서 있어 히로시마에 그대로 거주할 생각이었으나 '조선 사람이 조선에 안 돌아가면 일본 사람들한테 맞아 죽는다'라는 소문이 돌아 결국 귀국하게 됐다"라고 말했다. 백두이(84) 씨도 "원폭으로 패망한 뒤 일본인들이 조선 사람을 다 죽인다는 소문이 있었고, 나도 히로시마역에서 한 일본 할머니로부터 심한 욕설을 들은 적이 있다"라고 말했다.

귀환 피폭자들은 평생 고통에서 살아야 했다. 귀환 직후 3개월 이내 사망한 피폭자들이 다수 있었다. 그러나 정확한 통계로는 확인하기 어렵다. 그러나 1세와 2세들의 기억에서 피폭 이후 신체 변화와 고통은 트라우마로 남아 있다. 다음에 나오는 피해자들의 증언은 트라우마의 고통을 그대로 반영하고 있다.

"우리 엄마(원폭 피해자 1세)는 아픈 게 소문이 날 정도로 아픈 사람이었어요. 원인 모르게 시달리고 구토를 하고 구토를 40년이나 했어요. 제가 알기루 40년을 했으니까 저 어릴 때부터 했겠죠. 엄마가 토를 하고 3일씩 눈을 못 뜨고. 검사를 해도 다른 머리에 아무 병도 없는데 구토를 하고 눈을 못 뜨고 머리 아파 갖고 그런 식으로, 제가 알고, 하여튼 하루 빨리 자다가도 약을 네댓 번씩. 결국에는 마지막에 산소를 꼽고 1년 반 있다가 돌아가셨죠."_피해자 2세, 60대 여성

"온몸 피부가 가려워요. 병원에서는 '상세 불명의 피부병'으로 진단하더라고요. 증상만 조절하고 있고요. 자반증이라고 하는 게 온몸에 다 있어요. 국민학교(초등학교) 다닐 때부터 다리 피부에 부스럼이 나고,

피부가 가렵고 벌겋게 되더라고. 약 먹을 때만 조금 낫고 평생을 가려워서 시달려요."_피해자 2세, 70대 남성

"여기 있는 피부 다 가 본 거 같아요. 원인이 뭐에요 하면 (의사는) 이게 왜 간지럽지 (하면서 원인에 대한 설명 없이) 이거 한번 발라 보세요 그냥 주시는 거예요."_피해자 2세, 40대 여성

"아들 두 명, 딸 두 명 있어요. 첫째 아들은 고혈압, 당뇨 있고, 둘째 딸은 허리하고 다리에 통증이 심해서 수술했는데, 이제 걸을 수가 없어요. 셋째 아들은 뼈가 곪아서 군대 못 가고. 10년 전에 신장 떼어 내는 수술 받고 지금은 집안에만 있고 어디 못 나가요. 넷째 딸은 귀에 계속 물이 난다네. 낫지를 않는다고 하대요. 세 번째 남동생은 3살 때 죽고. 네 번째 남동생은 성기 기형이라 결혼도 제대로 못 하고 당뇨가 심해서 병원에 입원해 있는데 치료비가 없어요. 그 애가 너무 불쌍해서 내가 맨날 울어요."_피해자 1세, 80대 여성

피해자들은 한국전쟁 전후에 국가로부터 집단 학살 사건에 연루되어 학살되었다. 피폭자들은 1945년 11월부터 1953년 한국전쟁을 전후해 다시 일본으로 넘어갔다가 적발돼 오무라수용소(大村收容所, 나가사키 오무라시 소재)에서 감금 생활을 하다 강제 추방을 당하기도 했다. 분단 체제의 고착화와 탈냉전 체제에 접어든 현시점에서 피폭자들은 도일 치료와 건강수첩 교부 등을 통해 일부 지원을 받고 있으나 여전히 차별에서 벗어나지 못하고 있다. 따라서 피폭자들은 국가 폭력과 이산의 아픔 속에서 트라우마를 겪고 있다. 이 같은 트라우마는 계속 되살아나는 구조를 유

지하고 있다.

4. 피폭 2세들의 삶: 외면 받다, 싸우다

외면 받다: 정부의 실태 조사 한계

한국보건사회연구원은 1990년 7월 보건사회부의 의뢰를 받아 2,307명을 대상으로 '원폭피해자 실태 조사'를 실시, 1991년 8월 보고서를 냈다. 보건사회연구원은 인정된 피폭자 2,307명 중에서 1,982명에 대해 면접 조사를 실시하고 내용을 분석했다. 보고서 제목은 실태 조사이지만 설문 조사 수준에서 벗어나지 못해 현황 조사에 가까웠다.

국가인권위원회는 2004년 8월부터 12월까지 인도주의실천의사협의회에 연구 용역을 의뢰해 '원폭 피해자 2세의 기초 현황 및 건강 실태 조사'를 실시했다. 조사는 우편 설문 조사와 건강 진단, 심층 인터뷰 방식으로 진행되었다. 우편 설문 조사는 한국원폭피해자협회에 등록된 원폭 피해자를 대상으로 피폭 1세 1천256명(여성 665명)과 2세 1천226명(여성 429명)을 대상으로 했다. 건강 진단은 1세 223명과 2세 49명에 대해 이뤄졌고, 2세 47명을 심층 인터뷰했다. 이 조사는 2003년 한국 피폭 2세 환우회 회장 김형률(1970~2005)이 국가인권위에 원폭 피해자 2세 환자들의 건강권 보장과 관련한 진정서를 제출하면서 이뤄졌다.

또한 경남도는 2013년 경남발전연구원에 의뢰해 원폭 피해자 1세뿐 아니라, 2세와 3세까지를 대상으로 실태 조사를 실시했다. 경남에 주소지를 둔 원폭 피해자 총 1,186명 중 1세 666명, 2세 339명, 3세 120명 등 총 1,125명이 참여했다. 1세의 경우 원폭 후유증으로 의료기관을 이용한 경험이 있는 경우가 74.6%에 달하고 월 평균 수입은 월 100만 원 미만이 83.2%에 달했다.

1, 2, 3세 전체 응답자들이 가장 많이 앓고 있는 질병은 고혈압, 퇴행성. 류마티스 관절염, 위 십이지장 궤양, 백내장, 당뇨병, 알레르기 등 피부 질환 순으로 많은 것으로 조사됐다. 이에 반해 피해자들이 현재 받고 있는 서비스가 있는 경우는 22.7%에 불과했으며, 77.3%는 없다고 답했다. 서비스를 받고 있는 피해자들은 원호수당 73.1%, 기초노령연금 57.1% 등을 받고 있는 것으로 나타났다. 또한 장애인 등록증 소지자가 1세 16.4%, 2세 9.1%, 3세 3.3%이며, '지체장애'가 48.6%로 가장 많았고, 다음으로 '청각장애'가 16.0%, '시각장애' 13.9%, '정신장애' 9.7%, '뇌병변장애' 7.6% 순으로 조사됐다.

한일 민간 단체의 실태 조사

1970년 8월 한국원폭피해자원호협회에 가입된 합천 지역 피폭자는 2,600명이다. 1974년 4월 외무부는 피폭자 진료 병원 설립을 계획하면서 경남 지역 피폭자 수를 4,976명으로 파악했다. 하지만 이 같은 자료들은 현지 조사를 통해 파악된 게 아니었다. 유신 체제라는 당시 시대적 상황을 볼 때 피폭자들은 정부를 신뢰할 수 없는 상태였고, 편견과 멸시로 인한 피해 의식 때문에 조사에 잘 응하지 않았을 가능성도 있다.

그러다가 1970년 8월 20일 히로시마원폭병원 이시다 사다무(石田 定) 내과 과장이 이끄는 일본 의료진 4명이 합천, 서울, 부산 등지에서 진료 활동을 하면서 피폭자들에게 한 가닥 희망을 주기 시작했다. 이시다 등은 국내 피폭자구원한일협의회의 주선으로 서울 중부시립병원, 부산복음병원, 합천보건소 등에서 건강 검진을 실시했다.

이시다는 당시 한국에서 진료를 하게 된 계기에 대해 "지난해(1969년) 원폭 피해 2세 여학생들로 구성된 '종이학 접기 모임(折鶴會)'이 한국을 다녀온 뒤, 일본 사회에 호소한 한국 원폭 피해자들의 참상을 듣고 마음이 괴로웠다"라고 말했다. 그는 히로시마에서 약 15년간 원폭 피해자 전문 병원에서 근무했고 8만여 명의 피폭자를 진료한 경험을 갖고 있었다.

일본 의료진과 인연을 맺은 정기장(전 원폭피해자원호협회 이사 겸 합천지부장, 당시 54, 합천 율곡면 제내리 거주)은 합천진료센터에 의뢰해 1974년 1월부터 10월 1일까지 합천 지역 피폭자 실태 조사를 벌였다. 이 조사는 국내에서 처음 실시된 피폭자 실태 조사로, 피폭자의 호적부와 증언자 등을 광범위하게 조사했다.

조사 항목은 성별, 생년월일, 현 주소, 도일 시기, 귀국 일시, 피폭 종류, 사망자의 생년월일 등이다. 피폭자 조사는 피폭지, 피폭 유형(옥내·옥외), 부상 정도, 급성 증상, 피폭 직후의 건강 상태, 피폭 당시와 현재의 직업, 히로시마·나가사키 체류 이유 등이었다.

조사 결과 합천군 피폭자 5,001명(남 2,570명·여 2,385명·불상 46명, 사망자 1,134명 포함) 중 히로시마가 4,506명으로 절대다수를 차지했고 나가사키는 95명이었다. 피폭자 5,001명 중 일본에서 태어난 사람이 전체의 37%였다. 피폭 당시 연령을 보면 20세 미만이 58%로 가장 많았고 20

<그림 2-3> 원폭 피해를 조사하는 일본군
©미국립문서기록보존소

<그림 2-4> 미군이 수집한 히로시마 원폭 관련 자료.
©미국립문서기록보존소

~59세는 40% 이상을 점하고 있었다. 사망한 피폭자의 연령은 60세 이상이 33명으로 노인도 적지 않았음을 알 수 있다. 노인이 많다는 것은 합천 주민들이 일본으로 넘어갈 수밖에 없었던 이유와 밀접한 연관을 가진다. 50세 이상은 180명 중 127명이 사망했고, 태내 피폭자의 28%, 0~4세 21%가 사망한 것으로 나타났다.

1935년 이전에 이주한 사람이 1,180명이고 전시 체제기(1937~1945)에 437명이 도일한 것으로 파악됐다. 특히 1933년부터 1936년 사이에 708명이나 일본으로 넘어갔는데 이는 삼남 지방의 대홍수와 흉년이 겹친 데 따른 것으로 분석된다. 시기별로는 1940년이 576명으로 가장 많았다. 1940년 이후 도일자 대부분은 강제 징용이나 노무자였다. 5,001명 중 1,824명은 일찍이 도일한 사람들에게서 태어난 2세로 파악됐다.

피폭자들은 현지에서 사망한 165명을 제외한 나머지 703명이 귀국한 날짜를 기억하지 못했다. 5,001명 중 1945년 9월부터 12월 사이에 귀국한 사람이 3,960명(79%)이다.

피폭 당시 히로시마 시내에 거주한 사람이 전체 5,001명 중 4,101명이고, 시외 거주자는 805명이었다. 피폭 유형은 시내 피폭이 4,675명(93%)으로 절대다수를 차지했고, 외곽 피폭 161명(3%), 입시 피폭 39명(0.8%), 불명 126명(2.5%) 등이다.

그 외 실태 조사는 평화박물관과 합천평화의 집 등에서 외부 연구자들에게 의뢰해 실태 조사를 진행했다. 한국교회여성연합회는 1979년 9~10월 2개월간 서울(143명), 경기(101), 부산(106), 합천(720) 지역의 피폭 1세 1천70명(히로시마 1천29명, 나가사키 41명)을 우편 설문 방식으로 조사했다. 피폭 2세 493명도 무작위로 추출해 조사했다. 총 830세대 중 한 세대에 피폭자가 2명 이상인 경우가 197세대였다.

피해자의 고통: 병의 대물림, 합천 원폭피해자복지회관

1986년 10월 보건사회부로부터 재한 원폭 피해자 국내 치료 사업을 돕고자 시작되어, 1990년 5월 한일 정상회담에서 한국 원폭 피해자 복지 사업을 위해 양국 정부가 각 40억 엔을 지원하기로 합의하자, 1992년 5월 대한적십자사는 원폭피해자복지기금을 관리하고 원폭복지사업소를 개소했다. 이에 원폭복지회관은 1995년 4월 1일 착공해 그 다음해 8월 21일 준공되어 10월 18일 개관식을 가졌다. 본 회관은 2003년 8월 재한 원폭 피해자 지원 사업 등 업무 위탁 계약을 체결하고 2009년 4월 증축(정원 80명에서 110명) 준공되어 현재 개관 18주년을 맞고 있다.

현재 원폭복지회관은 정기 진료(주 1회), 간호·재활 관리 프로그램을 진행하고 있다. 그 외 피폭자들은 건강 체조 및 인지 재활·심리 치료 교실과 소그룹 및 취미 활동, 야유회 등을 정신적·육체적 안정에서 생활하고 있다. 또한 회관에는 진료실, 자원봉사실, 세탁실, 식당, 생활실(32개 실), 물리치료실, 욕실, 간호실, 위령각(원폭 피해 사망자 위패 봉안, 1,014위) 등이 갖춰져 있다.

현재 회관에 머물고 있는 피폭자들은 남녀 109명(남자 32명, 여자 77명, 전원 히로시마)이며 치매·중풍·파킨스질환·암·당뇨 등 다양한 질병을 앓고 있다. 이곳은 입주자가 자진해서 시설을 떠나거나 사망하지 않는 이상 대기자가 들어갈 수 없다. 수용 가능 인원이 너무 적다 보니 고령인 피폭자 대다수가 혜택을 받지 못하고 있다. 입주는 원폭피해자협회가 결정하는데 1996년 개관 당시 65세 이상이 대상이었으나 희망자가 너무 많아 70세 이상으로 기준을 올린 상태다. 그럼에도 불구하고 2012년 10월 기준 대기자 수가 140명에 이른다. 입주자 평균 연령은 80세 가량이며 최고령자는 94세이다.

이곳은 피폭 1세를 위한 수용 시설로 전문적인 치료를 위한 시설이나 인력은 전혀 갖추지 못하고 있다. 따라서 시설을 확대하고 진료가 가능하도록 정책적 지원이 시급하다. 영남권이나 수도권에 시설을 추가로 건립하는 방안도 적극적으로 검토할 필요가 있다.

피폭 2세, 3세의 삶

피폭 1세는 일본 정부로부터 피폭자 건강 수첩을 발급받아 진료비와 진료보조비 등 각종 수당과 지원 등을 받고 있다. 그러나 피폭 2세는

<그림 2-5> 합천에서 의료 활동과 원폭 보건진료소 개관에 큰 힘을 보탠 일본 의사와 시민 단체 ©일본피폭자의 사회

매년 1회 건강 검진을 받는 것이 전부다. 피폭 3세는 그 어떤 지원이나 건강 검진마저 받지 못하고 불안한 삶을 살아가고 있다. 일본 피폭 2세들은 1966년 7월 자체 조직을 결성하고 의료비 지급, 의료 시설 설치, 생활비 지원 등을 요구했다. 그 결과 일본의 일부 현과 시는 피폭 2세에 한하여 건강검진 등을 조례를 제정해 지원하고 있다.

국내에 거주하는 피폭 2세는 2011년 12월 '경상남도 원자폭탄 피해자 지원 조례'에 의거하여 3세까지 지원받을 수 있는 법적 근거를 갖게 됐다. 피폭 2, 3세는 사회·경제적으로 열악한 상태에서 유전, 가난의 대물림, 각종 질환의 노출을 걱정하고 있다. 첫 번째는 피폭 2세의 유전에 대한 불안감이다. 피폭 2세 한정순(한국피폭 2세환우회장)은 "부모로부터 대물림되는 피폭이 자녀들에게 이어지고 있음을 실감하고 있다"라며 "나의 자녀들이 각종 질병을 앓고 있다"라고 증언하고 있다. 현재 한 회장은 자녀들 중에 한 명이 뇌성마비를 앓고 있으며 경제적으로 힘겨운 삶을 살아가고 있다.

두 번째는 부모로부터 가난의 대물림에서 벗어나지 못하고 있다. 다른 피폭 2세 여성(합천 읍내 거주, 49)은 "당장은 각종 질병이 나타나지 않고 있으나 늘 불안하게 살고 있다"라며 "부모님이 남겨 준 재산이 없고 형제들의 경제 지원까지 하려니 너무 힘들다"라고 하소연한다. 일부 피폭 2세들은 온전하지 못한 몸과 마음으로 변변한 직업을 갖지 못하고 있다. 특히 피폭 2세 형제는 하루 벌어서 겨우 생활을 유지하고 있다.

세 번째는 각종 질환에 노출된 삶을 살아가고 있다. 최근 피폭 2세 가정이 늘어나면서 자녀 출산이나 경제적 활동에 제한을 받아 큰 고민을 갖고 있다. 합천 읍내에 거주하는 피폭 3세 가정은 자녀 계획을 세우고 출산하지만 늘 걱정스럽다고 말한다. 또한 다수의 2, 3세들은 갑상선을 비롯한 각종 암과 크고 작은 병에 노출되지 않을까 걱정한다고 이구동성으로 입을 모은다. 피폭 2, 3세들은 건강 검진과 생활 경제 지원 등을 포함한 특별법이 빠른 시일 내에 제정되기를 희망하고 있다.

'원폭 피해자 특별법' 제정

한국인 원폭 피폭자 지원을 위한 특별법 제정 운동은 2002년 피폭 2세 김형률의 커밍아웃으로 본격화됐다. 그해 12월 부산에서 아오야기 준이치(青柳 純一, 부산대 교수), 조석현(전 조교) 등이 주축이 돼 '한국피폭 2세 환우회를 지원하는 모임'(이하 피폭 2세지원모임)을 결성했다. 2003년 5월 피폭 2세지원모임은 원폭 피해자와 피폭 2세 환우의 생존권 보장을 위해

<그림 2-6> 한국, 일본인 피폭 2세들의 모임 ©히로시마 원폭자료관

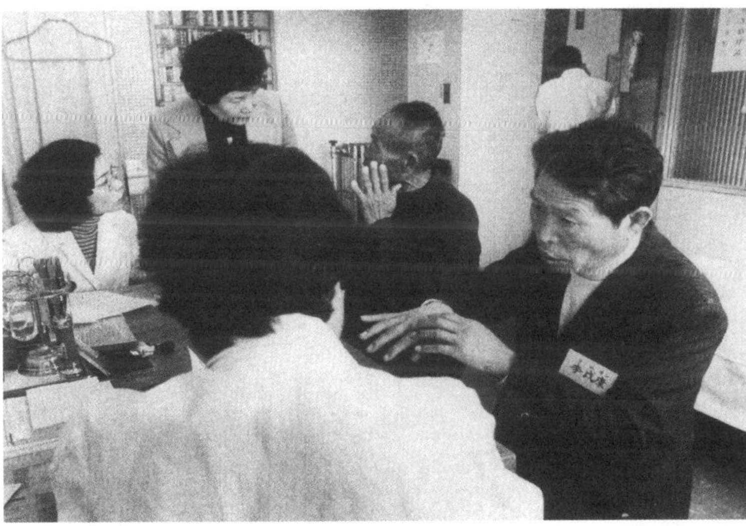

<그림 2-7> 피폭 1세들의 도일 치료 모습 ©히로시마 원폭자료관

국가인권위원회에 진정하기로 결의하고 서울의 시민단체들과 연대를 추진했다. 그해 6월 28일 서울에서 '피폭 2세 환우 문제 해결을 위한 간담회'가 개최되었고 이어서 '피폭 2세 환우 문제 해결을 위한 공동대책위원회'(이하 공대위)를 구성하기로 결의했다. 이어 8월 5일 국가인권위 진정을 위한 기자 회견을 갖고 8개 시민단체와 함께 공대위를 정식으로 발족했다.

2005년 6월 16일 조승수 외 국회의원 79명이 '원폭피해자진상조사와 지원대책 마련을 촉구하는 대정부결의안'을 내고, 이어 8월 4일 조 의원을 대표로 17대 국회에 특별법안을 발의했다. 같은 해 11월 25일 조진래 의원(민주당)을 대표로 103명이 「한국인 원자폭탄 피해자와 그 피해자 자녀의 실태 조사 및 지원을 위한 특별법안」을 발의했다. 현재 19대 국회에 제출된 법안은 소관 위원회에서 심의되기를 기다리고 있다.

5. 맺음말: 피폭 2, 3세와 평화 이야기

원자폭탄 투하 이후 77년 동안 합천 지역은 피폭자 15% 이상 거주하는 곳으로 알려지고 있다. 피해자 1세대부터 2세들은 끊임없는 특별법 운동과 재개정 운동뿐 아니라 3세들의 건강 문제까지 걱정하고 있다. 앞으로 원폭 문제를 어떻게 풀어갈 것인가. 아직 해결하지 못한 일은 없는가.

이러한 질문에서 풀어야 할 과제를 살펴보자. 첫째는 특별법 개정 문제이다. 현재 피폭자들을 지원하는 시민단체와 합천평화의집 등은 2, 3세들에게 지원할 수 있는 법 개정을 요구하고 있다. 그러나 정부는 2, 3세의 지원에 대한 구체적인 입법 문제를 다루지 않고 있다. 둘째는 2, 3세뿐 아니라 지속적인 추적 조사와 실태 조사가 필요하다. 매년 정부가 1, 2, 3세에 이르는 추적 조사에 예산 지원이 시급한 부분이다. 셋째는 원자폭탄 투하 이후 끊임없이 논쟁거리로 등장하는 책임의 문제이다. 원자폭탄을 투하한 미국인가, 아니면 애초 제국주의 전쟁에 나선 일본인가. 지금까지 원폭 투하의 양비론은 미국과 일본의 동시 책임을 제기하고 있다. 현재 유엔의 〈핵무기금지조약〉(Treaty on the Prohibition of Nuclear Weapons, TPNW, 2017. 7.)은 1968년 7월 유엔에서 채택된 〈핵확산금지조약〉을 대체한 것으로 지난 2021년 1월 22일 발효되었다. 유엔 회원국 122개국은 핵무기 자체를 비인도적인 불법으로 간주하는 데 찬성한 것이다. 그러나 미국, 영국, 프랑스, 중국, 러시아, 인도, 파키스탄, 이스라엘, 북한 등 9개국은 실질적이고 대규모 핵무기를 보유하고 있으나 서명조차 하지 않았다. 최근 러시아와 우크라이나 전쟁으로 인해 다시 핵무기 문제가 등장하고 있다. 미-러는 2010년 신전략무기감축 협정 이후 핵탄두 수를 1550개 이하로 줄이는 데 합의하고 2026년까지 매년 상호 검증하기로 했다. 그러나 양국은 TPNW의 서명이나 실질적 핵무기 폐기에 합의하지도 않고 있다.

한국의 피폭 2, 3세 문제가 'TPNW의 서명과 무슨 관계라는 말인가'라고 반문할 수도 있다. 인류 역사상 처음으로 인간에게 사용된 핵무기는 지금도 변함없이 위협적인 존재이며 '전략 무기'든 방어 무기든 언제나 활성화될 운명에 노출되어 있다. 진정한 한국의 피폭자들에 대한 트라우마 치료는 핵무기를 보유한 모든 국가의 TPNW 서명과 폐기에 있다. 향후 합천의 피폭 2, 3세의 지속적인 연구는 핵무기 폐기와 금지라는 주제에서 면밀하게 이어져야 할 것이다.

참고문헌

1. 김기진·전갑생(2013), 『원자폭탄, 히로시마 1945년...2003년 합천』, 도서출판 선인.
2. 외교부동북아1과(1974), 『한국인 원폭피해자 구호』.
3. 전갑생(2000), 「한국전쟁기 오무라수용소(大村收容所)의 재일조선인 강제추방에 관한 연구」, 『제노사이드연구』제5호.
4. 廣島市·長崎市 原爆災害誌編輯委員會編(1979),『廣島·長崎の原爆災害』, 岩波書店.
5. 廣島市役所 編(1971),『廣島原爆災害誌』, 제1권, 廣島市役所.
6. 長崎市役所總務部調査統計課 編(1959),『長崎市第六十五年史』(後篇), 長崎市役所.
7. 鄭基璋·鄭昌生·栗原登·渡邊正治(1978),"韓國陜川における被爆者の實態(基礎的調査の報告)",『長崎醫學』, 53권 3호, 長崎醫學會, 1978. 9. 25.
8. 朝鮮人强制連行眞相調査團(1991),『廣島朝鮮人被爆者』, 1991. 10.
9. 總理廳統計局 編(1949),『昭和15年國稅調査, 昭和19年人口調査, 昭和20年人口調査, 昭和21年人口調査結果報告摘要』, 日本統計協會.
10. 『동아일보』, 『조선일보』, 『부산일보』(일본어문), 『부산신문』, 『민주중보』, 『부산일보』.

Ⅲ. 강제로 끌려간 경남의 일본군'위안부'들과 운동의 역사[1]

김명희(경상국립대학교 사회학과 교수)

1. 들어가며

일본군'위안부' 운동은 민간단체들이 중심이 되어 역사 속에 파묻혀 있던 전시 성폭력 문제를 보편적인 여성 인권 문제로 쟁점화하고 세계적으로 공론화했다는 점에서 한국 여성운동사에 중요한 획을 그은 것으로 평가된다. 하지만 이제까지 이에 대한 검토는 주로 정대협의 활동이나 아시아연대회의 등 초국적 여성운동 수준에서 이루어졌고, 지역 수준에서 전개된 일본군'위안부' 운동에 대한 기록과 조명은 부족한 실정이다. 특히 경남 지역의 경우 여성 인권 증진 차원에서 피해자 지원 운동이 발전하면서 2015년 지자체 차원에서 일제하 일본군 '피해자' 지원 및 기념 사업을 위한 선구적인 조례를 마련했으며, 그 성과로서 경상남도 차원에서 민관 협력에 기초해 국내 최초 일본군'위안부' 공립 역사관 건립을 추진하고 있는 지역이기도 하다. 이것은 어떻게 가능했으며 경남 지역 일본군'위안부' 운동의 전개 과정에서 드러나는 특징은 무엇인가?

1990년대 이후 피해생존자들의 용기와 지원 단체들의 자발적 헌신으로 밝혀낸 역사적 사실들은 최대 피해 지역이라는 피해 역사성과 끈질기게 이어온 운동성이 경남 지역에 공존함을 일러 준다(송도자, 2021). 이때의 '지역'은 행정 구역상 지역이나 국가의 하부 단위로서의 지방이 아니라 국가·세계·공동체 가 교차하는 탄력적 시공간을 의미한다. 이러한 관점에서 지역을 중심으로 전개된 일본군'위안부' 문제 해결의 역사

1 이 장은 『한국여성학』 제38권 4호에 실린 필자의 논문을 재구성한 것이다.

에 대한 검토는 지구 수준, 국가 수준, 지역 수준의 다층적 공간에서 지역 현실에 기초한 여성 이슈가 어떻게 전개되는지를 보여 주는 좋은 사례라 하겠다(이혜숙, 2013: 125). 나아가 경남 지역 일본군'위안부' 운동은 여타 전쟁 범죄 및 국가 범죄에서 같은 패턴으로 반복되는 젠더 기반 폭력과 탈진실(post-truth) 정치, 나아가 이를 시정하고자 하는 시인(recognition)의 정치가 열어낸 사회적 기억 공간의 동학(김명희, 2018a; 김명희, 2018b)을 잘 보여 주는 사례다. 이 글에서는 경남 지역 일본군'위안부' 실태와 일본군'위안부' 문제 해결 운동의 전개 과정을 살펴보고, 지역 사회에 요청되는 과제를 살펴보고자 한다.

이 글은 다음의 순서로 전개된다. 우선 이어지는 2절에서는 일본군'위안부' 문제를 바라보는 이 글의 관점과 주요 개념을 정돈하고, 3절에서는 경남 지역 일본군'위안부' 동원 과정 및 피해 실태를 문헌 자료와 피해자들의 생애사를 통해 간략히 살펴본다. 4절에서는 경남 지역에서 전개된 일본군'위안부' 운동을 피해자-활동가 연대에 기초한 피해자 지원 활동과 기념/기억운동이라는 두 축을 중심으로 고찰한다. 5절에서는 경남 지역 일본군'위안부' 운동의 성과와 향후 과제를 제시한다.

2. 주요 개념 및 정의

일본군'위안부' 문제란 무엇인가?

알다시피 조선인 일본군'위안부'의 존재가 처음 세상 밖에 알려진 것은 1975년 일본 오키나와에 살고 있던 '배봉기'라는 이름이 일본 언론에 보도되면서부터였다. 그 후 1980년대에도 몇 명의 '위안부' 이름이 보도되었으나 이내 대중의 기억 속에서 사라졌다. 그러다 1980년대 후반 이른바 '정신대' 여성들의 존재를 찾아 나섰던 윤정옥 교수와 당시 여성인권운동을 하던 활동가들의 노력으로 일본군'위안부'의 존재가 세상에 알려지게 되었다. 그리고 이러한 노력은 한국정신대연구소와 한국정신대문제대책협의회(이하 정대협) 출범과 함께 1991년 김학순의 최초 공개 증언으로 이어졌다. 이후 "일본군'위안부' 문제"는 식민주의와 전쟁 범죄, 여성 인권과 전시 성폭력의 현주소를 고발하는 상징이 되어 국내외 시민사회의 공감과 연대를 끌어내는 보편적 여성 인권 의제로 성장했다.

여기서 "일본군'위안부' 문제"란 어떤 문제인가? 이 질문이 중요한 이유는 일본군'위안부' 문제를 어떠한 관점에서 바라볼 것인가의 쟁점과 직결되기 때문이다. '국가의 관점'에서 보자면 일본군'위안부' 문제는 한국과 일본이라는 두 국가 간 갈등을 빚고 있는 외교 문제일 뿐이다. 하지만 '인권의 관점'에서 보면 일본군'위안부' 문제는 민족, 계급, 젠더의 문제가 중층적으로 복합된 전쟁 범죄이자 여성 인권 유린을 주된 성격으로 하는 국가범죄다. 하지만 '2015 합의'에서 드러나듯 현재까지도 일본은 국가의 공식적인 사죄를 하지 않고 있으며, 국제법에 따라 일본이

져야 할 법적 책임을 인정하지 않고 있다. 오히려 일본은 1990년대 초 한일 시민사회의 운동과 연구, 피해자 증언을 통해 사건의 진실이 공론장에 드러난 이후에도 다양한 방식의 은폐, 호도, 왜곡을 통해 역사적 사건의 진실과 성노예 피해자의 존재를 부인해 왔다. 일본군'위안부' 운동의 성장 과정은 식민지 전쟁 범죄 가해 세력의 계속되는 역사 부정과 탈진실 정치를 시정하고 피해자와 함께 연대하는 여성 인권 의식과 기억의 연대가 확장되어 온 과정이었다고 할 수 있다. 이렇게 볼 때 "일본군'위안부' 문제"는 일제 강점기 일본 군부에 의해 수십만 명의 전시 성노예 피해자를 낳은 중대한 인권 침해 문제일 뿐 아니라 역사적 진실과 가해자의 법적 책임이 끊임없이 부정되고 있는 역사 부인(denial) 문제라고 할 수 있다.

정신대, 종군위안부, 성노예

이러한 관점에서 일본군'위안부'라는 명명(命名)은 역사적 진실과 사태의 성격을 정확히 반영하는 용어가 아니다. 왜냐하면 기본적으로 이 용어 또한 사태의 강제성과 범죄성을 은폐하기 때문이다. 더욱이 최근 부상한 역사 부정 담론이 용어상의 혼란과 역사적 착종에 기생한다는 점을 상기한다면, 개념과 용어의 문제는 여전히 중요하다.

역사적으로 일본군'위안부'를 부르는 역사 용어는 '정신대', '종군위안부', '성노예' 등이 있다. 1990년대 초반 일본군'위안부' 문제가 본격적으로 떠올랐을 때는 '정신대(挺身隊)'란 용어가 주로 사용되었다. 정신대는 일본어 데시인타이(挺身隊)의 한자를 한글로 표기한 것이다. 우리말에 '앞장서서 나아간다'는 뜻의 정신(挺身)이라는 말이 있기는 하지만, '혼신을 다해 나아가는 부대'의 뜻을 지닌 정신대라는 명사는 일본군에서 만든 전시 선전 용어다. 즉 정신대는 애국으로 정진하는 조직이라는 뜻으로 국가에 대한 개인의 헌신을 미화하는 말이었다. 이는 국가를 위해 헌신한다는 뜻의 보통명사 일본어이며, 식민지민들에게는 1938년 총동원체제 이후 일상을 구속하는 정부 방침으로서 실체를 띠었다(박정애, 2019: 52-53). 엄밀히 말해 1943년 후반부터 실시된 동원 대상인 여자정신대(법령 공포 1944년 8월 23일)에서의 정신대(노무 동원)와 위안부(성 동원)는 그 성격이 달랐지만, 여자 근로정신대 동원 여성이 '위안부'로 끌려간 사례가 있었기에 착종되어 사용되었다. "정신대로 동원되어 위안부가 되었다"라는 역사적 서사는 이렇게 구축되었다. 실제 '위안부' 피해자의 친우나 동일한 거주지 마을 주민들은 '위안부'보다 '정신대'라고 알고 있고, 직접 피해자들도 일본군'위안부'에 대해 '정신대', '처녀 공출', '처녀 연행' 등 다양하게 인식하는 경향을 보인다(전갑생, 2019: 50).

1990년대 일본에서는 '종군위안부'라는 용어가 사용되었다. 하지만 '종군'이라는 말에는 '종군기자', '종군간호사'처럼 자발적으로 군을 따라갔다는 의미가 내포됨으로써 강제로 일본군'위안부'를 동원했던 일본의 역사적 책임을 은폐한다는 문제가 있다. 마찬가지로 현재 통용되고 있는 '위안부'라는 단어 자체도 지극히 가해자 중심의 용어이며, 폭력성과 강제성을 감추는 부정적인 효과를 지닌 용어라는 점은 여러 차례 지적되어 왔다.

따라서 일본군'위안부'의 모집 동기, 모집 과정, 폭력성을 고려한다면 일본군'성노예'라는 명칭이 적합하다. 국제 사회에서 일본군'위안부'에 관한 문제를 처음 제기했을 때 위안부라는 용어를 직역해 comfort women이라는 용어를 사용하기도 했지만, 현재는 UN 등 국제 사회에서 성노예(sex slavery)와 군대 성노예 제도(military sexual slavery)라는 용어를 주로 사용하고 있다. 1996년 체계적인 조사 끝에 유엔 인권위원회에 보고서를 제출한 특별보고관 라디카 쿠마라스와미(Radhika Coomaraswamy)는 이 문제를 명확히 전시하 군대 성노예제(military sexual slavery in wartime)로 적시했다.[2] 국제사회에서 '군대 성노예제'라는 용어를 채택한 것은 일본군'위안부' 문제가 사적인 계약에 의해 이루어진 매춘의 성격이나, 국가를 위한 국민의 자발적인 희생으로 설명될 수 있는 것이 아니라는 사실이 널리 인식되었기 때문이다. 즉 이 용어는 일본군'위안부'의 경우 국가가 여성을 강압적으로 동원하여 집단적인 성폭력을 가한 것이고 피해 여성들의 삶의 조건은 '노예'와 같은 상태였다는 것을 나타낸다(김정화, 2020: 18-19). 요컨대 '성노예제'라는 개념은 전시 성폭력 피해자를 낳은 원인이 개인 차원의 일탈이나 전쟁이라는 비정상적 상황에서가 아니라 일본 정부와 군대의 조직적이고 체계적인 강제 동원을 수반한 '(성노예)제도'에서 비롯되었음을 지시한다.

이러한 문제의식에서 현재 한국 사회에서는 일본군'성노예'라는 용어와 정부가 제정된 관련법에서 사용하는 일본군'위안부'라는 용어가 함께 사용되고 있다. 최근 민간 단체나 정부는 일본군'위안부' 문제를 "1930년대부터 1945년 일본의 패전에 이르기까지 일본군이 제도적으로 '군위

---

2 1998년 유엔 인권소위원회에 보고서를 제출한 게이 맥두걸(Gay McDougall) 보고관 또한 성노예는 자율성, 이동의 자유, 자신의 성적 활동과 관련된 것을 결정할 자유가 제한된 것을 말하며 강간이나 다른 형태의 성적 폭력의 상황도 포함된다고 말했다(박정애, 2019: 67). 역사적으로 1992년부터 유엔(UN)기구의 의제 중 '현대형 노예제'에 문제를 제기했던 한국과 일본의 시민단체들이 성노예(sexual slavery)라는 개념을 사용하기 시작했다. 국제 사회에서는 1920년대부터 노예제라는 개념으로 개인에 대한 인권침해에 대응해 왔고, 1990년대 이후 전쟁 및 무력 분쟁하의 성적인 지배를 통한 인권침해 문제가 의제로 떠오르면서 기존의 노예제적 성적 지배의 의미를 더한 성노예제 개념이 발달했다. 성노예제 개념이 구체성을 갖춰 가는 데 핵심 역할을 했던 것이 일본군'위안부' 문제를 둘러싼 논의였으며 이를 반영한 인권법의 발전과 더불어 '위안부' 문제의 본질은 성노예제라는 인식이 자리 잡아 갔다(박정애, 2020: 48).

안소'를 설립하여 점령지와 식민지 여성들을 동원하여 성노예로 만든 범죄"로 규정하고 "일본이 만주사변(1931. 9. 18.)을 일으킨 이후부터 태평양전쟁에서 패전한 1945년까지 전쟁을 효율적으로 수행하기 위해서라는 명목으로 설치한 '위안소'에 강제 동원되어 일본군의 성노예 생활을 강요당한 여성을 '위안부'라고 정의하고 있다(전갑생, 2019: 50). 요컨대 '위안부'라는 용어가 문제의 본질을 드러내기에 적합하지는 않지만 일제가 '위안부'라는 용어를 만들며 제도화했던 당대의 특수한 분위기를 전달해 준다는 점, 아울러 생존자들이 자신을 '성노예'라고 부르기엔 정신적 상처를 입을 수 있다는 점을 고려해 '작은따옴표'를 붙여 고유명사로 그 뜻과 성격을 한정하고 있는 것이다(일본군'위안부' 피해 할머니 진주 지역 기림상건립추진위원회, 2017: 71-72). 이 같은 용법에 따라 이 글에서도 '위안부'와 성노예라는 용어를 맥락에 따라 함께 사용할 것이다.

3. 강제로 끌려간 경남의 일본군'위안부'들

경남 지역 피해자 현황

먼저 경남 지역 일본군 성노예 피해 실태부터 살펴보자. 역사 부정론자들이 성노예 피해자의 존재 자체와 그 강제성을 부정해 왔기에 일본군'위안부' 피해자들의 존재와 이들이 겪었던 피해 사실을 발굴하고, 기록하고, 지속적으로 기억하는 작업은 일본군'위안부' 문제 해결 노력의 출발점이자 궁극적인 종착점이라 할 수 있다. 2001년 여성가족부의 피해자 조사 결과에 따르면, 1991년부터 2001년까지 피해 신고자 192명을 대상으로 출생지 분포를 분석했을 때 피해자의 출생 지역이 경상남도와 경상북도에 집중되어 있었다. 그중 55.7%(106명)가 경상도 출신이며 경상남도 출신이 30.7%(59명)로 가장 많았다(경상남도, 2022: 13). 이외 여러 유수명부(留守名簿), 복원 명부 등에서 경남 출신자가 다수 발견된다.[3]

---

3 정부에 등록된 240명을 대상으로 출신 지역이나 동원 지역에 대한 통계가 명확하게 나와 있지 않았고, 최근에는 개인정보보호법의 강화와 함께 등록 자료에 접근이 불가능하게 되면서 정부에 등록된 경남 지역 피해자 수가 얼마인지 정확히 알 수는 없다. 그러나 인도네시아 수마트라 남방군 7방면군 예하부대 남방 제5, 9, 10 육군병원 유수명부에 기록된 군'위안부' 여성들의 병원별 본적지 분포를 살펴보면 제5병원과 제10병원에서는 경북보다 경남 출신이 많고, 제9병원에는 경북 출신이 압도적으로 많다. 이를 통해 경상도 출신의 여성들이 일본군'위안부'로 많이 동원되었음을 확인할 수 있다(강정숙, 2011: 67; 경상남도, 2022: 132).

<표 3-1> 육군병원 유수명부에 기록된 군'위안부' 병원별 본적지 분포

제5육군병원	경남 28.0%, 경북 19.5%, 전남 13.4%, 경기 11.0%
제9육군병원	경북 50.6%, 경남 11.7%, 전남 10.4%, 경기 9.1%
제10육군병원	경남 38.0%, 경북 28.2%, 경기와 전남 각 7.0%

경상남도 지역에 피해자가 가장 많았던 이유는 일본과 인접했다는 지리적 특성과 함께 일찍 개항된 항구가 있었기 때문이다. 대표적으로 부산은 선박을 이용한 일본군'위안부' 수송에서 중간 지점이자 주요 이동 통로로 활용되었고, 부산에 인접한 마산이나 인근 지역은 '위안부' 동원의 주요 사냥터가 되었다(경남 정신대문제 대책을 위한 시민연대모임, 1997; 경상남도, 2022: 13). 경상남도 지역 중에서도 피해 여성들이 특히 많은 지역은 진주, 창원, 통영이다. 이 세 지역의 공통점은 지역의 중심지이거나 일찍 개항된 항구였기에 운송 수단이 발달해 있었다는 점이다. 과거 경남도청 소재지(1894~1925)였던 진주는 철도, 1900년대 초 개항한 통영은 뱃길, 마산항(1897~1911)이 있었던 창원은 철도와 뱃길이 발달되어 있어 집결지인 부산으로 여성들을 모으는 데 용이했다. 부산에 모인 여성들은 배나 기차에 태워져 중국, 일본, 동남아 등지로 동원되었다(송도자, 2021).

<표 3-2> 일본군'위안부' 피해자 출생지 현황(2001)

출생지	빈도	비율(%)
파악불가	7	3.6
서울	6	3.1
경기도	7	3.6
충청남도	77	5.7
충청북도	4	2.1
전라남도	17	8.9
전라북도	19	9.9
경상남도	59	30.7
경상북도	47	24.5
경상도	1	0.5
강원도	2	1.0
함경북도	2	1.0
평안남도	5	2.6
평안북도	1	0.5

출생지	빈도	비율(%)
고아라 알지 못함	2	1.0
함경남도	2	1.0
합계	192	100.0

여성가족부(2001), 2001년 일본군'위안부' 연구보고서 일본군'위안부' 증언, 통계 자료집합처

동원 과정 및 피해 실태

경상남도가 제공한 자료에 따르면, 경상남도에 등록된 일본군'위안부' 피해자는 2021년 12월 기준 36명으로 파악된다(경상남도, 2022: 14-15).[4] 자료를 종합해 볼 때 조선인 여성을 일본군'위안부'로 동원한 방식은 취업 사기, 협박 및 폭력에 의한 동원, 인신매매 및 유괴 등이다. '공장에 취직시켜 주겠다', '많은 돈을 벌 수 있다'고 속여 여성들을 일본군'위안부'로 동원했다. 일본군 당국이 위안소를 경영할 업자를 선정했고, 일본군과 경찰 역시 동원 과정에 협조했다. 업자들은 모집인을 이용하거나 자신들이 직접 나서서 여성들에게 접근했다. 취직이나 돈벌이를 미끼로 여성들을 끌어모으거나 협박과 폭력을 이용하여 동원하기도 하고, 심지어 납치하기도 했다. 국제 관례에 따라 "사기, 폭행, 협박, 권력남용, 기타 일절의 강제 수단"에 의한 동원을 강제 연행이라고 파악한다면(한국정신대문제대책협의회·한국정신대연구회, 1993: 19), 경남에서 끌려간 피해자들의 경우 정확히 강제 연행의 범주에 들어간다. 그 주요 대상은 빈곤층이었으며 특히 가부장제 사회로부터 배제된 과부, 독신녀, 한부모 가정 자녀들을 적극적으로 노렸다. 그 과정에서 경찰, 헌병 이외에도 동사무소와 학교

4 2022년 11월 현재 경상남도에 생존해 있는 등록 피해자는 1명뿐이다.

교사 등이 적극적으로 '위안부' 동원에 참가했다(심인경, 2017: 76).

<표 3-3> 일본군'위안부'로 끌려간 경위: 진주 지역의 경우

이름	끌려간 경위
김경애	봉래동(옥봉동) 사무소 직원들이 강제로 끌고 감
이우율	취업 사기-공장 직공 모집
임정자	취업 사기 거부 후 납치
강도아	취업 사기
강덕경	학교 선생님 권유, 취업/유학 사기로 정신대 동원, 이후 탈출 과정에서 '위안부'로 끌려감

예컨대 진주 지역에서 끌려간 경위가 기록된 5명 중 정신대 징병을 피했다가 동사무소 직원에게 강제로 끌려간 김경애를 제외한 4명은 모두 취업 사기로 끌려갔다. 또 5명 중 보통학교 고등과에 재학 중, 취업 겸 유학을 미끼로 정신대에 자원했던 강덕경을 제외하면 모두 경제적 형편이 상대적으로 어려운 저소득층으로 추정된다. 특히 도시 지역에서 사회적 약자가 더욱 취약했던 것으로 보인다. 최순월(과부), 배정자(별거), 강덕경(한부모 가정)은 가부장제 사회에서 배제된 사회적 약자였다. 빈곤을 해결하기 위해서 사기 대상이 되었고 가부장제 관습으로 유력한 동원의 대상이 되었으며, 관공서가 적극적으로 나서서 여성들을 일본군'위안부'로 보냈다. 진주 지역에서 보이는 일본군'위안부' 동원의 특징은 헌병이나 경찰력이 아닌 일상적인 공권력이 직접적으로 작용했다는 점이다. 예컨대 강덕경은 재학 중인 학교 선생님의 권유로 여자근로정신대 1기에 자원했으며, 김경애는 동사무소 직원들에게 강제로 끌려갔다(심인경, 2017: 73–76).

전시 총동원 체제에 집중된 여성의 끌려감 이야기의 정점에 "일본군'위안부' 제도"가 있었다는 점을 간과해서는 안 된다. 일본 본국과 식민지, 관동군 지배지, 위임통치 지역, 점령지 등에서 일본 정부의 행정력이 작동하는 가운데 일본군이 위안소를 설치하고 관리했다. 군의 허가와 감독 속에서 여성들이 업자에게 이끌려 국경을 넘고 '위안부' 생활을 했다. 일본군과 정보는 위안소 이용을 통해 병사의 군기와 성병을 관리하고, 전쟁을 효율적으로 수행할 수 있다고 믿었다. 군국주의 아래 여성의 성은 군수품처럼 취급되었고, 위안소에서 여성의 성적 자기결정권은 원천적으로 봉쇄되었다(박정애, 2019: 50-51).

그리고 상당수의 피해자들은 타국 땅에 버려졌고, 설사 돌아왔다 할지라도 고향에서 지낼 수 있었던 이들은 거의 없었다. 취업 사기로 중국에 끌려간 통영 출신 홍애진은 상해 등지에서 3년여 위안소 생활을 하다 중국에서 끝내 돌아오지 못했다(윤미향, 2016: 27). 진주 출신 김연이는 부모가 돌아가셔서 평남으로 갔으며, 하순녀는 광주에서 남의집살이를 해야 했다(심인경, 2017: 76). 구사일생으로 귀국했다 할지라도 고향에 돌아가 삶의 터전을 꾸리지 못했던 배경에는 눈에 보이지 않는 강제, 즉 성노예 피해자를 정절을 잃은 여성으로 터부시하는 정절 이데올로기나 순혈적 민족주의와 같은 사회문화적 강제가 작동했다.

더욱이 이들이 성노예로서 감내해야 했던 원시적(1차적) 피해는 귀환 후에도 가부장적 사회 문화 속에서 일생에 걸쳐 생애사적 피해로 재생산되었다. 일본인과 조선인 반장의 강요에 의해 정신대로 끌려간 양산 출신 김복동은 전쟁이 끝난 후 싱가포르에 있는 제10육군병원에서 기적처럼 형부를 만나 돌아오지만, 여덟 살 위인 남편의 반복되는 '외도'를 견디다 끝내 이혼했다. 공장에 취직시켜 준다는 말에 속아 중국 다롄으로 끌려갔던 통영 출신 김복득은 7년의 고초를 겪고 귀국하지만 15살

많은 남편의 첩으로 이루 말할 수 없는 폭력에 시달렸다.[5] 진주 출신 임정자 역시 뒤늦게 결혼했으나 남편으로부터 구타를 감내하며 평생을 지냈다. 이들의 생애사는 가부장적 한국 사회에서 전시 성노예 피해자의 재희생자화(re-vitimization)가 진행되는 메커니즘과 루트를 드러내 보여 준다.

가부장적 가족 제도에 편입되지 않은 경우에도 반인도적 성노예제가 남긴 육체적 상흔은 벗어날 수 없는 질곡이자 생애사적 고통의 발원지가 되었다. 조개 캐러 가다 강제 납치되어 끌려간 남해 출신 박숙이는 '정을 나눈 남자'가 있었지만 갖가지 애를 써도 아기가 생기지 않았다. 결국 박숙이는 버려진 아이 3명(아들 1명, 딸 2명)을 입양해 홀로 키웠고, 아이들이 장성하고 나서야 일본군 성노예 피해자임을 신고했다(김정화, 2020: 33). 고국으로 돌아오는 배 안에서 임신한 사실을 알고 물에 빠져 죽으려 했으나 차마 죽지 못했던 진주 출신 강덕경은 부산의 고아원에 아이를 맡기고 주말마다 보러 갔지만, 아이가 4살 되던 해 폐렴으로 사망한 이후 전국을 돌아다니며 혼자 살았다(심인경, 2017: 76).[6] 피해자들의 생애사에서 유사한 패턴으로 재현되는 정신적·신체적 고통, 아편 중독, 매독, 생식기 손상과 영구 불임, 자궁계 질환 등은 위안소에서 겪은 강도 높은 성 착취와 성·재생산 건강과 권리(sexual and reproductive health and rights) 침해

5 김복동의 생애사는 한국정신대문제대책협의회·한국정신대연구회(1997: 84-99), 김복득의 생애사는 경상남도교육청(2013)을 참고하라.

6 일본군 성노예 동원과 피해가 사회경제적으로 빈곤한 하층 계급 여성에 제한되지 않고 중층화되어 있다는 잘 보여 주는 사례가 하동 출신 정서운의 사례다. 〈소녀이야기〉라는 제목으로 알려진 애니메이션의 주인공이기도 한 정서운은 일을 하면 일본인에게 대항한 아버지의 옥살이를 면하게 해 준다는 말에 인도네시아에 끌려갔다. 정서운의 생애사는 식민지 통치 질서에서 사회정치적 하위 계급에 속하는 여성 또한 전시는 물론 전후 성폭력에 취약한 위치에 있었음을 단적으로 보여 주는 사례라 할 수 있다. 이러한 맥락에서 일본군 성노예 제도의 안팎에서 작동했던 폭력성과 강제성이 '전시'라는 시공간에 제한되지 않으며 일본군 성노예제를 '식민지성에 기초한 젠더 폭력'으로 볼 것을 제안한 양현아(2020)의 제안을 경청할 만하다.

가 야기한 생애사적 결과라 할 수 있다.

이제 살펴보겠지만, 이들이 감내해야 했던 고통의 서사가 입체적으로 드러나고 공적 영역에 들어오게 된 과정 자체가 경남 지역에서 전개된 일본군'위안부' 문제 해결 노력의 일부이자 그 결실이기도 했다.

4. 경남 지역 일본군'위안부'운동과 기억의 연대

경남 정대연의 결성과 지역별 피해자 지원 모임

경남 정신대문제 대책을 위한 시민연대모임(1997~2001)

경남 지역 일본군 성노예 피해자들의 서사가 공론장에 들어오는 출발점에 정대협의 활동이 있었고 중앙과 지역 수준 활동가들의 연대가 있었다. 1990년대 중반 즈음 당시 정부에 등록된 피해 생존자를 중심으로 전국을 돌며 구술 채록을 진행하면서 각 지역의 피해 사실이 드러나게 되었고, 이는 경남 지역에서 피해 생존자들을 지원하는 시민단체를 지역별로 태동시킨 배경이 되었다. 지역에 있는 피해자들에 대한 실질적인 복지 지원과 아카이브 구축을 위해서는 지역에서 활동하는 단체의 필요성과 과제를 중요하게 인식하게 된 것이다(이혜숙, 2013: 135).

경남 지역에서 처음으로 일본군'위안부' 문제 해결 운동에 나선 단체는 '경남 정신대문제 대책을 위한 시민연대모임'(이하 경남 정대연)이다. 1997

년 10월 1일 경남 정대연의 결성은 캄보디아에 남겨져 살던 피해자 이남이(훈 할머니)가 혈육과 고향을 찾을 수 있도록 도왔던 지역 신문의 한 기자의 남다른 관심과 활약이 계기가 되었다. 당시 이남이 할머니는 고향도, 한국말도 거의 다 잊어버린 상태였는데 희미하게 남은 한 가닥 기억의 실마리에 의존한 끈질긴 조사 끝에 그녀의 고향(경남 진동면)과 여동생을 찾아낸 경남매일(전 『경남도민일보』) 김주완 기자의 보도 내용은 전국 특종이 되었고, 자연스럽게 경남 시민사회에도 일본군'위안부' 문제에 대한 관심을 불러일으키게 되었다. 이를 계기로 경남 지역 25개 여성 단체와 시민사회 단체, 시민들이 연대 기구를 결성하여 활동에 나섰다(경남 정신대문제 대책을 위한 시민연대모임, 1997; 이경희, 2019: 65). 경남 정대연에 가입한 회원 및 단체 현황(2002년 기준)을 살피면 다음과 같다.

<표 3-4> 경남 정대연 회원 현황(2002년 기준)

가톨릭여성회관	경남여성회	경남대민주화교수협의회	경남민주언론운동시민연합
경남정보사회연구소	마산사랑의전화	마산YMCA	마창여성노동자회
마창진참여 자치시민연대	민간도서관 책사랑	진주YMCA	진주여성민우회
전교조경남지부	지역사람들의모임 솟대	일여성예술	창원여성의전화
창원여성의집	창원YMCA	창원YWCA	한국민족예술인총연합 마창지부
정수상 전 도의원	김정권 도의원	한갑현 도의원	김제현 전 도의원
김종대 마산시의원	이균대 경남도민일보이사	박성현 조사연구위원장	김막달(마산 YMCA)
김태이(대학원생)	정봉화(회사원)	이수영(회사원)	안현주(대학생)
윤정일(대학생)	강미성(대학생)	우수영(대학생)	흥사단 마창지부
김주완 (경남도민일보 기자)			

[자료] 김주완(2022)

무엇보다 경남 지역 일본군 성노예 피해자들의 이야기가 복원되는 과정에 민주주의와 여성주의 담론의 진전이 있었다는 점을 간과해서는 안 된다. 1990년대 이후 피해자들의 말에 귀를 기울이는 '공감적 청중'의 존재가 피해자들의 말하기를 가능케 한 중요한 조건이기 때문이다. 예컨대 정대연의 연대 활동에는 3·15 의거와 부마항쟁의 경험 속에 배태된 민주화의 열망과 1987년 이후 성장한 민주화운동과 노동운동의 전통이 자리한다. 특히 창원, 마산, 진해 지역에서 여성 인권운동의 태동은 민주화운동의 기운과 활발한 노동운동을 저변으로 하고 있고, 이는 경남 지역에서 일본군'위안부' 문제 해결의 연대체를 구성하는 소중한 자산이 되었다. 이러한 흐름 속에 출범한 경남 정대연은 1997년 '위안부' 문제 진상 규명을 위한 토론회를 시작으로 중국 거주 '위안부' 할머니 돕기 기금 마련 미술전시회, 1998년 중국 만주 지역 현지답사, 8명의 할머니 한국 소개와 성금 전달, 중국 거주 할머니 가족 찾기(조윤옥), 중국 피해자 국적 회복, 1999년 중국 거주 '위안부' 할머니 고향 방문 추진, 도내 피해 생존자 증언 채록 등 매우 굵직하고 의미 있는 활동을 전개했다.[7]

지역별 피해자 지원 모임과 주요 활동(2002~현재)

나아가 경남 정대연의 활동은 생존 피해자를 지원하는 지역별 지원 모임을 조직하고 지역 사회에 기반한 생존 피해자-지원자 연대를 형성하는 물꼬를 텄다. 2002년부터는 〈일본군'위안부' 할머니와 함께하는

7 경남 정대연은 일본군'위안부' 관련 활동뿐만이 아니라 일제 강점기 강제 징용 문제나 한국전쟁 시기 민간인 학살의 전쟁 범죄에 대한 활동도 전개했다. 하지만 아쉽게도 2001년 초 경남 정대연은 해산되었고 해산 당시 관련 활동 자료들을 한국정신대연구소(1990년 설립, 이하 연구소)에 기증했으나 자료 소장 여부가 확인되지 않으면서 경남 지역의 첫 해결 운동사이자 중요한 의미를 가진 사료는 거의 찾을 수 없게 되었다(이경희, 2019: 66).

통영거제시민모임〉이 결성되었고,[8] 2004년부터 정대협의 협력 단체였던 경남여성단체연합 소속 활동가가 2007년 〈일본군'위안부' 할머니와 함께하는 마창진시민모임〉이라는 독자적인 조직을 창립하면서 본격적인 활동을 시작했다.[9] 2013년부터는 〈남해여성회〉가 박숙이 할머니를 중심으로 피해자 지원 활동을 전개했다.

진주와 거제 지역에서는 '2015 합의' 이후 기림비 건립 사업을 추진하고 그 성과로서 〈일본군강제성노예피해자진주평화기림사업회〉와 〈거제평화의소녀상건립기념사업회〉를 결성하여 기념 활동을 활발하게 전개하기 시작했다. 이들 단체는 현재까지도 피해자 지원 사업과 관련 조례 제정, 평화비 건립 운동, 나아가 경남 지역 역사관 건립 추진 등 활발하게 일본군'위안부' 문제 해결 운동과 교육·기림 사업을 펼쳐 오고 있다. 각 단체별로 일본군'위안부' 문제 해결을 위한 활동을 표로 개략하면 다음과 같다.[10]

---

8 〈일본군'위안부' 할머니와 함께하는 통영거제시민모임〉은 통영과 거제 그리고 인근 지역에 살고 있거나 이 지역 출신의 일본군'위안부' 생존 피해자들의 심리 치유 및 복지 지원과 일본군'위안부' 피해자들의 명예와 인권 회복을 위해 2002년 8월 15일 창립되었다(경상남도교육청, 2013: 70).

9 〈일본군'위안부' 할머니와 함께하는 마창진시민모임〉 대표의 경우 1997년 '경남 정신대문제 대책을 위한 시민연대모임'이 창원 지역을 중심으로 만들어지면서 일본군'위안부' 관련 운동에 동참했고, 그 뒤 천주교마산교구정의평화위원회 활동을 하면서 추모제와 여성인권미사를 주도했다. 2004년부터는 경남여성단체연합과 공동으로 마산과 창원, 진해 거주 생존피해자 방문하는 등의 지원 활동을 했다. 이 과정에서 독자적 조직의 필요성을 느끼게 되어 2007년 5월에 마창진시민모임을 창립하고 활동하기 시작했다(이혜숙, 2013: 131; 이경희, 2019: 67).

10 이밖에도 경남여성단체연합, 경남여성연대, 경남여성회 등 여성단체들과 경남 지역의 기림비 건립주체들(거제, 산청, 김해 등), 평화나비 등 대학생 단체, 미니 평화의 소녀상을 세운 중고등학교 학생들, 12.28한일합의무효화경남행동 등 경남 지역의 많은 시민사회단체, 개인들도 해결 운동과 기림 사업을 펼쳐 오고 있다(송도자, 2021).

<표 3-5> 경남 지역 단체별 일본군'위안부' 문제 해결 활동

활동 연대	단체명	주요 활동
1997~2001	경남정신대문제대책을위한 시민연대모임	진상 규명 토론회, 중국 거주 피해자 발굴 조사, 중국 거주 피해자 국적 회복·고향 방문·가족 찾기·성금 지원
2002~현재	일본군'위안부' 할머니와 함께하는 통영거제시민모임	피해자 지원, 평화인권문화제, 범시민탄원엽서 보내기 운동, 경남지방의회결의안 채택 운동, 정의비 건립, 할머니일대기 교육 자료 제작, 경남 지역 피해 전수 조사, 경남 지역 역사관 건립 추진
2007~현재	일본군'위안부' 할머니와 함께하는 마창진시민모임	피해자 지원, 문화제, 추모제, 전시회, 인권자주평화다짐비 건립, 청년청소년국제포럼, 작품 공모전, 경남 지역 역사관 건립 추진
2013~현재	남해여성회	피해자 지원, 할머니 강연 사업, 청소년실천단 사업, 해설사 양성 사업, 증언 기록 사업, 숙이나래문화제, 경남 지역 역사관 건립 추진
2015~현재	거제평화의소녀상 건립기념사업회	평화의소녀상 건립, 기림일 기념식, 전시회
2017~현재	일본군강제성노예피해자 진주평화기림사업회	강연 사업, 강사단 양성, 기림일 기념식, 평화기림상 건립 및 기림 사업, 교육·연대 사업, 경남 지역 역사관 건립 추진
2018~현재	일본군'위안부'정의실현 경남연대	6.13지방선거 출마자 대상 역사관 건립 확약서 운동, 경남도의회 간담회, 역사관 건립 추진 회의, 경남시민사회단체 제안서 발송, 경남 지역 역사관 건립 추진

피해자 지원 단체의 주요 활동을 피해자 지원 사업, 증언 및 구술 채록 사업, 생존 피해자 일대기 및 교육 자료 제작 사업으로 갈래를 나누어 살피자면 다음과 같다.

가. 피해자 지원 사업

2002년부터 통영과 창원·마산·진해 지역을 중심으로 시작된 피해자 지원 활동은 일본군'위안부' 운동에 특징적인 지역 사회에 기반한 피해자–지원자 연대와 문제 해결 노력의 중심 동력을 형성했다. 2002년 〈정신대할머니와 함께하는 통영시민모임〉이라는 시민단체를 거쳐 2003년 창립한 〈일본군'위안부' 할머니와 함께하는 통영거제시민모임〉(이하 통영거제시민모임)은 6명의 피해 생존자 치유와 복지에 적극적으로 나섰다. 또한 마산·창원·진해 지역에서 2007년 결성된 〈일본군'위안부' 할머니와 함께하는 마산창원진해시민모임〉(이하 마창진시민모임)도 피해자 지원 사업에 적극적으로 나섰다.

지원 단체 활동가들은 피해 생존자들을 직접 방문하여 돌보는 구체적인 복지 지원 사업을 진행했다. 말벗, 각종 생활 불편 해소 지원 및 복지 코디네이팅, 목욕 지원, 마음속 분노와 한의 해소, 상처의 회복을 위한 다양한 심리 치료 프로그램(이야기 들려주기, 그림 그리기, 요가, 안마, 발 마사지, 행복밥상 나누기, 대화 나누기 등), 피해 생존자의 격리감, 우울감 등의 해소와 자아존중감 형성, 사회적 관계 증진 등의 목적으로 하는 나들이(인권나들이, 문화나들이, 건강나들이 등), 기념일 챙기기(생신, 어버이날, 명절 등에 홀로 쓸쓸히 외롭지 않도록 방문, 위로, 축하 행사 등), 병원, 약국 동행 및 수발, 기타 일상의 문제 지원(여행, 물품 구입 등), 장례 지원(보호자와 의논하여 시민사회장, 추모식) 등이 있다(이혜숙, 2013: 143).

피해자 지원 활동은 일본군'위안부' 생존자들의 존재와 이야기를 다시 경남 지역 사회의 내부에 발화하는 구심점이 되었다. 이 같은 피해자–활동가 연대에 기초해 최근까지 활발한 피해자 지원 사업을 벌인 지역 단체 중 하나가 〈남해여성회〉(이하 남해여성회)다. 2012년 9월 남해 출신 박숙이가 정부에 피해자로 등록하면서, 남해에서 여성 인권운동 단체로 활동하던 남해여성회는 2013년 1월 마창진시민모임 이경희 대표의 주선으로 박숙이 할머니를 처음 만나게 된다. 당시의 만남을 남해여성회 김정화 대표는 다음과 같이 회고한다.

> "일본군 성노예 피해자 91세 할머니, 피해자의 상처를 어루만지고 보살피며 사회운동과 지역 운동을 개척해 나가는 여성운동가 65세 이경희 대표, 여성 인권과 정의, 평화의 가치를 본받고 이어 나가려는 44세 김정화와 남해여성회원들의 만남은 몇 겹의 우연과 필연이 빚어낸

결과물일지도 모를 일이다. 이름도 얼굴도 몰랐던 여성들이, 시대와 공간의 접점이 딱히 없는 것 같은 우리가, 일본군'위안부' 문제 해결이라는 연결 고리로 이어졌다. 애틋한 인연의 끈으로 연결되어 피해자 박숙이의 아픔을 나누었다. 그 아픈 경험은 남해여성회를 통해 남해 군민과 학생들에게 전해지고 펴졌다. 이런 끌어 주고 밀어주는 시간이 곧 여성주의의 실현 과정 아닐까? 우리의 만남은 연구자에게는 일생일대의 아주 특별한 경험이었다."(김정화, 2020: 19)

한편 2016년 고인이 된 박숙이는 김정화 대표와 만남의 과정을 다음과 같이 회고한다.

"하모하모 내 딸이재. 진짜 딸보다 더 딸 같은 딸이재. 내가 아 하면, 니가 어 하고 알아 들응께 참 좋다. 내가 오데 가서 이런 말을 다 하겄노? 내가 아프고, 죽고 없으면 내 대신 니가 다 학생들에게 말해 줘야 될 꺼아이가? 그랑께 니한테라도 속 시원히 다 털어 내고 가고 싶다. 너무 어린 학생들한테는 우찌 그 무참한 거를 다 말하겄노? 말 안 해, 말 몬 해⋯⋯ 니한테라도 이래 이야기를 하고 나모 속이 시원하고 꽉 막힌 가슴이 뚫리는 것 같은 기라"(박숙이의 입말을 김정화, 2020: 27에서 가공하여 재인용)

피해 생존자와 지원 활동가 사이에 형성된 친밀한 연대는 아픔과 돌봄을 공유하는 가족과 같은 연대이지만, 한편으로 성노예 피해자들의 '말'을 공유하고 이들의 증언과 말하기를 적극적으로 지원하는 방식으로 공공 영역 안에서 기억의 연대를 구축해 갔다.

나. 증언 및 구술 기록 사업

요컨대 피해자들의 생활상 고충과 정서적 안정을 지원하는 돌봄 활동만큼이나 중요한 것은 피해자들의 이야기를 증언을 채록하고 이들의 발화를 지원하는 공론장을 마련하는 활동이었다. 통영거제시민모임은 1990년대 후반부터 통영 지역 생존 피해자들을 상대로 한국정신대연구소에서 진행하는 증언 구술 작업을 지원했으며, 2003년부터 2004년에는 통영, 거제 생존 피해자들을 대상으로 정대협과 함께 증언 영상 및 구술 기록 사업을 진행했다. 2009년에 들어서면서 본격적인 영상, 구술 기록 작업을 자체적으로 진행하여 아카이브를 구축했고, 2010년 지역의 생존 피해자와 함께 일본 오사카 네트워크 단체들과 증언 행사를 했으며, 도쿄 여성과 전쟁박물관을 방문하여 증언을 했다(이혜숙, 2013: 142-143).

마창진시민모임의 경우 2013년에 대학생들이 생존 피해자의 말씀을 기록하는 '할머니, 힘내세요' 사업을 진행했다. 지역 단체의 입장에서 보자면 피해자 아카이브 구축은 평소 피해자들과 정서적인 유대감을 지니고 있는 지역민들이 하는 것이 바람직한 것이었다(이혜숙, 2013: 142). 남해여성회 또한 할머니 강연 사업, 청소년실천단 사업, 증언·사진 기록 사업, '위안부' 해설사 양성 사업 등을 적극적으로 전개해 나갔다. 청소년에 대한 박숙이의 교육 의지는 단체 활동가들 및 청소년들의 지원으로 의미 있는 활동들을 만들어 냈다(경남여성연대, 2020: 49; 송해리, 2019; 김정화, 2020 참고).

다. 생존 피해자 일대기 및 교육 자료 제작 사업

이 같은 구술 기록 활동은 경남교육청이 2013년 3월 통영에 거주하고 있는 최고령 생존자 김복득 할머니의 일대기를 다룬 〈나를 잊지 마세요〉(2013)라는 역사 교육 자료를 전국 최초로 발간하는 성과로 이어지기도 했다.[11] 2012년 독도 문제와 더불어 일본 정치권과 보수 우익 세력이 미국에 세워진 두 개의 기림비와 한국에 있는 일본대사관 앞 평화로에 세워진 소녀상을 철거하라는 전방위적인 압력을 가했고, 기림비에 대한 망언 발언이 일본 정치권에서 터져 나왔다. 이를 계기로 경상남도 교육감이 일본군'위안부' 생존 피해자 김복득을 방문하여 위로하는 자리에서 그녀의 일대기를 역사 교육 자료로 활용하고자 제안하기에 이르렀다. 이에 김복득 할머니가 동의하면서 전국 최초로 국가교육기관에서 일본군'위안부' 생존 피해자의 증언을 담은 김복득 할머니 일대기와 영상이 역사 교육 자료로 제작되게 되었다. 이 과정에서 경남교육청, 통영교육지원청과 일선 학교 역사 교사, 국어 교사, 통영거제시민모임으로 제작위원회를 꾸리고 사업을 추진하는 민관의 협력 체계를 구성했다. 경남도교육청은 실제 1년에 2시간 의무 시수를 두어 이 교육 자료를 일선 초중고교 현장에서 교육 교재로 사용해 미래 세대에 대한 교육 사업을 전개했다(송도자, 2012: 34-35).

마찬가지로 남해여성회 또한 박숙이 할머니의 일대기와 남해 지역의 여러 활동을 기록한 『할머니를 부탁해』라는 제목의 사진책을 자체 발간하고,[12] 2017년부터는 일본군'위안부' 피해자 기림일에 〈숙이나래문화제

---

11 90쪽 분량의 책과 10분 분량의 다큐멘터리 CD가 나왔는데(『경남도민일보』, 2013. 3. 11.), 일본어판을 만들어 일본의 정치, 교육계에도 발송했다(『경남도민신문』, 2013. 8. 12.), 경남 도내 학생들은 〈나를 잊지 마세요〉를 토대로 2시간 이상 '위안부' 피해자 문제 이해 교육을 받는다(『경남도민일보』, 2013. 3. 11.)

12 이 사진책은 〈제5회 숙이나래문화제〉를 맞아 발간되었다. 한편 고 박숙이 할머니를 주인공으로 제작한 다큐멘터리 영화로 〈마지막 눈물〉(last tear)이 2015년 제작되어 해외에서 상영되었고, 한국에서는 남해에서 최초로 남해여성회 주관하에 2015년 8월 상영되었다(남해여성회, 2021: 47).

〉를 개최하며 청소년이 주체가 되는 교육 활동을 이어가고 있다(남해여성회, 2021; 김정화, 2020).

경남도의회 일본군'위안부' 결의안 채택(2009)

지역별 피해자 지원 활동은 경남 지역의 여러 연대 활동과 결합해 지방의회 차원의 변화를 이끌어 냈다. 대표적으로 경남 지역에서 일본군'위안부' 문제 해결을 위한 단체들은 우선 경남 지역 지방의회의 일본군'위안부' 결의안 채택 운동을 전개해 나갔다. 그 결과 대구시의회와 부산시의회에 이어 통영시가 2009년 11월 30일 전국에서 세 번째로, 거제시가 12월 24일 네 번째로 결의안을 채택했고 같은 날 전국에서 네 번째로 경남도의회가 결의안을 채택했다. 이는 2010년 1월에 창원시와 합천군으로 이어져 경남 지역 전체 21개 곳(마창진 통합 이전)의 의회 중 14곳에서 채택된 것으로 전국에서 가장 많은 지방의회 결의안 채택을 이끌어 냈다. 당시 경남도의회에서 채택된 일본군'위안부' 결의안의 주요 내용을 요약하면 다음과 같다.[13]

13 2010년 1월 창원시, 합천군, 3월에 양산시, 남해군, 4월에 마산시, 거창군, 진해시, 진주시, 사천시, 9월에 함양군, 10월에 창원 군의회에서 결의안을 채택했다(일본군'위안부'할머니와함께하는통영거제시민모임, 2013; 이혜숙, 2013: 138–139; 김경영, 2012: 49).

<표 3-6> 일본군'위안부' 결의안 채택 내용(경남도의회, 2009. 12. 24.)

· 일본 정부의 반인륜적 범죄 사실 인정, 사죄
· 역사 교과서 기록
· 일본의회 인권 회복과 법적배상특별법 제정
· 대한민국 정부 전담 기구 설치를 통한 일본과의 협상
· 국회 특별위원회 설치
· 양국 의회 간 협상
· 도의회 차원의 일제하 일본군'위안부' 피해자 생활 지원과 기념 사업 법률에 따른 지원

특히 마지막에 제시된 "도의회 차원의 일제하 일본군'위안부' 피해자 생활 지원과 기념 사업 법률에 따른 지원" 항목은 2015년 경남도 차원의 피해자 지원 및 기념 조례 제정을 추동하는 토대가 된다.

경상남도 일본군'위안부' 피해자 지원 조례 제정과 평화비 건립 운동

경상남도 일본군'위안부' 피해자 지원 및 기념 사업 조례 제정(2015)

조례는 지방자치단체의회에서 제정되는 자치법규로서 대한민국헌법과 법령의 범위 안에서 효력을 행사한다. 알다시피 「일제하 일본군'위안부' 피해자에 대한 생활안정지원 및 기념사업 등에 관한 법률」(1993/2002)은 "일제에 의하여 강제로 동원되어 위안부로서의 생활을 강요당한 피해자를 보호·지원하고, 일본군위안부 피해자의 명예 회복과 진상 규명을 위한 기념 사업을 수행함으로써 생활 안정과 복지 증진을 꾀하고 국민의 올바른 역사관 정립과 인권 증진에 이바지함"을 제1조 목적으로 규정하고 있고, 제11조(기념사업 등)의 하위 6개 항목을 통해 피해자 지원을 위한 기념/추모 사업의 필요성을 여러 형태로 제시하고 있다. 이 법률을 토대로 경남 지역에서는 여성 인권 증진 차원에서 피해자 지원 운

동이 발전하면서 지자체 차원에서 일제하 일본군 '피해자' 지원 및 기념사업을 위한 선구적인 조례를 마련했다. 이는 2015년 전국 최초 위안부 피해자 기림일을 담아 제정된 「경상남도 일제하 일본군 위안부 피해자 생활안정지원 및 기념사업 조례」로 나타났다.

경상남도 조례는 전국 최초로 의회에서 김학순 할머니의 공개 증언일인 8월 14일을 일본군'위안부'피해자기림일로 지정했다는 점과 지역 피해자에게 생활 안정 지원금을 매달 70만 원씩 지원한다는 조항을 담고 있다는 점에서 중요한 의미를 가진다. 나아가 김지수 의원은 일본군'위안부' 기념조형물의 관리에 관한 조항을 신설하기 위해 2019년 10월 9일, 「경상남도 일제하 일본군위안부 피해자 생활안정지원 및 기념사업 조례 일부개정조례안」을 대표 발의했고 이 또한 본회의에서 통과되었다. 개정 조례에는 일본군'위안부' 피해자를 기념하기 위해 도지사는 도내에 설치된 동상·조각·상징물 등 조형물의 보호와 관리에 노력해야 한다는 조항, 도지사는 시장·군수에게 기념조형물의 관리책임자를 지정해 정기적으로 점검하도록 권고할 수 있다는 조항, 그리고 기념조형물이 훼손·파손·변형된 경우 보수 및 보존에 필요한 경비를 예산 범위에서 지원할 수 있다는 조항을 담고 있다(법제처 홈페이지, 2022).[14]

경남의 평화비 건립 운동(2007~)

앞서 말했듯 「경상남도 일제하 일본군 위안부 피해자 생활안정지원 및 기념사업 조례」의 개정(2015)과 제정(2019) 또한 2012년경부터 가속화된 일본의 역사 부정과 '평화의 소녀상' 철거 요청에 맞선 경남 일본

14 경남지자체 조례(2014 창원시 제정; 2017 거제시 제정; 2019 김해시 제정; 2019 통영시 제정).

군'위안부' 운동 진영의 대응이었고, 이는 다시 경남 지역 곳곳에 평화비 건립을 추동하는 동력을 형성했다. 물론 이는 정대협이 1000차 수요 시위를 맞이하여 본격적으로 시작한 전국 단위의 '평화의 소녀상'(이하 소녀상) 건립 운동과 궤를 같이하는 것이었다. 경남 지역에서는 2007년 하동 '평화의 탑'을 시작으로 일찍부터 기림비가 세워지기 시작했고, 2011년 평화비 건립은 일본군 성노예제 문제 해결 운동에 큰 영향을 미쳤다. 그 결과 2022년 5월 기준 국내 145곳, 해외 32곳에 건립되었으며, 특히[15] 경남 지역은 13곳에 평화비가 건립되는 성과를 이루었다.[16]

경남 지역에 건립된 평화비는 다음과 같은 특성을 보인다. 첫째, 13개의 평화비 중 '소녀' 표상의 전형성을 벗어나 지역의 역사성과 지향을 담아내는 재현의 양식이 시도되고 있다는 점이다(하동, 통영, 진주, 산청). 이에 따라 그 재현 주체와 방식 또한 지역 작가들과 청소년들의 참여가 두드러지며 공공예술의 형식을 취하고 있다. 둘째, 창원 일부와 남해 등 몇 사례를 제외하면 대부분의 건립은 풀뿌리 시민 조직의 결합과 연대·모금 활동을 토대로 민간이 주도하고 지자체와 교육청 등 관이 협력하는 '아래로부터의 건립 과정'에 기초해 있다. 셋째, 평화비의 건립과 기념 과정에 지역 풀뿌리 여성 단체가 주도적 주체로서 결합되는 양상도 괄목할 만하다. 넷째, 지역의 평화비 건립은 건립 이후에도 기념 사업을

15 총 35개 중 필리핀에서 철거된 2개와 미국 텍사스에서 전시 후 미설치된 1개를 제하면 2021년 4월 기준 해외에 설치된 평화비와 기림비는 32개로 파악된다. 32개 중 제1000차 수요 시위를 기념하여 한국정신대문제대책협의회(현 정의기억연대)가 주한 일본대사관 앞에 세운 평화의 소녀상 형태인 '평화비'에 해당하는 것은 17개에 이른다((재)일본군성노예제 문제 해결을 위한 정의기억연대 홈페이지, 2022. 7. 29. 접속).

16 이 숫자는 2015년 이화여고 동아리 주먹도끼가 시작한 〈전국 100개 학교에 작은 소녀상 세우기〉 프로젝트 참여로 학교 내에 만들어진 '작은 소녀상'은 제외한 숫자다. 경남 지역에서는 창원 명곡고, 양산 효암고, 창원중앙고, 김해 임호고, 사천 용남고, 김해 구산고, 밀양 세종중, 창원 용호고, 김해 장유고, 김해 경원고, 통영 충무고, 진주 진주고와 진주여고 등에 작은 소녀상이 세워졌다.

위한 상설적인 조직 또는 지역 연대체를 형성해 경남 지역 일본군'위안부' 역사관 건립의 지속적인 동력을 제공할 뿐 아니라, 청소년 여성 인권 교육 및 역사 교육의 장으로 발전되는 역동적 양상을 보이고 있다. 경남 지역에 건립된 기림비 현황과 특징을 간략하게 살피면 다음과 같다.

①하동 평화의 탑

<그림 3-1> 하동 평화의 탑 아래 새겨진 청동 판화

경남에서 최초로 건립된 기림비는 2007년 5월 16일 하동에 세워진 고 정서운을 기리는 '평화의 탑'이다. 14세에 끌려간 정서운은 1992년 경남 지역에서 최초로 일본군'위안부' 피해자임을 밝힌 생존 피해자로 2004년 2월 운명했다. 3주기 추모에 맞춰 하동 악양면 시민공원인 취간림 안에 세위진 기림비는 〈일본군'위안부' 피해 고발자 故 정서운 할머니 추모위원회〉가 주체가 되어 중앙 정부, 지방자치단체, 전국 35개 시민사회 단체와 시민들이 3천 3백만 원을 모금하여 건립되었다. 골이 파인 까만 돌에 꽃이 피어 오르는 모양을 하고 있는 추모비에는 수요 시위를 하고 있는 할머니들의 모습이 청동 판화로 새겨져 있다. 이는 '소녀' 표상의 전형성을 벗어난 국내 최초의 기림비라고 할 수 있다.

<그림 3-2> 통영 정의비 ©송도자

<그림 3-3> 거제 평화의 소녀상

②통영 정의비

2013년 4월 6일에 세워진 통영 '정의비'는 〈통영거제시민모임〉이 〈일본군'위안부'추모비건립위원회〉를 조직하여 통영 시민, 학생, 경남 도민 등 시민 모금과 통영시의 건립보조금과 부지 무상 대여, 경상남도의 건립보조금으로 남망산조각공원 입구에 세웠다. 김복득 할머니가 자신의 증언록 출판기념회에서 받은 위로금 전액인 200만 원을 통영, 거제 추모비 건립비로 내놓았고 시민과 학생의 성금 5,800여 만원이 모였으며, 통영시도 1,000만 원의 기금을 내놓았다. '평화의 소녀상'과 다르게 10대와 20대 등 일본군'위안부' 피해대상자 모두를 아우르는 반추상의 형상이며 석상(포천석)으로 된 전신상이다(송도자, 2021). 기림비 하단의 기단에는 일본군'위안부' 피해 역사와 운동사를 원형 띠 형태로 부착하여 작은 역사관의 기능을 하고 있다.

③거제 평화의 소녀상

거제 '평화의 소녀상'은 2013년 5월 조직된 〈거제시일본군위안부피해자추모상건립추진위원회〉(간사단체 〈거제여성회〉)가 시민 모금 약 3,300만 원, 거제시 건립보조금 1,000만 원으로 2014년 1월 17일에 거제 장승포동에 위치한 거제문화예술회관 별관 앞마당에 세웠다. 기림비 맞은편에 있는 장승포항은 일본군'위안부' 피해자들이 징집되었던 장소다. 앞의 두 기림비와 달리 지역 작가가 아닌 김운섭·김서경 작가에게 제작을 의뢰했지만, 일본대사관 앞 평화로에 세워진 '평화의 소녀상'과 달리 전국 최초의 서 있는 청동상이라는 특징이 있다. 이 상은 평화를 상징하는 파랑새를 손에 들고 있고, 일본 대마도를 응시하며 사과하지 않는 일본 정부에 대한 분노와 사과를 받겠다는 의지를 표현하고 있다(황분희 인터뷰 자료, 2018. 1. 28.).

④남해 평화의 소녀상

남해 평화의 소녀상은 앞의 사례들과 달리 남해군에서 세운 기림비다. 애초 남해군이 남해 출신 피해자인 박숙이의 요청에 따라 건립을 추진했고, 남해군과 남해 시민단체가 기금을 함께 마련할 예정이었으나 '민간으로부터 후원금을 받을 수 없다'는 규정에 따라 민간을 배제하고 '위로부터' 관 주도로 건립되었다. 이에 따라 행정 편의 시설이 모여 있는 공간적 접근성에도 민간 참여의 동력을 상실한 채 운영되는 측면이 한계로

<그림 3-4> 남해 평화의 소녀상

지적되었다. 〈남해여성회〉를 위시로 한 지역 시민단체와 청소년들은 이 같은 '위로부터의 건립과정'의 한계를 극복하고자 매년 축제 형식으로 민이 주도하고 관이 보조하는 형식의 〈숙이나래 문화제〉를 개최해 민주적인 기억문화 만들기에 나서고 있다(송해리, 2019). 숙이공원에 건립된 남해 평화의 소녀상은 거제 평화의 소녀상처럼 서 있는 모습을 하고 있으며, 피해자 박숙이의 증언을 토대로 소쿠리와 호미를 소녀상 밑에 배치해 둔 것이 특징이다. 이는 당시 남해 지역의 바래[17]하던 소녀들을 무자비하게 끌고 간 아픈 역사를 증거한다.

⑤창원 인권자주평화다짐비

창원에 세워진 '인권자주평화다짐비'는 〈마창진시민모임〉이 2013년 9월 〈일본군'위안부'창원지역추모비건립추진위원회〉를 결성하여 시민모금 1억 1,000만 원과 창원시 건립보조금 등으로 2015년 8월 27일 오동동 문화광장 입구에서 세워졌다. 당시 부지 선정으로 주변 상인들의 반발이 심해 난항을 겪기도 했으나 수차례 토론회를 거듭하며 아래로부터 건립되었다. 기림비는 '위안부' 동원 당시 교통의 요충지이자 3·15 의거와 부마항쟁 등의 발원지였던 마산 지역의 역사성과 지역성을 반영해 정면을 응시한 채 입술을 굳게 다물고 두 손을 꽉 쥔 18세 전후의 소녀 모습을 하고 있으며, 기단 없이 바닥에 서 있는 모습이 특징이다. 진주 기림비와 마찬가지로 공모를 통해 지역 작가가 제작했으며, 입상 뒤로 길게 늘어뜨린 천에는 건립 모금에 참여한 시민들의 이름이 아로새겨 있다(진영은, 2019).

---

17 바래는 갯벌에서 해산물을 채취하는 작업을 뜻하는 남해 토속어다.

<그림 3-5> 창원 인권자주평화다짐비

<그림 3-6> 산청 간마소녀상 봄이

⑥산청 간마소녀상 봄이

산청 간디마을학교 프로젝트팀 〈봄을 찾기〉와 교사가 함께 지역민과 학생들을 상대로 모금 운동을 벌여 2016년 12월 17일 간디마을학교 교정에 세웠다. 학생들이 직접 디자인과 제작을 맡아 만들었으며 치마저고리를 입은 소녀가 앉아 있는 모습으로 학생들의 솜씨와 의지가 담겨 의미가 남다른 소녀상이다. '봄이'라는 이름은 잃어버린 할머니들의 봄을 기억하고 찾아드리고 싶다는 메시지를 담고 있다(「KBS 뉴스」, 2017. 3. 21.).

⑦진주 평화기림상

'2015 합의' 이후 진주여성회 등 진주 시민사회 30개 단체와 개인이 〈일본군'위안부'피해할머니진주지역기림상건립추진위원회〉를 결성하여 2017년 3월 1일 세운 기림비다. 20, 30대 피해자가 많았던 진주 지역의 특수성을 반영해 다양한 연령대의 끌려간 피해자 모두를 아우를 수 있는 성숙한 피해자 이미지가 특징이며, 형평운동이 발원한 진주의 역사성을 반영해 '평화', '인권'과 함께 '평등'의 메시지를 강조하고 있다(일본군'위안부'피해할머니진주지역기림상건립추진위원회, 2017: 43). 진주 기림비는 관의 보조 없이 순수 민간 모금으로만 건립되었다. 부지 확보에 난항을 겪으면서 어렵게 진주교육지원청 앞뜰에 기림비를 세웠으나, 교육지원청에서 임대료를 요구해 현재는 진주시에서 임대료를 지원해 주고 있다(강문순 인터뷰 자료, 2019. 1. 10.).

⑧창원 기억과 소망

창원에서 두 번째로 건립된 기림비로 국가교육기관인 경상남도교육청이 주체가 되어 2018년 2월 28일 경상남도교육청 제2청사 입구에 세웠다. 한반도 지도와 김학순 할머니의 "우리가 강요에 못 이겨 했던 그 일을 역사에 남겨 두어야 한다"라는 문구를 새긴 책 위에 좌상의 모습으로 비둘기를 날리고 있는 소녀상이다. 작자는 미상이다. '기억과 소망'은 시민 참여 없이 경남교육청 주도로 위로부터 건립된 평화비라는 점에서 '인권자주평화다짐비'와 대조적이며, 교육기관의 대응 방식에서 진주교육지원청에 민간 모금만으로 건립된 '평화 기림상'과도 뚜렷한 차이를 보인다.

⑨김해 평화의 소녀상-1

김해에서 처음 세워진 기림비로 개인이 자비와 일부 시민 모금을 통해 2017년 2월 27일 자신의 병원(서울이비인후과의 의원) 로비에 설립했다. 의자가 없이 앉아 있는 좌상의 형태는 우리 사회에서 제자리를 찾지 못하

<그림 3-7> 진주 평화기림상

<그림 3-8> 창원 기억과 소망

<그림 3-9> 김해 평화의 소녀상

고 부유하는 영혼을 표상한다(「의협신문」, 2017. 2. 27.).

⑩김해 평화의 소녀상 2

김해에서는 두 번째 세워진 기림비로 2017년에 102개에 이르는 지역 시민단체의 참여로 발족된 〈김해평화의소녀상건립추진위원회〉가 민간 모금만으로 세웠다. 김해미술협회 소속 작가가 제작하여 김해 연지공원에 2018년 8월 14일 건립됐다. 화강석 받침에 청동 모형으로 서 있는 소녀상 앞의 큰 돌 조형은 소녀가 겪은 고통과 애환, 불행했던 현실 등을 의미하고, 소녀의 손등에 앉은 나비는 훨훨 날아가는 소녀의 꿈과 희망을 상징한다(「갱남피셜」, 2018. 9. 18.).

⑪함안 평화의 소녀상

함안여자중학교 학생들(학생자치위원회)이 주도하여 학생, 교사, 시민 대상으로 모금 운동을 전개해 2019년 1월 7일 교정에 세웠다. 디자인과

<그림 3-10> 산청 평화의 소녀상

<그림 3-11> 양산 소녀

제작은 홍익대 조소학과 학생들이 맡았으며, 청동 좌상의 형태이다(『경남도민일보』, 2019. 1. 8.).

⑫ 산청 평화의 소녀상

산청에서 두 번째로 세워진 기림비로, 2019년 발족한 〈일본군 성노예제 문제해결을 위한 산청군 평화비 건립위원회〉가 민간 모금으로 2020년 8월 14일 산청군청소년수련관 앞에 세웠다. 산청은 일본군'위안부'로 강제 동원되어 모진 고통을 겪고 해방 후에도 온갖 후유증에 시달리다 2007년 3월 돌아가신 김옥순, 김우명달 할머니가 살던 장소이자 고향이기도 하다(『오마이뉴스』, 2020. 8. 14.). 수차례 회의와 온라인 설문조사를 통해 산청 소녀상의 기단과 배경에는 이데올로기 대립의 종식을 상징하는 끊긴 철조망과 지리산을 담았고, 김서경·김운성 작가의 재능기부로 제작되었다.

⑬ 양산 소녀

제102주년 3·1절을 앞두고 양산시에서 주관한 지역 공공미술 프로

<그림 3-12> 경남 지역 일본군성노예 기림비 건립 현황(2022. 8. 1.)

젝트 '우리 동네 미술' 사업의 일환으로 양산 중부시장 쌈지공원에 2021년 2월 18일 '소녀'가 건립되었다. 경남에서는 가장 최근에 세워진 기림비다. 비둘기에게 모이를 주고 있는 소녀 모습이 특징적이다. 관 주도로 건립되었으나 인문학공동체 메깃들마을학교와 양산행복교육지원센터를 중심으로 '김복동의 길'이라는 기림 코스를 개발하고 지역화된 교육과정을 도입해 청소년들의 인권 교육 및 역사 교육의 장으로 활용되고 있다(『양산시민신문』, 2022. 3. 7.; 이현수 인터뷰 자료, 2022. 8. 6.).

경남 지역에 건립된 일본군성노예 기림비 건립 현황(2022년 8월 기준)을 그림으로 나타내면 〈그림 3-12〉와 같다.

경남 정대연의 결성과 역사관 건립 운동

지역별 평화비 건립의 추진 동력은 지역 간 기억의 연대를 촉진해 경상남도 일본군'위안부' 역사관 건립이라는 목표로 집중되고 있다. 경남 각 지역에서 기림비 건립 운동이 전개되면서 경남 지역에서 '위안부' 해결 운동을 주 사업으로 하고 있는 4개 단체가 모여 2018년 〈일본군'위안부'정의실현경남연대〉(이하 경남 정의연)를 결성하고 〈역사관건립추진위원회〉를 출범하기 위한 활동들을 펼쳐 나갔다. 경남 정의연의 주요 활동으로는 6·13지방선거 출마자 대상 역사관 건립 확약서 운동, 경남도의회 간담회, 역사관 건립 추진회의, 경남 시민사회 단체 제안서 발송, 경남 지역 역사관 건립 추진 등이 있다. 그 결과 2019년 10월 28일 경남 지역 97개 시민사회 단체로 구성된 〈경남 지역 일본군위안부 역사관 건립추진위원회〉(이하 건립추진위)가 발족하게 된다(『경남도민신문』, 2019. 10. 28.).

이런 가운데 2020년 8월 14일 경상남도 김경수 도지사가 기림일 기념식장에서 도립역사관 건립을 공식적으로 표명하면서 역사관 건립은 새로운 국면을 맞이하게 되었다. 애초에는 도민이 주체가 되고 관이 보조하는 형식으로 건립 기금 19억 원을 모금해 건립할 계획이었으나 건립 주체가 민간에서 관으로 전환되면서 건립추진위는 공식적인 모금 활동을 중단했다. 이러한 배경에는 당시 '정의연 사태'로 실제 일본군'위안부' 이슈를 둘러싼 여론이 악화되었고 코로나19 국면과 맞물려 모금 활동이 쉽지 않았다는 배경도 작용했다.

수차례 논의 끝에 건립추진위는 경상남도가 제안한 도립 일본군'위안부' 역사관 건립을 조건부로 수용하기로 결정한다. 그 조건은 첫째, 새롭게 건립되는 경남 일본군'위안부' 역사관은 일제강제동원역사관 안의 일부가 아닌 독립적인 역사관이어야 하며, 둘째, 역사관 건립을 민관 공동으로 추진한다는 것이다(이경희 인터뷰 자료, 2022. 8. 1.). 이로써 건립추진위는 도립역사관 건립을 위한 경상남도의 협력 단체로서 활동하면서, 향후 역사관이 정체성의 흔들림 없이 운영되기 위해 운영 주체가 민간이 될 수 있도록 제도를 마련하는 활동을 본격적으로 전개할 예정이다.

이제까지 살펴본 경남 지역에 일본군'위안부' 문제 해결의 역사를 연대기로 재구성해 표로 나타내면 다음과 같다.

<표 3-7> 경남 지역 일본군'위안부' 문제 해결 활동(2022. 8. 1. 기준)

연도	활동 내용	추진 단체
1997	· 중국 거주 정신대 할머니 귀향 기금 모금 활동	· 경남정신대문제 대책을 위한 시민연대
1997 -2018	· 중국 거주 정신대 할머니 한국정신대연구소와 합동 현지 조사	· 경남정신대문제 대책을 위한 시민연대
	· 일본군'위안부' 할머니 가족 찾기 및 국적 문제 해결 운동	· 경남정신대문제 대책을 위한 시민연대
2003	· 일본군'위안부' 피해자 정의를 지향하는 평화인권 문화제 매년 개최 · 일본군'위안부' 피해자 추모제	· 통영거제시민모임 · 마산교구정의평화위원회 · 마창진시민모임
2007	· 나고야 교류회, 증언 집회 · 고(故) 정서운 할머니 추모평화탑 건립	· 통영거제시민모임 · 고(故) 정서운 할머니 추모비건립위원회
2009	· 경남 지방의회 일본군'위안부' 결의안 채택 운동	· 통영거제시민모임
2010	· 일본군'위안부' 문제 해결을 위한 일본 의회의 입법을 촉구하는 제1차 탄원 엽서 보내기 운동 · 일본 정부, 의회에 탄원 엽서, 지방의회 결의문, 50만 서명지 전달 · 오사카 교류회, 증언 집회, 간담회	· 통영거제시민모임 · 마창진시민모임
2011	· 1000차 수요 시위 맞이 '1000통영거제시민 정의와 인간띠 잇기'	· 통영거제시민모임 · 마창진시민모임

연도	활동 내용	추진 단체
2012	· 일본군'위안부' 피해자 명예와 회복을 위한 문화제 · 일본군'위안부' 피해자 명예와 인권 회복을 위한 일본 정보의 법적 책임 이행을 촉구하는 제2차 탄원엽서 보내기 운동	· 마창진시민모임 · 통영거제시민모임
	· 일본군'위안부' 생존 피해자 일대기 역사 교육 자료 제작	· 경상남도교육청 · 통영교육지원청 · 통영거제시민모임
	· 2012 전국여성인권포럼(일본군'위안부' 분과) · 경남 일본군'위안부' 역사관(가칭) 건립 운동	· 통영거제시민모임 · 마창진시민모임
2013	· 통영 정의비 건립	· 통영거제시민모임
2014	· 거제 평화의 소녀상 건립	· 거제 평화의 소녀상 건립 추진위원회
2015	· 「일제하 일본군위안부 피해자 생활안정지원 및 기념사업 조례안」 경남도의회 결의 · 거제평화의소녀상건립기념사업회 창립 · 남해 평화의 소녀상 건립 · 창원 인권자주평화다짐비 건립 · 2015 경남 지역 일본군'위안부' 피해(자) 자료 지표 조사 사업	· 거제 평화의 소녀상 건립 추진위원회 · 남해여성회 · 마창진시민모임 · 여성가족부/통영거제시민모임 · 경남도의회
2016	· 일본군'위안부' 피해 할머니 진주 지역 기림상 건립 추진위원회 결성 · 일본군 위안부 한일합의 무효화 경남시민행동 결성 · 2016년 일본군'위안부' 피해 관련 사료 조사 및 D/B화 사업	· 일본군강제성노예피해자진주평화기림사업회 · 여성가족부/통영거제시민모임 · 일본군 위안부 한일합의 무효화 경남시민행동
2017	· 고(故) 박숙이 할머니 추모제(매년 개최) · 진주 평화기림상 건립 · 진주 일본군강제성노예피해자진주평화기림상 및 기림사업회 창립(2017. 3. 1.) · 산청 봄이(소녀상) 건립 · 김해 평화의 소녀상 건립(서울이비인후과의원)	· 남해여성회 · 일본군강제성노예피해자진주평화기림사업회 · 산청 간디마을학교
2018	· 일본군'위안부' 정의실현경남연대 창립 · 창원 기억과 소망 건립 · 김해 평화의 소녀상 건립(연지공원)	· 경남정의연 · 경남교육청 · 김해평화의소녀상건립추진위원회
2019	· 「일제하 일본군위안부 피해자 생활안정지원 및 기념사업 조례안」 일부 개정 · 함안 평화의 소녀상 건립 · 학술심포지엄 <지역에서 바라본 일본군 성노예제와 과거사 반성> 개최 · 경남 지역 일본군'위안부'역사관건립추진위원회 발족	· 경남지역일본군'위안부'역사관건립추진위원회/경상남도의회 · 함안여중학생자치위원회 · 경상대 사회과학연구원/일본군'위안부'연구회

연도	활동 내용	추진 단체
2020	· 2020년 8월 14일 김경수 경남 도지사 도립역사관 건립 공식 표명 · 산청 평화의 소녀상 건립 · 경남도립 일본군'위안부' 역사관의 조속한 건립을 위한 서명 운동	· 경남도지사 · 일본군 성노예제 문제해결을 위한 산청군 평화비 건립위원회 · 경남 지역일본군'위안부'역사관건립추진위원회
2021	· 양산 소녀(소녀상) 건립 · 경상남도 일본군'위안부' 자료 수집 및 역사관 건립 추진 방안 연구 용역	· 양산시 · 경상남도
2022	· 21대 총선 경남 지역 출마 후보자 확약서 서명운동 · 경남도립 일본군'위안부'역사관의 조속한 건립을 위한 서명 운동 · 학술심포지엄 <경남의 일본군'위안부' 운동과 트랜스로컬 기억의 연대> 개최	· 경남 지역일본군'위안부'역사관건립추진위원회 · 경상국립대 사회과학연구원/일본군'위안부'연구회/통영거제시민모임

5. 전망과 과제

이 글은 그동안 기록되지 못했던 경남 지역 일본군'위안부' 피해와 운동의 역사를 기억의 연대라는 관점에서 살펴보고자 했다. 이상의 고찰이 경남 지역의 일본군'위안부' 문제 해결에 시사하는 이론적·실천적 함의를 추출해 보자면 다음과 같다.

일본군'위안부' 문제 해결을 위한 경남 지역 운동은 국가와 초국적 수준의 이슈를 지역 수준에서 전개하고 확산한 운동이라는 점에서 의의가 있다. 경남 지역에 피해자가 많다는 역사적 배경도 작용했지만 이러한 문제 해결 노력의 기저에는 성노예 피해자들의 고통에 공감하고 이들의 목소리를 경청하며, 이들의 존재와 기꺼이 연대하려 했던 지원 활동가들이 자리했다. 이들의 활동을 통해 지역 사회에 일본군'위안부' 문제의 성격을 알리게 되었고, '위안부'를 추모하는 기림비를 국내에서 처음 세우고 역사 교육 자료를 발간해 학생들이 일정 시간 교육을 받도록 했으며, 역사관 건립의 필요성 등을 지역 사회에 공론화했다. 또한 경남 지방의회 일본군 '결의안' 채택 운동을 통해 전국에서 가장 많은 지방의회 결의안 채택안을 이끌어 내는 결과를 가져왔다.

나아가 「경상남도 일제하 일본군위안부 피해자 생활안정지원 및 기념사업 조례」의 제·개정(2015/2019)을 통한 기림 사업의 제도화와 13개에 이르는 경남의 '위안부' 피해자 기림비는 여성 인권과 평화, 연대의 가치를 다음 세대에 전승하는 지역 공공 역사의 자원으로 활용되고 있다. 요컨대 전시 성폭력의 역사를 반성하는 기억의 공간화와 지역에 기반한 여성주의적 친밀성의 성장은 탈식민 저항적 친밀권(김명희, 2016)의 정치적 잠재력을 내보이고 있다는 점에서 주목을 요한다.

이를 가능케 한 세 가지 형태의 교차적 연대에 주목해 향후 과제를 전망해 보자면 다음과 같다. 첫째, 피해자–지원 활동가 사이의 연대로, 이는 친밀한 연대에 기반해 전시 성범죄와 여성 인권 유린을 지역 공론장에 발화하는 구심점이 되었다. 따라서 경남 지역 일본군'위안부' 운동이 인권 침해 피해자의 고통에 기꺼이 동참했던 지원자들의 존재가 있었기에 가능했던 연대 운동이라는 점을 상기한다면, 피해자만이 아니라 피해자들을 돕고 이들의 말하기를 지원했던 '숨은 조력자'들의 삶과 서사를 발굴하여—이른바 '증언의 증언자들'—역사적 기념과 사회적 기억의 새로운 주제 영역으로 끌어올릴 필요가 있다.

둘째, 상징과 공간을 매개로 한 지역 내/지역 간 기억의 연대로, 민간의 주도적 참여 속에 경남 지역에 건립된 13개의 평화비와 지자체 수준에서 제·개정된 피해자 지원 및 기념 조례는 상징적 배상을 촉진하는 민–관 협력의 기틀을 마련했다. 여기서 상징적 배상(symbolic reparation)은 실체가 없는 무형의 배상이라는 것을 뜻하지 않는다. 공적 장소들의 새로운 명명, 역사관과 기념비 건립, 기념 행사, 장소의 재헌정과 같은 상징적 배상은 의미와 서사를 생성하고 전달하는 것을 목표로 하며, 개인적이고 문화적인 효력을 발생시킴으로써 새로운 국면 전환을 추동한다(Brown, 2013: 274–375; 김명희, 2019b: 39). 상징과 서사가 매개하는 기억의 연대는 새로운 공감적 청중과 전시 성폭력 피해자 사이의 '접촉–근접성 공간'(김명희, 2018a)을 확장하는 동력이 되고 있다.

하지만 이 같은 상징을 통한 기억의 연대는 역사적인 사실에 대한 정확한 이해와 설명, 지속적인 기록을 통해 보다 정치해지고 굳건해질 필요가 있다. 무엇보다 경남 지역에 거주하는 생존 피해자가 단 한 명밖에 남지 않은 현시점에서 새로운 피해 사실을 발굴하는 조사 작업도 필요하겠지만, 기존에 생산된 구술 증언과 자료를 공유하고 연계하여 경남 지역 일본군 성노예 피해의 실상과 전체상을 파악할 수 있도록 하는 심화 연구와 기록, 다양한 교육 콘텐츠의 개발이 요청된다.

셋째, 나아가 이 같은 기억의 연대를 보다 지속적이고 활력적으로 보장하기 위해서는 국내 최초의 공립 일본군'위안부' 역사관에 민간 참여를 제도적으로 보장할 필요가 있다. 무엇보다 경남의 역사관 건립과 운영은 지역 실정에 기반하고 지역 사회의 역량을 최대한 끌어내는 방식으로 추진되어야 한다. 그리고 이를 위한 민간의 참여는 배려나 시혜적 차원이 아니라 전시 성범죄를 둘러싼 역사적 진실을 기록하고 보존할 권리라는 인권의 관점에서 접근되어야 한다. 따라서 민간 추진 주체들의 참여권을 제도적으로 보장하는 역사관 건립 및 운영 조례의 제정이

반드시 필요하다.

이를 토대로 현장에서 쌓아 올린 활동가들의 전문성과 학계/대학에 종사하는 연구자, 초중등 교육에 종사하는 교사의 전문성이 상호 교환되고 소통될 수 있는 연구와 교육의 협력 구조를, 나아가 지역 언론/시민사회와 지방 정부의 협업 구조를 역사 정의와 여성 인권의 관점에서 구축해 갈 필요가 있다.

참고문헌

1. 강정숙(2011),「제2차세계대전기(第二次世界大戰期) 인도네시아로 동원된 조선인 여성의 간호부(看護婦) 편입에 관한 연구: 유수명부(留守名簿)를 중심으로」,『한일민족문제연구』, 제20권, 55-99쪽.
2. 경상남도(2022), 〈경상남도 일본군'위안부' 자료수집 및 역사관 건립 추진방안 연구용역 최종보고서〉.
3. 경남 정신대문제 대책을 위한 시민연대모임(1997), 〈경남 정신대문제 대책을 위한 시민연대모임 창립대회 및 세미나 자료집〉(1997. 10. 1., 농협중앙회 경남도지부 강당).
4. 경상남도교육청(2013), 〈일본군'위안부'피해자 김복득 할머니 일대기: 나를 잊지 마세요〉.
5. 경남여성연대(2020), 〈2020 역사체험 학부모 강사단 양성과정 자료집〉.
6. 김경영(2012), "토론2: 국내외 일본군'위안부' 문제해결을 위한 활동 현황과 과제", 〈2012 전국여성인권포럼 자료집〉(일본군'위안부' 분과:제국주의 일본이 자행한 여성에 대한 폭력. 일본군 위안부 문제 진단과 해결전망)(2012. 10. 23.), 24-28쪽.
7. 김나현(2020),「통영 정의비와 공공역사」, 경상대학교 사회학과, 〈제2회 지역 공공역사 대학생 논문경연대회 자료집〉(2020. 12. 16., 온라인 zoom).
8. 김명희(2017),「일본군'위안부' 문제와 부인(denial)의 정치학: '제국의 위안부 사태' 다시 읽기」,『한국여성학』, 제33권 3호, 235-278쪽.
9. 김명희(2018a),「일본군'위안부' 운동과 시인(recognition)의 정치: 한국의 사회적 기억 공간을 중심으로」,『한국여성학』, 제34권 3호, 7-42쪽.
10. 김명희(2018b),「두 전쟁박물관과 젠더 인지적 공공역사의 가능성: 이행기 정의의 코뮤니타스」,『젠더와문화』, 제11권 2호, 7-42쪽.
11. 김명희(2019a),「포스트 피해자 시대 경남 지역의 일본군'위안부' 운동' 현황과 과제」, 일본군'위안부' 연구회, 〈지역과 기억을 통해 본 일본군 성노예제〉(2019. 3. 23., 서울대학교 근대백주년기념관 최종길홀).
12. 김명희(2019b),「경남의 평화비 연대와 일본군'위안부' 운동; 지역 공공역사의 가능성」, 〈여성을 위한 정의(Justice for Women)〉, 경상대학교 여성연구소, 계명대학교 여성학연구소, 부산대학교 여성연구소, 신라대학교 여성문제연구소(2019. 4. 19., 경상대학교 BNIT R&D센터 204호).
13. 김명희(2019c),「상징적 배상으로서 추모 사업의 의미와 방향: 지역 공공역사의 가능성」, 〈지역에서 바라본 일본군 성노예제와 과거사 반성: 책임의 자리와 공동체의 윤리〉, 경상대학교 사회과학연구원·일본군'위안부'연구회 공동학술심포지엄 자료집(2019. 10. 21., 경상대학교 BNIT R&D센터 204호).
14. 김부자(2018),「'위안부' 문제와 탈식민주의: 역사수정주의적 '화해'에 대한 저항」,『역사와 책임』, 나카노 도시오·김부자(편), 이애숙·오미정(역), 서울: 선인.
15. 김정화(2020),「일본군 성노예('위안부') 피해자 고 박숙이 할머니 생애사 연구」, 경상대학교 교육대학원 석사학위논문.
16. 남해여성회(2021), 〈할머니를 부탁해〉, 2021 제5회 남해 인권 평화 숙이나래 문화제 기념 사진책.
17. 박정애(2019),「일본군'위안부' 문제의 강제동원과 성노예: 공창제 정쟁과 역사적 상상력의 빈곤」,『페미니즘 연구』, 제19권 2호, 45-79쪽.
18. 박정애(2020),「총동원체제기 식민지 조선에서 정신대와 위안부 개념의 착종 연구」,『아시아여성연구』, 제59권 2호, 47-80쪽.

19. 송도자(2012), 「일본군'위안부' 문제해결을 위한 경남 지역 활동과 모색」, 〈2012 전국여성인권포럼 자료집〉(일본군'위안부' 분과: 제국주의 일본이 자행한 여성에 대한 폭력. 일본군 위안부 문제진단과 해결전망)(2012. 10. 23.), 29-39쪽.

20. 송도자(2019), 「일본군'위안부', 그 기록과 기억의 장치: 경남 지역 일본군'위안부' 역사관 건립의 중요성」, 〈지역에서 바라본 일본군 성노예제와 과거사 반성〉, 경상대학교 사회과학연구원·일본군'위안부' 연구회 공동학술심포지엄 자료집(2019. 10. 21., 경상대학교 BNIT R&D센터 204호), 59-63쪽.

21. 송도자(2021), 「일본군'위안부' 역사의 기억과 기록을 위한 경남 지역사회의 과제」, 일본군위안부할머니와함께하는마창진시민모임, 고 김학순 공개증언 30주년 기념 토론회 자료집(2021. 8.30, 온라인 zoom).

22. 송해리(2019), 「남해 '평화의 소녀상' 건립 과정과 〈숙이나래 문화제〉」, 경상대학교 사회학과, 〈제1회 지역 공공역사 대학생 논문경연대회 자료집〉(2019. 12. 10., 경상대학교 사회과학대학 글로벌룸), 89-114쪽.

23. 심인경(2017), 「진주와 관련된 일본군'위안부'의 과거와 현재」, 일본군'위안부' 피해할머니 진주지역 기림상 건립추진위원회(2017), 〈평화기림상 건립보고서〉, 71-77쪽.

24. 양현아(2020), 「식민주의의 견지에서 본 2000년 여성국제법정: 일본군 성노예제라는 '전시 성폭력'」, 〈2000년 여성국제법정의 공공 기억과 확산: 식민주의를 넘어서 미래세대를 향해서〉, 2000년 일본군 성노예전범 여성국제법정 20주년 기념행사 및 국제학술대회 자료집(2020. 12. 4~5, 서울대 아시아연구소), 142-184쪽.

25. 여성가족부(2015), 〈2015 경남 지역 일본군'위안부'피해(자)자료 지표조사사업 결과보고서: 통영, 거제, 고성 지역〉.

26. 여성가족부(2016), 〈2016년 일본군'위안부 피해 관련 사료 조사 및 D/B화 사업보고서〉.

27. 윤미향(2016), 『25년 간의 수요일』, 사이행성.

28. 이경희(2019), 「일본군'위안부' 문제의 성격에 대한 고찰」, 〈2012 전국여성인권포럼 자료집〉(일본군'위안부' 분과:제국주의 일본이 자행한 여성에 대한 폭력. 일본군 위안부 문제진단과 해결전망)(2012. 10. 23.), 1-18쪽.

29. 이경희(2019), 「지역에서의 여성인권과 역사정의 운동 현실과 과제: 창원지역 일본군'위안부' 운동을 중심으로」, 〈지역에서 바라본 일본군 성노예제와 과거사 반성: 책임의 자리와 공동체의 윤리〉, 경상대학교 사회과학연구원·일본군'위안부'연구회 공동학술심포지엄 자료집(2019. 10. 21., 경상대학교 BNIT R&D센터 204호), 64-73쪽.

30. 이진혜(2020), 「평화의 소녀상의 의미와 효과: 진주 평화기림상을 중심으로」, 경상대학교 사회학과, 〈제2회 지역 공공역사 대학생 논문경연대회 자료집〉(2020. 12. 16., 온라인 zoom).

31. 이혜숙(2013), 「일본군'위안부' 문제와 지역여성운동: 경남 지역 활동을 중심으로」, 한국사회의 사회운동, 김동노·노중기·노진철·신진욱·이승훈·이정옥·이혜숙·조대협·홍성태, 서울: 다산출판사, 123-151쪽.

32. 일본군위안부할머니와함께하는통영거제시민모임(2013), 〈일본군'위안부'피해자 정의를 향하는 평화인권문화제〉(2013. 12. 14.~18., 통영시민문화회관).

33. 일본군위안부할머니와함께하는마창진시민모임·일본군'위안부'할머니와함께하는통영거제시민모임·정신대할머니와함께하는 시민모임(2012), 〈2012 전국여성인권포럼 일본군'위안부'분과 자료집: 제국주의 일본이 자행한 여성에 대한 폭력, 일본군'위안부' 문제 진단과 해결전망〉(2012. 10. 23., 경상남도여성능력개발센터 1층 회의실).

34. 일본군'위안부' 피해할머니 진주지역 기림상 건립추진위원회(2017), 〈평화기림상 건립보고서〉.

35. 전갑생(2019), 「일본군'위안부' 지역조사 실태와 과제」, 〈지역에서 바라본 일본군 성노예제와 과거사 반성: 책임의 자리와 공동체의 윤리〉, 경상대학교 사회과학연구원·일본군'위안부'연구회 공동학술심

포지엄 자료집(2019. 10. 21., 경상대학교 BNIT R&D센터 204호), 48-58쪽.

36. 진영은(2019), 「민주주의적 기억문화 형성의 방법을 통해 공공역사 운동의 가능성: 창원 '인권자주평화다짐비'와 '기억과 소망' 비교분석 중심으로」, 경상대학교 사회학과, 〈제1회 지역 공공역사 대학생 논문경연대회 자료집〉(2019. 12. 10., 경상대학교 사회과학대학 글로벌룸), 49-74쪽.
37. 한국정신대문제대책협의회·한국정신대연구회(1993), 『강제로 끌려간 조선인 군위안부들1』, 한울.
38. 한국정신대문제대책협의회·한국정신대연구회(1997), 『강제로 끌려간 조선인 군위안부들2』, 한울.
39. Brown, Kris, 2013, "Commemoration as Symbolic Reparation: New Narratives or Spaces of Conflict?", *Human Rights Review* 14(3), pp.274-275.

신문기사 및 웹사이트

1. 법제처 홈페이지, https://www.moleg.go.kr/index.es?sid=a1, 검색일: 2022. 8. 9.
2. (재)일본군성노예제 문제해결을 위한 정의기억연대 홈페이지, https://womenandwar.net/kr/peace-statue/#international, 검색일: 2022. 7. 29.
3. 『KBS 뉴스』, 2017. 3. 21., "소녀상 보셨습니까? ⑧ 같은 듯 다른…만든 주체에 따라 달라요", https://news.kbs.co.kr/news/view.do?ncd=3449206, 검색일: 2022. 7. 29.
4. 『갱남피셜』, 2018. 9. 18., "평화의 소녀상, 김해 연지공원에 세워져", https://www.gyeongnam.go.kr/board/view.gyeong?boardId=BBS_0000049&menuCd=DOM_000001603004000000&dataSid=4085620, 검색일: 2022. 7. 29.
5. 『경남도민신문』, 2019. 10. 28., "일본군 위안부 역사관 건립 본격 추진", http://www.gndomin.com/news/articleView.html?idxno=222094#0BNb, 검색일: 2022. 7. 29.
6. 『경남도민일보』, 2019. 1. 8., "함안여중에도 '평화의 소녀상'", http://www.idomin.com/news/articleView.html?idxno=586150, 검색일: 2022. 7. 29.
7. 『김해신문』, 2021. 6. 29., "'김해평화의소녀상' 건립추진위 창립총회 열고 정식발족", http://www.gimhaenews.co.kr/news/articleView.html?idxno=18934, 검색일: 2022. 7.29.
8. 『양산시민신문』, 2022. 3. 7.,, "'양산의 위인' 인권평화운동가 '김복동의 길'을 걷다", http://www.ysnews.co.kr/news/view.php?idx=89582, 검색일: 2022. 7. 29.
9. 『연합뉴스』, 2007. 5. 25."하동에 정서운 위안부 할머니 추모탑 건립", https://n.news.naver.com/mnews/article/001/0001646924?sid=102, 검색일: 2022. 7. 29.
10. 『오마이뉴스』, 2020. 8. 14., "'정의연 논란'에 힘들었지만 '평화의 소녀상' 건립 약속 지켜", http://www.ohmynews.com/NWS_Web/View/at_pg.aspx?CNTN_CD=A0002667004, 검색일: 2022. 7. 29.
11. 『의협신문』, 2017. 2. 27.,"김해시 병원 안에 '평화의 소녀상' 세웠다", http://www.doctorsnews.co.kr/news/articleView.html?idxno=115594, 검색일: 2022. 7. 29.

12. 강문순 인터뷰 자료, 2019. 1. 10.
13. 이경희 인터뷰 자료, 2022. 8. 1.
14. 이헌수 인터뷰 자료, 2022. 8. 6.
15. 황분희 인터뷰 자료, 2018. 1. 28.

Ⅳ. 경남이 겪은 한국전쟁

한국전쟁 전후 민간인 학살 사건

전갑생(서울대학교 사회발전연구소 연구원)

1. 머리말

1990년 말부터 한국전쟁 전후 민간인 피학살자 유족들은 국가폭력 기관에서 홀연히 끌려간 가족들의 행방에 대해 기억과 체험을 증언하기 시작했다. 유족들의 커밍아웃은 언론사 기자와 연구자들의 활동을 바탕으로 국내·외에서 문서, 사진 등 다양한 자료를 발굴하고 진실화해를위한과거사정리위원회(활동 기간 2005년~2010년·4년 2개월·진실화해위원회로 줄임)의 출범까지 가능하게 되었다. 진실 규명 조사 10년 이후 진실화해위원회는 2020년 5월 국회에서 법률 개정안이 통과되면서 2년 동안의 2기 활동에 들어갔다.

진실화해위원회 조사 활동 이후 한국전쟁 전후 민간인 학살 사건은 얼마나 진실이 규명되었는가. 유족들의 증언과 동일한 가해자들의 결정적인 자료는 존재하는가. 가해 주체와 조직적인 학살 사건의 피학살자들의 신원과 피해 규모는 밝혀졌는가. 1기 진실화해위원회에서 진실 규명된 유족들은 지역 유족회에서 적극적으로 활동하고 있는가. 진실화해위원회가 권고한 사항들은 국가와 지방자치단체뿐 아니라 군·경 등의 조직에서 철저하게 이행하고 있는가. 무엇보다 민간인 학살 사건과 양민 학살 사건, 국민보도연맹원 사건, 군 정보기관과 경찰 외에도 좌우 조직에서 자행된 사감 또는 보복 학살 사건 등 여러 유형의 학살 사건에 대한 개념과 정명은 이뤄졌는가.

이러한 질문과 문제의식에서 우리는 어떻게 풀어낼 수 있는가. 이 글은 앞의 여러 문제 인식에서 출발한다. 본격적인 논의에 들어가기 전 지금까지 민간 학살 사건과 관련된 국내 연구 동향을 살펴보자. 국내 연구는 민간인 학살 사건과 피학살자들의 활동, 학살 사건과 직결된 법적 또는 제도사 문제 등 크게 세 가지 분야이다. 첫째는 국민보도연맹 조직과 활동을 중심으로 김동춘, 김득중, 한지희와 강성현 등이 대표적이다. 김동춘(2006; 2013)은 민간인 학살 사건의 개념과 역사사회적 분석 등을 이룬 여러 연구의 성과를 낳았다. 김득중(2007; 2009)은 여순사건과 보도연맹원 학살뿐 아니라 민간인 학살 사건 법적 문제, 한국군의 방첩대 역사 등 여러 분야에서 민간인 학살 사건을 다뤘다. 한지희(1995)의 논문은 한국전쟁 발발 과정에서 국민보도연맹의 중앙과 지방 조직 등을 세세하게 다루고 있으나 국내 문헌을 중심으로 사실 중심에서 파악하고자 했다. 그러나 논문에서 유족들의 증언이나 지역별 특성 등을 분석하지는 못했다. 강성현(2012) 논문은 일제 강점기 독립운동가들을 통제하기 시작한 사상구금소를 비롯한 역사 맥락에서 국민보도연맹의 조직 연원뿐 아니라 지역 특성과 사례 등을 분석하고 있다. 무엇보다 국가가 사상 통제 과정에서 국민보도연맹원 학살 사건을 분석해 새로운 연구 지평을 열었다. 김학재(2004)는 정부 수립 이후 좌익단체 전향자들을 통제하는 수단에서 보도연맹원 조직, 활동, 학살 과정을 살펴보았다.[1]

둘째, 2006년~2021년 진실화해위 출범과 그 이후 민간인 학살 관련 논문이 대거 나왔다. 1990년대 말부터 전국적으로 확산된 「한국전쟁 전후 민간인 학살진상규명범국민위원회」(1999~2011)와 「민간인 학살문제 해결을 위한 경남 지역 모임」(1999~2005)을 비롯한 진상 규명 운동, 전국 피학살자유족회 재건 등은 지역별 민간인 학살 사건의 현황과 학살 사례 연구로 이어졌다. 또한 2004년 전국 대학의 연구자들과 독립연구자

1 그 외에도 국민보도연맹 조직과 관련된 유사한 논문들은 다음과 같다. 이홍원(2004); 정병준(2004).

들이 모여 한국제노사이드연구회(2004~2012년, 계간지 『제노사이드』, 1~6호·2007~2009년)를 결성해 민간인 학살 연구를 촉발시켰다.[2]

셋째, 지역 학살 연구는 전갑생(2005; 2011; 2014)의 경남 지역 민간인 학살 연구의 현황과 과제를 시작으로 부산 지역 전평 소속 보도연맹 연구 등을 다루었다. 주요한 지역 연구는 전남 영암(신창화), 경북 영덕(김순규), 경기 강화군(최태육), 충남 대전(임재근), 충남북(최병수·노근리, 2000; 이무열·박만순, 2006), 마산(이상길과 김주완), 해남(박찬승), 부산경남(전갑생과 김기진), 김해(홍순권), 대구경북(김상숙), 경북 상주 등 여러 지역의 민간인 학살 또는 보도연맹원 사건을 다룬 연구 논문과 단행본, 조사보고서 등이 있다. 최근 경남 지역은 민간인 학살 유족들의 증언집으로 묶여 나왔다. 『70년 만의 증언』(5권, 태인, 2021)은 창원과 김해, 진주, 사천, 남해, 하동, 거제, 통영, 고성, 밀양, 양산, 의령, 함안, 창녕, 산청, 함양, 거창, 합천에 있는 유가족들의 증언들이다.

넷째, 민간인 학살 사건과 관련한 추모와 기념(김백영·김민환, 2008), 배·보상 문제(임상혁, 2009), 민간인 학살 사건 보상 문제를 둘러싼 판례 분석(이유정, 2009), 유해 발굴(노용석, 2010), 민간인 학살 진상 규명의 법-역사적 접근(김득중, 2010), 사회구조(최정기, 2011), 민간인 학살 사건 자료와 실태(노영기, 2004), 기억과 담론(정호기, 2005), 민간인 학살 사건 트라우마(김명희, 2019) 등이 있다.

이러한 연구의 성과는 민간인 학살 진상 규명 운동의 자양분이 되었다. 1990년대 전국적으로 확산된 민간인 학살 진상 규명 운동이 지역에

---

2 정근식(2007); 홍순권(2007). 그 외에도 최태육의 강화군 민간인 학살, 전갑생 1960년 국회 '양민학살사건조사특별위원회' 자료, 김종준의 한국전쟁기 서부 경남 지역 빨치산의 조직과 활동, 최정기의 해방 이후 한국전쟁까지의 형무소 실태 연구 등 지역과 동아시아 및 유럽 지역의 민간인 학살 연구 등이 소개되었다. 자세한 내용은 『제노사이드연구』, 1~6호 참조.

서 출발해 유족회 재결성과 진실화해위원회 출범이라는 성과를 만들었다. 지역 운동에서 1998년 이후 전갑생(거제, 통영, 고성), 김주완, 박영주(마산창원), 김기진(부산), 박만순(충남), 임재근(대전), 남해, 사천, 진주, 산청, 함양, 거창 외에도 전국에서 각각 유족회나 시민사회 단체 구성이 활발해졌다. 이 과정에서 〈민간인 학살 문제 해결을 위한 경남 지역모임(민해모)〉(2000. 7. 6. 창립 준비 모임)은 지역 연구자, 언론사 기자, 시민사회 단체 등이 중심이 되어 참여했다.

전국 단위 조직화 단계에서 2000년 지역 유족회나 연구자, 지역 기자 등이 〈한국전쟁전후민간인 학살진상규명범국민위원회(범국민위)〉(2000. 7. 9.)에 참여하면서 유족회 조직화, 연구, 입법 운동 등을 전개하기 시작했다.[3] 집단 연구를 보면 범국민위 조직 과정에서 〈한국제노사이드연구회〉(2004) 조직과 함께 연구, 유족회 활동 지원, 진실화해위 구성 등 다양한 활동에 나섰다. 학술대회와 유족회 증언대회가 결합되기도 했다. 『제노사이드 연구』(2007년 창간)는 총 6호(2009)까지 발간했다. 연구회는 역사, 사회학, 인류학 등 다양한 분야의 연구자들 70여 명이 회원으로 참여해 지역별 필드워크와 주민 증언 채록, 자료 발굴에 이르기까지 활동했다.

유족회 재결성으로 1999년 이후 지역 운동가, 연구자, 기자 등이 결합해 1960년대 해체된 유족회를 재조직화하는 데 나섰다. 범국민위와 지역 단위별로 조직했다. 각종 증언대회가 전국에서 개최되었다.

2006년~2021년 진실화해위원회(유족의 요구와 범민위 및 제노사이드연구회 바탕으로 출범, 국회 입법 과정 정치적 타협으로 '누더기' 법 통과 뒤 출범), 조사관의 연속적인 연구(김상숙, 최태육, 신기철 등), 유족회의 증언집 발간, 영화 제작(구자환 등) 등

---

3 범국민위원회 활동 과정은 다음의 사이트를 참조할 수 있다(http://genocide.jinbo.net). 이 사이트에는 범국민위원회의 민간인 학살 관련 각종 자료집과 단행본 등을 볼 수 있다.

으로 다양한 콘텐츠 생산이 가능하게 되었다. 그러나 진실화해위원회 활동 과정에서 조사 수집된 자료들이 자료집 한 권 없이 국가기록원으로 이관되거나 원 소장처로 반환되어 추가 연구에 어려움이 발생했다.

이처럼 한국전쟁 전후 민간인 학살 사건 관련 연구와 활동은 1960년 국회 '양민학살사건 국회진상활동'에서 87년 민주화운동과 노동자 대투쟁기를 지나 1990년대 소련과 냉전체제의 해체라는 급격한 변동을 겪으면서 본격화되었다. '열전과 냉전'의 반복성에서 한국전쟁 민간인 학살 사건은 현재 진행형에서 연구를 거듭하고 있다.

본 글은 기존 연구를 바탕으로 민간인 학살의 개념과 정의, 범주(시기, 대상, 주체)뿐 아니라 경남 지역의 사례를 통한 공간의 특성과 향후 진실 규명의 과제, 법적 제도적 문제를 살펴보고자 한다.

2. 민간인 학살 사건, 어디까지 조사되었나?

민간인 학살이란

민간인 학살은 어떻게 정의할 수 있는가. 한국전쟁 전후 군경 또는 우익 단체의 '불법·비법(非法)'적으로 비무장 민간인들을 학살한 사건이며, 좌우익 단체에서 활동하던 중 법적 절차 없이 사살 또는 학살한 행위이다. 그 외에도 한국전쟁기 단순 가입 또는 활동한 행위를 가중 처벌하여 사형을 언도 받은 사례가 있다. 한국전쟁기 인민군에 부역한 혐의로 법적 절차 없이 학살된 사례, 인민군 또는 좌익 단체에 의해 집단 또는 개인별로 학살된 사례 등이다.[4]

왜, 민간인 학살인가. 지금까지 민간인 학살 사건의 명칭은 1960년 국회에서 〈양민학살조사위원회〉의 '양민', 1990년 이후 피학살 유족들의 진상 규명 요구와 연구자·기자·민간 단체 등이 지역에서 조사 활동하는 과정에서 '민간인 학살'이라는 용어가 등장했다. 유족들은 '양민'과 '민간인'을 한국전쟁 이전과 이후로 나눠 구분했으며 국민보도연맹원과 군경에 의한 빨치산 또는 야산대 토벌 과정에서 '통비분자(通匪分子)' 혹은 보복 피학살자를 '양민'이 아니라고 구분했다. 인민군이나 좌익 단체에 의한 사건을 '적대 사건', 1950년 인천 상륙 작전 이후 한국 군·경과 우익 단체의 불법 학살을 통칭 '부역자 학살'이라고 규정했다. 이처럼 명칭부터 피학살자나 가해자 주체에 따라 각각 달라졌다. 김동춘을 비롯한 김득중 등 여러 연구자들은 국민보도연맹원을 비롯해 한국전쟁기에 일어난 군·경과 우익 단체에 의해 저질러진 모든 학살 사건을 민간인 학살 사건이라고 규정한다. 민간인 학살은 범국민위원회와 제노사이드연구회의 지속적인 활동 속에서 정명화되었다.[5]

민간인 학살의 시기와 범위는 어디서 어디까지인가. 한국전쟁 이전 군경에 의한 불법 학살 사건은 여순사건과 4.3사건 외에도 대구 10월과 미군정의 하곡 수집 반대 운동 과정에서 미군의 총에 맞아 사망한 사례도 포함할 수 있다. 그 외에도 1948년~1950년 4월 이전 야산대나 빨치산 군경 '토벌' 과정에서 '통비분자'로 낙인된 민간인들이 집단 학살

4 김동춘, 앞의 책, 2000, 18-30쪽 참조.

5 한국전쟁 전후 민간인 학살 진상규명 범국민위원회와 한국제노사이드연구회 등의 내용은 앞의 사이트와 제노사이드 연구 등을 참조하면 된다.

사례들이라고 하겠다. 진실화해위는 학살을 '희생'으로 규정하고 사망, 행방불명, 그리고 집단 사건에 포함된 신체적 피해 및 부상으로 세분화했다. 민간인은 전투원과 비전투원으로 구분하고 비전투원만을 민간인으로 해석했다. 미군 폭격 사건에서 부상자, 민간인 학살 사건에서 부상자들을 희생자로 규정하지 않았다.

민간인 학살의 범주와 지휘 계통

피학살자와 범주, 피해자는 누구인가. 이 문제는 가해 주체에 따라 여러 사례로 나누어진다. 피해자는 1960년 국회조사위원회와 2000년 범국민위원회, 2006년 진실화해위원회의 진실 규명 사례 등을 종합하면 지역과 사건에 따라 차이를 알 수 있다. 첫째는 미군정과 과도 정부 수립 과정에서 좌우익 단체의 간부나 회원 외에 민간인들을 집단 혹은 개별적으로 살인이나 학살한 사례이다. 이 경우는 진실화해위원회에서 집단 희생 사건 범주에 삽입했다. 둘째는 집단 학살 사건이다. 군경이나 우익 단체에 의해 한국전쟁 전후 군과 경찰 조직이 불법적으로 민간인들을 집단 학살한 사례이다. 진실화해위원회는 총 150건의 사건을 '집단 희생 사건'이라고 규정했다. 셋째는 적대 세력에 의한 학살 사건이다. 이 사례는 인민군 또는 지역 좌익 등에 의해 민간인이 학살된 것으로 진실화해위원회에서 규정한 것은 총 61건이다. 넷째는 한국전쟁기 인민군이나 지역 좌익 점령기에 협력했다는 이유로 민간인들을 학살한 부역자 학살 사건이다. 이 사례에는 민간인과 우익 단체 간부들을 포함한 보복 학살도 포함되었다. 다섯째는 개별 보복 학살이다. 사감(私感)이나 가해자의 지위나 권력을 이용해 피해자의 재산 탈취 목적 등으로 살해한 사례이다. 거제, 통영, 경주 등 여러 지역에서 나타나고 있다. 여섯째는 재소자들의 집단 학살이다.

다음은 가해자의 범주와 지휘 계통의 문제이다. 앞의 6개 범주에서 최대 가해자는 군과 경찰이다. 한국전쟁 전후 조직과 체계성에서 국군 통수권자이며 지휘 계통에서도 최상위인 대통령의 명령에 따라 실행된 것이다. 진실화해위는 국민보도연맹원의 집단 학살 사건에서 대통령을 비롯한 각급 도경, 시경, 각급 경찰서, 지서의 소속 경찰관이고 군의 경우 군단-사단-대대-중대, 육해군 특무대(CIC)와 정보(G-2)와 작전참모부(G-3) 등이 관여했다고 밝혔다. 정보기관에 임시로 고용된 '문관(민간요원)'들이 직접 학살에 깊숙이 개입한 사례가 많았다. 이승만의 정치 기반인 청년 단체(대한청년단)와 정치 단체(국민회 등)의 간부나 회원들이 학살 협력자 또는 가해자인 경우가 있었다.

학살의 유형과 한계성

학살의 유형

1946년부터 1954년 사이 민간인 학살 사건의 사례에서 집단 총살, 수장(水葬), 고문 살해, 교살 등이다. 집단 학살 사건에서 총살과 수장 사건이 압도적으로 많았다. 대전 산내의 집단 총살과 마산, 통영, 거제 등지에서 발생한 수장 사건이 대표적이다.

사건이 발생한 공간은 산, 계곡, 바다, 들녘, 형무소, 유치장, 공터 등이다. 산과 계곡은 트럭 정도가 통행 가능한 도로에서 8부 능선이거나 계곡을 끼고 있는 수림(樹林)지대가 많다. 바다는 해류와 직접 연관성이 있는데 학살지로부터 10km 이내 급류 해역이다. 공터는 일제 강점기

건립된 창고나 신사 터로 여기에서 집단 총살한 사례가 있다. 지역별 편차가 극심하며 보도연맹원 명부 외에 유가족들의 증언에서 기인한다. 진실화해위에서 추정하는 인원은 유가족들의 증언에서, 재소자 학살의 경우 명부, 보도연맹원의 경우 명부를 통해 예상한 수치이다. 거제보도연맹원 학살은 1951년 가해자들이 군사재판에 회부되면서 심문 조서에 학살자 인원을 명기한 사례이다.

진실 규명과 한계성

1기 진실화해위(2006~2009)는 '유가족의 신청→조사관들의 조사→소위원회 심의→전원 위원회 진실 규명'을 하는 과정이다. 그러나 유족들의 신청 과정에서 홍보 부족과 인우보증 등 여러 가지 문제 때문에 미신청자가 속출했다. 일부 유족은 사건 자체에 대한 트라우마로 포기하기도 하고 사건을 인지한 유족이 사망해 신청을 못하는 경우도 있었다. 시도 군위원회의 인식 부족으로 행정적·기계적 신청 접수 절차 과정에서 제외된 사례가 존재했다. 또한 소위원회에서 통과된 사건이 전원위원회에서 불능 처리된 사례도 있었다. 이 불능 처리는 이영조 위원장 시기 정치적 판단에서 나온 것이다. 주로 미군 폭격 사건을 비롯해 다수가 불능되거나 1차 진실 규명은 되었지만 재심에서 불능 처리된 사례도 있었다.

권고사항 불이행 문제, 호적 정리뿐 아니라 역사 기술, 위령 사업, 제도적 보완 등이 권고사항에 포함되었으나 위령 사업을 제외하고 대부분 이행되지 않거나 실행되지 않고 있다.

제도적 보완 미흡

전시 민간인 학살 방지 혹은 보호법: 집단 학살 사건은 전시 중 대통령의 명령에 따라 법적 절차 없이 적과의 협력할 의도 혹은 우려 등이라는 이유로 학살했다. 전시에 민간인들을 불법적으로 학살을 방지하는 구체적인 법령이 존재하지 않는다. 진실화해위에서 권고한 사항이다.

계엄령의 개정과 관련하여 군경의 불법적인 민간인 학살 방지 조항이 필요하다. 배·보상법과 관련하여 유족들이 진실 규명 판결을 받았지만 별도의 민사소송을 거쳐 보상받아야 하는 불합리가 2기에도 그대로 적용될 것으로 보인다. 배상 문제는 4.3사건에서 어느 정도 해결점을 찾고 있지만 국가가 능동적이고 역사적으로 해결할 의지를 보이지 않고 있다. 과거사 재단 설립과 관련하여 1기 진실화해위에서 조사·연구되었지만 실현되지 못했다. 국가의 재정과 정치적인 이유로 2기에도 실현 가능성이 희박해 보인다.

지금까지 한국전쟁 전후 민간인 학살 사건과 관련된 문제점들을 살펴보았는데 앞으로 해결해야 하는 과제이기도 하다. 민간인 학살 사건에서 정의와 진실 규명 과정 속에서 경남 지역의 민간인 학살 사건을 구체적으로 살펴보고자 한다.

3. 경남 지역의 민간인 학살 사건: 보도연맹원 명부를 통해 본 민간인 학살 사건

1950년 7~9월경 김해군에 거주하는 국민보도연맹원들이 김해경찰서와 관할 지서의 소집 통보를 받고 출두하거나 CIC에 의해 연행된 후, 김해경찰서 유치장과 무도장, 진영지서 유치장, 김해읍사무소 창고, 김해전매소 창고, 진영금융조합 창고, 한얼중학교 등에 집단 구금되었다가 경찰과 CIC가 보도연맹원들을 트럭에 싣고 김해군 생림면 나전리 나밭고개, 상동고개, 한림면 안하리 가자골, 진례면 산본리 냉전고개, 대동면 주동리 주동광산과 숯굴, 창원군 동면 덕산리 덕산고개, 창원군 대산면 일동리 수산교 인근 낙동강 변, 진영읍 뒷산 등지로 끌고 가 집단 학살했고 1960년 5월 유족회 결정 이후 희생 현장에서 유골을 수습한 뒤 김해군 김해읍 남산과 진영읍 설창리에 합동묘를 안장했으나, 5·16 쿠데타 직후 합동묘를 파괴했다. 1기 진실화해위는 75명의 김해 보도연맹원 학살 사건 신청자에 대해 진실 규명 결정을 내렸다(진실화해위, 김해국민보연맹 사건 진실규명결정서, 2009. 1. 5., 참조).

특히 진실화해위는 『용공혁신분자조사서-6.25 당시 처형자 및 동연고자』(김해경찰서 정보과, 1972)를 발굴해 총 201명의 성명, 본적, 주소, 생년월일, 성별, 연고자와 처형자의 관계, 성명, 본적, 주소, 생년월일, 직업, 성별, 시찰급류, 비고(살해 일자) 등이 기재되어 있다. 이 명부는 중복자를 제외하면 199명 모두 1950년 8월에 처형된 사람들을 기재하고 있다.

『부역자 명부(보도연맹부)』(김해경찰서 및 관하 지서, 1950, 1951)는 「불순분자명부」, 「불순분자 구속해제 대상자명부」, 「보련맹원구속자명부」, 「구속자 명부」, 「미검거보련맹원명부」, 「행방불명된 보련명원 및 그 가족조사 명부」 등 국민보도연맹원과 직결된 명부가 확인되었다.

따라서 진실화해위는 1950년 6월 28일부터 9월 19일까지 김해 지역의 보도연맹원 1,220명이 예비 검속되었고 그중에서 750명 이상이 "김해경찰서 경찰과 당시 김해 주둔했던 육군본부 정보국 경남지구 CIC 김해파견대, 해군 진해통제부 정보참모실 진영파견대, 진영읍 비상시국대책위원회, 우익 청년단에 의해" 학살되었다고 밝혔다. 다만 김해(항공)기지부대 정보참모부(G-2)는 대저면의 예비 검속에 관여한 사실은 확인되었지만 살해 과정 개입 여부를 확인하지 못했다.

주요 명부의 현황과 특징

진실화해위와 김해 지역 유가족들의 증언 등을 종합하면 김해 지역 보도연맹원들은 1950년 7월 15일부터 9월까지 군 정보기관(CIC, G-2)과 김해경찰서와 그 관할 지서, 대한청년단, 진영읍 비상시국대책위원회 등 여러 기관들에 의해 예비 검속과 학살되었다.

보도연맹원을 비롯한 각종 명부는 학살자 인원을 추정하는 데 매우 중요한 자료이다. 울산 보도연맹원 학살 사건에서도 『대공인적위해요소명부』(대공과, 1975)에 〈6.25 당시 처형자 및 동연고자〉라는 보도연맹원 학살자 명부가 발굴되었다. 이 명부에 따르면 처형자 총 611명 중 중복자를 제외하고 607명이 학살되었다. 이들 중 229명이 보도연맹원이었다. 경찰은 보도연맹원들의 학살 과정에서 학살자 명부를 관리하고 있었음을 알 수 있다. 그 외에도 좌익계열자명부, 요경계인명부 등이 담긴 『좌익출소자명부』(대공과, 1976. 1. 29.)가 발굴되었다. 청도경찰서의 『대공바인다(대공기본대장)』(대공과, 1972), 군위경찰서의 6.25 처형자 명부, 행불자 명부(1979), 경주경찰서 보안과의 「신원기록 편람」(1982), 고령경찰서(1981), 인천중부경찰서(요시찰인명부, 1960), 대전중부경찰서(신원기록편람, 1981) 등에서 유사한 보도연맹원 학살자 명부가 나왔다.

이들 중요한 명부들은 인적 사항과 '처형' 집행 일자, 신변을 이첩한 기관 등을 상세히 기록하고 있다. 하지만 구체적인 학살 장소는 기재되지 않았다.

명부의 '처형자' 인적 사항은 성명, 본적, 주소, 생년월일, 성별 순으로 기재되어 있다. 연고자는 처형자와의 관계, 성명, 본적, 주소, 생년월일, 직업, 성별, 시찰급류(視察級類), 비고이다. 시찰 급류는 시찰의 등급인데 주로 갑, 을, 병으로 구분해 사찰하던 등급이다. 시찰은 일제 강점기 고등경찰이 사회주의자 등을 관리하던 요시찰(要視察)과 같은 용어이다. 요시찰은 사상이나 보안 문제 따위와 관련하여 경찰이 감시해야 할 사람이라는 것이다.

보도연맹 명부는 울산의 경우 좌익계열자 명부(좌익계열자 명부) 내에 포함되어 있었다. 울산과 달리 김해는 『부역자 명부(보도연맹부)』(오른쪽)에 주소, 성명, 연령, 참고 등 4개 항목만 기재되어 있다.

참고로 일제 강점기 고등경찰과에서 작성한 요시찰 명부는 씨명, 직업, 별명, 본적, 주소, 인상 특징, 시찰요점 등을 기재했다(전라남도경찰부, 昭和十二年 朝鮮人要視察略名簿 特高課).

그러나 「미검거보련맹원 명부」는 본적, 주소, 성명, 연령, 소속, 지위, 사고별, 행선지 등인데 행선지에 도주, 출타, 병료, 자택, 부산 등 검거하지 못한 사유를 기재했다. 「불순분자 명부」(1950. 7. 12.)는 김해경찰서가 각 관내 읍면 지서 및 출장소에 전보통첩(電報電牒)해 작성한 것이다. 주소, 성명, 연령, 비고 등인데 비고란에 '보련원', '불순분자', '만기출옥자', '중간좌경인물로서 위험성을 소지한 자' 등 구체적인 개인별 특징을 기재했다.

이러한 각종 명부들은 지역 내에 좌익 단체에서 간부 또는 출옥자들을 보도연맹원으로 가입시켜 시찰과 사찰하고 있음을 보여 주는 중요한 증거이다. 기초 자료들은 앞에 소개한 처형자 명부를 작성해 학살하는 데 활용되었을 가능성이 매우 높다.

명부 작성은 자수와 전향한 뒤 보도연맹 조직 직후 작성되었다고 추정된다. 보도연맹은 1949년 11월 전국에서 시·도·군·읍·면·리(법정리)와 세포(자연마을, 지금의 행정동)마다 조직되었다. 이때 전향자와 자수자 외에도 이장이나 대한청년단, 과거 민보단 출신자들이 할당제에 따라 사상과 관련 없는 일반인들을 강제 모집했다.

강제 징모 이후 보도연맹원 가입자가 폭증했으나 전원 학살되지 않았다. 하지만 명부에 기재된 보도연맹원들은 과거 민주애국청년동맹, 남로당, 농민조합 등 좌익 단체 출신이거나 노농 단체 조합원들이었다.

홍순권 논문에서 김해 지역 보도연맹사건 관련 피해자의 직접적 피해 원인을 보면 실제 가입자보다 피학살자들의 직접 가입 여부를 알 수 없는 사례가 많았다(홍순권·배병욱, 〈한국전쟁 전후 김해지역 민간인 학살의 실태와 성격〉, 『제노사이드연구』 4호, 2008, 15-16쪽).

진실화위의 김해결정서에는 신청자 76명과 미신청자 196명을 합쳐 272명이다. 신청자 중에서 처형자 명부와 일치하는 피학살자는 27명이며, 부역자명부 64명이고 두 명부에 동일하게 등장하는 인물만 22명이다. 그 외 나머지는 시신 수습과 참고인 확인, 제적부 확인 등이다.

<표 4-1> 보도연맹사건 관련 피해자의 직접적 피해 원인[6]

피해 원인	피해자 수	피해 원인	피해자 수
좌익 활동	39	과거 좌익 사건 연루	10
이웃의 권유 또는 강제로 인한 가입	15	가족 또는 친척의 좌익 활동	3
단체의 성격을 모르고 보도연맹 가입	1	좌익인사와의 친분	5
원한 관계 또는 이웃의 밀고	7	보도연맹 가입 여부 미상	175

미신청자로 분류된 사람들을 보면 처형자 명부에서 163명, 부역자 명부에서 42명(중복자 20명 포함)인데 실제 32명으로 195명이며 나머지 1명만 언론 보도에서 확인되었다. 따라서 진실화해위는 두 명부를 신뢰해 김해 지역의 피학살자를 추정했다.

홍순권 등의 논문에서 피해자를 보도연맹원 255명, 형무소 사건 7명, 개별 사건 4명, 기타 사건 17명으로 총 283명이라고 했다. 앞의 진실화해위에서 두 명부에 나온 보도연맹원의 수치는 272명이며 동아대 석당학술원에서는 255명으로 17명의 오차를 보인다. 김해 지역의 부역자 명부에는 총 1,220명이 예비검속자인데 그중에서 보도연맹원은 993명이다.

진실화해위에서 부역자 명부를 분석해 작성한 지역, 연령, 과거 소속 단체별 현황을 보면 김해, 진영, 장유, 생림, 한림, 가락, 진례, 주촌면 순으로 보도연맹원 가입자가 많았다. 이들 지역은 일제 강점기부터 사회주의 계열 조선공산당 경남도당, 인민위원회, 인민당 등 여러 정당과 단체 활동가들이 대거 포함되어 있다. 연령대로 보면 20대와 30대에 집중되어 있는데 총 846명으로 85.2%를 차지하고 있다. 또 10대가 16명인데 고등학생일 가능성이 있다. 소속 단체별 현황에서도 남로당과 민

6 홍순권, 앞의 논문, 2008, 15-16쪽 재인용.

주청년동맹(조선민주애국청년동맹)이 월등히 많은 이유이다. 이는 20-30대 청년들이 주축임을 알 수 있다. 성별로 보면 여성 3명, 남성 239명, 미확인 41명이다.

그 외 농민조합(농민위원회 포함)과 대한청년단원들이 포함되어 있다. 족청 3명, 국민회 1명, 소방대 2명이다. 이 조직은 좌익 단체 간부나 회원들 외에도 지도 차원에서 우익 청년 단체에서도 대거 참여했다.

울산 지역의 명부와의 비교

앞에서 본 김해 지역의 처형자와 부역자 명부와 동일하거나 유사한 명부가 울산에서도 발견되었다. 「처형자명부」에는 607명 중 229명이 보도연맹원이며 학살 시기도 1950년 8월 5일부터 26일까지로 김해와 비슷하다. 좌익 경력자는 17명, 미확인자만 364명이다. 연령대는 20대 277명, 30대 128명, 40대 57명, 10대 17명, 50대 10명, 60대 1명인데 미기재자가 117명으로 적지 않았다. 성별로 보면 여성 2명, 남성 522명, 불명 83명이었다.

「보도연맹원명부」와 「좌익계열자명부」(울산경찰서 대공과, 1976) 등도 있다. 뒤의 명부는 『좌익출소자명부(左翼出所者名簿)』(1976. 1. 29.)에 포함된 것으로 「요경계인명부(要警戒人名簿)」등이 있다. 좌익 계열자 명부에 보도연맹원 명부가 함께 편철되어 있다.

이 명부에는 7개 읍면(웅촌, 농소, 청량, 삼남, 범서, 온양면과 방어진읍) 맹원 672명이 기재되어 있다. 명부는 순번, 세포명, 맹증번호, 가맹연월일, 성명, 연령, 직업, 출신 계급, 소속 단체, 부동산재산동산, 주소(통반), 비고 순으로 기재되어 있다.

웅촌과 농소면은 1950년 3월 말일에 작성하고 같은 해 6월 4일 재작성한 것으로 기재되어 있으며, 온양면은 4월 27일 보련울산군연맹에서 접수한 도장이 날인되어 있다. 철량, 삼남, 범서면과 방어진읍 등은 작성 시기가 기재되지 않았으나 앞의 웅촌과 농소면과 비슷한 시기일 가능성이 있다. 진실화해위 울산보도연맹 진실규명서에는 "울산군연맹에서 취합하여 관리한 것으로 추정된다"라고 기술하고 있다. 하지만 울산경찰서에서 전체 명부를 취합해 관리했을 가능성이 있다. 보도연맹원들의 학살 시기에 경찰은 맹원들의 시찰급류에 따라 학살자 대상자들을 분류했을 것이다.

울산은 김해와 동일하게 1960년 5월 31일 울산읍 태화강 변 백사장에서 유족 100여 명이 모여 경찰과 군을 규탄하는 시위를 열었고 8월 24일 울산국민학교 교정에서 합동위령제를 지냈다.

명부의 한계성

김해경찰서에서 발굴된 명부들은 보도연맹원의 면별 인원과 피학살자들의 피검 기관, 생존 여부 등을 확인하는 데 중요한 가치를 지니고 있다. 경찰서 산하 각 지서가 보도연맹원들을 등록하고 관리하고 있었음을 증명하는 것, 상부의 지시에 따라 소집 및 호송 업무를 담당하고 있었다. 또한 CIC, G-2 등의 군 정보대에서 보도연맹원들을 예비검속해 종합적으로 관리 감독까지 하고 있었다.

그러나 명부에는 피학살자들의 학살 날짜, 장소, 구체적인 과정 등을 설명하지 않고 있다. 「처형자 명부」를 제외한 나머지 명부는 학살 명부라고 단정할 수 없다. 「불순분자 명부」와 「보련구속자 명부」는 시기별 차이를 보이고 있다. 앞의 명부는 1950년 7월 12일이고 구속자 명부는 8월 2일에서 4일 사이 작성된 것으로 인원과 처리 내용이 구체적이지 않다.

진실화해위 「김해결정서」와 홍순권 등의 논문에서 지적한 대로 「처형자 명부」 외에 나머지 명부가 보도연맹원의 학살 명부라고 추정하지만 확정할 수 없다. 1기 진실화해위에서 「처형자 명부」와 그 외 보도연맹원 명부에 대한 지역 조사와 제적부 등을 통해 검증하는 작업이 일부 진행되었고 생존 유가족들로부터 확인하는 과정이 이뤄졌다.

하지만 1960년 이후 유족 1세대 생존자들에 대한 증언과 학살 집행 이후 구체적인 문서가 존재하지 않아 확정할 수 없다는 한계성이 있다.

이러한 한계성에도 김해 지역에서 발굴된 각종 명부는 보도연맹원들의 학살 과정에서 등록, 소집, 예비검속까지 확인할 수 있는 증거 자료이다.

또한 명부는 1950년 7월부터 1951년에 작성되었는데 김해경찰서에서 1976년 다시 정리해 보존하고 있었다. 「처형자 명부」는 연고자의 인적 사항을 기재하고 있어 연좌제를 염두에 두고 작성된 것으로 보인다.

4. 피해자와 가해자

피학살자들, 그들은 누구인가?

한국전쟁 전후에 따라 민간인 피학살자들은 극명하게 나뉜다. 전쟁 이전은 '통비분자' 혹은 집회에 참석했다는 이유로 유탄을 맞아 사망하는 사례가 있었다. 전쟁 직후 국민보도연맹원이거나 좌익 단체 등에서 활동하다가 형무소에서 기결수 또는 미결수, 야산대나 빨치산들에게 끌려간 사례, 우익 단체나 정보기관 등의 민간요원(문관)에게 보복당해 학살된 사례가 있다.

한국전쟁 이전 피학살자들

피해자들은 군경 토벌대에 쫓겨 산으로 피신한 20~30대 청년들과 야산대나 빨치산에 협력했다는 이유로 학살된 평범한 민간인들이 대부분이다.

군과 경찰에선 그들을 '통비분자'라고 지칭했다. 적으로 간주된 사람들은 거제의 사례처럼 토벌대가 옆 마을에서 마구잡이로 사람들을 잡아서 고문하거나 죽인다는 소문을 듣고 산으로 피신한 것이다.

또 하나의 사례는 1946년 거제 연초면 다공리에서 미군정의 하곡 수집 반대 집회 과정에서 총에 맞아 사망한 것이다.

거제나 고성, 남해 등지에서 야산대에 협력했다는 이유로 주민들을 집단 학살 사례가 있다. 협력의 이유는 대부분 담배나 음식물 등을 제공한 혐의이다. 군경은 법적으로 해결하지 않고 관련자들을 불법적으로 학살한 것이다.

한국전쟁 이후 민간인 피학살자들

전쟁 직후 최대 민간인 학살 사건은 보도연맹원 집단 학살이다. 보도연맹원들은 1945년 8월 이후 건국준비위원회, 치안대, 인민위원회 및 그 산하 단체의 회원, 남로당과 그 산하 조직원, 좌익 단체의 각종 집회에 참석한 사람까지 정부에서 일정한 기간 동안 자수 기간(주간)을 설정하고 대거 자수나 전향한 사람들이다. 그러나 전체 피학살자들의 인원에서 보도연맹원들은 좌익 단체의 회원들보다 이장이나 주변에서 가입 권유를 받은 강제 모집에 의한 회원들이었다.

보도연맹 조직은 정부에 만든 관변 조직이라서 지역 내 유력자나 이승만의 전위조직 대한청년단, 국민회 등 여러 조직의 간부들이 포함되어 있었다. 정부에서 가맹 인원을 확대하면서 민간인들이 보도연맹의 간부들에게 청탁 등의 이유로 가맹하기도 했다.

또한 일부 민간인 피학살자들 중에서 우익 단체 간부나 회원들이 다수 포함되었다. 지역마다 차별성이 있지만 서로의 권력 투쟁 과정에서 상대방을 제거하기 위해 보복 학살이 자행되었다. 통영의 김철호 사건이 대표적이다. 의열단 출신인 김철호는 국민회 부위원장이지만 상대방 간부에 의해 부역자로 몰려 수장되고 말았다. 거제의 박삼수 사례도 같은 이유였다.

지리산 등지의 빨치산 활동 지역에서는 주민들 다수가 통비분자 혹은 적으로 간주되어 학살되었는데 전쟁 이전부터 계속된 '해방지구'인 마을에서 피해가 속출했다.

이처럼 전쟁 전후 피학살자들은 전투나 무력을 행사하는 단체에 가입하지 않은 민간인이었다. 그러나 군경은 이들을 전투원처럼 인식하고 있었다.

가해자들, 조직화된 폭력 기구와 우익 단체

민간인 학살 사건에 대표적인 가해자는 군과 경찰이다. 경남뿐 아니라 4.3사건과 여순사건, 한국전쟁 이전에도 가해 집단은 모두 군 아니면 경찰이었다. 경남 지역의 민간인 학살 사건에 개입한 군은 육해군 특무대(CIC)와 군단이나 사단 예하의 정보참모부(G-2)였다. 건군 과정에서 미군정은 CIC와 G-2 조직을 이용해 한국군의 CIC와 G-2 조직을 육성했다. 군은 민간에 개입하지 않는다는 불문율을 어기고 있었다. 두 조직은 민간인 사찰과 고문, 예비검속에 이르기까지 개입해 왔다.

경찰은 내무부 아래 도 경찰국, 시군의 경찰서, 지서원까지 군의 명령에 따라 민간인 학살 사건에 직접 개입했다. 군과 경찰 조직은 통수권자 대통령-국방 내무부 장관-각 군단과 사단장(경찰국장)-연대 중대장(경찰서장)-지서장으로 이어진다. 우익 단체는 국민회, 대한청년단과 청년방위대뿐 아니라 민보단 등 자경 단체가 포함되었다. 이들 조직은 이승만의 전위조직이고 정치 기반 조직이다. 특히 이들 조직의 간부들은 보도연맹 조직에서 주요한 간부였다. 군과 경찰, 우익 단체들은 상부의 지시를 받고 시도읍면리에 거주하는 보도연맹원들을 검속 및 구속하고 학살까지 조직적으로 개입했다.

5. 진실 규명과 남은 과제

진실 규명의 숙제

피학살자 유족 1세대의 생존자가 계속 줄어들고 있다. 1기 진실화해위의 대부분 진실 규명 사건은 유족들의 구술에 의존해 왔다. 유족들의 증언은 자료를 통해 확인해야 한다. 그러나 앞에서 살펴본 대로 경찰서에 소장된 각종 명부와 학살 명령 공문서 등은 진실 규명에 매우 중요한 자료이다.

이들 자료들은 특정 지역에 한정되어 있다. 군과 경찰이 조직적으로 비공개 또는 소각한 상태이다. 따라서 전쟁 기간 동안 미군이나 영국군 등에서 생산한 학살 관련 자료들을 꾸준하게 발굴해야 한다.

그러나 미국 국립문서기록관리청(NARA)의 메릴랜드 칼리지 파크 국립공문서2관(National Archives 2, college park MD)에 소장된 자료들이 다시 비공개 처리되고 있다. 정부는 미국과의 협상을 통해 군정보 기관(CIC, G-2) 자료를 입수해야 한다. 지난번 노근리 파일이 일부 공개되었지만 다시 비공개 처리되기도 했다.

따라서 대정부 교섭이 무엇보다 중요하다고 하겠다. 문서뿐 아니라 사진, 영상들이 공개되어야 할 때이다. 현재 2기 진실화해위는 미국 등의 자료 수집에 어떻게 대응하느냐에 따라 진실 규명 성과도 달라질 것이다.

과거사 재단 설립

정부의 의지 문제

〈표 4-2〉는 1기 진실화해위에서 밝혀낸 국민보도연맹원 학살 사건의 인원과 지역이다. 이들 지역과 학살자 인원은 보도연맹원 명부와 유족 증언, 신문 보도 등을 취합한 것이다.

<표 4-2> 국민보도연맹원 학살 사건의 인원과 지역(제1기 진실화해위)

희생자 수	지역명	지역 수
100명 미만	경기(수원, 안성, 시흥, 평택, 인천) 강원(횡성, 원주) 충북(영동, 옥천, 보은, 충주, 음성, 진천, 제천, 단양) 충남(공주, 대전·대덕, 당진, 보령, 부여, 서산, 연기, 예산, 청양, 천안, 홍성) 경북(고령, 군위, 경주, 대구, 성주, 칠곡, 예천, 문경, 상주, 영주, 울진, 봉화, 안동, 의성, 영양, 청송, 김천, 구미) 경남(양산, 밀양, 통영, 부산·동래, 마산, 진해, 창원, 사천, 합천, 고성, 남해, 하동, 창녕, 거창, 산청, 함양, 진주·진양, 의령, 함안) 전북(전주·완주, 이리, 군산·옥구, 고창, 금산, 김제, 남원, 무주, 부안, 정읍, 임실) 전남(영광, 무안, 영암, 장흥, 진도, 함평, 해남, 광주, 광산, 여수, 순천, 광양, 고흥, 곡성, 구례, 나주, 보성, 장성, 화순)	98
100~199명	충북(괴산), 충남(태안), 경북(포항, 영덕, 경산), 경남(거제), 전남(완도)	7
200~299명	경북(영천), 경남(김해), 제주(북제주·남제주)	4
300~399명	경북(청도)	1
400~499명	경북(울산)	1
500명 이상	충북(청주·청원)	2

그러나 집단 학살 사건 외에 개별 사건은 아직도 밝혀내야 한다. 따라서 학살 사건 조사와 유해 발굴 등은 단기간에 처리할 수 있는 문제가 아니다.

유족들의 트라우마와 자료의 한계

자료와 유족들의 증언 등이 시기마다 줄어들고 있다. 과거사 재단은 다음의 몇 가지에서 필요하다. 첫째는 지속적인 조사와 자료 발굴이다. 둘째는 1세대 유족 외에 2, 3세대 유족들의 활동 지원이다. 셋째는 유해 발굴과 위령 사업이다. 넷째는 권고사항 이행 점검 등이다.

6. 맺음말

배상·보상의 문제

현재 배상과 보상 관련한 법률 재개정하고자 진실화해위와 유족회, 학계 등이 절차를 밟고 있다. 지난 4.3사건 보상 문제는 예전보다 진일보한 상태이다. 그러나 보상금 문제는 또 다른 문제를 던져 주고 있다.

이번 4.3사건의 보상금 관련해 "16조(보상금)의 이상과 현실이 타협점을 찾고 나랏돈이 '유족' 혹은 '상속인'들에게 입금되어 갈수록 4·3 이후 70년 넘게 역할 해 온 사람들 간의 암묵적 양해에 균열이 생길 가능성도 예견된다. 선별의 정치가 우리 사회 곳곳에서 격화될 수 있고, 갈등은 국경을 넘어 벌어질 수도 있을 것이다"(2기 4·3특별법 체제의 쟁점과 난점 -제2조(정의)와 제16조(보상금)를 중심으로)라는 보상법이 유족들에게 어떤 영향을 줄 것인가.

전국 위령 사업

대전 산내 골령골에 전국 민간인 학살 관련한 추모공원이 조성될 예정이다. 하지만 대전 산내 학살을 중심에 두고 추모공원과 전시관, 교육과 연구 등을 갖춘 시설이 될 가능성도 없지 않다. 앞으로 추모공원의 방향과 전시관 구성 등은 유족회와 2기 진실화해위원회에서 풀어야 할 과제이다.

단기적 위원회에서 과거사 재단으로

앞에서 논의한 과거사 재단 설립과 진실화해위의 권고사항 이행이 향후 풀어야 할 숙제이다. 재단의 설립은 조사와 자료 발굴, 유족회 지원뿐 아니라 각종 권고사항들을 이행하는 데 중요한 역할을 담당할 것이다. 1기에 권고한 사항들이 잘 이행되고 있는가. 행안부의 과거사지원단이 존재하지만 역사 교육, 역사 기술 등에서 제대로 진척되지 못하고 있다. 이처럼 과거사 재단과 권고사항 이행은 향후 민간인 학살 사건에 대하여 어떻게 기념하고 기억하는지 중요한 판단 기준이 될 것이다.

참고문헌

1. 강성현(2012), 『한국사상통제기제의 역사적 형성과 보도연맹사건, 1925-50』, 서울대학교 대학원 사회학과 박사학위논문.
2. 김동춘(2006), 『전쟁과 사회』, 돌베개, 2006.
3. 김동춘(2013), 『이것은 기억과 전쟁이다』, 사계절.
4. 김득중(2007), 『죽엄으로써 나라를 지키자: 1950년대, 반공·동원·감시의 시대』, 도서출판 선인, 2007.
5. 김득중(2009), 『'빨갱이'의 탄생』, 도서출판 선인, 2009.
6. 김득중(2010a), 「민간인 학살 진상규명의 법-역사적 접근」, 『아세아연구』, 54권 4호, 고려대학교 아세아문제연구소.
7. 김득중(2010b), 「구술을 통한 공식역사의 균열과 새로운 역사쓰기의 가능성」, 『사학연구』, 100호, 한국사학회.
8. 김명희(2019), 「거창산청함양 사건 유족운동의 전개과정: 유족의 상(喪)의 과정과 감정동학」, 『一鑑法學』, 42호, 건국대학교 법학연구소.
9. 김백영·김민환(2008), 「학살과 내전, 공간적 재현과 담론적 재현의 간극: 거창사건추모공원의 공간분석」, 『사회와 역사』, 78호, 한국사회사학회.
10. 김학재(2004), 『정부수립후 국가감시체계의 형성과정: 1948~1953, 정보기관과 국민반, 국민보도연맹의 운영사례』, 서울대학교 대학원 언론정보학과 석사학위논문.
11. 노영기(2004), 「한국전쟁기 민간인 학살에 관한 자료 실태와 연구현황」, 『역사와 현실』, 54호, 한국역사연구회.
12. 노용석(2021), 「한국전쟁기 부산 경남 지역 민간인피학살자 유해발굴 현황과 향후 전망 분석: 2021년 진주시 명석면 관지리 유해발굴을 중심으로」, 『인문사회과학연구』, 23권 1호, 부경대학교 인문사회과학연구소.
13. 이유정(2009), 「판례분석: 민간인 학살사건과 국가의 배상책임-울산보도연맹 1심 판결을 중심으로」, 『민주법학』 40호, 민주주의 법학연구회.
14. 이홍원(2004), 『한국전쟁 전후(1948년~1952년) 민간인 학살 양상』, 한신대학교 교육대학원 석사학위논문.
15. 임상혁(2009), 「한국전쟁 집단 희생 피해자에 대한 배상과 보상의 입법」, 『법과 사회』, 37호, 법과사회이론학회.
16. 전갑생(2005), 「경남 지역 민간인 학살 연구의 현황과 과제」, 『역사와 경계』, 56권, 부산경남사학회.
17. 전갑생(2011), 「부산지역 全評 소속 보도연맹 연구」, 『역사연구』 20호, 역사학연구소.
18. 전갑생(2014), 「해방이후 합천지역의 정치사회변동 연구」, 『한민족문화』, 53호, 부산대학교 한국민족문화연구소.
19. 정병준(2004), 「한국전쟁초기 국민보도연맹원 예비검속 학살사건의 배경과 구조」, 『역사와 현실』, 한국사연구회.
20. 정호기(2005), 「전쟁 기억의 매개체와 담론의 변화」, 『사회와 역사』, 68호, 한국사회사학회.
21. 정호기(2008), 「전쟁 상흔의 치유 공간에 대한 시선의 전환」, 『민주주의와 인권』, 8권 3호, 전남대학교 5.18연구소.

22. 최정기, 「민간인 학살의 사회구조적 요인 비교」, 『민주주의와 인권』, 11권 1호, 전남대학교 5.18연구소, 2011.

23. 한지희(1995), 『국민보도연맹원의 결성과 성격』, 숙명여대 사학과 석사학위논문.

V. 산청·함양·거창 학살과 유족 운동의 전개 과정[1]

김명희(경상국립대학교 사회학과 교수)

1. 하나의 사건, 두 개의 명명(命名)

'거창 사건'[2]이라는 이름으로 더 잘 알려진 산청·함양·거창 학살은 1950년 10월 이후 전개된 이른바 지리산 지구 공비토벌 과정에서 전개된 일련의 적성 지구 초토화 작전 수행 과정에서 발생한 것이다. 이 사건에서 작전을 수행한 11사단 활동 지역에는 수많은 민간인 학살 사건이 발생했다. 산청, 함양 지역은 물론 전남의 남원, 함평, 순창 등 11사단 주둔 혹은 이동 지역에서 광범위하게 발생한 민간인 학살은 하나의 고리를 이루고 있으며, 사실상 하나의 사건이라 말할 수 있다. 이 시기 민간인 학살은 1948년 제주도 4·3사건의 초토화 작전에서 시작하여 1951년 초반까지 진행된 '빨갱이 사냥'의 일환이었다(김동춘, 2007: 10).

이 점에서 엄밀히 말해 1951년 2월 9일~11일 719명의 주민이 국군에 의해 희생당한 사건을 일컫는 '거창 사건'이라는 명명은 사건의 일부만 지칭할 뿐, 전체를 포괄하는 정확한 명칭이 아니다. 무엇보다 거창에서의 학살 이전인 2월 7일부터 이미 동일한 부대, 즉 11사단 9연대 3대대에 의해 이웃한 산청군, 함양군 일대에서도 민간인 집단 학살이 벌어졌기 때문이다. 이는 특무대 문서철에서도 확인되며, 연대 작전 명령에 의한 공식적인 학살 사건이었다. 따라서 정확한 명칭은 11사단 9연대 '작명 5호'에 의한 '산청·함양·거창 민간인 학살 사건'이 되어야 한다(이창호, 2011: 21). 그럼에도 '거창 사건'으로만 알려진 것은 초기 진실 규명 국

---

1 이 글은 『일감법학』 제42호에 실린 글을 수정·재구성한 것이다.

2 거창 사건과 산청·함양 사건은 '동일한 사건'이라는 관점에서 이 글은 "산청·함양·거창 사건"이라는 명명을 사용하겠다. 이러한 명명은 실제 학살의 발생 순서에 따른 명명이다.

면에서 국가가 산청과 함양 지역 학살을 은폐했기 때문이다. 후술하겠지만, 이 또한 국가범죄 부인(denial)의 한 양상으로 이해될 수 있다.

한편으로 이 사건은 발생 직후인 1951년 3월 29일 거창 출신 국회의원인 신중목의 용기에 의해 국민들과 외국에 알려진 매우 독특한 사례다. 이 사건이 한국 사회에서 다른 한국전쟁 전후 민간인 학살 사건과 맥락을 다소 달리하고 있는 것은 1951년 당시 '거창 사건'이 국회와 정부에서 주요 이슈로 떠올랐으며, 진상 조사를 거쳐 일부 진실이 폭로·규명되고, 형식적으로나마 가해자에 대한 유죄가 선고된 사건이기 때문이다. 이들이 법원에서 처벌되었다는 것이 다른 민간인 학살 사건과 산청·함양·거창 사건의 큰 차이점이며, 이후에도 특별법 제정을 통해 낮은 단계의 명예 회복을 시도했다는 특징을 가지고 있다(노용석, 2018: 82).

따라서 산청·함양·거창 사건은 세 측면에서 중요한 의미를 지니고 있다. 첫째는 법적·정치적 측면으로, 한국전쟁과 관련해 발생했던 민간인 학살 사건 가운데 진실 규명과 사후 처리에서 가장 앞선 선례가 되었다는 점이다. 이런 이유로 이 사건은 유사한 성격의 다른 사건의 법적·정치적 해결의 주요한 참조점이 되고 있다. 두 번째는 사건 발생 직후 부분적인 진실 규명이 이루어진 이후에도 자행된 국가의 부인 행동과 이를 시정·극복하기 위한 유족들의 노력은 한국의 과거 청산 및 이행기 정의(transitional justice)의 진전을 위해 중요한 시사점을 줄 수 있다. 셋째는 문화적 측면으로, 이 사건의 실체와 진상이 부분적으로 밝혀지고 국가적 차원의 위령 사업 대상이 되면서 거창군 신원면과 산청군 금서면에 건립된 두 개의 추모공원은 과거의 국가폭력으로 인한 학살 사건이 오늘날 문화적으로 어떻게 재현되어야 할 것인가에 대해 시사점을 주고 있다.

이 글은 산청·함양·거창 민간인 학살의 전개 과정과 유족 운동의 역사를 국가의 부인(denial) 행동과 이를 시정하기 위한 유족들의 시인(recognition) 전략에 초점을 맞추어 살펴본다. 여기서 부인(denial)이란 인권 침해 사실을 부정함으로써 인간의 사회적 고통을 조장·악화하는 행위를 말한다. 반면 가해자의 부인 행동을 시정하고 인권 침해 피해자들의 사회적 고통을 경감·해결하기 위한 제반 정치적 활동을 시인(recognition)의 정치라 부를 수 있다(코언, 2009; 김명희, 2018b). 또한 이 글에서 유족 운동이란 국가범죄에 맞서 유족들이 유족회를 구성하여 진실 규명과 과거 극복을 위한 집합 행동을 수반한 운동을 말한다. 이 글에서는 거창 유족회와 산청·함양 유족회를 중심으로 두 유족회가 70년에 이르는 긴 세월 동안 어떤 전략으로 가족 상실의 아픔을 딛고 과거 청산 운동의 주체로 써워 올 수 있었는지를 살펴본다. 한국의 과거 청산 과정에서 '유가족'은 직접적 피해자에 준하는 지위를 갖는 동시에 문제 해결의 주체라고 하는 이중적 위상을 지닌다. 따라서 이 글은 유가족을 한국전쟁기 국가범죄의 피해자인 동시에 사건에 대한 권리를 지닌 주체이자 과거 청산 운동을 이끈 핵심적 행위자로 조명할 것이다.

2. 산청·함양·거창 학살의 전개 과정

앞서 말했듯 경상남도 일대는 한국전쟁 발발 이전에도 군경에 의한 빨치산 토벌 작전이 수행되었다. 여순사건 이후 지리산으로 들어간 제14연대 반군과 입산자들을 토벌하기 위해 1948년 10월 30일 호남 방면 전투사령부를 설치하고 이듬해 5월 9일까지 작전을 수행했다. 그 뒤 다시 1차, 2차 지리산 지구 전투사령부를 구성해 1950년 3월 15일까지 토벌 작전을 전개했다. 당시 정부는 지리산을 거점으로 한 빨치산 남부군단의 주력이 낙동강 전선에서 패배한 북한 정규군이고, 남한 각 지역 남로당 조직과 여순사건의 잔존 세력이 가세한 것으로 파악했다. 그 즈음 국군 제11사단 9연대는 10월 6일 미군 제25사단에 배속되어 10월 8일 경상북도 상주로 이동했다가 11월 20일~21일에 경상남도 진주로 이동했다. 주요 작전 지역은 산청, 함양, 거창 등이었다. 당시 이 지역의 산간마을은 "낮에는 대한민국, 밤에는 인민공화국"으로 불렸고 이러한 상황에서 산간마을의 주민들은 군경에 의해 잠재적인 빨치산 협조자로 낙인찍혔다(김상숙·박은성·임채도 외, 2019: 166).

이 같은 맥락에서 발생한 '거창 사건'과 '산청·함양 사건'이 앞서 말했듯 별개의 사건이 아니라 하나의 사건인 이유는 동일 시기, 동일 부대, 동일 작전명에 의해 동일 권역에서 자행된 연쇄 학살 사건이기 때문이다. 따라서 두 사건은 그 발생 순서에 따라 '산청·함양·거창 학살'로 불려야 옳다. 보다 더 엄밀히 말하면 '산청·함양·거창 학살'이란 한국전쟁기 공비 토벌을 목적으로 국가권력이 1951년 2월 7일부터 11일까지 경상남도 거창군 신원면, 산청군 금서면, 함양군 유림면에서 '견벽청야(堅

산청·함양·거창 민간인 학살 일지

일시	내용
2. 5.	**지리산 공비 토벌 작전** 작전 명령: 제 5호 『견벽청야(堅壁淸野)』 작전 부대: 국군 제11사단(사단장 최덕신), 9연대(연대장 오익경), 3대대(대대장 한동석)
2. 7. 07:00	산청군 금서면 가현마을 산제당 골짜기에서 주민 123명 학살
10:00	산청군 금서면 방곡리 방곡마을에서 기관총을 난사하여 주민 212명 학살, 민가 72채 불태움.
13:30	함양군 휴천면 동강리 점촌마을에서 주민 60여 명 사살하고 민가 20여 호 불태움.
16:00	함양군 유림면 서주리에서 수류탄과 기관총으로 주민 310명 학살
	이상 산청·함양 일대에서 모두 705명의 민간인이 목숨을 잃음.
2. 9.- 2. 11.	거창군 신원면 일대에서 민간인 719명(남 327, 여 392명) 학살

<표 5-1> 산청·함양·거창 학살(1951)의 전개 과정

壁淸野)'라는 작전명에 의해 민간인을 대량 학살하고 학살 사실을 은폐·부인한 민간인 학살 사건을 말한다.[3] 여기서 '견벽청야(堅壁淸野)'는 성벽을 굳게 하고 곡식을 모조리 거둬들인다는 뜻을 지닌 손자병법에서 기인한 전술로, 2월 2일 이 지역을 담당하는 11사단 9연대가 이 같은 이름의 작전명 제5호를 3대대에 하달했다. 빨치산에 협력할 가능성이 있기 때문에 "미복구 지역의 주민은 전원 총살하라"는 지시였다(손호철, 2021).

사건의 전개 과정을 구체적으로 이해할 때 사건의 성격이 보다 분명해질 수 있다. 산청군의회 자료와 유족회의 주장에 따르면 산청·함양

---

3 여기서 '견벽청야(堅壁淸野)'란 성벽을 굳게 하고 곡식을 모조리 거둬들인다는 뜻으로, 적의 양식 조달을 차단하는 전술의 하나로 채택된 것이다(강희근, 2004).

지역 희생자는 705명으로 이 중 14세 미만 어린이가 195명, 60대 이상의 고령자가 33명이었던 것으로 기록되어 있다. 또한 거창 지역 희생자 719명 중 15세 미만의 어린이가 359여 명이고, 61세 이상 노인이 66명, 여자가 388여 명으로 어린이와 노인이 전체의 59%를 차지한다(산청함양사건 추모공원 홈페이지, 2021; 거창사건추모공원 홈페이지, 2021). 즉 대다수의 희생자가 무장하지 않은 민간인, 특히 노약자라는 점에서 이 사건은 한국전쟁기 일어난 대표적인 국군에 의한 민간인 학살에 해당한다. 이는 크게 두 단계에 걸쳐 진행되었다.

먼저 산청 지역에서의 학살은 1951년 2월 6일 11시 산청군 금서면 수철리에 제9연대 3대대 병력이 들어와 주둔하면서 전개되기 시작했다. 2월 7일 오전 6시 토벌대는 금서면 가현에 도착해 주민 123명을 살해하고 오전 9시경 방곡에서 주민 212명을 살해했다. 이어 오후에는 함양군으로 넘어가 휴천면 점촌과 유림면 서주리에서 주민들을 살해한 후 다시 거창군으로 넘어가 학살을 계속했다.[4]

다음으로 거창 신원면에서의 대학살은 2월 5일 일시적으로 신원면을 빠져나갔던 3대대 병력이 2월 9일 다시 들어오면서 시작되었다. 작전 지역 내 주민들이 빨치산과 내통했다는 것이 집단 학살의 명분이었다. 첫 대량 학살은 2월 9일 청연마을에서 발생했다. 이때 주민 84명이 학살당했고 5명이 겨우 살아남았다. 이어 2월 10일 탄량골에서 두 번째 대량 학살이 일어났다. 토벌군은 마을을 불태우고 주민들을 탄량골로 끌고 갔다. 2월 11일에는 와룡리, 대현리, 중유리 등의 주민 517명을

4 산청, 함양을 거쳐 1951년 2월 4일 거창농림고등학교에서 숙영을 한 한동석 소령의 제9연대 3대대는 이튿날인 5일 거창읍에서 신원면으로 들어와 군수물자 운반을 위해 총기를 난사하며 노약자까지 동원한 뒤 신원면을 빠져나갔다(산청·함양 사건 추모공원 홈페이지, 2021).

신원초등학교에서 700미터 떨어진 박산골로 끌고 가 학살했다. 처참한 시신 위에 마른 나무와 기름을 뿌려 불로 태워 버리기까지 한 학살을 자행한 후, 3대장 한동석은 신원면 일원에 계엄령을 내려 이방인 출입을 막고, 어린이 시체는 골라내어 학살 현장에서 약 2㎞ 떨어진 홍동골 계곡으로 옮겨 암매장하여 은폐를 하고, 공비와 전투를 하여 희생자가 발생된 것으로 왜곡했다(거창 사건 추모공원 홈페이지, 2021).

이 같은 사실을 종합해 볼 때 이 사건은 1,400명을 웃도는[5] 민간인 희생자를 낳은 국가범죄 내지 국가폭력(state crime or state terror)이자, 인도에 반하는 죄(crime against humanity)임과 동시에 전쟁범죄(war crime)에 해당한다. 바로 이러한 법적 성격에서 사건의 해결을 위한 지침을 찾자면 가해자인 국가는 ①철저한 진상 규명에 기초하여, ②책임자를 처벌하고, ③희생자의 명예를 회복시키고, ④국가 배상을 해 주어야 하며, ⑤재발 방지 사업을 추진해야 한다. 그러나 우울하겠지만 이 사건은 재판을 통해 일부 진실이 규명되고 관련자가 처벌되었지만 예상했던 재판의 유죄 판결이 집행되지 않음으로써 책임자에 대한 사실상의 형사 처벌도, 총체적인 진실 규명도, 세월 동안 피해자에 대한 합당한 구제의 국가배상도, 따라서 실질적인 명예 회복도 이루어지지 않은 미완의 사건으로 남았다(이창호, 2011).

5 산청·함양 지역에서 희생된 705명(유족회 주장, 공식 인정 희생자 수 386명)과 거창 지역에서 희생된 719명을 합하여 추산한 것이다.

3. 산청·함양·거창 학살 부인과 시인의 정치

동시에 산청·함양·거창 학살은 사건 발생 직후 '거창 사건'이라는 이름으로 국회에서 폭로된 후, 두 차례에 걸쳐 그 진실이 부인(denial)되었던 사건이다. 첫 번째는 1951년 사건 직후 국회조사단이 현지 실사를 위해 파견되었을 때 빨치산으로 위장한 국군들이 조사를 방해하기 위한 목적으로 위협 사격을 한 것이고,[6] 두 번째는 1960년 4·19 이후 유가족들이 세운 위령비와 합동 묘역을 1961년 5·16 군사쿠데타 이후 국가가 다시 파괴한 것이다. 유가족들이 정권이 희생자들을 '세 번 죽였다'라며 억울함을 호소해 온 것도 이 때문이다(김백영·김민환, 2008: 12-13).

중요한 것은 이 과정에서 산청·함양·거창 학살 부인의 세 번째 차원이 잉태된 것이다. 그것은 '거창 사건'이라는 명명을 통해 거창 사건이 발생한 전체적 맥락과 본질을 은폐한 것에서 비롯된다. 거듭 말했듯 거창의 학살과 산청·함양 지역의 학살은 제11사단 9연대의 작전명령 제5호에 근거한 연대 합동 작전의 필연적 귀결이었다. 동일 작전명 근거하여 부대가 이동하고, 인명을 살상하고, 재산을 파괴했다. 따라서 거창 사건과 산청·함양 사건은 전체로서 하나의 단일하고 동일한 사건으로 처리되어야 옳다. 그럼에도 1951년 당시 거창 지역의 조사만 이루어지고 산청·함양에서 이루어진 학살은 제대로 조사되지도 않았다(강희근,

---

6 당시 1951년 3월 29일 신중목 국회의원에 의해 국회에 폭로되었고, 1951년 3월 30일 국회와 내무·법무·국방부의 합동진상조사단이 구성되어 진상 조사에 들어갔다. 그런데 1951년 4월 7일 합동진상조사단이 신원면 사건 현장으로 오던 중 길 안내를 맡은 경남 계엄민사부장 김종원 대령은 신성모 국방장관과 사전에 모의하여 9연대 정보 참모 최영두 소령의 수색 소대에게 군인을 공비로 위장 매복시켜, 거창읍에서 신원면으로 통하는 험준한 계곡의 길목인 수영더미재에서 합동진상조사단에게 일제히 사격을 가하는 조사 방해를 감행했다.

2004: 172–184). 전체 사건에서 극히 일부분을 떼어 내어 수사와 재판을 진행했을 뿐 아니라, 사건의 성격, 규모, 가해자와 피해자, 사건의 진행 과정 등 거의 모든 면에서 왜곡과 축소 그리고 조작이 이루어졌다.

학살의 피해자에 대한 은폐와 축소는 더욱 심각했다. 재판에 의해 확정된 피학살자 숫자는 실제 학살된 것으로 추정되는 이들의 전체 규모에 비해 너무나 축소되었다. 피학살자 모두가 통비(通匪)분자고, 노인과 아이는 포함되어 있지 않으며, 부녀자는 극히 일부만 포함되어 있는 것으로 사건의 진실이 부인되고 있는 것이다. 이것은 실체적이고 총체적인 진실에 대한 엄청난 왜곡이다. 가해자의 처벌과 관련한 재판 결과를 보더라도 일부 혐의자에 대한 유죄 인정은 사건의 객관적 진실을 최소화하여 최소의 인원에게, 최소의 형량을 선고한 것에 불과했다. 그리고 예상했던 재판의 유죄 판결도 실질적으로 집행되지 않음으로써 책임자 처벌은 미완의 과제로 남게 되었다.[7]

당시 재판이 지닌 의미를 굳이 찾자면, 국가권력이 스스로 학살을 부분적으로나마 인정했다는 사실뿐이다. 그 이외의 모든 점에서는 사건의 실체적 진실로부터 멀리 벗어나 있다. 더욱 중요한 점은, 거창 지역의 재판이 졸속으로 끝나자 다른 가해자와 산청·함양과 같은 다른 지역 학살은 더 이상 논의할 필요가 없이 '사건 종료'가 되고 말았다는 것이

7 1951년 7월 27일 사건 발생 5개월여 만인 12월 16일 대구중앙고등군법회의는 관련 군지휘관에게 실형을 확정했다. 재판 결과 11사단 9연대장(오익경)은 무기징역, 3대대장(한동석)은 징역 10년에 처해졌다. 그리고 국회의 조사를 습격, 방해한 경남 지구 계엄민사부장 김종원에게 징역 3년을 선고했고, 명령권자인 신성모 국방부장관이 해임되었다. 그러나 정작 실질적인 책임자인 제11사단장 최덕신은 아예 기소도 되지 않아 책임 추궁을 받지 않았다. 더욱이 이후 이승만은 학살 지령자 국방장관 신성모를 처벌하는 대신 내무·법무·국방장관을 동시에 경질함으로써 그의 책임을 물타기했고 학살 책임자들을 1년 만에 차례로 특사로 방면하여 군대에 복귀시켰다. 또한 오늘날까지 이 사건에 대해 정부 차원의 진상 규명과 책임 이행에 관한 종합적인 백서나 보고서는 채택되지 않았고, 국방전서에도 당시의 피학살자는 통비(通匪)분자로 기록되었다.

다. 이것은 동일 사건에 대한 두 개의 유족 운동을—또 반목과 갈등을—노정한 결정적 계기가 된다.

이 과정을 거치면서 사건의 직접적 피해자인 유족들의 권리 또한 극히 제약되었다. 1951년 12월 재판이 종료된 뒤 거창 사건 희생자들의 시신은 그대로 3년여 넘게 방치되어 있었다. 3년이 지난 1954년 4월 5일, 일부 국회의원과 유족들이 가장 많은 희생자가 발생했던 신원면 박산골에서 피학살자들의 유해를 수습하기로 결정했고, 지게와 가마니, 괭이, 삽 등으로 총 3일 동안 유해를 발굴했다. 하지만 수습된 유해는 신원을 확인할 수 없을 만큼 훼손되었다. 이에 유족들은 뼈의 크기를 기준으로 남자뼈와 여자뼈, 어린이뼈 등으로 나눈 후 각각 '남자합동지묘', '여자합동지묘', '소아합동지묘' 등 묘소 3기를 박산계곡 인근 도로변에 조성했다. 곧 살펴보겠지만 유해 발굴을 통해 고인의 시신을 수습하는 작업은 유족들 차원에서 유일하게 할 수 있었던 진실 보존의 노력이자, 유족들을 연결하고 추후 유족회 결성을 추동케 한 핵심 고리였다.

이러한 유족회의 활동을 살펴보면, 사건의 공론화 국면이 사건의 해결 과정에 결정적으로 중요했다는 것을 확인할 수 있다. 사건이 사회적 공론장에 부상하게 된 초기 과정에서 주요한 수행 집단[8]은 언론이었다. 언론은 세 국면에서 유족과 상호작용하며 중요한 역할을 했다. 먼저 '거창 사건'에 대한 첫 보도는 1951년 3월 30일 국회의 진상 폭로에서 시작된다. 대체로 국회의 활동 범위를 벗어나지 못하던 당시의 보도 내용

---

8 수행 집단(carrier groups)은 사건의 진실을 해당 공동체에 전달하는 집단을 말한다.

은 독자적인 취재가 거의 불가능했던 전시하 언론의 한계를 보여 준다.[9] 그러다 국회조사단에 대한 위장 습격 사건이 폭로된 뒤 '거창 사건'은 거대한 정치적 쟁점으로 비화되었고, 언론 보도량 또한 크게 늘어났다. 그러다 1951년 12월 재판이 종료된 뒤 거창 사건은 언론에 거의 나타나지 않는다. 이후 가해자들은 얼마 되지 않아 석방되었으며, 이 사건은 잊혔다.

둘째, 두 번째로 공론화된 시기는 1960년 4월 혁명 직후였다. 1960년 5월 11일 박영보 면장의 피살 사건이 준 엄청난 충격은 순식간에 '거창 사건'을 전 국민의 관심사로 재조명하게끔 했다. 그로부터 동년 6월 21일까지 '거창 사건'의 수많은 진실이 여러 신문 기자들의 취재에 힘입어 폭로되었고, 이때 산청·함양 지역의 민간인 학살 사건도 함께 언론의 주목을 받았다. 이 과정에서 유족들은 언론 보도와 국회 조사를 매개로 스스로를 공론장에 노출하는 일에 적극적으로 임했다.[10]

셋째, 세 번째 국면은 1987년 민주화와 함께 광주민중항쟁 및 5공 비리에 대한 국회 청문회가 개최되고 새로운 정치적 기회 구조가 열렸던 시기다. 1988년에는 『남도일보』에 「거창의 비극」(1988)이, 1990년에는 거창 출신인 차석규의 집필로 「신원사건: 숨은 이야기」(1990)가 『거창신문』에 연재되었다. 물론 유신 시대 엄혹한 사회 분위기 속에서도 사건에 대한 언론 보도가 간헐적으로 이어졌음을 신문 또는 잡지를 통해 확인

---

9 한편 해외에서 *New York Times* 1951년 4월 11일 자는 거창 사건에 대한 첫 보도였고, 분량도 상당하며, 직접 취재한 부분과 전문한 부분을 모두 보도하고 있다. 이 보도는 거창 사건에 대한 수많은 후속보도로 이어졌다. 미국 언론에 비친 기사는 1951년 모두 29건, 1960년 모두 10건이다(한인섭 편, 2007: iii).

10 1961년 제4대 국회 제35회 국회본회의에서 박상길(자유당)의 제안으로 진상 조사 결의안이 채택되었고(한인섭 편, 2003: iii), 경상남도의회 (고)민치재 의원(제3대 산청군북구지역구)의 의회 발언에서 양민 학살이 분명하므로 위령탑 설치 등의 후속 조치를 촉구했다. 그러나 5·16 군사쿠데타 이후 군사정부하에서 해당 사건의 발화는 다시 억압되었다.

할 수 있다. 『중앙일보』의 「민족의 증언」(1971), 『동아일보』의 「비화 제1공화국: 거창사건」(1974)은 진지하게 거창 사건에 초점을 맞추었던 대표적 기사다. 이어 『부산일보』에 「비화 임시수도 천일 제2화 거창사건: 신원의 비극」(1982)이라는 연재 기사가 실렸다. 이들 연재 기사는 매우 충실한 취재를 바탕으로 작성되었으며, 이 중 일부는 단행본으로 발간되었다. 신문의 내용, 지면이 갖는 이미지와 기사 처리 방식은 그 자체가 하나의 역사 기술이기도 했다.[11] 무엇보다 1988년 4월 『부산일보』와 『신경남일보』 등에서 「산청·함양사건」을 대하실록으로 기획·보도한 것은 그간 '거창 사건'이란 명명에 은폐되고 가려졌던 산청·함양 지역의 학살을 가시화하는 계기가 되었다. 당시의 보도는 다음 해인 1989년 산청·함양 지역 유족회가 결성되는 계기가 된다.[12]

넷째, 1996년 「거창사건등관련자명예회복에관한특별조치법」(이하 특별법) 공포 이후 두 유족회의 활동 범위가 확장되면서, 사건의 진실을 발화하는 주요한 수행 집단은 이제 학계 및 시민사회 내 다양한 행위자로 확대되는 경향을 보여 준다. 중요한 점은 이 과정 또한 유족회가 주도했다는 점인데, 이와 같은 발전 과정을 표로 나타내면 다음과 같다.

11 신문의 장기 연재 기사를 단행본으로 엮은 책으로는 『거창양민학살 사건』(노민영·강희정, 1988)이 최초이며, 거창 출신인 차석규의 『남부군과 거창사건』이 있다.

12 같은 해 10월 진주 MBC문화방송에서 〈고발! 양민학살의 현장〉, 〈이제는 말할 수 있다〉는 제목으로 취재하여 전국에 방영했다. 이러한 분위기 아래 1989년 4월 20일 유족들이 모여 '가현·방곡·점촌·서주지역 양민학살 유족회'를 결성했다(강희근, 2004: 199).

<표 5-2> 산청·함양·거창 학살 진상 규명 관련 주체와 쟁점

시기	진상 규명 주체	시기별 주요 쟁점
한국전쟁기	국회, 유족, 정부	거창 사건 가해자 처벌 뒤 사면
4·19 시기	유족회, 언론, 정부	진상 규명과 피해 보상, 관련자 처벌
군부독재기	없음	은폐·왜곡, 유골 강제 이장, 유족들에 대한 감시와 탄압
1980년대 후반	언론, 유족회, 지자체, 국회	추모/위령 사업, 명예 회복 입법 운동, 지자체의 공적 인정
1990년대 후반 -	언론, 시민단체, 학계, 유족, 지자체, 국회	기념/위령 사업, 학계의 본격적 연구와 사회적 공감대 확산, 배보상 관련 특별법 개정

요컨대 유족회의 활동은 크게 다섯 시기로 구분해 볼 수 있다. 첫째, 1960~1961년 산청·함양·거창 사건 부인에 맞서 유족들이 묘비를 건립/복원하는 활동을 전개했던 시기, 둘째, 1960년 5·16 군사쿠데타 이후 유족회 활동의 암흑기, 셋째, 1988년과 1989년 거창 지역과 산청·함양 지역 유족회를 건립하고 추모 사업과 특별법 제정을 중심으로 전개된 유족회 활동의 성장기, 넷째, 1996년 특별법 제정 이후 유족회의 명칭을 변경하고 사단법인 등으로 형식을 정비하면서 특별법 개정을 목표로 시민사회로 사회적 공감대를 확장해 가던 사회적 인정 투쟁의 시기, 다섯째, 통합 배상 입법을 위한 공통된 노력을 합의한 이후의 시기가 그것이다. 각 국면을 연대기적으로 살펴보면 다음과 같다.

4. 두 개의 유족회와 유족 운동의 전개 과정

1960년 유족회 결성과 박산묘역 위령비 건립(1960~1961)

4·19혁명은 이승만 정권을 퇴진시키는 데 결정적 역할을 했을 뿐 아니라, 이전 독재정권하의 부조리한 관습들을 철폐하는 이행기 정의의 중요한 기점이었다. 4·19혁명 이후 수많은 구체제의 악습들이 개혁 혹은 청산의 대상이 되었고, 한국전쟁 전후 민간인 학살 문제도 그중 하나였다. 4·19혁명을 기점으로 한국전쟁 전후 민간인 학살과 관련되어 있던 많은 유족들은 학살 이후 최초로 자신들의 조직인 '유족회'를 만들었고, 진상 규명 등을 요구하는 활동을 개시했다.[13]

거창 지역의 유족회 활동이 본격적으로 시작된 것도 이 시기였다. 1960년 4·19혁명이 일어나고 얼마 지나지 않은 5월 11일, 거창군 신원면에서는 거창 학살 사건의 피해 유족들이 사건 당시 신원면장으로 무고한 주민들을 빨갱이로 군에 밀고해 죽음으로 내몰았던 박영보를 산채로 불태워 버리는 사건이 발생했다. 이 사건은 거창 유족들이 갖고 있었던 울분의 분출로 빚어진 보복 살인이었다는 점에서 한국 사회에 큰 충격을 주었고, 살인의 발단이 된 1951년 학살이 전국적 관심을 받게 되는 데에 기폭제로 작용했다. 특히 경상남북도의 유력 일간지가 4·19혁명 직후인 1950년 5월부터 거창 사건의 진실을 알리는 보도를 일제히

---

13 당시 제4대 국회에서도 1960년 5월 23일 '양민학살 사건 특별조사위원회'를 구성하기로 의결하여 경남, 경북, 전남 지역에 대한 현지 조사를 5월 31일부터 6월 10일까지 실시했다. 이때 만들어진 대표적인 유족 단체들로는 '경상남북도피학살자유족회', '경주피학살자유족회', '마산피학살자유족회', '경산피학살자유족회', '금창피학살자유족회', '밀양피학살자위원회', '동래피학살자합동장위원회', '거창묘비건립추진위원회' 등이 있다(노용석, 2018: 81, 118).

게재하면서, 6월에 이르러서는 경상남북도 일대에서 발생했던 주요 민간인 학살의 사례를 보도하기 시작했다.[14] 이때 산청·함양 학살도 『한국일보』(1960년 5월 16일자)를 위시로 처음으로 세간에 알려지게 되었다. 이는 한국전쟁 전후 유사 피해를 경험하고 침묵하던 유족들이 봉기하는 계기가 되었다.

이 시기 거창 유족회가 주로 했던 활동 중 하나가 유해 수습과 발굴이었다. 앞서 말했듯 유족들에게 유해의 수습과 발굴, 기념은 진실 규명의 일환이자 중요한 시인 전략 중 하나였다. 거창 박산묘역의 위령비 건립 또한 1954년부터 논의되었고, 이승만 체제가 끝나자 유족들은 본격적으로 기념물 건립에 나섰다. 유족들은 1960년 3월 5일, 곧 다가올 3·15 선거를 의식해 이승만 정부에서 민심 수습 차원으로 보조한 위령비 건립추진비 50만 환을 중심으로 '묘비건립 추진위원회'를 구성하여 박산합동묘역 조성을 준비하는 동시에 국회 등에 '거창 사건'의 보다 명확한 진상 규명을 요구하는 활동을 했다. 결국 제4대 국회는 거창군 국회의원 박상길 등의 제안을 받아들여 거창양민학살 사건 재 진상조사위원회를 구성했고, 1960년 6월 3일부터 4일까지 거창군 신원면에 대한 현지 조사를 실시했다(노용석, 2018: 83-84). 1960년 6월 1일 신원유족회의 결성은 이러한 맥락 속에서 이루어졌다.[15]

---

14 학살에 대한 언론 보도 및 국회 조사가 적극적으로 있었던 영남 지역에서는 유족들의 규합과 유족회 조직이 빠르게 일어났다. 여기에는 영남 지역이 한국전쟁 당시 인민군에게 점령당하지 않았거나 매우 짧은 기간 점령되었던 곳이었다는 역사적 배경이 작용했다. 영남 지역의 언론사들 역시 같은 이유로 진보성을 유지한 채 4월 혁명 시기까지 살아남을 수 있었기에 학살 문제를 제기하는 유족들에게 우호적인 입장일 수 있었다. 유족과 언론의 연계는 쿠데타가 발생하기 전까지 영남 지역을 중심으로 유지되었고, 언론은 유족의 우호 세력으로 존재했다(이창현, 2018: 219-222).

15 신원유족회 및 거창유족회의 임원 구성과 명단은 김명희(2019: 16-17)를 참고하라. 이후 '신원 유족회'로 시작한 유족회의 명칭은 1995년 '거창사건희생자유족회'를 거쳐 1997년 '㈔거창사건희생자유족회'로 변경된다.

신원유족회가 창립되고 1960년 11월 18일에는 거창군 신원면 대현리 551번지 박산합동묘역에서 '박산합동묘역 위령비' 제막식이 거행되었다. 박산합동묘역 위령비 건립은 유족들의 의식에 변화를 가져왔다. 4·19 직후 정치적 민주화는 피해자들의 신원을 '전쟁의 고통 받은 자'에서 '반항 없이 참사당한 자'로 바꾸기에 이르렀다. 이러한 의식 변화는 같은 해 11월 18일 위령비 제막식 의례에서 국가의 합법적 조치를 강구하고, 대책을 추진하는 것으로 표출되었다. 유족들은 묘비 건립을 사건의 진실을 밝히는 계기일 뿐 아니라, 유사한 사건들의 모범이 된다고 여겼고 이 같은 일들이 민주주의와 연관되어 있다는 점을 명확히 했다.

이는 고인(故人)을 기억하고 추모하는 것으로 집합적 정체성을 형성하고 명예를 회복하고자 하는 유족회의 시인 전략이 '묘비의 정치'를 중심으로 발전되는 단면을 보여 준다. 기념물이 부재하는 공간은 곧 사건 그 자체의 부인이자, 기억의 사회적 틀을 만들지 못하게 하는 것이며, 이는 공동체의 집합 기억에 대한 원형을 파괴하는 것이다. 그 점에서 위령비 복원은 곧 유족 정체성의 복원을 의미했다(한성훈, 2008: 52-57).

유족회 활동의 암흑기(1961~1987)

하지만 5·16 군사쿠데타 이후 군부는 지역별 민간인피학살유족회 주요 간부를 재판에 부쳐 유죄를 선고했다.[16] 주요 간부들이 구속된 이후 민간인피학살자유족회의 활동은 빠르게 소멸되었다(이동진, 2014: 148-156). 이로써 이후 한국전쟁기 민간인 학살 진상 규명 운동은 전체적으

16 혁명검찰부와 혁명재판소가 민간인 학살 유족들에게 적용한 죄목은 혁재혁검조직법이 제정된 다음날에 제정된 〈특수범죄 처벌에 관한 특별법〉 제6조 '특수반국가행위'였다(이동진, 2014: 148).

<그림 5-1> 훼손된 박산묘역

로 암흑기에 접어들게 된다. 특히 군부는 이 과정에서 유족들을 처벌하는 한편 특수한 파괴 행위를 실시함으로써 유족회 활동 자체에 대한 상징적 경고를 가했는데, 그것이 바로 피학살자 유해 매장지에 대한 파괴였다. 군사쿠데타 세력은 4·19혁명 이후 여러 지역에서 결정된 '장의위원회' 등을 통해 발굴되어 매장되어 있던 피학살자의 유해 및 위령비를 상징적으로 파괴했다. 이때 이들이 내세운 핵심적 '혁명공약'은 반공주의였다(노용석, 2018: 108).

이에 따라 군사쿠데타 세력은 거창군 신원면 대원리 '거창양민학살사건' 희생자 합동묘 및 위령비를 파헤치고 훼손했다. 5·16 군사쿠데타 직후인 1961년 5월 18일, 이른바 군사혁명정부는 유족 대표 17명을 반국가 단체 조직 혐의로 구속했다. 그리고 동년 6월 15일 군사 정권은 거창의 합동묘에 대한 개장 명령을 내렸는데, 경남도지사였던 최갑중은 거창의 피학살자 합동묘소(박산합동묘역)가 묘소설치법을 위반했다는 이유로 거창경찰서 신원지서장 이중화에게 인부들을 동원하여 묘역에 묻혀 있던 유해를 파헤치도록 했다. 그리고 파낸 유해를 흙과 함께 유족 수에 맞게 분배해 유족들이 가져가도록 강요할 것을 종용했다. 유족들은 이 같은 조치에 극렬히 반대했으며, 결국 봉분만을 제거한 후 위령비에 새겨진 추모글을 정으로 쪼아 글자를 알아볼 수 없게 한 뒤 파괴하여 땅속에 묻었다. 이 과정에서 경찰은 합동묘역 훼손을 거부하는 유족에게 총칼을 들이대며 위협하기도 했다. 피학살자 분묘의 파괴는 유족들에게 가족의 억울한 죽음이 계속적으로 비정상적 죽음의 영역에 머무를 수 있다는 불안감을 갖게 했다. 세계사적으로 국가가 국민의 죽음과 의례 과정을 통제한 가공할 만한 탄압 조치는 유사 사례를 찾아보기 힘든데, 이 또한 국가범죄 부인이라는 맥락에서 일관되게 이해될 수 있다. 가해자인 군부에게 민간인 학살 문제가 제대로 규명된다는 것은 한국전쟁기 자신들의 학살 전력이 드러나고 법적 처벌을 받게 된다는 것을 의미했다.

여하튼 이 사건으로 거창 유족회 간부들이 구속되면서, 유족회는 공식적인 활동을 중단·해산하여 1980년대 후반까지 긴 암흑기에 들어가게 된다. 4월 혁명 국면에서 재개된 과거 청산 노력이 실패로 돌아간 이후, 유족들은 '거창 사건 유족'이라는 이유로 공무원 등에 임용되지도 못하고, 또 '거창 사건'을 언급조차 못하도록 요시찰과 감시를 받게 되었으며, 자신이 이 사건의 유족들이라는 사실마저도 숨긴 채 살아야 했다.

이러한 고통의 역사는 산청 지역 유족들의 경우도 크게 다르지 않았다. 사건 당시 입었던 정신적 충격은 사건 직후 정신착란으로 이어져 학업을 중단하는 계기가 되었고, 다리 등에 총상을 입고 살아난 생존자들의 경우 제때 치료받지 못함으로써 장애인이 되기도 했다. 부모를 잃은 천애고아가 된 유족은 친척 집을 전전하며 서러운 삶을 이어가야 했고, "빨갱이 가족"이라는 낙인은 시집 생활까지 이어져 고통의 근원이 되었다(㈔산청·함양사건 양민희생자 유족회, 2011: 191-272). 무엇보다 유족회의 암흑기에 해당하는 유신 시기, 유족들을 따라다녔던 이른바 "통비(通匪)분자"라는 비국민의 낙인과 연좌제의 사슬은 유족들의 정치 의식을 크게 위축시켰고, '빨갱이가 아니란 걸 증명'하기 위한, 다시 말해 '국민됨'을 입증하기 위한 투표 행동과 집합 전략을 낳기도 했다. 이러한 상황에서 민주화 국면의 언론 보도는 유족회의 결집을 새롭게 촉구하는 전환점이 되었던 것이다.

유족회 활동의 재개와 성장기(1988~1996)

1980년대 후반에 이르러 거창 유족회와 산청·함양 유족회의 활동은 본격적인 성장기를 맞게 된다.

우선 거창 유족들은 1988년 2월 15일 거창양민학살 희생자 위령 추진위원회 발족 및 궐기대회를 열고 박산 합동묘소까지 200여 명이 참여하여 가두 행진을 하면서 전 국민에게 명예 회복 및 손해 배상에 관한 호소문을 발송했다. 이즈음부터 1996년까지 거창 유족회의 주요 활동은 첫째, 위령추진위원회의 발족을 전환점으로 1989년 8월 29일 처음 개최한 〈거창사건희생자 합동위령제 및 추모식〉의 연례 개최를 통한 사회적 인정 투쟁을 한 축으로 하고 둘째, 「거창양민학살 사건명예회복 및 특별조치법」 발의를 위한 국회 청원과 국회의사당 상경 투쟁을 통한 입법 청원 활동, 즉 법적 인정 투쟁이 주를 이루고 있다. 1988년 위령추진위원회 발족 이후 1996년 특별법 제정을 거쳐 1997년 사단법인으로 전환하게 된 유족회의 이 시기 활동을 크게 두 차원으로 나누어 연대기적으로 살펴보면 다음과 같다.

<표 5-3> 거창사건희생자유족회의 시인의 정치(1988~1997)

위령 및 추모 사업(사회적 인정 투쟁)		특별법 입법 사업(법적 인정 투쟁)	
1988. 2. 15.	위령추진위원회 발족	1988. 7. 16.	국회 청원 요청
1989. 8. 29.	제38주년 거창사건희생자 제1회 합동위령제 및 추모식	1988. 11. 7-8.	국회 청원 입법 호소를 위한 국회의사당 상경 투쟁
1990. 9. 16.	제39주년 거창사건희생자 제2회 합동위령제 및 추모식	1989. 9. 19.	제13대 국회 특별법 발의
1991. 9. 6.	제40주기 거창사건희생자 제3회 합동위령제 및 추모식	1993. 1. 20.	특별법안 유보
1992. 8. 26.	제41주기 거창사건희생자 제4회 합동위령제 및 추모식	1993. 3. 12.	특별법안 유보에 따른 유족 대표 상경 국회 방문
1993. 9. 5.	제42주기 거창사건희생자 제5회 합동위령제 및 추모식	1993. 4. 30.	특별법 제정 촉구 유족 상경
		1993. 11. 30.	당무회의에서 법안 채택되었으나 국회에서 유보, 서울 유족 100여 명 농성 및 상경 투쟁
1994. 9. 3.	제43주기 거창사건희생자 제6회 합동위령제 및 추모식	1994. 9. 7. 1994. 12. 7.	유족 40여 명 상경하여 김영삼 대통령 면담 요구/시위
1995. 10. 10.	제44주기 거창사건희생자 제7회 합동위령제 및 추모식	1995. 7. 10.	지역 출신 이강두 국회의원 국회 대정부 질의
1995. 11. 7.	위령추진위원회 총회 개최 "위령추진위원회 명칭 변경 - 거창사건희생자유족회"	1995. 11. 30.	제14대 정기국회 특별법 발의
		1995. 12. 16.	회기 내 통과 요구 상경 투쟁
		1995. 12. 18.	특별법 국회 본회의 통과
1996. 9. 10.	제45주기 거창사건희생자 제8회 합동위령제 및 추모식	1996. 1. 5.	거창사건등관련자명예회복에관한특별조치법률이 제5148호로 공포됨
		1996. 4. 6.	특별조치법 대통령 시행령이 14970호로 공포
		1996. 5. 11 - 7. 5	희생자 및 유족 등록[17]
		1996. 12. 23.	유족 등록서류 명예회복심의원회 상정
1997. 3. 2.	거창양민학살희생자 유족회 총회		
1997. 6. 5.	사단법인 거창사건희생자유족회 창립		

산청·함양 희생자 유족회의 경우에도 이러한 노력은 유사한 형태로 재현된다. ㈔산청·함양사건 양민희생자 유족회는 방곡지구 유족들이 1953년 4월 〈동심계〉(회장 김명우)를 조직하여 모임을 은밀히 유지하다

17 당시 시행령이 특별법 제정 35일 뒤에 공포되어 유족 등록에서 171명이 누락되었다.

1988년 4월 경남 지역 언론(부산일보, 신경남일보)을 통해 산청·함양 사건이 세상에 알려지게 된 것을 계기로 1989년 4월 25일 〈가현·방곡·점촌·서수지역 양민학살 유족회〉를 구성한 것이 단초가 되었다. 이는 1980년대 후반 민주화의 흐름과 함께 잦아진 유족들의 모임의 결실이었다.[18] 1990년 3월 15일 유족회는 〈위령제 및 위령탑 건립 추진위원회〉를 발족했고 1993년 4월 25일 제5회 추모제에서 〈산청·함양 양민사망자유족회〉로 이름을 개칭했다(강희근, 2004: 184-199). 산청·함양 유족회의 경우 초대회장인 전상근 이후 제2대 회장 이용효, 제3대 회장 김성곤에 이어 제4대 회장에 정재원이 선출되어 2022년 현재까지 계속되고 있다.[19]

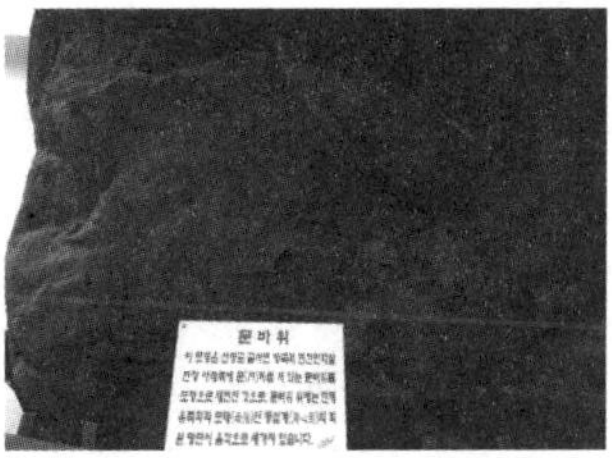

<그림 5-2> 1953년 조직된 동심계 회원 명단을 새긴 문바위 재현물

1990년대 산청·함양 유족회의 주요한 시인 전략은 산청·함양 사건이 거창 사건과 "동일 시기, 동일 부대, 동일 작전 권역, 동일 작전에 이루어진 동일 사건임"을 주장하는 것을 골자로 한다. 1996년 「거창사건등관련자명예회복에관한특별조치법」의 제정에 "민간인 학살"이라는 자구 수정을 통해 산청·함양 사건이 동일 법령의 적용을 받게 된 것도 산청·함양 유족회의 적극적인 노력이 있었기에 가능한 일이었다. 1989년 유족회의 발족 이후 1996년 특별법 제정까지 유족회의 주요 활동을 연대기적으로 살펴보면 다음과 같다.

---

18 초기 유족회의 지도자들이라 할 수 있는 전상근, 이용효, 김성곤, 정재원 등과 지역의 강정희, 곽덕경 등은 명예 회복의 방향과 방법에 대한 숙의를 거듭했다.

19 구체적인 유족회의 구성과 임원 명단은 김명희(2019)를 참고하라.

<표 5-4> 산청·함양사건희생자유족회의 시인의 정치(1988~1999)

위령 및 추모 사업(사회적 인정 투쟁)		특별법 입법 사업(법적 인정 투쟁)	
1988. 4.	부산일보, 신경남일보에서 '산청·함양사건'을 대하실록으로 특집 보도하면서 동 사건이 세상에 알려지게 됨.	1989. 9. 23.	경상남도 국정감사 시 강정희의원, 김성곤, 전상근 유족 등 3인이 사건을 증언함.
1989. 4. 20.	가현, 방곡, 점촌, 서주 지역 양민학살 유족회 구성	1991. 5. 9.	유족 대표 및 주민 대표 국회 방문, 산청군 출신 국회의원(6명)에게 자료 제공 및 명예 회복 요청 협조
1990. 3. 15.	위령제 및 위령탑 건립추진위원회 발족	1991. 9. 19.	국방부로부터 육군 제 11사단 9연대(연대장 대령 오익경) 3대대(대대장 소령 한동석)가 1951년 사건 당시 피해 마을 지역에서 공비 토벌 작전을 전개한 사실에 대한 확인 회신서 받음.
1993. 4. 25.	제5회 추모제 시 유족회 명칭을 '동심계'에서 '산청·함양 양민사망자유족회로 변경	1992. 3. 15.	산청군, 산청군의회에서 명예 회복 등 건의서 제출(강정희 의원 발의)
		1993. 5. 22.	제18회 산청군의회 임시회 제3차 본의회에서 강정희 의원의 제안설명으로 건의한 채택
자료 미비		1993. 7. 5.	제18회 함양군의회 임시회 제2차 본의회에서 건의안 채택
		1993. 11. 30.	제21회 산청군의회 임시회 제3차 본회의에서 건의안 채택
		1995. 12. 5.	산청군, 함양군의회 청원서 발송
		1995. 12. 13.	유족 130여 명 서울 상경 명예 회복 특별법안 통과 건의 및 시위
		1995. 12. 18.	특별법 국회 본회의 통과
1996. 1. 27.	희생된 영혼들의 명예 회복을 기리는 고유제 등 개최	1996. 1. 5.	거창사건등관련자명예회복에관한특별조치법률이 제5148호로 공포됨
		1996. 4. 6.	특별조치법 대통령 시행령이 14970호로 공포
		1996. 6. 18. ~ 1997. 7. 9.	희생자 및 유족 등록
1999. 4. 24.	제48주기(제12회) 합동위령제 및 추모식 행사[20]	1998. 2. 17.	국무총리실 중앙심의 의원회 유족등록 결정(사망자: 399명, 유족: 1,653명)

이상의 내용을 통해 알 수 있듯, 거창 및 산청·함양 지역 유족들에게 합동위령제는 다양한 프로그램들 가운데 가장 관심이 집중되고 상징적

20 합동위령제 및 추모식 자료집에 근거하면, 공식적이고 정례적인 합동위령제 및 추모식은 1999년부터 개최된 것으로 추정된다.

의미를 갖는 행사다. 이는 여타의 유족회 활동과 다르지 않다. 합동위령제는 희생자가 발생하게 된 사건의 경위와 추모 대상을 사전에 확인하고 선별하는 작업 위에서 진행되었다. 따라서 합동위령제는 희생자의 넋을 위로하는 원론적 의미를 넘어 사실 조사의 결과를 공공 공간에서 공식화하고, 희생자와 유족의 존재를 공공 영역에 드러내는 적극적인 집합 행동 가운데 하나였다. 또한 합동위령제의 준비 과정은 유족회의 결성과 강화에 기여했고, 추모 행사는 지역 단위에서 여러 단체들과 주체들이 연대하는 장이 되기도 했다(정호기, 2006: 61-71).

이와 함께 특별법 제정을 위한 유족들의 각고의 노력 끝에 1996년 1월 5일 〈거창사건등관련자명예회복에관한특별조치법〉(이하 특별법)이 공포되었다. 여기서 "거창사건등"이란 산청·함양군 일대의 학살을 염두에 두고 삽입된 것이다. 법률의 자구적 해석에 따르면 '거창 사건'은 경남 거창군 신원면 일대의 민간인 학살을 말하고, '등'은 산청과 함양 일대의 피해를 일컫는다. 특별법 2조는 "공비 토벌을 이유로 국군 병력이 작전 수행 중 주민들이 희생당한 사건"으로 규정하고 있다. 특별법 시행령에는 그 발생 시점이 추가되었고 지역으로는 '거창'과 '등'으로 나누어 지시하고 있다. 이 법은 심의위원회에게 사망자 및 유족의 명예 회복에 관한 사항과 묘지 단장, 위령 제례 및 위령탑 건립에 관한 사항을 심의·의결하도록 하고(제3조) 유족은 민간인 학살 관련자의 유족이라는 이유로 어떠한 불이익한 처우를 받지 아니하며(제5조), 유족의 합동묘역 관리 사업이 추진되는 경우 정부가 그 비용의 일부를 지원할 수 있도록 하는 것(제8조) 등을 그 주요 내용으로 한다. 하지만 결정적으로 희생자와 유족들에 대한 금전적인 배상을 규정하지는 않고 있다.

이에 따라 특별법 제정 이후 두 유족회의 활동은 배상을 보장하는 특별법 개정 활동을 중심으로 전개되었다. 각고의 노력 끝에 배상금 구제를 주요 내용으로 하는 〈거창사건등특별법개정법률안〉이 국회의원 31인에 의해 제안되어 2004년 3월 2일 국회 본의회를 통과했으나, 당시 대통령권한대행이었던 고건 총리가 3월 29일 거부권을 행사했다. "전쟁 중에 일어난 민간인 희생에 대해 아직 사회적 공감대가 폭넓게 형성되지 않았고, 거창 사건에 대한 보상이 향후 국가재정에 커다란 부담으로 작용할 것이 예상된다"라는 점 등이 이유였다(이형도, 2013: 98-99).[21] 후술하겠지만, 결과적으로 피해 구제 없이 낮은 차원의 명예 회복을 법적으로 규정한 〈거창사건등관련자명예회복에관한특별조치법〉은 '㈔거창사건희생자유족회'와 '㈔산청·함양사건 양민희생자 유족회'의 엇갈린 반응과 새로운 갈등을 유발한 계기이자, 특별법 개정을 둘러싼 집합 행동과 사회적 인정 투쟁을 추동한 공통된 배경이 되었다.

두 유족회 활동과 사회적 인정 투쟁(1997~2017)

특별법 제정 이후 거창사건특별법개정법률안 관련 입법 활동과 함께 유족회의 주요한 활동은 사회적 공감과 인정을 확보하기 위한 노력들에 집중되었다. 이는 두 차원에서 이루어졌다.

첫째, 추모공원의 건립과 유지를 위한 활동이다. 추모공원은 1996년 공포된 특별법에 근거해 조성되었다. 거창 사건 추모공원은 1999년 1월 기본 계획이 수립된 이후 2004년 10월 준공기념식을 가졌고, 신원면

21 법적 배상 조항이 빠진 당시의 특별법 제정에 대해 지금은 고인이 된 김운섭 거창 유족회 전 회장은 "이 법을 위해 생업을 포기하고 목숨 걸고 매달려 왔는데" "알맹이는 쏙 빼 버리고 껍데기뿐인 법"으로 회고하며 크나큰 실망감과 좌절감을 드러낸 바 있다(김운섭, 2017: 128-129; 김운섭 인터뷰, 2019).

대현리 일대 49,133평 부지에 총 192억 원이 투입되었다. '산청·함양 사건 추모공원'은 2001년 12월 13일 합동묘역 조성 사업 착공 이후 2004년 준공에 이르렀고, 산청 금서면 방곡리 일대 22,693평 부지에 건립되었다. 두 추모공원은 희생자와 그 유족에 대한 국가 차원의 명예 회복을 위한 위령 사업이자, 피해자에 대한 집단 보상의 성격을 갖고 있다. 무엇보다 추모공원은 한국전쟁 당시 희생된 민간인들을 위해 국가가 조성한 몇 안 되는 추모공원이라는 점에서 특별한 위상을 점한다. 두 추모공원은 크게 합동묘역과 추모 공간, 역사교육관으로 구성되어 있다. 이를 통해 추모공원은 고인(故人)의 희생을 기념하기 위한 추모 공간인 동시에 산청·함양·거창 사건의 역사적 진실을 지역 주민 및 성장 세대에게 알리고 전승하는 상설적인 역사 교육 공간으로 기능하고 있다.[22]

둘째, 2000년대 특별법 개정을 위해 개최된 학술토론회 또한 유족들의 시인의 정치의 중요한 축을 이룬다. 흥미로운 것은 시민사회 단체가 주로 주도했던 1999년 이후 결성된 유족회의 경로와 달리, ㈔거창사건희생자유족회와 ㈔산청·함양사건 양민희생자유족회의 경우 유족회 스스로가 공청회 또는 학술대회를 조직하며 학계 및 지역 시민사회의 연계를 주도하는 양상을 보였다는 점이다. 이러한 활동은 "법을 개정하려면 학술토론회나 공청회를 열어 사회 공감대를 형성해야 한다"라는 인식하에, 더 구체적으로 "사건을 정확히 정립"하기 위해 2001년부터 본격화되었고, 이와 같은 학술토론회 개최 활동은 추모식 자료집에 나타난 두 유족회의 공식 경과 보고에도 중요한 비중을 차지한다.

---

22 두 추모공원은 2020년 역사교육관을 리모델링해 재단장했다.

거창 사건 추모공원 역사교육관에도 기록된 모두 여덟 차례의 학술 토론회의 개요를 표로 살펴보면 다음과 같다.

<표 5-5> 거창 사건 관련 학술회의 개요

회	일시/장소	주제 및 내용
제1회	1993. 9. 26. (거창별궁예식장)	**거창 양민 학살 문제와 해결의 전망** 주제 발표: 박원순 변호사, 장완익 변호사 주관: 거창양민학살유족회 후원: 거창농민회, 거창역사교사모임, 거창신문사, 전교조 거창지회, 우리문화연구회, 아림신문사
제2회	2000. 10. 21. (거창전문대강당)	**거창 사건을 말한다** 주제 발표: 김동춘(성공회대 교수), 강정구(동국대 교수), 심우성(공주민속박물관장) 지정 토론: 김운섭(유족회 총무), 조익현(대성중 교사), 윤구(아림신문 사장), 신용균(거창역사교사모임 회장) 주관: 거창 역사교사 모임
제3회	2001. 11. 15. (프레스센터 20층 국제회의장)	**거창 사건 관련 특별조치법의 개정을 위한 공청회** 주제 발표: 박명림(고려대 연구교수), 한인섭(서울대 교수) 지정 토론: 서중석(성균관대 교수), 김순태(한국방송통신대 교수), 김영택(한국역사기록원 수석부회장), 박준석(변호사), 이강두(한나라당 국회의원), 이철수(거창사건유족회 고문), 민수호(산청 · 함양 양민사망자유족회 수석부회장)
제4회	2002. 10. 18. (거창군 문화복지센터)	**거창 사건 정치적 법처리 과정** 주제 발표: 박명림(연세대 교수), 한인섭(서울대 교수) 지정 토론: 안철현(경성대 교수), 김창록(부산대 교수), 이철수(유족회 고문)
제5회	2003. 3. 13. (국회의원회관 대회의실)	**거창 사건 관련법의 개정을 위한 공청회** 주제 발표: 박명림(연세대 교수), 한인섭(서울대 교수) 토론: 김성순(민주당 국회의원), 김용균(한나라당 국회의원), 박갑주(민주사회를 이한 변호사모임), 김한식(국방대학원 교수), 조국(서울대 교수)
제6회	2004. 11. 19. (국회의원회관 소회의실)	**거창 사건 희생자를 위한 공청회** 주제 발표: 안경환(서울대 학장), 한인섭(서울대 교수), 임상혁(숭실대 교수) 지정 토론: 박명림(연세대 교수), 이경우(변호사), 권대우(한양대 법대 교수)
제7회	2006. 11. 22. (경남 창원시 컨벤션센터)	발표 및 토론: 한인섭(서울대 교수), 조진만(서울대 교수), 문준영(부산대 교수), 도진순(창원대 교수)
제8회	2018. 11.15 (국회도서관 소의회실)	**거창 사건 배상법 제정과 피해자 권리장전** 주제 발표: 박명림(연세대 교수), 한성훈(연세대 연구교수), 이재승(건국대 교수)

이 기록은 유족회가 사건을 보다 정확하게 청중에게 전달하고 사회적 공감을 확장해 가며 법개정 활동을 주도하는 진실의 전승 집단으로 스스로 변모해 왔음을 잘 보여 준다.

산청·함양 지역 유족회도 2003년 12월 13일 유족회 임원회의를 거쳐 〈산청·함양사건 희생자유족회〉로 이름을 변경하고 산청·함양 사건 자료 및 역사서를 간행하기로 결정했다. 이 첫 번째 결실이 바로 『산청·함양사건의 전말과 명예회복』(강희근, 2004)이다. 또한 2001년 거창군과 거창사건 유족회가 주관한 학술대회에 토론을 맡아 참여하고 2004년과 2011년, 2020년 3회에 거쳐 산청·함양 사건 학술대회를 주도적으로 개최했다.

<표 5-6> 산청·함양 사건 관련 학술회의 개요

회	일시(장소)	주제 및 내용
제1회	2004. 8. 3. (경상대학교 남명회관)	**제1회 산청·함양 사건 학술회의-산정·함양 사건의 재조명** 주제 발표: 강희근(경상대 교수), 이창호(경상대 교수) 지정 토론: 박노정(진주시민단체연대회의 상임대표), 서봉석(산청군의회 의원), 민수호(산청·함양사건 양민희생자 유족회 수석부회장), 이창수(한국전쟁전후 민간인 학살 진상규명 범국민위원회 통합특별법 쟁취위원회 위원장), 강기갑(민주노동당 국회의원) 주최: 산청·함양사건 희생자유족회 주관: 경상대학교 사회과학연구원
제2회	2011. 8. 31. (국회 헌정기념관)	**제2회 산청·함양 사건 학술회의-끝나지 않은 국가의 책임** 주제 발표: 이창호(경상대 교수), 전갑생(부경사학연구원), 안김정애(산청·함양사건 유족회 자문위원) 지정 토론: 강희근(경상대 교수), 최관호(서남대 교수), 김득중(국사편찬위원회), 이창수(한국전쟁전후 민간인 학살 진상규명 범국민위원회 운영위원회)
제3회	2020. 9. 3. (경상국립대학교 GNU 컨벤션센터 대강당)	**제3회 산청·함양·거창 사건 학술대회** 주최: 산청·함양사건 양민희생자 유족회 주관: 경상국립대 사회과학연구원 주제 발표: 조승현(방송대 교수), 최현주(순천대 교수), 김명희(경상국립대 교수), 강희근(경상국립대 명예교수), 민수호(유족회 전 수석부회장) 토론: 고영남(인제대 교수), 김주호(경상국립대 교수), 김은영(남해대 교수), 임종찬(부산대 명예교수), 김남주(법무법인 도담 대표), 송진현(유족회 부회장)

이는 사건의 진실을 규명하고 공론화하는 작업에 유족회가 주도하여 학계 및 시민사회를 조직한 일례에 해당하며, 거창 및 산청·함양 유족회가 과거 청산 운동에서 서로의 경로를 참조하며 시인의 정치를 확장해 가는 과정적 국면을 드러내 보여 준다.

통합 배상 입법 투쟁과 그 이후(2018~)

실제 2004년 이후 산청·함양 유족회의 주요한 활동은 거창 사건에 한정한 단독배상법 발의를 규탄하고 이를 정정하는 작업에 상당 부분 할애되어 왔다.[23] 특히 유족회별로 단독배상법을 발의하던 관행을 반성하고 2018년 거창 유족회와 산청·함양 유족회가 결행한 극적인 '합의'는 산청·함양·거창 사건 유족 운동의 역사에서 중요한 전환점이라 평가된다. 정확히 2018년 10월 17일 "두 유족회는 지난 15년 동안의 과오를 청산하고 다시 한 뜻으로 나아갈 것을 약속"하며 법제사법위원회에 계류 중인 배상특별법을 병합 심의하는 데 합의하며 합의서를 작성했다. 그 골자를 살펴보면, "두 유족회는 (…) 1951년 2월 7일부터 11일, 국군 11사단 9연대 3대대의 대한민국 국군의 견벽청야 작전 명령(작명 제5호)에 의한 거창군과 산청·함양군에서 억울하게 희생된 영령의 가족으로 구성된 유족회"이자 "1993. 1. 5. 정부에서 공포된 「거창사건등관

23 하지만 2004년 좌절된 배상 입법은 유족들의 만성화된 피로감과 피해의식에 더하여 특별법 개정안의 적용 범위를 둘러싼 첨예한 갈등으로 이어졌다. 그 갈등을 잘 보여 주는 것이 20대 국회에 두 유족회를 중심으로 각각 다른 두 개의 배상 개정안이 발의된 것이다. 거창 출신 국회의원인 박범계 의원이 대표 발의한 〈거창사건 관련자의 배상 등에 관한 특별법안〉과 산청 출신 김병욱 의원이 대표 발의한 〈거창사건등 관련자 배상 등에 관한 특별법안〉이 그것이다. 두 개정안은 "거창 사건"과 "거창사건등"이라는 용어의 채택과 그에 따른 정의를 제외하면 세부 내용은 거의 동일하다. 두 법안의 차이는 서로 다른 명명을 통해 산청·함양 사건을 제외하는가(박범계 의원 발의안), 포함하는가(김병욱 의원 발의안) 여부에 있었다.

련자의명예회복에관한특별조치법」에 의하여 미흡한 명예 회복을 이룬 유족들로서" "각자 따로 특별법을 발의하는 등의 과오를 청산하고" 크게 다음의 두 가지 합의를 달성했다.

첫째, 거창 사건과 산청·함양 사건은 국군 11사단 9연대 3대대의 견벽청야 학살 작전(작전명령제5호)에 희생된 유가족으로(유족회) "상호 인정"한다는 것이며, 둘째, 배상특별법의 국회 통과와 정부 통과를 위하여 최선의 노력을 같이한다는 것이다((사)산청·함양사건 양민희생자 유족회, 2018).

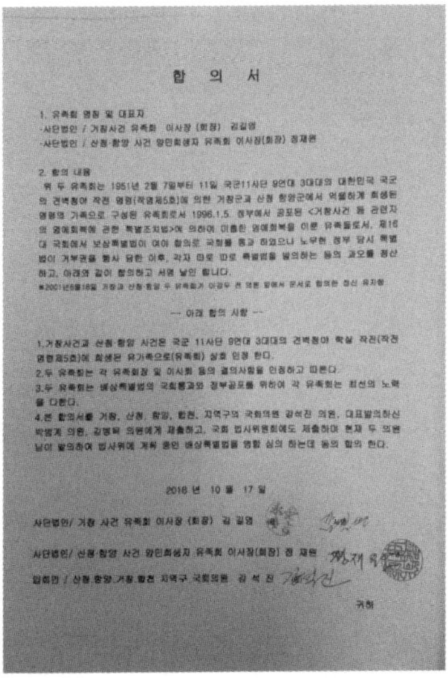

합 의 서

1. 유족회 명칭 및 대표자
-사단법인 / 거창사건 유족회 이사장 (회장) 김길영
-사단법인 / 산청·함양 사건 양민희생자 유족회 이사장(회장) 정재원

2. 합의 내용
위 두 유족회는 1951년 2월 7일부터 11일 국군11사단 9연대 3대대의 대한민국 국군의 견벽청야 작전 명령(작명제5호)에 의한 거창군과 산청 함양군에서 억울하게 희생된 영령의 가족으로 구성된 유족회로서 1996.1.5. 정부에서 공포된 <거창사건 등 관련자의 명예회복에 관한 특별조치법>에 의하여 미흡한 명예회복을 이룬 유족들로서, 제16대 국회에서 보상특별법이 여야 합의로 국회를 통과 하였으나 노무현 정부 당시 특별법이 거부권을 행사 당한 이후, 각자 따로 따로 특별법을 발의하는 등의 과오를 청산하고, 아래와 같이 합의하고 서명 날인 합니다.
※2001년6월18일 거창과 산청·함양 두 유족회가 이강두 전 의원 앞에서 문서로 합의한 정신 유지함

--- 아래 합의 사항 ---

1.거창사건과 산청·함양 사건은 국군 11사단 9연대 3대대의 견벽청야 학살 작전(작전명령제5호)에 희생된 유가족으로(유족회) 상호 인정 한다.
2.두 유족회는 각 유족회장 및 이사회 등의 결의사항을 인정하고 따른다.
3.두 유족회는 배상특별법의 국회통과와 정부공포를 위하여 각 유족회는 최선의 노력을 다한다.
4.본 합의서를 거창, 산청, 함양, 합천, 지역구의 국회의원 강석진 의원, 대표발의하신 박범계 의원, 김병욱 의원에게 제출하고, 국회 법사위원회에도 제출하며 현재 두 의원님이 발의하여 법사위에 계류 중인 배상특별법을 병합 심의 하는데 동의 합의 한다.

2018 년 10 월 17 일

사단법인/ 거창 사건 유족회 이사장 (회장) 김 길 영
사단법인/ 산청·함양 사건 양민희생자 유족회 이사장(회장) 정 재 원
입회인 / 산청.함양.거창.합천 지역구 국회의원 강 석 진

귀하

<그림 5-3> 두 유족회의 합의서

이 같은 두 유족회의 2018년 '합의'는 고통과 분노, 반목과 피해 의식을 넘어 유족들 간의 상호 인정과 연대, 공통의 과거 극복을 향한 새로운 이행의 계기를 마련했다는 점에서 중요한 의미를 갖는다. 실제 두 유족회는 2019년과 2020년 두 사건의 이름을 병기한 특별법을 발의 추진했고(「거창 사건 및 산청·함양 사건 관련자 배상 등에 관한 특별법」), 이 사실을 2020년 재단장한 두 추모공원 역사교육관에도 비중 있게 기록하고 있다.

나아가 2018년 이후 두 유족회의 활동은 배상 입법의 노력뿐 아니라 각 지자체 차원에서 희생자 유족에 대한 생활보조비를 지원하는 조례를 제정하고, 역사 교육 및 시민 교육의 차원에서도 다양한 시도를 하며 유의미한 진전을 보이고 있다. 2018 병합심의 합의 이후 두 유족회의 활동을 표로 나타내면 다음과 같다.

<표 5-7> 2018 병합심의 합의 이후 두 유족회의 활동

일시	주요 활동
2018. 10. 17.	거창사건 유족회 및 산청·함양 사건 유족회, 배상법안 병합심의 합의
2019. 6. 5.	거창사건 및 산청 함양사건 배상 특별법 법사위에 발의(강석진 의원 대표발의)
2019. 9. 29.	거창사건 등 관련자 배상 등에 관한 특별법 발의 법사위 접수(김병욱 의원 대표발의)
2020. 4. 24.	거창사건 유족에 대한 생활보조비 지원 조례 제정
2020. 10. 1.	거창 사건 및 산청·함양 사건 배상 등에 관한 특별법 법사위 발의(김태호 의원 대표 발의)
2020. 10. 22.	산청·함양 사건 희생자 유족에 대한 생활보조비 지원 조례 통과
2021. 9. 3.	제3회 산청·함양·거창 사건 학술대회(배보상에 관한 특별법 제정 방안)

5. 전망과 과제

이제까지 산청·함양·거창 민간인 학살 사건의 전개 과정과 유족 운동의 문제 해결 노력을 살펴보았다. 국가 가해자의 부인 행동에 대응하여 전개된 유족들이 시인 전략은 크게 1) 기억(기념) 운동을 통한 사회적 인정 투쟁과 2) 법적 인정 투쟁을 통한 명예 회복 및 배상 입법 운동을 중심으로 전개되는 특징을 보였다. 산청·함양·거창 학살의 규명은 다른 한국전쟁기 민간인 학살 사건을 규명하는 도화선이 되었다는 점에서 매우 중요한 의미를 갖는다. 진상 규명과 명예 회복을 위해 살아남은 유족과 가족의 끈질긴 노력은 우리 사회가 민간인 희생자의 문제에 관심을 갖도록 하는 데 크게 기여했다.

또한 한국전쟁 전후 민간인 학살 관련 유족회가 대부분 시민사회가 민간인 학살 진상조사를 하는 과정을 계기로 하여 시민사회의 지원 속에 결성되거나, 진실·화해를위한과거사정리위원회가 설립된 이후에는 국가의 진상 조사가 계기가 되어 결성되는 것과 달리 거창 유족회는 사건 직후 국면의 해결 과정에 힘입어 언론 및 국회와 주요하게 상호작용하며 비교적 일찍 활동을 시작하여 여타 유족 운동의 선례가 되었다. 이를 참조하여 만들어진 산청·함양 유족회도 명예 회복을 위한 특별법 제정과 진실 규명, 배상 입법의 노력 등 과거 극복을 위한 모든 과정에서 핵심적인 주체로 활동해 왔다.

두 유족회는 언론과 국회가 학살의 청산에 나서도록 한 핵심적 존재였고, 국회와 지자체, 시민사회와 학계 등 가용할 수 있는 자원을 최대한 동원하여 명예 회복과 배상 입법에 나섰던 과거 청산 운동의 중심 주체였다. 무엇보다 두 유족회의 활동은 사건의 부인, 은폐, 축소에 맞서 왜곡된 진실을 정정하고 대안적인 사회적 기억 공간을 확장하는 데 커다란 기여를 했다. 〈표 5-8〉은 산청·함양·거창 사건에 대한 국가의 부인(denial) 행동을 시정해 온 유족들의 공통된 노력을 압축적으로 보여 준다.

<표 5-8> 산청·거창·함양 학살을 둘러싼 부인과 시인의 정치[24]

군 주장	두 유족회 주장	사건의 진실
희생자는 통비분자, 적성분자, 이적행위자이다.	희생자는 순수한 양민이다.	희생자는 무장하지 않은 민간인이다.
희생자는 187명이다. (애초 산청·함양지역 학살은 은폐됨)	희생자는 719명이다(거창). 희생자는 705명이다(산청).	희생자는 719명이다(거창). 희생자는 705명이다(산청).
희생자 중 노인, 어린이, 부녀자는 없다.	희생자의 대부분이 노인, 어린이, 부녀자이다.	희생자의 대부분이 노인, 어린이·청소년, 부녀자이다.
사망은 간이재판에 의한 즉결처분이다.	사망은 간이재판에 의한 즉결처분이 아니라 학살이다.	사망은 간이재판에 의한 즉결처분이 아니라 학살이다.
희생자들은 인민공화국 만세를 부르며 죽어갔다.	희생자들은 아무 이유도 없이, 영문도 모른 채 죽었다.	희생자들은 아무 이유도 없이, 영문도 모른 채 죽었다.

현재 시점에서 산청·함양·거창 학살 사건의 해결을 위한 향후 과제를 정리해 보자면 다음과 같다.

첫째, 법적 측면에서 피해 구제가 결여된 형식적 명예 회복의 문제다. 명예 회복이 도덕적 인정의 계기만을 추구하고 피해 구제의 계기와 정치적 재구성의 계기를 방기한다면 명예 회복은 도덕적으로는 충일한 관념이 되겠지만 정치적으로도 경제적으로도 공허한 수사에 그칠 수밖에 없다. 이 점에서 사회적 인정, 경제적 재분배(피해 구제), 정치의 재구성은 과거 청산 운동의 세 가지 목표이며, 이에 비추어 산청·함양·거창 학살 사건의 명예 회복은 대단히 초보적인 형태에 머물러 있다고 할 수 있다. 유족들의 생애사적 시간이 얼마 남지 않은 시점에서 배상 입법의 도입과 실질적 피해 구제가 조속히 실현될 필요가 있다.

둘째, 사회적 기억과 기념의 측면에서 이제까지 두 사건이 별개의 고립된 사건으로 인식됨에 따라 역사교육관의 서사 또한 특정 지역에 국한되어 서술되거나 두 사건이 동일 사건이라는 관점하에 충분히 통합된

24 이 표는 2018년 시점에서 거창 사건 추모공원 역사교육관에 전시된 내용에 산청·함양 사건 추모공원의 전시 내용을 통합하여 수정한 것이다.

서사에 이르지 못하고 있다. 왜곡되고 분열된 기억은 분열된 정체성을 만들고 지역 공동체 내 반목을 강화한다는 점에서, 각 역사교육관에 기록된 각 지역 중심의 서술을 보다 통합된 서사로 재구성할 필요가 있다.

셋째, 관련하여 산청·함양·거창 학살로 인해 유가족 및 지역 사회 차원에서 겪은 피해와 고통의 내용에 대한 후속 조사가 요청된다. 1951년 당시의 사건과 현장을 증언하는 생존자 구술은 있지만, 해당 사건으로 인해 생존자 및 유가족이 감내해야 했던 생애사적 고통과 인권침해 피해의 면면은 본격적으로 조사된 바가 없으며, 그렇기에 기록된 바도 없다. 이는 사건의 진실 규명과 역사 기록의 측면에서 중요한 공백을 야기하기에 후속조사를 통한 보완이 요청된다.

넷째, 두 지역에 건립된 추모공원을 지역주민과 성장 세대가 역사 교육 및 문화 공간으로 충분히 활용할 수 있도록 현지화된 교육 과정과 결합된 창의적인 운영 방식을 모색할 필요가 있다. 거창 유림면과 산청 금서면 각 지역에 건립된 추모공원은 공간적 접근성이 떨어져 사회적 기념 및 역사 교육의 공간으로 활용도가 높지 않은 측면이 있다.

하지만 역사적 진실을 잊지 않고 기억하는 작업은 재발 방지를 보증하는 가장 확실한 방책이자 사회문화적 토대가 된다는 점에서, 지역 사회의 다양한 주체들과 협력하여 기념 공간의 활성화와 기억의 민주화로 나아갈 필요가 있다.

참고문헌

1. ㈔거창사건희생자유족회(2018), 〈2018년 제67주기 거창사건희생자 제30회 합동 위령제 및 추모식 자료집〉.
2. ㈔산청·함양사건 양민희생자 유족회(2009), 〈2009년도 제58주기 제22회 산청·함양사건 양민희생자 합동위령제 추모식 자료집〉.
3. ㈔산청·함양사건 양민희생자 유족회(2011), 〈제60주년 산청·함양사건 학술회의 자료집 〈끝나지 않은 국가의 책임: 산청·함양 민간인 집단희생 사건〉.
4. ㈔산청·함양사건 양민희생자 유족회(2018), 〈2018년도 제67주년 산청·함양사건 양민희생자 합동위령제 추모식 자료집〉.
5. ㈔산청·함양사건 양민희생자 유족회(2019), 〈2019년도 제68주년 산청·함양사건 양민희생자 합동위령제 추모식 자료집〉.
6. ㈔산청·함양사건 양민희생자 유족회(2020), 〈2020년도 제69주년 산청·함양사건 양민희생자 합동위령제 추모식 자료집〉.
7. 강희근(2004), 『산청·함양사건의 전말과 명예회복』, 산청·함양사건 희생자 유족회(비매품).
8. 김동춘(2007), 「거창사건의 전개과정」(2001. 4.), 한인섭 편, 〈거창양민학살 사건 자료집(Ⅶ)〉, 2–10쪽.
9. 김명희(2018a), 「거창·산청·함양 사건 유족운동의 전개과정: 유족의 상(喪)의 과정과 감정동학」, 『일감법학』, 제42호, 3–37쪽.
10. 김명희(2018b), 「일본군'위안부'운동과 시인(recognition)의 정치: 한국의 사회적 기억 공간을 중심으로」, 『한국여성학』, 제34권 제3호, 113–146쪽.
11. 김백영·김민환(2008), 「학살과 내전, 공간적 재현과 담론적 재현의 간극: 거창사건추모공원의 공간 분석」, 『사회와 역사』, 제78집, 5–33쪽.
12. 김상숙·박은성·임채도 외(2021), 『한국현대사와 국가폭력』, 푸른역사.
13. 김운섭(2017), 『거창양민학살: 억울한 죽음 뒤처리』(비매품).
14. 노용석(2018), 『국가폭력과 유해발굴의 사회문화사: '빨갱이'가 된 인간의 뼈, 그리고 유해발굴』, 산지니.
15. 박명림(2002), 「국민형성과 내적 평정: '거창사건'의 사례연구–탈냉전 이후의 새 자료, 정신, 해석」, 『한국정치학회보』, 제36권 2호, 69–91쪽.
16. 안김정애(2011), 「한국전쟁기 한국군 11사단에 의한 산청·함양 민간인 집단학살 사건: 국가기록에 나타난 사건 조사와 피해여성들의 삶」, 〈제60주년 산청·함양사건 학술회의 자료집〉.
17. 이동진(2014), 「국민과 비국민의 경계: 피학살자유족회사건을 중심으로」, 『사회와 역사』, 제101집, 141–182쪽.
18. 이창현(2018), 「1960년대 초 피학살자유족회 연구」, 성균관대학교 박사학위논문.
19. 이창호(2004), 「산청·함양·거창 민간인 학살 사건의 법적 재검토」, 『민주법학』, 제26호, 137–155쪽.
20. 이창호(2011), 「산청·함양·거창 민간인 학살 사건에 대한 형사법적 재조명」, 『민주법학』, 제47호, 211–243쪽.
21. 정재원(2004), 『운명』 일송미디어.

22. 정호기(2006), 「민간인 희생자 유족회의 결성과 진상규명운동: 전라남도 지역을 중심으로」, 『지방사와 지방문화』, 제9권 2호, 41-76쪽.
23. 진실·화해를위한과거사정리위원회(2010), 〈경남 산청·거창 등 민간인 희생사건 진실규명 및 불능결정서〉.
24. 차석규(1988), 『남부군과 거창사건』, 창작예술사.
25. 코언, 스탠리(2009), 『잔인한 국가, 외면하는 대중: 왜 국가와 사회는 인권침해를 부인하는가』, 조효제 옮김, 창비.
26. 한인섭 편(2007), 『거창은 말한다: 생존자·체험자들의 반세기만의 증언』, 경인문화사.
27. 한인섭 편(2003-2007), 〈거창양민학살 사건 자료집〉(Ⅰ), (Ⅱ), (Ⅲ), (Ⅳ), (Ⅴ), (Ⅵ), 서울대학교 법학연구소.
28. 행정안전부 과거사관련업무지원단(2012), 〈거창 및 산청·함양 사건 관련자 명예회복 노력과 성과〉.

웹사이트

1. 거창사건 추모공원 홈페이지, http://www.geochang.go.kr/case/Index.do?c=CS0402000000, 검색일: 2021. 8. 5.
2. 산청·함양사건 추모공원 홈페이지, http://www.sancheong.go.kr/shchumo/index.do, 검색일: 2021. 8. 5.
3. 손호철(2021), "[손호철의 발자국] 8. 경남 산청·함양·거창 : '거창 사건'은 '산청·함양·거창 (민간인 학살) 사건'이다", 『프레시안』, 2021년 3월 24일자, https://www.pressian.com/pages/articles/2021032318150663165, 검색일: 2022. 8. 14.

VI. 경남의 산업 경관과 국토 개발

70년대 마산, 창원, 거제의 국가산업단지 형성 과정을 중심으로

이향아(경상국립대학교 사회학과 교수)

1. 한국의 산업화와 경남 지역 산업단지

산업단지는 '공업에 종사하는 기업들의 이용을 위해 포괄적인 계획에 의해 마련된 세분화되고 잘 정비된 땅'을 의미한다(박봉규, 2010: 4). 산업의 집적 효과가 산업 발전의 효율성을 높일 수 있기 때문에 산업화 과정에서 산업단지의 설립은 효과적이다. 한국은 1964년 서울 구로동에 한국수출산업공업단지가 최초로 설립된 이후 2013년 현재 1,033개의 산업단지가 형성되어 있다.

우리나라 산업단지 중 주축이 되는 국가산업단지는 국가의 기간산업의 육성을 위해 국가 주도로 계획되고 운영된다. 국가가 산업단지의 형성 과정에서 주체 역할을 하다 보니, 성장 과정에서 국가와 기업 간의 밀접한 관계를 맺어온 우리나라의 경우 국가산업단지에는 대기업이 다수 입주해 있다. 한국에서 국가산업단지가 중요한 이유는 언급한 경제 효과뿐만이 아니라, 한국 산업화 과정 메커니즘의 변동을 담지하고 있기 때문이다. 특히, 70년대에 설립된 산업단지는 국가 주도의 산업화 계획 및 실행의 과정을 고스란히 보여 준다.

경남 지역은 남동임해공업지역으로 70년대 국가산업단지의 대부분이 자리하고 있다. 따라서 70년대를 아우르는 국가 산업 구조에서 매우 중요한 역할을 담당했던 경남 지역의 산업단지들은 경남이라는 지역 층위뿐만 아니라 국가적 개발 계획의 층위와 연계해서 바라봐야 한다. 이 글에서는 경남의 대표적인 국가산업단지가 들어선 마산의 수출자유지역, 창원 기계공업기지, 거제 조선공업단지 등 3개의 산업단지의 형성 배경과 설립 과정을 중심으로 살펴본다.

산업단지는 단순히 산업단지라는 특정 구역의 토지 공간만을 고려할 수 없다. 산업단지가 설립된 지역, 즉 도시와의 관계성을 고려하지 않는다면 '산업화의 섬'(손정원, 2006)으로만 존재할 뿐이다. 따라서 이 글은 산업단지의 설립 배경 및 성격이 산업단지가 위치한 도시와 맺게 되는 관계성 측면에서 경남 지역의 세 국가산업단지를 분석한다. 요컨대, 마산수출자유지역은 저임금, 저숙련 여성 노동자를 필요로 하는 산업단지로, 기존의 마산이라는 도시에 '산업화'의 효과를 기여하지 못한 채 '산업화의 섬'으로 남게 되었다면, 창원과 거제는 대기업 남성 숙련 노동자 중심의 공업단지로 산업단지가 지역의 도시화를 직접적으로 관계했다. 창원 기계공업기지는 산업단지 노동자들의 직주공간으로서 새로운 도시 계획을 실시했고, 거제는 도시 경제의 70%를 차지하는 단일 산업의 2개의 대기업이 도시의 인프라를 구축하게 되는 '기업도시'의 형태를 띠게 되었다.

2. 남동임해지역의 산업화

왜 산업단지인가?: 60년대 이후 산업단지의 시기별 변화 과정

우리나라에 산업단지가 처음 설립된 것은 1964년 「한국수출산업공업단지개발조성법」 제정으로 한국수출산업공업단지이다. 1960년대에 제1차 경제개발5개년계획(1962~1966)이 추진되면서 60~80년대에 산업단지가 꾸준히 설립되었다. 「산업입지 및 개발에 관한 법률」(이하 산입법)에 의하면 산업단지란 "공장·지식산업 관련 시설·문화산업 관련 시설·정보통신산업 관련 시설·재활용산업 관련 시설·자원비축시설·물류 시설 등과 이와 관련된 교육·연구·업무·지원·정보처리·유통 시설 및 이들 시설의 기능 제고를 위하여 주거·문화·환경·공원녹지·의료·관광·체육·복지 시설 등을 집단적으로 설치하기 위하여 포괄적 계획에 따라 지정·개발되는 일단의 토지"를 일컫는다. 즉, 산업단지는 집적 경제의 효과를 위해 설정된 특수 목적의 토지 공간임을 알 수 있다. 여기에는 국가산업단지, 일반산업단지, 도시첨단산업단지, 농공단지가 구분된다. 이외에 「국토의 계획 및 이용에 관한 법률」, 「중소기업 진흥에 관한 법률」, 「외국인투자촉진법」, 「자유무역지역 지정 및 운영에 관한 법률」, 「경제자유구역 지정 및 운영에 관한 특별법」 등의 법률에 의해 공업 지역, 중소기업협동화 단지, 외국인 투자 지역, 자유무역 지역, 경제자유구역 등으로 그 유형이 다양하다. 2013년 말 현재, 전국의 산업단지는 총 1,033곳에 달하고, 지정 면적은 1,386.8㎢로 국토 면적(10만㎢)의 1.4%, 서울시 면적의 2배가 넘는다. 국가산업단지가 41개, 일반산업단

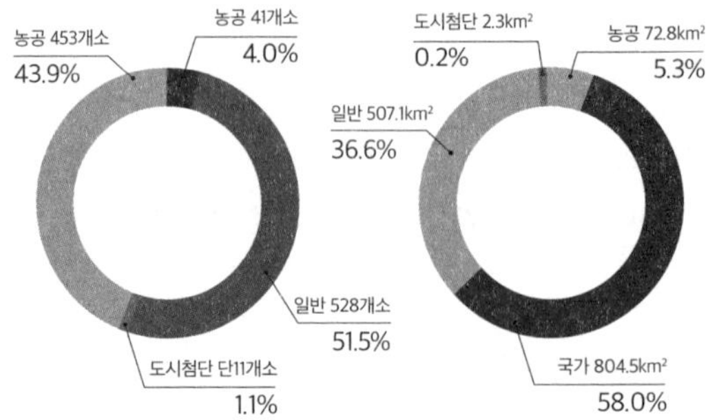

<그림 6-1> 산업단지 현황 ©한국산업단지공단(2014: 21)

지가 528개, 도시첨단단지가 11개, 농공단지가 453개에 이른다. 국가 산업단지는 숫자로는 41곳에 불과하지만, 지정 면적은 804,506㎢로 유형별로 가장 큰 면적을 차지하고, 전체 산업단지 생산의 65%, 수출의 63%, 고용 비중의 57%를 차지하고 있다(한국산업단지공단, 2014: 22).

85년도 당시 서울과 수도권을 제외하는 6대 도시는 울산, 포항, 창원, 마산, 여수, 구미였고, 이 도시들은 모두 국가산업단지가 들어선 도시였다(박배균·장세훈·김동완, 2014: 25-26). 그만큼 도시의 성장에 산업단지의 역할은 컸고, 산업단지의 설립이 곧 국가가 주도하던 경제 개발의 핵심이었다. 산업단지의 건설은 시기별로 변화를 보인다. 대개 국가의 산업육성 정책의 변화 기조와 그 맥락을 같이 한다. 우선, 시기에 따른 경제 및 산업육성 정책의 변화와 그에 따른 산업단지 건설의 변화를 시기별로 살펴보면 다음과 같다.

<표 6-1> 산업입지 정책의 변화

구분	1960년대	1970년대	1980년대	1990년대	2000년대	2010년대
발전단계	산업발전기반 형성기	중화학공업 기반 확충기	산업구조 조정기	산업발전 도약기	산업발전 성장/확대기	신산업육성/확대
산업정책기조	· 정부주도의 경공업 위주의 수출정책 · 사회간접자본의 기반확대	· 정부주도의 중화학육성정책	· 중화학분야의 산업합리화 · 기술집약적 산업 수출 산업화	· (전기)개방화와 민간주도 경제운용 · (후기)IMF관리 체제와 산업 구조조정	· 지식기반산업 미래산업의 육성 · 혁신주도형 경제론의 전환과 부문간 동반 발전	· 과학과 ICT 융합을 통한 창조경제의 실현 · 융복합, 신성장동력산업, 미래산업
산업구조	섬유, 항만, 전기제품, 신발	석유화학, 철강, 선박, 자동차,기계	반도체, 전자공업, 자동차	서비스화중심의 소프트웨어산업 육성, 반도체, 정밀화학, 자동화 프로그램개발	정보통신산업, 게임산업, 생명산업 지식기반사업	녹색기술사업, 첨담융복합산업, 고부가서비스 산업, 창조 산업
입지정책	· 계획입지개발 제도 · 수출위주 경공업 입지	· 중화학고업 기지로서 대규모산업 단지조성 · 수도권개발억제	· 산업단지내실화 · 국토균형 개발추진 · 농공단지개발	· 입지유형다양화 · 입지규제완화 · 산업단지 명칭변경 · 개발절차간소화	· 전문화된 집적지구 · 지식기반경제 구축지원 및 클러스터화 추진 · 기존단지의 경쟁력제고	· 복합용도지구의 도입 및 도시첨단 단지확대, 특화산단 · 노후산단재생, EP확대, 혁신클러스터 강화
관련제도	· 국토건설종합계획 · 수출산업공업 단지개발조성법 · 기계공업진흥법 · 조선공업진흥법 · 전자공업진흥법	· 지방공업개발법 · 산업기지개발 촉진법 · 공업배치법	· 수도권정비 계획법 · 중소기업진흥법 · 농어촌소득원 개발촉진법 · 공업발전법	· 산업입지법 · 공업배치법 · 국토이용관리 법 개정 · 산업기술단지 지원특별법	· 산업입지법 개정 · 산업집적법 개정 · 문화산업진흥법 · 국토의계획 및 이용법('02) · 인허가절차간소화 특례법	· 산업입지법개정 · 산업집적법개정
비고	· 울산공업 센터조정	· 지방공업개발 장려지구 · 동남권대규모 산업단지 · 수출자유지역 개발	· 서남권대규모 산업단지 · 농공단지개발 · 아파트형공장 건설	· 개별입지증대 · 테크노파크	· 도시첨단산업 단지 · 문화산업단지 · 외국인투자 지역 · 첨단복합의료 단지	· 복합용도지구 및 산합융합지구 · 노후산단재생 · 특화산업단지

1960년대에 시작된 정부 주도의 경제 성장 정책이 추진되면서, 수출 주도형의 공업화가 핵심 전략으로 추진되었다. 조속한 근대화와 경제 성장을 달성하기 위해 주로 원료, 노동력, 교통 등의 산업 인프라가 존재하던 서울 등 대도시를 중심으로 대도시 인근에 경공업 중심의 산업 단지가 설립되었다. 그간 해외 원조에 기반을 두던 의존성을 탈피하고

자 수출 주도형의 산업 정책이 모색되었다. 그러나, 60년대의 산업 정책을 단순히 경공업 위주의 수출 지향형 산업으로 정의하는 것은 무리가 있다. 사실 국내 최대의 산업단지는 1963년 완공된 울산의 석유화학단지이고 석유화학은 해방 이후부터 지속적으로 최우선시된 육성 산업이었으며, 경제 개발 계획의 주요 시책이 정유, 비료, 종합제철 등의 국가기간산업의 육성이었기 때문이다. 그럼에도 불구하고, 산업단지의 입지는 대도시, 수도권 등으로 집약될 수 있다. 「도시계획법(1962년)」, 「수출산업공업단지개발조성법(1964년)」 등을 통해 산업단지의 입지 결정이 정책화되었고, 60년대 대표적인 산업단지가 서울 구로와 울산, 대구에 지정되었다.

1973년 대통령의 연두 기자 회견에서 '중화학공업 정책'을 선언하며 국내 산업 정책이 수출 주도형에서 중화학공업 등 기간산업의 육성으로 집중되었다. 당시 경제개발은 대규모 공업단지의 설립을 통한 '거점 개발' 방식을 택했다. 70년대에 국가산업단지가 집중적으로 육성되었는데, 「수출자유지역설치법(1970년)」, 「지방공업개발법(1970년)」, 건설부 장관이 산업기지 건설에서 전면 재량권을 행사할 수 있게 한 「산업기지개발촉진법(1973년)」 등을 제정하고, 산업단지 건설을 전담하는 '산업기지개발공사(현 한국수자원공사)'를 설립했다. 이 시기 여천(석유화학), 창원(기계), 거제(조선), 포항(제철), 온산(비철금속), 구미(전자)에 각각의 산업을 전진 배치했다. 특히 이 시기 산업단지는 1972년 시작된 1차 국토종합개발계획(1972~1981)이 본격적으로 추진되어 4대강 유역의 권역화를 도모했다. 이 시기 거점산업단지는 주로 남동임해지역에 집중되었기 때문에 이를 해결하기 위해 과도한 공업의 집중을 제한하고 국토 균형 발전을 위해 촉진 지역을 설정하거나 지역을 제한하는 등의 내용을 골자로 한 「공업배치법」(1977년)을 제정했다. 그러나, 국토 공간 정책의 경로 의존성에 따라 이후 국토 개발은 서울을 비롯한 수도권과 부산을 중심으로 하는 남동 임해지역의 양극화를 초래하게 되었다(그림 6-2 참조).

1980년대는 1960~70년대 거점 개발 방식으로 육성된 대규모 산업단지들의 입지가 양극으로 집중되고, 동시에 산업 측면에서도 기존의 중화학공업 육성 정책에서 산업의 전반적인 균형에 초점을 맞추기 시작함에 따라, 국토의 균형 발전을 위해 중소 규모의 산업단지와 농공단지가 설치되고(최영규, 2009), 지역적으로는 상대적으로 산업단지 입지 선택을 받지 못했던 서남해권과 중부권을 중심으로 전국적으로 분산되기 시작했다.

1990년대 산업화의 핵심은 산업 구조의 고도화이다. 산업 구조가 다양화, 고도화됨에 따라 다양한 유형의 산업단지와 복합적 기능을 하는 산업단지들이 설치되기 시작했다. 산업화의 복잡화를 뒷받침하기 위해 관련 정책들의 재정비가 실시되었다. 「지방공업개발법」과 「산업기지개발촉진법」이 「산업입지 및 개발에 관한 법률(이하 산입법, 1991년)」, 산업단지 관리와 관련된 「공업배치법」과 「공업단지관리법」이 「공업배치 및 공장설립에 관한 법률(1991년)」로 각각 통폐합되고, 「공업입지개발지침(1991년)」이 「산업입지개발지침(1997년)」으로 변경되면서 기존에 공식적으로 '공업단지'로 명명하던 것이 '산업단지'로 변경되었다. 지역적으로는 서해안을 중심으로 설치되었고, 지방자치제도의 시행에 힘입어 지역의 산업단지 건설이 더욱 급증하게 되었다.

2000년대는 지식기반산업이 발달함에 따라 노동 인력의 공급이 원활한 대도시를 중심으로 입지하게 되었다. 한편으로는, 탈산업사회에 진입하면서 기존의 노후화된 산업단지에 대한 관리 및 활용 방안에 대한 전략을 모색하게 되었다.

이처럼 산업단지는 한국 근대 경제발전 과정에서 산업단지의 산업 유형과 입지 선정이 핵심적인 역할을 해 왔음을 알 수 있다. 산업단지의 변화 과정으로 60년대 이후 한국 산업화 과정을 설명할 수 있는 것이다. 특히, 앞서 언급한 바와 같이, 70년대 주요 설치된 국가산업단지가 남동임해지역에 집중되어 있기 때문에, 경남 지역의 도시화 경로를 살펴보고자 하는 이 글의 목적에 산업단지 분석은 매우 유용하다. 즉, 경남 지역의 산업화와 도시화 과정을 산업단지로 설명할 수 있다는 것이다. 이것이 왜 경남의 산업단지인가라는 질문에 대한 답이 될 수 있다.

남동임해지역의 산업화

왜 남동임해지역이 '공간적'으로 '선택'되었는가? 국토종합개발계획에서 언급한 대규모 공업기지를 우선 배치하는 거점개발 방식 전략은 산업단지(당시 공업단지)의 설립을 의미한다. 계획안에서 언급한 대외적인 지위 부여와 국내 여건상 거점 개발은 부산을 중심으로 포항, 울산, 마산 등의 경남(북) 지역의 해안도시들을 일컫는 남동임해지역에 몰려 있었다. 1차국토개발계획 기간 중 국가산업단지 18개 중에서 10개가 남동임해지역에 몰려 있었고, 이 지역의 면적이 국토의 10% 내외였다(박배균·장세훈·김동완, 2014: 30). 국가는 국토 이용에 대한 전략을 통해 국가 만들기, 국가경제발전 등 국가 프로젝트를 수행했던 것이다.

> "동남 해안 공업 '벨트' 지역에서의 공업 생산 비중은 대체로 전국의 3분의 1을 담당할 것으로 예상되며 이러한 높은 생산 비중으로 동남

해안의 주요 도시는 인구 증가 현상이 촉진되고 수출자유지역 등 국제 진출의 기지로서 기능상 거대한 상공업도시가 출현하여 국제 무역의 기지적 역할을 담당하게 될 것이다(대한민국정부, 1971: 28)."

왜 남동임해지역이 거점 개발 지역으로 선정된 것인가에 대한 선행 연구들은 다음과 같은 요인들을 제시하고 있다. 남동임해지역의 산업 기반이 상대적으로 우수한데, 그 이유는 첫째, 1970년 경부고속도로 완공으로 부산으로 비롯한 남동임해지역의 여러 도시가 서울, 대구, 대전 등 대도시와 직접 연결된다는 점,[1] 둘째, 이 지역은 일제 강점기에 비교적 산업화가 진전되어 있던 지역이라는 점, 즉 산업화에 대한 기저 시설물과 교통망이 구축되어 있었다는 점, 셋째, 부산이 임시피난수도였을 만큼, 한국전쟁 중 도시기반시설이 상대적으로 파괴당하지 않았다는 점, 넷째, 가깝게는 일본, 나아가서는 미국으로까지 해상교통을 이을 수 있는 항구가 존재하고, 다섯째, 산림과 수자원 등의 자연조건이 우수했다는 점, 여섯째, 당시 주요 정치적 엘리트들의 출신 지역이었다는 점이다(오원철,

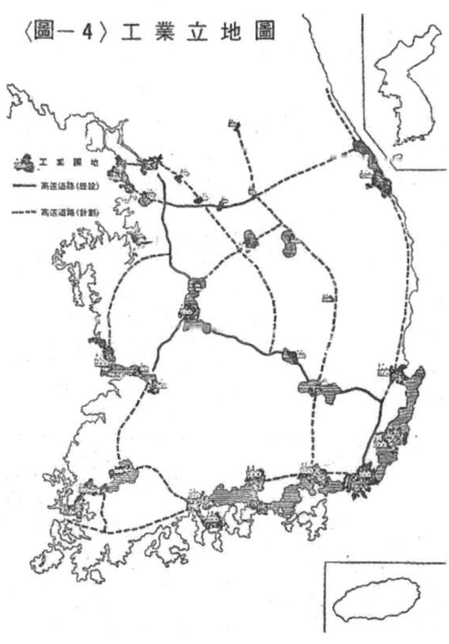

<그림 6-2> 제1차 국토종합개발계획 공업입지도

1 부산을 제외한 남동임해지역 산업단지는 직접적으로 대구, 대전, 서울 등의 도시와 연결되지 않았다. 그러나 남해 고속국도 6번이 1972년도에 완공되어 마산, 창원, 거제가 부산으로 수평적으로 연결되어 부산을 통해 다른 대도시로의 연결이 가능해졌다.

1996; 손정원, 2006). 마지막으로 가장 중요하게 고려된 요인은 국가기간산업의 입지 선정에서 북한과의 거리가 먼 지역이 선택되었다는 점이다 (Markusen and Park, 1991). 북한과의 지리적 거리는 한국 도시계획사에서 중요한 변수였다. 세종시가 건설되기 이전부터 충청도로 수도를 이전하려고 했던 시도나, 서울 남단의 과천에 제2종합청사를 설립한 것 등도 같은 맥락으로 볼 수 있다. 특히나 한번 피해를 입으면 복구가 까다로운 국가기간산업은 최전방과 멀면 멀수록 안전하다는 인식이 강하게 작동했다. 더불어 남동임해지역의 중화학공업공장은 군수물품의 생산을 함께 담당하고 있었기 때문에, 북한과의 거리가 중요하게 작동했다. 이와 같이 새로운 산업기반시설 설립에 대한 진입 장벽이 낮았던 남동임해지역이 제1차국토개발계획의 주요 거점 지역으로 선정되었던 것이다.

울산과 부산을 중심으로 한 경남 지역은 70년대 한국 산업화의 전초기지 역할과 함께 산업 경관의 중심지로 자리매김하게 되었다. 그러나 이 글에서 살펴보게 될 마산, 창원, (거제)는 남동임해공업지역에 속한 국가산업단지라는 공통적인 배경을 갖고 있지만, 산업단지의 설립, 노동자 구성 및 산업도시구조 등의 구체적 측면에서 상이함을 보여 준다.

3. 경남 지역 산업단지: 마산 수출자유지역, 창원 기계공업기지, 거제 조선공업단지

마산 수출자유지역(1972)

마산의 수출자유지역은 창원시 마산회원구 봉암동의 매립지에 설립되었다. 마산의 수출자유지역을 설명하기 위해서는 왜 마산인가와 왜 수출자유지역인가에 대한 이해가 핵심이다. 마산은 당시 경남의 대표적인 상공업도시로서, 일제 강점기에 이미 상당한 산업화가 진행되었던 곳이다. 식민지 시기 마산에는 다양한 제조업이 성장하게 되었는데, 특히 양질의 수자원을 이용한 청주양조업과 양조업, 섬유산업이 발달했다. 개항기부터 일본인에 의해 청주산업이 발달해 전국 제1위의 청주 생산 지역이 되었고, 양조 공업 또한 발달해 원산과 청진 등 전국적으로 판매되었다(마산상공회의소, 2000: 167-171). 또한 대형 섬유공장들이 입지해 섬유공업이 대표 산업으로 자리 잡았고, 철공업은 전시기에도 군수공장으로 전환되면서 지속적으로 운영되었다(마산상공회의소, 2000: 174). 따라서 마산이 당시 국가의 공간 전략의 일환인 '남동임해지역'의 대상지로 선정된 것은 산업 경로 의존성의 측면에서 어쩌면 당연한 귀결이었을지도 모른다. 그러나 마산이 구로에 이어 국가 단위의 산업단지 지역으로 선정된 것은 보다 다양한 행위자들의 전략이 서로 접합한 결과로 보는 것이 타당하다(최영진, 2008). 박배균 & 최영진(2014)가 주장하듯이, 마산 수출자유지역은 국가, 지방 주체, 재일교포 등을 포함한 국외 행위자 등 다양한 주체들이 각기 다른 스케일의 전략을 발휘했던 결과였던 것이다.

그러한 측면에서 보자면, 마산이 갖고 있던 입지적 이점은 다양한 행위자들에 의해 활용되었다. 마산이라는 도시가 지녔던 산업 경로 의존성은 마산상공회의소 회원들과 마산시에 의해 적극적으로 홍보되었다. 1968년 당시 마산시장이었던 변광영은 『도시문제』에 마산이 왜 자연입지적으로도 기존의 경로의존성 측면에서도 정부의 공업기지로 적합한지에 대해 설파하기도 했다.

> 마산은 단순히 자연적인 조건에만 의존하여 공업지로서 개발되는 것이 아니라 이미 상당한 공업 기반을 갖고 있기 때문에 신규 공업의 유치로서만 개발된다기보다 기존 공업을 최대한 육성, 활용하는 면에서 이와 관련 밑에 개발의 방향이 설정되어야 할 것이다(위의 책, 82).

실제로 마산시는 스스로 주체가 되어 공업단지 조성을 위해 봉덕동과 양덕동 해안지대를 66년부터 매립하고 있었다. 마산시는 중앙정부의 경제개발계획 시행에 발맞춰 마산시의 공업화에 대한 열망을 적극적으로 행사했는데, 1966년 한일합섬을 마산에 유치하고, 마산주재 상공회의소 회원들과 마산시는 공장과 기업 유치에 매우 적극적이었다(박배균·최영진, 2014: 123-124). 마산상공회의소, 경남상공회의소, 전경련 등 기업가 집단이 공동으로 마산을 중심으로 임해공업지역을 건설하는 것을 적극적으로 요청했다. 국토 공업화의 분산을 주장했던 지방과 지역 기업가들의 요청은 2차 5개년 경제개발계획에 포함되게 되면서, 지방의 주체들의 유치 행동은 매우 적극적이었다(이상철, 2008).

마산 수출자유지역의 선정에서 또 다른 주요 행위자는 재일교포 사업가들이다. 경남 지역 혹은 전경련의 기업가들은 국교 정상화 이후, 일본 자본과의 연계를 강화하고 이를 발판으로 성장하고자 했던 열망하에 재일교포 사업가들과 적극적인 협력 관계를 맺어 왔다. 예컨대, 마산 출신 재일교포인 이명조는 66년 한국으로 귀국해 마산시와 함께 봉암동 매립공사를 주도하고 있었고, 평남 양덕 출신 손달원은 마산에 기계공업공장 설립을 주도하고 실제적으로 '임해공업단지' 계획을 제기했다. 1966년 이명조가 매립했던 봉암동 지역에 '마산임해공업단지' 기공식이 거행되었다.[2]

그러나 마산시 자금난, 매립 부실 공사, 손달원의 종합기계공장 설립이 백지화가 되면서 1968년 마산임해공업단지는 좌절되고 말았다(박배균, 최영진, 2014). 마산이 갖고 있던 여러 가지 입지적, 산업적 역량이 채 피기도 전에 져 버린 상황이 되었다. 결과적으로, 마산에 설립한 산업단지는 원래 계획에 있던 '임해공업단지'가 아닌 '수출자유지역'으로 결정되었다. 수출자유지역이 설립되게 된 여러 배경에는 당시 한국의 경제 상황이 크게 작용했다고 볼 수 있다. 당시 한국은 미국의 원조경제가 위기에 달해, 60년대 말 외환 위기를 경험하고 있었고, 미국은 1970년 원조를 종료했다. 경제 발전을 슬로건으로 내건 정부는 원조경제의 위기를 외자 도입으로 대체하고자 했고, 자본(기업가들)은 외자를 발판으로 국가 개입을 최소한으로 하는 동시에 자본의 세력 확장을 도모하게 되었는데, 당시 가장 수월한 협력 대상이 일본 기업이었다(이정은, 2017; 김백영, 2019; 박배균·최영진, 2014; 장미현, 2013). 외국인의 직접 투자 방식의 외자 유치에 적극적으로 화답한 것은 앞서 언급한 재일교포 사업가들이었다. 재일교포 기업인들의 활발한 국내 자본 진출과 동시에 국내 자본은 일본 기업의

---

2 『매일경제』, 1966년 11월 12일.

<그림 6-3> 1970년대 마산수출자유지역 전경 ©국가기록원
<그림 6-4> 마산수출자유지역 퇴근 시간 ©민주화운동기념사업회

유치를 국가에 적극적으로 요청했는데, 이러한 결과가 수출자유지역의 설립에 큰 영향을 미쳤다.

마산수출자유지역에 입주한 기업체들에게는 상당한 특혜가 주어졌는데, 정부가 조성한 표준공장은 평당 약 15달러, 자가 공장은 평당 2.4달러의 최저 임대료만 지불하면 되었고, 용수나 전력도 최저 가격으로 공급되었다. 입주 기업체의 수입 물품에 대해 관세, 물품세가 면세되었고, 법인세, 영업세 등의 각종 세금도 5년간 면제되었다. 마산수출자유지역관리청에서 안정적으로 저임금 노동력을 지속적으로 제공해 주었고, 노동조합을 원천 봉쇄했다(장미현, 2013).

마산수출자유지역이 설립되기 이전, 마산에는 한일합섬㈜와 한국철강㈜가 제조업을 주도하고 있었다. 마산시 양덕동 222번지에 위치한 한일합섬은 1967년 김해 출신 사업가 김한수가 부산에서 설립해 67년 마산으로 이전한 섬유제조업체로 당시 세계적으로 선풍을 모았던 아크릴 제품을 생산하면서 기업의 규모를 확장했다. 설립 당시부터 4,030명에 이르는 거대 기업으로 출발해 1973년에는 15,570명에 이르는 규모로 성장했다. 저임금과 비숙련 노동에 기초했던 한일합섬에 고용된 노동자들은 대부분이 '중졸'의 미혼 여성들이었다. 한일합섬은 국내 최초로 기업 부설학교인 한일여자실업고등학교를 설립해 운영했다(정성기, 2010: 150-151). 마산의 수출자유지역은 양덕동에서 해안으로 동쪽으로 위치한 봉덕동에 설립되었다. 당시 마산은 한일합섬의 발전에 힘입어 어린 미혼 여성들이 일자리를 찾아 정착하는 도시가 되었다. 해방 이전부터 제조업 도시로 자리 잡았던 마산에는 인구 유입이 50년대 이후 계속되었고, 60년대 이후부턴 수출자유지역의 주요 노동자층이 될 미혼 여성이 한일합섬을 중심으로 이미 마산으로 몰려들고 있었던 것이다. 그러나 마산의 도시 발전은 60년대까지만 해도 구마산과 신마산 지역의 연계 강화에 집중되었다. 유입 인구의 영향으로 마산시의 경우 도시 계획은 주로 주거지 개발을 위한 토지구획정리사업이 중심을 이루었는데, 한일 합섬과 수출자유지역이 위치했던 동마산 지역의 토지구획정리사업은 1980년대에야 완성되었다. 봉암동에 설립된 수출자유지역은 마산시의 제2차 재정비 계획에 산업단지의 설립을 위한 '해수면 매립'에 그쳐 있었다(박형규·서유석, 2009).

<표 6-2> 마산수출자유지역의 입주 기업체 추이

	총 입주업체	가동 업체	건설중	기계 건설중	가동 준비중	휴업
1970	4		4			
1971	22	6	5	10	1	
1972	70	26	38	2	4	
1973	115	71	17	21	6	
1974	110	98	2	8	2	
1975	105	94	4			7
1976	99	94	3			2
1977	99	97	2			
1978	97	95	2			
1979	94	86		3		5
1980	88	85		1		2

출처: 통상산업부·마산수출자유지역관리소(1997: 460).
[자료] 이상철(2008: 71)

"임해의 특정 지역에 외국인의 투자를 유치함으로써 수출의 진흥, 공용의 증대 및 기술의 향상을 기하여 국민 경제의 발전에 기여함을 목적"[3]으로 했던 수출자유지역은 전자 및 기계기구 업체를 중심으로, 화공, 금속, 섬유, 전기, 광학기기 등의 업체 중 중소업체가 입점했다. 생

3 수출자유지역설치법 제1조(1970년 1월 1일).

산 품목은 중화학 분야라 할지라도, 이 업체들은 '노동 집약' 방식의 역외가공 기업체들이었고, 일본인 단독 투자업체가 73%(65개), 한일 합작업체 21.3%(19개), 일본과 외국 합작기업 1.1%(1개), 외국 기업 4.5%(4개)로 이루어졌다(이상철, 2008: 71-72).

수출자유지역의 노동 환경은 앞에서 언급한 바와 같이 열악했던 것으로 알려져 있다. 저임금과 열악한 노동 환경, 인권 유린, 유해한 작업 환경, 열악한 후생 제도, 한일 간 민족 감정 등으로 노동자들은 노동쟁의를 원천 봉쇄한 「외국인투자기업의 노동조합 및 노동쟁의조정에 관한 임시조치법」과 「수출자유지역설치법」에도 불구하고, 쟁의를 시도하기도 했다(이상철, 2008: 81). 정부나 마산시 또한 수출자유지역에 근무하는 노동자들의 주거복지 등을 크게 주목하지 않았고 오히려, 정부출자기구였던 마산수출자유지역관리청은 지속적으로 저임금 여성 노동자를 지속적으로 공급하는 역할을 자임함으로써, 수출자유지역은 철저히 '산업화의 섬(손정원, 2006)'으로 남아 있게 되었다. 한편, 수출자유지역 내에 고용된 여성 노동자뿐만 아니라, 수출자유지역의 하청기업에 고용된 여성 노동자들은 대부분 가내노동에 종사하는 기혼 여성의 형태를 띠었다(허은, 2014: 330). 따라서 하청업체의 노동자들도 이미 마산에 거주하고 있었다는 의미에서 수출자유지역의 노동자들의 주거 및 생활 환경은 노동자에게 '각자도생'의 몫으로 남아 있었다. 마산에 유입한 여성들의 주거가 안정화되는 것은 인근 창원에 중화학 공업단지가 형성되면서부터이다.

창원기계공업기지(1973, 현 창원국가산업단지)

창원기계공업기지는 마산수출자유지역과 2km 정도 떨어진 1973년

<그림 6-5> 창원기계공업단지 조성 당시 ©국가기록원

<그림 6-6> 2010년 창원국가산업단지

<그림 6-7> 계획 당시 창원공업기지 조감도

12월에 착공하여 지정 면적 총 46.8㎢에 총 11개 단지가 순차적으로 건설된 기계공업 산업단지이다. "제3차 경제개발5개년계획(1972~1976)을 통해 '중화학공업 국제경쟁력 강화를 통한 기계공업 100억 달러 수출, 1980년대 선진공업국 대열 안착'이라는 목표를 수립했다(한국산업단지공단, 2014: 112)."

창원에 중화학공업단지를 건설하기 위해 다양한 안(案)이 경합을 벌였다. 앞서 살펴본 바와 같이 마산에 임해공업단지를 유치하고자 했던 손달원의 '동양중공업안'은 손달원이 소유했던 일본 기업인 신일본공기의 자회사로 동양중공업을 설립해 일본의 완제품 하청업체로 설정하려 한 것이다. 실행 직전까지 협상이 이루어졌으나 결국 손달원의 동양중공업은 무산되었다. 명백한 이유를 언급하기는 어렵지만, 정황상 북한 출신 재일교포라는 손달원의 신상이 큰 장애물이 되었던 것은 분명한 듯하다(최영진, 2014). 손달원의 동양중공업안 이외에 검토되었던 안은 국영 중소기업이 주도하는 대만식 중공업화 전략을 골자로 했던 한국기계 확장안이었다. 그러나 중소기업의 육성으로 해외경쟁력에서 우위를 점할 수 없을 것이라는 견해가 받아들여지면서 한국기계 확장안도 무산되었고, 창원기계공업단지는 대만과는 다른 길을 갈 것이 예견되었다.

대안으로 실행하고자 했던 안은 주물용 선철공장을 강원산업에, 종합특수를 대한중기에, 중기계 종합공장을 한국기계에, 수출선 조선소를 현대에 맡기는 이른바 '4대 핵심공장건설'안이었고, 이를 통해 일본의 적극적인 외자 도입을 추진했다. 그러나 손달원과의 협상 무산으로 한국 정부가 일본 정부 및 일본 기업과의 협력을 통해 국영기계공업을 육성하려던 계획은 결국 무산되었다(최영진, 위의글: 190-194). 결국, 국가 주도의 국영기업도, 대만식 중소기업육성안도 모두 무산된 채, 창원의 기계공업단지는 대기업을 중심으로 하는 거대 장치산업을 육성하는 방안으로 선회했다.

창원기계공업기지는 설립 계획 단계부터 산업단지를 보유한 산업도시로 계획되었다. 산업단지계획보고서에 따르면 공업기지는 산업도시 건설 계획을 포함했다. 계획은 공업단지 인구 8만을 포함 총 36만을 설정한 산업도시를 상정했다. 당시 중화학공업기획단 단장을 역임했던 오원철(2006)에 따르면, 박정희 대통령은 처음부터 공업도시 계획을 주문했다(오원철, 2006; 최막중·김영재, 2018: 14에서 재인용)고 한다.

당시 창원기계공업기지 계획 작업을 했던 개발계획연구소의 건설기본계획조사보고서에도 산업도시 건설을 주요 과제로 삼고 있다.

또한, 공업단지 건설에 수반되는 지역적 문제의 처리 이상으로, 공업단지를 기반으로 하는 산업개발로부터 얻어지는 국가적 이익과는 별도로 당해 지역에 대한 이익이 가장 효과적이고 또 정당하게, 공업단지를 담당할 지역으로 환원되기 위하여서는 **도시**로서의 체제가 필요했다.

이와 같은 관점으로부터, 창원종합기계공업단지건설에서의 당면 과제는 공업단지를 핵으로 하여, 필요한 제 시설을 정비한 도시=자치체, 즉 공업도시를 건설하는 목표를 향해 어둑 발전·추진하고자 했다.[4]

이와 같은 산업도시 설립에 대한 강한 의지는 총 1,200만 평 안에 공업 지역 398만 평에 주거 지역 245만 평의 배후도시를 건설하는 것으로 실행되었다.[5]

주거지와 공업단지는 폭 50m에 길이 13.8km의 직선대로인 중심가

---

4 개발계획연구소, 1973: 82

5 산업도시 건설하는 과정에서 기존의 창원면, 상남면, 웅남면 등의 기존 마을 공동체가 강제로 해체되기에 이르렀고, 기존 주민들에 대한 부적절한 보상에 민원을 제기하기 위해 1990년 삼원회가 창립되었다.

로(현재의 창원대로)로 구분되고, 중심 간선도로에서 산업단지 내측에는 다양한 지원시설이 들어섰다. 〈그림 6-9〉에서 보듯이 공원과 그린벨트, 레크레이션 공간까지 설계되었다. 또한 노동자들의 기술교육을 위해 한백기계훈련원(1976년), 창원기계공업고등학교와 무학고등기술학교(1977년), 최고의 기능장 양성소인 창원기능대학(1980년, 현 창원 폴리텍VII대학) 등이 설립되었다(최막중·김영재: 2018: 13). 1976년에는 경상남도 창원지구출장소가 설립되고, 원활한 공장 건설을 위해 행정기관, 금융기관, 세관 등이 잇따라 들어섰다. 산재를 대비해 창원병원(1979년)이 설립되고, 1980년에는 마산시에서 창원시를 분리하고, 1983년에는 부산에 있던 경상남도청이 창원으로 이전했다.

창원기계공업기지는 1974년 24개 업체가 입주하는 것으로 시작해 점차 증가해 1984년에는 177개 입주업체에 이르렀는데, 초기에는 정부가 대기업을 중심으로 입주 압박을 강요했었던 것으로 알려져 있다.(창원기계공업공단, 1979: 154, 최막중·김영재, 2018: 14). 창원공단의 대기업 집중도는 평균 75.3%이고, 중소기업체가 대기업과 협력체제를 구축하는 방식으로 운영되었다.

창원기계공업기지는 '산업도시'의 일환으로 건설되었다. 자연스레 시가지가 발달하고 있었던 마산시와 인접해 있으면서도 창원기계공업기지 노동자들의 주거를 만들어야 했던 이유는 중화학공업의 특성상, 그리고 대기업의 현지 토착화를 위해 숙련 남성 노동자들의 지역 이탈을 방지해야 했고, 숙련공의 기술 재생산이 필요했기 때문이라고 볼 수 있다. 따라서 창원은 비슷한 시기에 마산 수출자유지역에 인접해서 건설되었지만, 수출자유지역이 '산업화의 섬'으로 산업도시 발달로 이어지지 못했던 반면, 최초의 계획도시, 최초의 산업도시로 성장할 수 있었다.

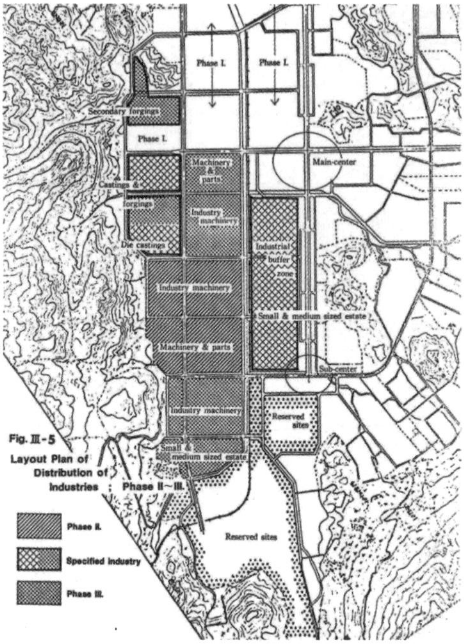

<그림 6-8> 창원공업기지 계획도(영문) ©개발계획연구소

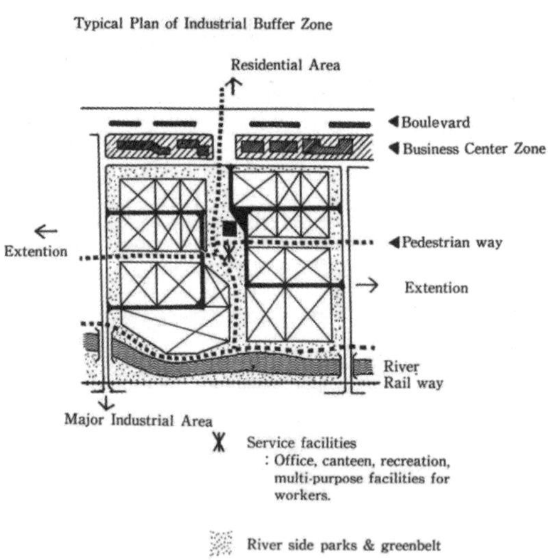

<그림 6-9> 창원기계공업기지 내 산업지원시설 계획안 ©개발계획연구소

거제조선공업단지(1974년)

조선산업은 1937년에 설립된 조선중공업 이래 부산과 경남 지역의 특화 산업으로 자리 잡았다. 1950년 조선중공업이 국영기업인 대한조선공사로 변경되고, 1959년도에는 198개의 조선업체가 존재했다. 1967년 「조선공업진흥법」을 제정하여 당시 부실하게 운영되던 대한조선공사를 1968년 극동해운의 남궁연(南宮鍊)에게 불하했다. 경제개발5개년 계획에서 철강, 비료, 시멘트, 발전설비, 조선 사업을 핵심 육성 사업으로 선정하고, 1974년 옥포, 안정 및 죽도에 조선공업기지를 설립했다. 옥포공업단지는 조성 면적이 971천 평이며, 실수요자에 의한 조성을 계획했다. 주거 지역 조성 면적은 235천 평이며 계획 인구는 약 2만 명이었다. 공업단지 기반시설로 도로 및 하천 계획을 설립했다. 안정조선공업기지는 실수요자가 공장 부지 1,054천 평과 주거 지역 514천 평을 조성하도록 계획했고, 중형 조선공업기지 건설을 위해 지정된 죽도조선공업기지는 보다 적은 규모의 실수요자가 공장 부지 561천 평과 주거 지역 362천 평을 조성하도록 계획했다. 죽도는 삼성중공업이, 옥포는 대우조선해양이, 안정은 한국가스공사와 대우건설이 사업 시행을 담당했다.

세계 선박의 대형화 추세에 힘입어 정부는 조선소 건립을 적극적으로 지원했는데, 현대중공업㈜가 1972년에, ㈜현대미포조선이 1975년에 조선소를 건설하면서 대한조선공사의 라이벌로 등극하게 되었다. 조선공업단지가 제정되면서 대한조선공사는 1973년 거제도 장승포 옥포만에 30만 평을 매립하고 100만 평 규모의 조선소 부지를 조성해 100만 톤급 세계 최대 규모의 조선소를 계획했으나, 사업비 조달 문제와 1977

<그림 6-10> 대우조선해양의 옥포조선소 건설 당시 전경(위)과 삼성중공업의 죽도조선소 건설 직전(아래) ©국가기록원

년부터 시작된 세계 조선 산업의 불황으로 건설 중단을 선언했고, 옥포조선소 건설은 1978년 대우조선주식회사가 이어갔다. 옥포조선소는 1981년 10월 준공되기에 이른다. 안정공업단지는 한국가스공사와 대우건설이 사업을 시행했고, 죽도공업단지는 고려조선㈜가 사업을 시행했으나, 1977년 우진조선㈜에 인수되었고, 같은 해 다시 삼성조선㈜에 인수되어 1979년에 준공했다(한국조선공업협회, 2005).

옥포조선소의 건설은 정부에 의한 조선공업단지의 지정을 기본으로 하고 있지만, 대한조선공사라는 사기업이 건설과 중단 등을 주도했다(배석만, 2021). 대한조선공사의 조선소 건설 자진 철수로 인해 옥포조선소 건설의 주체 변경을 위해 정부는 당시 대기업으로 이제 막 성장하던 대우조선㈜에게 한국산업은행의 대규모 출자라는 막대한 특혜를 제공했다.

울산을 중심으로 하는 현대의 조선소와 거제를 중심으로 하는 조선공업단지를 필두로 1970년대 중반 이후 세계 조선시장에서 경쟁력을 갖추게 되었고, 1983년 옥포와 죽도에서의 조선소가 완공되면서 1983년 말 우리나라 대형 조선업체 4개인 현대중공업, 대한조선공사(현 한진중공업), 대우해양조선, 삼성중공업 중 대우해양조선과 삼성중공업이 경남 거제에 자리하게 되었다. 특히 공업단지 조성 단계에서 실수요자가 계획하고 설립하도록 했기 때문에, 옥포에는 대우해양조선이, 죽도에는 삼성중공업이 입주해 있고 주변에 협력업체들이 자리하고 있다. 이 두 조선업체가 독점하는 조선 산업은 거제시 경제의 70%를 차지하며 도시 산업을 대표하게 되었다. 두 조선업체는 조선소뿐만 아니라 사원아파트와 기숙사를 건설하는 등 도시 개발까지 담당하면서 거제시는 두 기업체에 의해서 경영되는 '기업도시'의 속성을 갖게 되었다.

4. 맺음말: 탈산업도시 경남의 미래를 생각하며

이 장에서는 경남의 역사를 주도해 왔던 대표적인 경관인 산업단지에 대해서 고찰했다. 60년대 후반과 70년대 초중반에 건설된 대표적인 국가산업단지인 마산의 수출자유지역, 창원의 기계공업기지, 거제의 조선공업단지의 형성 과정을 중심으로 살펴보았다. '압축적 근대화', '한강의 기적', '가파른 경제 성장' 등으로 평가되는 한국의 산업화에서 경제개발5개년계획의 일환으로 추진되었던 산업단지의 역사를 빼놓을 수 없다. 시기에 따른 개발국가의 산업화 정책은 그에 합당한 산업단지의 건설을 중심으로 실행되었기 때문에, 일종의 공간 전략이라고 볼 수 있다(손정원, 2006). 특히, 1970년대 초에 설립된 남동임해지역을 중심으로 하는 국가산업단지는 한국 산업화의 기틀을 마련했다. 따라서 경남 지역은 한국 산업화의 주요 경관이 마련된 지역이다.

이 장에서는 마산의 수출자유지역과 창원의 기계공업기지, 거제의 조선공업단지가 형성되는 과정을 살펴봄으로써 경남의 산업 경관이 어떻게 탄생되었는지를 고찰했다. 예컨대, 저숙련 저임금의 여성 노동자를 기반으로 설립된 마산 수출자유지역의 경우는 마산시와 유리된 '산업화의 섬'으로 남음으로써 초기 산업도시 형성과의 연계성이 부족했다. 반면에, 창원 기계공업기지의 경우는 대기업을 중심으로 하는 숙련 노동자를 기반으로 하는 공업단지를 통해 '도시'를 건설하고자 했던 애초의 계획대로 해방 이후 최초의 계획도시로 성장했다. 거제의 조선공업단지는 국가의 계획으로 조선 산업이 형성되기는 했으나, 산업단지의 건설과 배후 도시의 개발에서 산업단지 입주 업체였던 두 조선업체가 핵심 역할을 했다는 점에서 '기업도시'로 출발하게 되었다.

2022년 현재, 불황에 빠져 있던 거제의 조선업이 활기를 되찾았다고는 하지만, 마산과 창원은 탈산업 시대의 흐름에서 자유로울 수 없게 되었다. 산업도시 형성과정 중에 축적된 다양한 문제점들, 이를테면, 젠더 노동, 도시 불균형, 양극화, 산업네트워크 등의 문제에 직면해 있다. 산업도시라고는 하지만, 지역 인프라는 수도권과 비교해서 매우 열악한 한국 산업화의 종주 지역이었던 경남에서 정주 의지를 찾기 어려운 청년 세대들의 유출도 심각한 상황이다. 성장제일주의의 기치를 걸고 한국 근대화의 산업 경관을 주도했던 경남이 가파른 탈산업사회로의 이행에 어떻게 대처하는가는 경남의 문제인 동시에 한국사회 전반의 문제이기도 하다. 지속 가능한 건강한 지역공동체에 대한 고민에 모두가 지혜를 모아야 할 당위성이 부여되는 이유이기도 하다.

참고문헌

1. 개발계획연구소(1973), 『창원종합기계공업기지 건설기본계획조사보고서』.
2. 김백영(2019), 「1960년대 재일상공인의 모국투자와 공업단지 형성: 구로, 마산, 구미의 사례 비교」, 『공간과 사회』, 68, 283-314쪽.
3. 김일영(2000), 「1960년대 한국 발전국가의 형성과정: 수출지향형 지배연합과 발전국가의 물전 기초의 형성을 중심으로」, 『한국정치학회보』, 33(4), 121-143쪽.
4. 대한민국정부(1971), 『국토종합개발계획』.
5. 박배균, 장세훈, 김동완(2014), 『산업경관의 탄생: 다중스케일 관점에서 본 발전주의 공업단지)』, 알트.
6. 박배균, 최영진(2014), 「마산수출자유지역의 형성을 둘러싼 국가-지방 관계에 대한 연구」, 『대한지리학회지』, 49(2), 113-138쪽.
7. 박봉규(2010), 『다시 산업단지에서 희망을 찾는다』, 박영사.
8. 박형규, 서유석(2009), 「마산시의 도시공간구조 변천과 변화요인 분석」,『도시설계』, 10(3), 5-18쪽.
9. 배석만(2021), 「1970년대 대한조선공사의 옥포조선소 건설과정: 중화학공업화 정책 하의 국가와 기업」, 『경영사연구』, 36(3), 93-116쪽.
10. 변상영(1968), 「지방공업도시의 과제」, 『도시문제』, 2(11), 76-91쪽.
11. 손정원(2006), 「개발국가의 공간적 차원에 관한 연구: 1970년대 한국의 경험을 사례로」, 『공간과 사회』, 25, 41-79쪽.
12. 오원철(1996), 『한국형 경제건설: 엔지니어링 어프로치』, 3권. 기아경제연구소.
13. 오원철(2006),『박정희는 어떻게 경제강국 만들었나』, 동서문화사.
14. 이상철(2008), 「마산수출자유지역의 초기 발전과정」, 『경제발전연구』, 14(2), 71-72쪽.
15. 이정은(2017), 「1960년대 대자본의 일본 외자도입 개시와 조직적 대응」, 『사학연구』(128), 487-536쪽.
16. 장미현(2013), 「1970년대 초반 재계의 외국인 투자 유치활동과 그 '결과' - 기술도입과 저임금 생산기반 형성의 '이중주'」, 『역사문제연구』, 30, 239-272쪽.
17. 정성기(2010), 「박정희 체제하 한국 산업화민주화의 문화적 성격연구: 마산창원지역 산업화와 부마항쟁-이슬람혁명 비교를 중심으로」, 『인문논집』25, 150-151쪽.
18. 정홍열(2015), 「한국 조선산업의 발전역사와 미래과제」, 『해양비즈니스』, 30호, 79-115쪽.
19. 제솝, 밥(2000), 유범상, 김문귀 옮김, 『전략관계적 국가이론: 국가의 제자리찾기』, 한울아카데미.
20. 조경식(1987), 「창업열전13 섬유왕국의 입국: 한일합섬 창업자 김한수 회장」, 『월간 경영계』, 111, 18-21쪽.
21. 최막중, 김영재(2018), 「발전국가의 산업단지와 산업도시 형성 요인과 효과: 마산 수출자유지역과 창원 기계공업기지를 중심으로」, 『국토계획』, 53(5), 5-20.
22. 최영진(2014), 「지리정치경제학적 관점에서 본 창원공단 설립 전사(前史)」, 『대한지리학회지』, 49(2), 178-199쪽.
23. 한국산업단지공단(2014), 『산업단지 50년의 성과와 발전과제: 산업화의 주역에서 창조경제의 거점으로』, 한국산업단지공단 산업입지연구소.

24. 한국조선공업협회(2005),『한국의 조선산업: 성장과 과제』, 2005.
25. 허은(2014), 「마산수출자유지역 기혼여성 노동시장의 형성에 관한 연구」, 『사회와역사』, 102, 317-356쪽.
26. Amsden(1989), *Asia's Next Giant: South Korea and Late Industrialization*, Oxford University Press.
27. Markusen & Park(1993), "The state as industrial locator and district builder: The case of changwon, South Korea." *Economic Geography*, 69, 157-181.

제2부

경남의 사회운동과 로컬 민주주의

Ⅶ. 경남의 농민운동

진주농민항쟁에서 우리영농조합법인까지

장상환(경상국립대학교 경제학과 명예교수/한국농어촌사회연구소 이사장)

1. 머리말

농민운동은 '지배세력에 대한 농민들의 조직적 집단적 목적의식적 저항'이다. 도박금지, 새마을운동, 산아 제한 장려, 저축 장려 등 특정 목적을 위해 '지배세력이 농민을 동원하는' 농촌개발운동과는 다르다. 농민운동은 그 당시 요구가 바로 관철되지는 않더라도 농민의 지위 개선에 상당한 기여를 한다.

농민운동은 농민들이 처한 경제적 사회적 조건과 농민들의 의식, 지배세력의 대응에 따라 그 내용이 결정된다. 봉건사회 해체기에는 농민항쟁이 전개되었고, 일제 강점기에는 지주의 소작인 수탈에 대응하는 소작쟁의가 벌어졌다. 공업화와 경제 개발이 진행되면서 농산물 가격 인상과 농협 민주화운동이 일어났다. 1987년 민주화를 배경으로 수세 폐지 투쟁, 부채상환 탕감 투쟁, 피해보상 투쟁을 펼쳤고, 1990년대 이후에는 농산물 수입 개방 반대 투쟁이 꾸준히 지속되었다.

이 장에서는 농업, 농민을 둘러싼 사회경제적 환경의 변화에 대응하여 전개된 경남 농민운동을 시기별로 나눠서 살펴본다. 2절에서는 산업화 이전 농민운동으로 조선 후기 농민항쟁, 일제 강점기하 소작쟁의, 해방 직후 농민운동의 분출과 침잠을 간략히 정리한다. 3절은 산업화에 저곡가로 희생된 농촌·농민을 배경으로 가톨릭농민회 출범과 쌀생산비 보장 운동, 농협 민주화운동, 강제 농정 반대, 부패행정 피해 보상 투쟁 등 농민운동의 형성 과정을 살펴본다. 4절은 신군부 정권하의 수세현물 납부 운동과 민주화 이후에 폭발적으로 전개된 수세 폐지 투쟁, 농산물 가격보장 투쟁, 부채 탕감 운동 등 1980년대 농민운동의 발전을 서술

한다. 5절은 WTO 협상에 대응한 농산물 수입 개방 반대 투쟁과 외환 위기에 대응한 농산물 가격 보장과 부채 탕감 투쟁 등 1990년대 농민운동의 전개를 살펴본다. 6절은 WTO 각료회의 저지를 위한 홍콩 원정 투쟁 등 2000년대 이후 세계화 시대의 농민운동을 정리한다. 7절은 농민운동의 분화 형태로서 농가의 생산비 절감에 기여하고 농민운동 기반을 확장한 협동조합 운동인 우리영농조합법인 활동과 진주시여성농민회가 주도한 로컬푸드협동조합진주텃밭을 소개한다. 8절 맺음말에서 경남 농민운동의 역사적 성격과 특징을 요약하고 앞으로의 과제를 제시한다.[1]

2. 산업화 이전 시기 농민운동

진주농민항쟁[2]

조선 후기에 농민들은 봉건제의 수탈에 대해 여러 가지 형태로 투쟁을 전개했다. 세금 납부를 거부하는 항조(抗租) 투쟁, 관리나 지주에 대한 나쁜 소문을 퍼뜨리는 와언(訛言) 투쟁, 밤에 횃불을 들고 산에 올라

---

1 산업화 이후 시기 경남농민운동 서술은 장상환, 「농민운동」, 『경상남도사』 제7권, 경상남도사편찬위원회, 2020의 내용을 축약, 보완한 것이다.

2 진주농민항쟁의 자세한 내용은 김준형, 『1862년 진주농민항쟁』, 지식산업사, 2001 참조.

가 부정 수탈에 항의하는 거화(擧火) 투쟁, 집회를 통해 관리의 부정과 비리를 성토하고 군이나 감영에 탄원서를 올리는 진정 운동 등이 전개되었다. 뿔뿔이 흩어지거나 도망가는 것도 일종의 수동적인 투쟁 형태였다. 가장 적극적인 투쟁 형태는 '민란'이라고 불렸던 농민봉기였다.

1862년 농민항쟁은 봉건사회가 해체되는 과정에서 성장한 민중 의식과 삼정(三政)의 문란으로 대표되는 수취체제의 붕괴 및 탐관오리의 횡포가 원인이었고, 진주항쟁은 경상우도 병사 백낙신의 탐학과 학정이 직접적인 계기가 되어 일어났다. 전정(田政)·군정(軍政)·환곡(還穀, 봄에 곡식을 빌린 뒤 가을에 갚게 했던 제도)을 통한 관료들의 부정부패가 세도 정권 아래에서 가장 심하게 나타난 것은 세도 정권의 공공연한 매관매직과 지방 토호들의 횡포 때문이었다. 단성(丹城)에서는 환곡의 폐단이 심하여 작은 현인데 환곡의 합이 10만 석이나 되었다. 이자를 갚지 못하여 다른 읍의 환곡 원총(原總, 원금)을 옮겨오고 이서들의 조직적인 포흠(逋欠, 횡령)으로 늘어난 것이다. 이에 단성의 사족 김령과 그 아들 김인섭이 1861년 12월부터 감사에게 서한을 보내고, 현감에게 편지를 보내거나 등장(等狀, 진정서)을 올렸다. 1월 25일 객사에서 향회를 열고 2월 4일 집단 시위를 벌여 포흠곡을 쌓아 둔 창고를 불사르고 장부를 불태웠다. 향회는 5월 8일까지 계속되었다. 단성의 환곡은 1만 석을 제외하고는 경감되었다.

진주에서는 백낙신이 도결(都結, 지방 하급관리가 관아의 공금이나 군포(軍布)를 사사로이 축내고 그것을 채워 놓으려고 세금을 법정액 이상으로 받아 가는 것)과 환곡을 악용하고 횡령·공갈 등 갖가지 방법으로 농민을 비롯한 백성들을 2중 3중으로 수탈해 부를 축적했다. 이에 불만을 품은 전직 관리 유계춘·이계열·이명윤 등은 2월 6일 장날을 계기로 수곡면 내 농민들과 도결 및 환곡으로 피해를 입은 일부 중소 지주층이 참가한 모임에서 백낙신의 수탈에 반대하는 항의서를 만들어 군현과 감영에 보내기로 하고 요구를 관철하기 위한 대책들을 세웠다. 한편 수곡 농민들과 연계되었던 나무꾼들은 격문을 돌리고 2월 14일 직접 봉기에 돌입했다. 백곡리 등의 농민들은 덕산에 모여 장터를 습격하고 악질 관료와 지주들의 집을 불살랐다. 이들은 이웃 고을의 면·리를 돌면서 30여 개 리의 농민들을 끌어들여 대오를 확장한 다음 2월 18일에는 진주 고을로 들어갔다. 겁을 먹은 관리들이 도망하자 농민들은 남아 있던 악질 관리·지주들을 처단하고 관가로 들어가 병사와 목사로부터 도결과 부당한 환곡의 징수를 취소하겠다는 다짐을 받았다. 이에 농민들은 대오를 해산했다. 정부는 병마사와 목사를 파면시키는 한편 박규수를 안핵사로 파견해 사태를 수습하고 실정을 보고하게 했다. 그 결과 봉기의 원인이 병사의 탐학에 있다는 것을 인정했으나 유계춘·김수만 등 110여 명을 봉기의 주동자로 체포했다. 그중 13명은 사형에, 19명은 유배형에 처해졌다.

진주농민항쟁은 삼정의 문란 등 봉건 수취체제의 문제점을 근본적으로 제기했으며 이후 다른 지방 농민항쟁의 자극제가 되었다. 1862년 농민항쟁은 5월에는 전국에서 치열하게 전개되었다. 제주에서는 이듬해까지도 항쟁이 계속되었다. 농민항쟁은 경상도에서는 단성, 진주, 함양, 거창, 창원, 밀양, 창녕, 상주 등 20개 군현에서, 전라도에서는 장흥, 익산, 함평, 제주 등 37개 군현에서, 충청도에서는 공주, 은진, 회덕 등 12개 군현에서 각각 발생했다. 그리고 함경도의 함흥, 황해도의 황주, 경기도의 광주 등지에서도 일어났다. 1862년 한 해 동안 농민항쟁이 일어난 지역은 기록에서 확인되는 것만도 72개 군현에 달했다. 농민항쟁에 대응하여 조선 정부는 삼정이정청(三政釐整廳)을 설치하여 전정과 군정은 폐단만 개선하고 환곡은 폐지하는 대신 토지에 세금을 추가 부과토록

했다.

동학농민혁명과 경남 농민군 봉기

갑오 동학농민혁명은 조선 후기 중세적인 지배 체제의 모순으로 삼정 문란, 19세기 후반의 빈번했던 농민봉기, 동학의 빠른 확산, 개항 이후 상업의 발달과 교통 통신의 발달 등을 배경으로 일어났다. 1894년 1월 전라도 고부 군수 조병갑의 탐학에 격분한 고부의 동학접주 전봉준이 농민들을 규합하여 농민봉기를 일으켰다. 안핵사 이용태가 봉기를 조사하는 과정에서 농민들에 대한 횡포가 극심해지자 전봉준 등의 농민군 지도부는 3월 20일경 「무장(茂長, 고창 지역의 옛 지명)포고문」을 발표하고 재봉기를 선언했다. 전봉준은 손화중·김개남과 연합하여 고부뿐만 아니라 호남 일대의 각 군현에 통문을 보내 농민들의 참여를 독려했다. 무장봉기는 고부 고을에 한정되었던 농민봉기가 전국적인 농민봉기 단계로 나아가는 새로운 출발점이었다. 무장에서 봉기한 농민군들은 고부·태인·부안을 차례로 점령하고 황토현에서 진리감영군을 대파했다. 농민군 진영은 남진하여 흥덕·고창·무장·영광·나주까지 진출하여 장성에서 중앙군을 대파하고 전주성을 점령하기에 이른다. 4월 말 전주성을 점령하고 전라감사와의 합의를 통해 전주성에서 퇴각한 농민군은 집강소를 설치하여 폐정 개혁을 추진했다. 이 영향으로 농민봉기는 충청도와 경상도 지역으로 확산되었다. 농민군의 진압을 위해 출병한 일본군이 경복궁을 무력으로 장악하고 친일 내각을 출범시켜 갑오개혁이 추진되는 한편, 청일전쟁이 일어남에 따라 농민군 진영은 항일 봉기를 위해 9월 중순 삼례에서 다시 봉기했다. 재봉기는 삼남 지방뿐만 아니라 경기도·황해도·강원도·평안도 지방까지 확대되었다. 11월 초 우금치전투로 공주 점령이 좌절된 농민군 주력은 전주·태인으로 후퇴하여 해산했으나 충청도와 전라도 남해안 일대의 농민군은 1895년 5월까지 항전을 계속했고 황해도 지역에서는 1895년 7월까지 산발적인 저항이 진행되었다.

호남 지역 동학농민혁명을 계기로 경상도에서도 농민군의 봉기가 일어났다. 경상도 서북부 지역인 상주와 예천에서 동학농민군의 활동이 두드러졌다. 서부 경남 지역에도 1894년 이전부터 동학교도들이 존재하고 있었다. 1893년 보은 집회 당시 언급한 상주접 이외에도 서부 경남 지역의 하동접과 진주접의 동학교도들도 참여했다. 서부 경남 여러 지역에서 동학교도들이 비밀리에 활동하고 있었는데 특히 진주 덕산 일대가 서부 경남 동학 교단의 중심지로 알려져 있었다. 덕산 일대의 동학교도를 이끌고 있던 인물은 백락도(道弘)였다. 그는 수천에 달하는 무리에게 동학을 전파하여 덕산면과 삼장, 시천, 청암, 사월 등 인근 지역에 동학촌을 형성하고 있었다. 호남에서 농민전쟁이 일어나자 덕산 일대의 동학교도들이 주목을 받았고 1894년 4월 중순 영장 박희방이 백낙도를 비롯한 덕산의 동학교도들을 잡아들여 처형했다. 7월부터 호남 지역의 지원을 받아 덕산의 동학농민군의 활동이 활발하게 재개되었다. 동학농민군은 8월 19일부터 곤명의 봉계와 진주의 마동 일대에 모이기 시작했으며, 동학농민군에 비판적인 사족들을 체포하기 시작했다. 이어 9월 초 섬진강을 건너온 순천, 광양의 영호도회소나 구례 등지를 거쳐 남원 등에서 온 호남 지역 농민군과 함께 하동, 진주, 사천, 곤양 등지를 동학농민군이 장악하게 되었다. 동학농민군은 폐정 개혁과 왜적의 침입을 막아낸다는 명분하에 대규모로 집결했기 때문에, 진주 병영이나 관아에서도 동학농민군의 기세를 막아낼 수 없었다. 조정에서는 관군과 일본군이 합세하여 서부 경남 지역 동학농민군을 공격하게 했다. 가장 큰 전투는 10월 14일 전개된 하동의 고성산성(高城山城) 전투였다. 동학농민군은 전력을 기울였음에도 불구하고, 일본군의 무기와 전투기술에 눌려 패배했다. 이어 관군이 진격하고 진주 우병영의 활동이 본격화되면서 동학농민군의 활동이 종식되게 되었다(김준형, 2003).

일제 강점기 소작쟁의

토지 조사 사업이 끝나고 3·1운동이 일어난 후 식민지 농업 정책의 피해가 구체적으로 나타나기 시작했고, 또 농민층의 의식이 높아지면서 농민운동도 본격화했다. 농민운동은 소작운동론, 노농제휴론에서 출발했다. 농민조직은 처음에는 면 단위의 소작인 조합과 같은 농민단체에서 시작되었다. 노동공제회는 그 지부에 농민부나 소작인부를 두어 농민 조직을 촉진하고 소작쟁의를 지도했다. 1922년 2월 조직된 진주노동공제회는 소작부와 노동부를 기본 부서로 두고 있었는데, 사천군 서포와 하동군 적량, 북천 등에 각각 지회를 설치하고 진주면을 제외한 18개 면에 출장소를 설치하여 회원 2만 2,000명을 이끄는 단체로서 진주는 물론이고 인근 지역 소작인들의 소작 운동을 지도했다. 진주노동공제회는 간부회의에서 소작인 문제를 집중적으로 토의한 후 1922년 9월 4일 1,000여 명이 참가한 전국 최초의 소작노동자대회를 개최했고, 1924년 1월에는 60여 개 단체가 참가한 경남노농운동자간친회를 개최할 만큼 경남 지역 농민운동과 노동운동에서 중심 역할을 했다.

이러한 노동공제회 진주지회의 활동은 경남의 다른 지역 소작인 조합의 결성과 대지주 투쟁을 촉진했다. 1920년대 전반기 농민 단체들은 소작인회, 소작상조회, 소작조합, 농민회 등의 명칭을 많이 사용했으며, 더러 단체명에 '노동', '노농(勞農)' 등을 사용한 경우도 있었다. 그러나 이들 단체 역시 읍내 거주의 소수 노동자들을 제외하고는 회원의 절대 다수가 소작농들이었다. 이들 농민단체는 소작쟁의뿐만 아니라 각종 순회 강연, 운동회, 노동야학, 신문·잡지 구독 등을 통해 농민들의 자각과 계몽에 앞장섰다.

조선총독부 통계에 의하면 소작쟁의가 1920년 15건에서 25년에는 204건, 1930년에 726건으로 늘어났다. 1920년대 소작쟁의의 원인은 소작권과 소작지 관계 쟁의가 47.3%, 소작료 관계 쟁의가 48.5%를 차지했다. 암태도 소작쟁의(1923~1924), 재령군 북률면 동척농장 소작쟁의(1924) 등이 대표적이다. 경남 지역에서는 1923년 4월 영산소작회가 소작료 5할 이하, 소작권 이동 규제 등을 결의했다.

1926년 말에 조선노농총동맹은 노동총연맹과 농민총연맹으로 분리하고 소작인조합을 자작농 층까지 포함하는 농민조합으로 확대 개편하기로 결정했다. 농민조합은 군 단위에 농민조합을 설치하고 면에는 지부, 동리(洞里)에는 반(班) 등을 설치하여 종래 면 단위 중심으로 진행되었던 소작 운동을 군 단위로 발전시키려고 했다. 경남에서는 1926년~1929년 사이 최소 11개의 농민조합이 결성되어 있었다. 이 시기 농민조합, 농민연맹 등 각종 농민 단체들은 소작권 보장, 악덕 지주와 동척의 비행 고발, 소작 운동의 공동 대응, 조합원 공동 구제(救濟), 불균등한 수리 조합료 불납, 농가 원료의 공동 구입, 농산물의 공동 판매 등을 주요 사업으로 했다. 그러나 농민총동맹은 일본 측의 탄압과 지도부의 분열 때문에 농민운동을 효과적으로 지도하지 못했다. 1930년대에 들어서면서 농민운동은 혁명적 농민조합운동으로 전환했다. 경남에서도 울산언양농민조합, 양산농민조합, 김해농민조합, 거제농민조합, 낙동강농민조합, 삼천포농민조합 등이 1930년~1934년 혁명적 농민조합으로 활동했다. 한편 농민운동에는 변혁적 노선과는 달리 자본주의와 지주제 안에서 점진적인 해결을 지향하는 노선도 있었다. 1920년대 말과 30년대 초에 개량주의 농민운동이 활성화되고 대중운동이 고조되었다. 천도교계의 조선농민사, 기독교계의 농촌 개조, 정신생활 향상운동, 한글계몽운동, 브나르드운동 등이다.

해방 후 농민운동의 분출과 침잠

농민운동은 일제하의 축적된 운동 역량에 기초하여 해방과 더불어 활발하게 전개되었다. 농민들은 일본인 소유 농지를 접수·관리하는 한편, 식민지하에서 억압을 자행했던 경찰, 관리들을 구타 살해하고 주재소 등 관료기구를 습격·파괴했다. 또한 농민들은 농민위원회·농민조합·농민연맹 등 다양한 성격의 조직을 구성했다. 농민들은 '토지 분배', '세금 불납', '농민을 위한 정부 수립' 등을 요구했다. 농민운동은 건국준비위원회와 인민위원회의 주요 세력 기반이었다. 경남에서는 10월 3일 진주농민조합, 10월 19일 마산농민조합이 결성되었고, 11월 18일에는 전농 경상남도연맹이 발족했다(시군지부 15, 면지부 182, 리 단위 1,877곳, 농민조합원 수 45만 9,759명). 이러한 활동을 바탕으로 1945년 12월 8일 전국농민조합총연맹(전농)이 결성되었다(188개 도·군지부, 332만 조합원).

전농은 '일제와 민족 반역자 및 대지주의 토지 몰수와 빈농에게 토지 분배, 양심적 조선인 대지주에 대한 3.7제 소작료' 등의 실천 과제를 제기했다. 3.7제 소작료 투쟁은 빈농을 중심으로 소작료 문제를 비롯한 전농민의 일상의 이해관계에 기반한 경제 투쟁을 전개하여 농민의 조직 역량을 강화하고 이를 정치 투쟁 역량으로 발전시키기 위해서였다. 이러한 농민의 토지 투쟁에 대해 미군정은 일본인 토지에 대한 농민들의 접수를 불법으로 금지했다. 그리고 12월 6일에는 일본인 소유 토지를 미군정에 귀속시켜서 동척의 후신인 신한공사에게 관리하도록 했다. 그리고 1945년 10월 5일에 발표한 '소작료 3.1제 실시'로 농민들의 소작료 폐지, 토지혁명운동을 완화하려 했다. 전농은 북한의 토지 개혁 실시(1946. 3.)를 계기로 3월 중순 민전을 통해 소작제의 철폐를 요구하는 토지 개혁안을 제기했다. 그리고 5월 4일 전농 확대집행위원회에서 행동 강령을 '무상몰수와 무상분배에 의한 소작제 폐지'로 채택하고 이를 실현할 수 있는 통일임시정부 수립에 농민의 총역량을 집결할 것을 주장했다.

한편 농민들은 공출제 반대 투쟁도 전개했다. 미군정은 점령 초기에는 일제하의 배급제를 폐지하고 미곡자유판매주의로 전환했으나 귀환 동포의 증대에 따른 수요 증대, 투기꾼의 매점매석 등으로 쌀값이 폭등하는 등 식량 문제가 야기되자 1946년 1월에 '미곡수집령'을 발표하고 미곡 공출제를 다시 시행했다. 미곡 수집 실적은 이미 1946년 후반부터 생산량의 30%, 목표량의 80% 내지 90%를 달성할 정도였다. 미곡 수집 가격은 생산비에 미치지 못하는 저가격이었다. 해방 후 극심한 인플레 속에서 영세농민들은 자가 식량조차도 궁핍판매하지 않을 수 없게 되었다. 하곡 수집은 일제하에서도 없었던 일이었고, 수집 기간에 정미소와 일반 가정의 도정까지 금지한 것이 농민들의 불만을 불러일으켰다. 농민들은 미곡 수집에 저항했고, 미군정은 식량사찰본부까지 설치하여 수색, 압수, 투옥, 처벌을 강행했다.

농민운동은 1950년대와 60년대는 부재기로 들어간다. 1950년대 농촌은 미국 잉여 농산물의 과다 도입에 의한 곡가 하락, 임시토지수득세 등에 의한 조세 수탈과 잡부금 갹출 등으로 대단히 빈곤했고 춘궁농가가 절반에 달할 정도였다. 농민운동이 활발하게 전개되어야 할 상황인데도 그렇지 않았던 것은 농지개혁으로 지주소작 관계 등 농촌 내의 대립관계가 해소되었고, 공업화가 본격적으로 진전되지 않아 도시와 농촌 간의 격차가 아직 두드러지지 않았기 때문이다. 여기에 한국전쟁으로 농민운동을 주도할 세력들이 대부분 사라졌기 때문에 농민운동은 권익투쟁으로서 발전하지 못했다. 대신 농사 기술 보급과 생활 개선, 지역개발 운동 등 농촌 운동이 전개되었다.

3. 공업화 희생과 1970년대 농민운동의 형성

1970년대 들어 농민운동이 형성되기 시작했다. 60년대 이후의 공업화를 통하여 도시와 농촌 간의 격차가 벌어졌고, 농산물 상품화가 진전되면서 농산물 가격 문제가 등장하고 정부의 농업 정책이 중요하게 되었다. 또 대학생들의 농촌 활동과 가톨릭교와 개신교 등 종교계의 영향으로 농민운동을 전개할 활동가들이 생겨나면서 농민운동이 나타나기 시작했다.

1964년 10월 한국가톨릭노동청년회(JOC) 안에 농촌청년부(JAC)가 설치되어 광주·전주·수원교구 관할 내의 몇 개 본당에 JAC가 조직되었고, 1966년 10월 '한국가톨릭농촌청년회'가 창립되었다. 활동 내용은 교육 중심으로 새 농사 기술, 지역 사회 개발, 공동체의 형성과 실천, 양돈양계 기술 등이었다. 1971년에는 JAC 조직과 운영을 재편성하여 활동 목표를 '농민권익 옹호, 사회정의의 실현'으로 재정립하고, 1972년에 '한국가톨릭농민회(이하 가농)'로 명칭을 바꿈으로써 본격적인 농민운동 조직체의 모양을 갖추게 된다.

1965년에는 농업문제연구회의 활동을 계승하여 '한국농업근대화연구회'(농근연)가 창립된다. 농근연의 '금요강좌'는 현실 정책에 대한 비판과 토론을 통해 농업 문제에 관심을 가지는 젊은이들에게 농민운동의 열의를 촉발시키는 계기를 제공했다. 농근연 활동을 통하여 성장한 지식인들은 1970년대에 학생농촌운동 단체의 성장과 가톨릭농민회의 발전, 크리스찬아카데미 농민 교육의 개시와 발전, 기독교농민회의 창립과 발전에 중요한 역할을 하게 된다.

1970년대 농민운동 가운데 중요한 것은 농협 민주화 투쟁, 강제 농정 반대 투쟁, 부실 경지 보상 투쟁, 함평고구마피해보상투쟁 등을 들 수 있다.

1970년대 농민운동은 해방 후 오랫동안의 단절 후 새롭게 시작되는 초창기 운동으로서 한계를 가지고 있었다. 첫째, 농민운동의 이념은 자유민주주의 의식에 머물렀다. 당시 농민운동 활동가들은 농민 문제를 자본주의 사회의 중요한 문제로서, 민족 문제의 일환으로서 인식하지 못하고 자유·평등·인간화라는 소박한 휴머니즘에 기초하여 농민 문제

<그림 7-1> 1987년 4월 함평 고구마 투쟁으로 광주시 북동 천주교회에서 농성 중인 농민들 ©한국가톨릭농민회 제공

<그림 7-2> 1976년 크리스천 아카데미 사회교육원 '내일을 위한 집'에서 열린 '농촌지도자 지도력 개발 과정' 교육을 마치고

를 인식했다. 또한 농민운동은 운동 역량에 대한 탄압을 우려하여 당대의 과제였던 유신 반대 운동도 전개하지 못했다. 농민운동의 대상과 요구조건 면에서도 관료들의 부정부패에 따른 보상을 요구하는 수준에 머물렀다. '함평 고구마 사건'도 농협이 고구마 전량 수매 약속을 어기고 수매 자금을 상인들의 당밀 구매 자금으로 불법 전용했기 때문에 발생한 문제였다. 둘째, 조직의 측면에서는 농민 자신의 힘을 배경으로 한 자주적 농민회를 조직하지 못하고 가톨릭농민회, 기독교농민회 등 종교적 농민 조직에 의존했다. 종교의 보호를 받으며 운동을 펼 수 밖에 없을 만큼 주체 역량이 부족했던 것이다. 셋째, 운동 방식도 준법 운동 내지 기도회, 농성 등 온건하고 소극적인 방법에 머물렀다.

1974년부터 1979년까지 크리스천 아카데미 농민 교육이 농민운동가를 양성하는 데 기여했다. 독일 노동조합의 민주적인 교육 방법을 도입하여 참가자들이 분반 토론, 5분 발언 등으로 능동적으로 발언하고 진행에까지 참여하도록 했다. 1차(4박 5일, 23기에 걸쳐 792명 참여)와 2차(후속 교육, 2박 3일, 201명 참여), 그리고 장기 전문과정(20박 21일, 3기에 걸쳐 65명 참여) 등이다. 교육 이수자들은 가농, 기농, 전농 등 농민운동단체에서 핵심적 역할을 했다(장상환, 2001).[3]

경남에서는 1976년 4월 가농 경남협의회가 결성되었고, 1977년 12월 가농 경남연합회로 개편되었다(13개 군 79명 회원, 9개 분회). 1970년대에 경남 가농은 농지임대차 실태 조사 활동, 쌀 생산비 조사 및 보장 운동, 농협 민주화운동 등을 전개했다. 농지임대차 관계 실태 조사는 2월부터

3 크리스천 아카데미는 경남은 물론 전국의 농민운동과 노동·시민운동 지도자들을 배출하는 산실이었다. 신기리농민회 회원도 크리스천 아카데미 농민 교육을 받았고, 1979년 거창에서 '농우회'를 조직, 이후 아림농민회와 거창농민회로 발전시켜 나간 표만수·이상모 씨 등도 크리스천 아카데미 출신(78년 20기)이었다(김주완, 「80년대 중반 '농민·문화운동 결합' 꿈틀」, 『경남도민일보』, 2007. 6. 13.).

8월에 걸쳐 9개 시도, 62개 군, 70개 마을 총 4,554 농가를 대상으로 실시했다. 1974년 가농 전국본부는 경남, 경기, 전남, 전북, 충남 등 5개 지역에 주재 간사를 두어 지방 업무를 관장했는데 조사 책임자 이우재와 임수태 간사가 경남 지역을 다니며 실태 조사를 했다. 1975년부터 시작된 가농의 쌀생산비 조사 및 서명 운동은 쌀값을 보장받기 위한 것으로 1977년의 경우 8개도 146농가를 대상으로 조사했다. 가농은 농협 민주화를 위해 1977년 3~5월 8개도 46개 군의 조합원 785명을 대상으로 농협 및 조합원 실태 조사를 실시했다.[4]

가농경남협의회는 회원들을 대상으로 농협 민주화 관련 교육, 설문 조사, 세미나 개최, 『농협이란 무엇인가』라는 책자 배포 등의 활동을 했다.[5]

한편 당시 의창군(1995년 창원시와 마산시로 분할 편입) 진동면에서는 1977년 '신기리원예작목회'가 결성되었다. 조직 결성을 주도한 임수태 씨는 진동면 출신으로 진동초등학교와 삼진중, 마산고를 거쳐 서울대 농대를 다니던 중 서울대 각 대학 농촌문제연구회 연합단체인 '향토개척단' 활동을 통해 농민 문제에 대한 정치경제학적 인식을 하게 되었고, 대학 졸업 후 다시 농사를 짓기 위해 귀향했다. '신기리 원예작목회'는 을류농지세 감면 투쟁[6]을 시작으로 농협 민주화운동 등을 조직해 나가면서 1979년 20여 명의 회원을 추가 확보해 '신기농민회'로 조직을 확대했다.[7] 경남 지역 자주적 농민회의 효시였다.

---

4 『농협실태조사 연구보고서』, 한국가톨릭농민회, 1977년, 5-6.

5 가톨릭농민회 마산교구연합회, 『가톨릭농민회 경남연합회 30년사 1977-2007』, 가톨릭농민회 마산교구연합회, 2009, 22-34.

6 1978년 신기농민회가 벌인 을류농지세 반대 투쟁은 선구적인 농민운동으로 손꼽을 만하다. 이 투쟁은 80년~81년 가톨릭농민회 경남연합회의 을류농지세 투쟁으로 이어지게 된다. 김주완, 앞의 기사.

7 신기농민회는 1985년 의창군 전 지역에 회원을 둔 '의창군농민협회'로 확대되었다.

4. 민주화와 1980년대 농민운동 발전

쌀수매가 동결과 소값 폭락에 따른 농민투쟁

농민운동은 1980년부터 84년에는 군부권위주의 정권의 탄압에 대응하면서 농민운동을 이념적, 조직적으로 발전시키고 대중성 확보를 위한 활동을 전개했다. 가톨릭농민회는 마을 단위 분회 조직과 군 단위 협의회의 결성에 주력하여 1983년경에는 전국 30여 개 군에 협의회를 조직한다. 경남에서는 고성, 울주, 함안, 진양, 사천, 거창, 의창, 밀양에 협의회가 조직되었다. 70년대 후반부터 전남을 중심으로 조직되어 활동해오던 기독교 농민운동이 1982년 3월 '기독교농민회총연합회'(이하 기농)를 결성했다.

초기에는 경제협동 사업 등을 통하여 농민운동 조직이 농민과 가까워지도록 하기 위한 노력을 기울였고, 1982년의 '부당농지세제 시정 농민대회'(충북 음성, 1,500명 참여)와 1983년 8월의 '농협조합장 직선제 실시를 위한 100만인 서명 운동'을 통해 운동력을 회복하게 되었다. 1983년부터 1984년간에는 개방농정의 심화로 농가경제가 파탄에 빠졌다. 1984년 6월에는 바나나 수입으로 국내 과일값이 폭락했고, 수입 소 도입 파동으로 소값이 한 마리당 50만 원 이상이나 폭락했다. 1983년 말부터 1984년 1월에 걸쳐서는 전남 무안·구례, 경남 진양에서 추곡 수매량 확대 요구 운동이 '수세 현물 납부'라는 형태로 전개되었다.

경남 진양군(1995년 진주시와 통합) 금산면 관방마을의 수세 현물납부 운동(1983.12.~1984.1.)은 수입쌀 재고로 인한 정부미의 막대한 방출, 수매 가격 동결과 수매량의 제한 등으로 83년산 쌀의 시중 가격이 수매 가격보다 훨씬 낮은 가격 수준으로 하락한 상황에서 일어났다. 관방마을에서는 1980년에 회원 70여 명의 관방원예작목회가 결성되어 생산자 조직으로서의 역할을 하고 있었고, 이를 기반으로 1981년에는 회원 수가 34명인 가농 관방분회가 조직되어 1981년과 1982년에는 을류농지세 인하 운동을 전개했다. 수매량 확대 건의가 무산되자 주민들은 수세라도 현물로 받아 줄 것을 요구하고, 불응 시에는 현물로 자진 납부할 것을 결의했다. 1983년 12월 19일 주민들은 경운기 17대에 261가마의 벼를 싣고 "수세 현물 자진 납부 차량"이라는 현수막을 걸고 30리 떨어진 진주 시내 농지개량조합까지 가서 수세를 자진 납부했다. 결국 농민이 원하는 전량을 추가 수매하게 되었다. 피망고추 피해 보상 운동(1985. 2.~1985. 3.)에서는 금산면 내 120여 농가가 '피망고추피해대책위원회'를 구성하여 3월 22일, 29일 두 차례의 상경 농성 등을 통해 회사와 당국의 무성의한 대응을 이기고 불량 종자로 인한 피해 보상을 받아냈다(관방원예작목회, 1985).

1985년부터 87년에 농민운동은 자수석 내중조직을 결성하는 움직임이 싹트고 대중적 경제 운동을 전개하게 된다. 경남에서는 70년대 말 이후 소규모의 농민운동 조직이 선구적으로 결성되어 활동해 왔던 의창군과 거창군에서 먼저 군 단위 자주적 농민운동 조직이 생겨나고 이어서 함양군, 남해군, 하동군, 사천군 등에서 자주적 농민운동 조직이 결성된다. 종래 소수의 회원으로 구성된 가농 군협의회가 7, 8개밖에 존재하지 않았던 상황에서 자주적 농민운동 조직이 다수 조직됨으로써 지역 농민운동의 조직 역량이 강화되었다. 새로운 농민조직들은 초기에는 신문, 전단, 성명서 기타의 홍보물 배포와 강연회 등 지역 농민 대중에 대한 교육 선전 활동을 통해 조직 기반의 확대에 노력했다. 의창군농민협회는 1986년 『농민의 벗』을 창간, 1989년 전국농민회총연맹이 결성될 때까지 약 3년간 매월 3000~5000부를 군내에 배포했다.[8]

『농민의 벗』은 '요구하는 농민, 단결하는 농민, 거부하는 농민'을 내걸고 농가 부채 상환 거부, 부당 수세 납부 거부, KBS수신료 납부 거부 운동을 벌였다.

또 이 시기에는 낙농육우농가를 중심으로 한 생산자 단체가 주도하는 '외국농축산물수입저지운동'이 대중적으로 확산되었다. 1986년 7월 경남낙우회 회원 285명이 연서로 농수산부장관에게 미국 쇠고기 수입을 반대하는 공개 서한을 보냈고, 1987년 8월 마산 낙농가 400여 명이 우유 생산 조절 계획 반대와 쇠고기 수입 반대 등을 주장하며 집회와 시위를 벌였으며, 1987년 9월에는 밀양군 낙농가들이 경남도청에서 농성했고, 1988년 2월에는 경남과 부산 지역 축산낙농가 2,000여 명이 경남도청 앞에서 외국 농축산물 수입을 반대하며 격렬한 시위를 벌였다.

1985년 7월 이후 전국 20여 개 군에서 수만 명이 참가하여 '소몰이 시위' 등의 방법으로 '소값 하락 피해 보상 및 외국 농축산물 수입 반대 투쟁'을 전개했다. 경남에서는 1985년 7월 1일 가농 고성협의회와 마암면 두호리의 소값 피해 농가 80여 명이 고성 장날을 택해 소 40여 두와 경운기, 트랙터를 몰고 '소값 폭락 피해 보상, 농가 부채 탕감, 외국 농축산물 도입 중단' 등을 요구하면서 우시장과 읍내에서 집회와 시위를 감행했다. 고성 '소몰이 시위'는 이후 '소몰이 시위'에서 운동 방식의 전형을 제공한 것으로 평가받는다.

---

8 「70년대 마산 진동 농민운동 - 임수태 씨 등 '신기리 원예농민회' 결성」, 『경남도민일보』, 2001. 6. 26.

1985년 7월 18일 진양군 금산면 관방마을을 중심으로 농민 100여 명이 소값 폭락 피해 보상과 농가 부채 탕감을 요구하며 시위를 벌였다. 이 과정에서 농민들과 경찰이 금산 다리에서 충돌, 격렬한 싸움이 벌어졌다. 경찰과 농민이 서로 끌어안은 채 강에 떨어져 뒹굴면서 뼈가 부러지는 사람까지 있었으며, 10여 명이 경찰서까지 연행돼 심한 구타를 당하기도 했다. 11월 12일 가농 경남연합회가 추수감사제 및 외국 농축산물 수입 정책 규탄 농민대회를 개최했다.

1986년에 농민운동은 활동가들의 선도로 정치 투쟁의 성격을 강화해 갔다. 경남 지역에서는 1986년 2월 가농함안협의회 탄압대책위원회가 전단을 배포하고 '소값 피해 보상, 농축산물 수입 반대, 부채 탕감' 등을 요구했다. 7월 5일 의창군 농민협회가 창립되었고 9월 5일 『농민의 벗』 창간호가 배포되었다.[9]

7월 24일 경남 낙우회 회원 285명 연서로 '정부의 외국산 쇠고기 수입에 대한 우리의 주장'이란 공개서한을 농수산부장관에게 보냈다. 8월 29일 가농 '미국 농축산물 수입 저지 운동 전국본부 및 지부' 결성 및 현판식이 열렸다. 9월 1일 가농 진양군, 고성군, 함안군, 울주군, 거창군 지역 농민 250여 명이 각 지역에서 경찰의 저지를 뚫고 '미국 농축산물 수입 저지 운동 실천대회'를 열었다. 12월 29일 '농가 부채 해결 전국농민대책위원회' 전국 각 지역 조직이 '지역별 부채대책위'를 결성하고 농성을 벌였다. 자주적 대중 조직을 건설하는 노력이 여러 곳으로 확산되었고, 1987년 2월 26일에는 전국의 15개 지역의 자주적 농민 조직들이 모여 '전국농민협회'를 결성했다.

---

9 1987년 9월에는 가농 의창군협의회가 의창군농민협회로 흡수·통합되었다.

민주화와 대중적 농민운동의 전개

농민운동이 진정한 대중 투쟁으로 전개되기 시작한 것은 1987년 6월 민주화 이후의 일이다. 대통령선거라는 정치적 공간 속에서 87년 겨울 전남 해남·나주에서는 '수세 폐지·농조 해체 투쟁'이 집회에 수천 명 내지 만여 명이 참여할 정도로 대중적으로 전개되었다. 그리고 당장 수세를 3분의 1로 인하시키는 성과를 거두었으며, 투쟁에 참여했던 농민들은 그 후 1개 면에 수백 명씩 농민 대중 조직에 가입했다.

1988년에 들어와 농민운동은 완전한 대중운동으로 발전하여 대중조직, 대중 투쟁 노선이 전국적으로 확산되고 정착되었다(장상환, 1989). 첫째, 토지소유권 확보 투쟁, 수세 폐지 투쟁, 의료보험 개혁 투쟁, 수입개방 저지 및 농산물 제값 받기 투쟁을 중심으로 농민운동이 대중적으로 전개되었다. 이러한 투쟁에는 농민운동 조직 회원만이 아니라 일반농민들까지도 광범하게 참여하여 군 단위 집회에는 평균 1,000여 명이 참여했다. 1988년에만 300여 회의 투쟁에 연 인원 20만여 명 이상이 참여했으며, 운동 방식도 대부분 집회의 수준을 넘어서서 시위·농성 등의 형태를 띠었다. 농산물 제값 받기 투쟁은 경북 북부의 일부 군에서는 군청을 점거하고 그 자리에서 '고추 제값 받기 대책위원회'를 조직하는 등 농민조직이 농민의 신뢰와 지지를 받았다. 1989년 2월 13일 여의도 농민시위에는 2만여 명이나 모였다. 운동 방식도 수세 납부 거부, 소작료 납부 거부 등 거부 투쟁 방식이 정착되었고, 쌀생산비와 고추생산비를 조사하여 요구의 내용을 명확히 하는 등 과학성이 높아졌다. 이것은 정부나 지주에 대해 강력한 무기가 됨과 함께 농민대중이 더욱 쉽게 운동에 참여할 수 있도록 해 주었다.

경남 지역 수세 폐지 투쟁은 1988년 11월 의창군농민협회의 임시총회 후 12월 6일 의창군 대산면 창원 농조 분소 앞에서 200여 명의 농민이 참가하여 수세 폐지 결의대회를 개최함으로써 시작되었다. 의창군 삼진 지역, 사천군 곤명면, 김해시 등에서 운동이 전개되었고, 1989년 초에는 창녕군, 사천군 용현면 사남면, 김해시, 거창군, 하동군 등에서 운동이 계속되었다. 1989년 1월 18일에는 경남 7개 군 농민 1,500여 명이 마산역 광장에서 '수세 폐지 농조 해체, 농가 부채 탕감 농민대회'를 개최하고 가두시위를 감행했다. 1988년 말에서 1989년 3월까지 열린 경남 지역 수세 폐지 투쟁은 14회 이상에 연인원 6,000여 명이 참가한 대중적 열기 속에서 전개되었다. 대중적 투쟁에 힘입어 1989년 2월 13일 여의도 농민대회에 경남 지역 농민 900여 명이 참가했다.

수세 폐지 투쟁을 통하여 새로운 농민운동 조직이 결성되기도 하고 기존 농민운동 조직이 확대, 강화되기도 했다(예 김해농민협회, 사천군농민회). 또 수세 폐지 투쟁은 1986년 이후 결성된 자주적 농민운동 조직에 의해 주도되었고, 경남 지역 여러 개 군 농민들이 연대하여 대규모의 도 단위 투쟁을 조직한 경험도 지역 농민운동 연대와 통일에 밑거름이 되었다(이영기, 1989, 111-112).

둘째, 이러한 대중 투쟁에 참여했던 농민들은 자주적 대중 조직인 농민회로 조직화되어 갔다. 1989년 말 현재 자주적 농민대중 조직의 수는 70여 개 군에 달하며 농민회가 존재하는 100여 개 군의 절반을 훨씬 능가했다. 자주적 농민회는 회원 수가 보통 수백 명 이상이고 천 명에 육박하는 조직도 상당수에 달했다. 1988년 현재 전국 139개 군(2개구 포함) 가운데 101개 군에 137개 농민운동 조직이 결성되어 있었고, 군 단위 조직화율은 전남북, 경북, 충남북 등이 높은 편이었다(장상환, 1989). 경남에서는 전체 19개 군 가운데 12개 군에 13개의 군 단위 농민운동 조직이 결성되어 있어서 조직화 수준이 낮은 편이었다. 의창, 함양, 하동, 사천 김해 등에는 전국농민협회에 가입한 자주적 농민운동 조직이 결성되어 있었고, 진양, 고성, 사천, 함안, 울주 등에는 전국농민운동연합에 가입한 가농 군협의회가 존재하나 1989년 현재는 대부분 자주적인 농민 대중 조직으로 전환하기 위해 군농민회 준비위원회를 구성하거나 구성을 준비하고 있었다. 또 거창, 창녕, 남해 등의 군 단위 자주적 농민운동 조직은 아직 전국 조직 가입을 보류하고 독자적인 조직으로 남아 있었다. 경남에서는 자주적 농민운동 조직이 가농 조직보다 우위에 있었다. 전국농민협회 가입 군 단위 농민조직 14개 군 가운데 경남은 5개 군을 차지하고 있었다.

가농, 기농, 농민협회로 분립된 농민운동의 조직통일을 위한 노력도 진전되어 1990년 4월 24일 전국 80여 개 군농민회가 가입한 '전국농민회총연맹'(이하 전농)이 결성되었다. 경남에서는 4월 17일 경남도연맹(11개 군 농민회 참가)이 창립되었다. 농민운동 단체와 작목별 생산자 단체의 결합도 이루어져 1989년 10월에 결성된 '전국농민단체협의회'가 주최한 11월 17일 여의도 농민집회에는 2만여 명의 농민이 모였다.

5. 수입 개방과 1990년대 농민운동 전개

수입 개방과 WTO 체제하 농민운동

전농은 창립 직후부터 우루과이라운드 반대 투쟁과 쌀수매가 인상 및 전량 수매 투쟁을 전개했다. 1990년에 농민운동은 '농어촌발전종합대책'의 문제점을 부각하고 농정기조의 변화를 촉구하는 투쟁을 벌였다. 1989년에 발표된 농어촌발전 종합 대책은 수입 개방을 전제로 수입 개방에 대응하여 소수 전업농을 육성하려는 농업구조 조정 정책으로서 한국 농업을 축소 조정하자는 것이었다. 전농은 1990년 9월 7일 전국적으로 '농어촌발전 종합 대책' 반대 집회와 시위를 전개했다. 경남에서는 경상대학교에서 전농 경남도연맹 주최로 진양군 200여 명을 비롯해 경남 도내 거창·창원·하동·남해 14개 시군에서 참석한 농민 1,100여 명과 학생 1,000여 명, 사회단체 인사 100여 명이 참가했다. 9월 22일에는 '우루과이 협상 저지와, 농어촌발전 종합 대책 분쇄 및 농산물 제값 받기를 위한 2차 전국농민대회'를 군 단위 농민회 주최로 열었다. 경남에서는 거창군에서 600여 명의 농민이 참가하여 투쟁하는 등 김해, 사천 등 9개 군에서 1,300여 명이 참가했다. 11월과 12월에는 전국 각 군에서 쌀값 보장과 전량 수매를 요구하는 투쟁을 전개했다. 경남 진양군농민회는 12월 20일 통일쌀 전량 수매 재취 및 농협부채 현물상환 투쟁에서 수매장에 오물을 투척하는 등으로 정현찬 회장과 정명환 간사가 구속되었다.

1990년부터 1991년까지 농민운동은 민주화운동 세력의 전국적 단결과 농민의 정치 세력화를 위해 일련의 활동을 벌였다. 1990년 5월 9일 '민자당 해체와 공안 통치 종식을 위한 국민대회'에는 87개 도시 30만 명이 참가했고, 전농도 63개 군에서 3,000여 명이 참여했다. 경남 진주에서도 시민, 학생, 농민 등 시위대 5,000여 명이 시내에서 집회, 시위를 했다. '5·18 광주항쟁 계승 및 노태우 정권 퇴진 서부 경남 국민대회' 참가자는 5,000명에 달했다. 한편 한농연은 1991년 11월 서울 장충단 공원에서 쌀 개방 반대 시위를 했다.

1992년에 집권한 김영삼 정부하에서 농민운동은 우루과이라운드 협상 거부 및 우루과이라운드 이행 특별법 조기 실시 등 우루과이라운드 협상 반대 투쟁을 벌임과 동시에 쌀수매가 인상 투쟁을 지속적으로 전개했다. 1992년 9월 1일 경상대학교에서 300명이 참가한 가운데 '쌀값 보장, 전량 수매, 농업대개혁 쟁취를 위한 경남농민대회'가 열렸다. 11월~12월에는 수매 요구 쌀 적재투쟁을 벌였다. 1993년 12월 7일 서울역에서 열린 '쌀과 기초 농산물 수입 저지를 위한 전국농민대회'에는 3만여 명의 농민과 시민이 참가했고, 경남에서는 12월 18일 '쌀 및 기초 농산물 수입저지를 위한 경남농민대회'에 한농연과 전농 회원 등 2,000여 명이 참가했고 남해, 고성, 거창, 산청, 밀양 등에서도 농민대회를 가졌다.

1993~1994년에 전농은 WTO가입 국회 비준을 거부하고 WTO이행특별법을 제정할 것을 요구하며 투쟁했다. 비준동의안은 국회를 통과했지만 WTO이행특별법도 부분 수정되어 통과되었다. 1993년 12월에는 15개 기초농산물 수입불가를 내세우며 싸웠고, 1994년 4월에는 이행계획서의 수정을 요구하며, 협정 이후에는 UR협정문에 위배된 개방 조건의 수정을 주 내용으로 한 재협상과 남북민족 내부 간 거래, UR이 허용

하는 농업보호 조치 등 농업대개혁을 요구하며 UR국회 비준 반대운동과 UR이행 특별법제정운동을 벌였다. 1994년 2월 1일 농민들은 'UR 재협상 쟁취, 국회비준 거부와 농정개혁을 위한 전국농민대회'를 개최했다. 이 대회는 전농만이 아니라 한국낙농육우협회, 대한양돈협회, 대한양계협회, 축산농가를 포함하여 카톨릭농민회, 기독교농민회, 농어민후계자연합회 등도 참여한 범농민적 투쟁으로서 대규모의 농민 상경 투쟁이었다. 대학로의 대회에는 농민 2만2천명과 시민학생 1만3천명 등 총 3만5000여 명이 참석했다. 농민대회 참석 도중 전농 경남도연맹의 김순복, 손구룡 간사가 교통사고로 사망하는 비극적인 사고가 발생했다. 11월 29일에는 '쌀 생산비 보장과 WTO 비준 반대 전국농민대회'가 보라매공원에서 10개 농민단체 주최로 3만여 명이 모인 가운데 열렸다. 경남에서는 12월부터 1995년 1월에 걸쳐 고성, 마산 창원, 진양, 산청, 거창 등에서 쌀생산비 보장과 후속 협상 생취 농민대회가 개최되었고 벼 적재 투쟁을 벌였다.

1995년 1월 1일부터 우루과이라운드 협상을 통해 GATT체제가 종료되고 WTO(세계무역기구)가 출범했으며 이에 따라 농촌과 농업의 위기가 심각해졌다. 전농 경남도연맹은 12월 2일 의료보험 통합과 직접지불제 도입을 요구하는 경남농민대회를 개최했다. 1996년에는 국제적 식량난 사태를 배경으로 쌀 자급과 수입쌀 저지 투쟁, 직접지불 제도 쟁취, 농산물 제값 받기 투쟁을 전개했다. 2월 1일 농민 6천여 명, 시민·학생 2천여 명 등 8천여 명이 모여 '의료보험통합, 쌀 자급과 직접지불 제도 쟁취 및 농산물 제값 받기 전국농민대회'를 보라매공원에서 가졌다. 경남도연맹에서는 160여 명이 참가했다. 8월 14일부터 9월 20일까지 식용쌀 수입 저지 투쟁이 전개되었다. 9월 1일부터 10일까지 의보 통합, 쌀

<그림 7-3> 서울 대학로 마로니에 공원에서 열린 전국농민대회에 참여한 농민들

자급을 위한 전국 도보 행진이 전개되었다. 경남에서는 제주를 출발한 동군이 창원→고성→사천→진주→산청→거창을 거쳐 경북 김천으로 행진했다. 연인원 1600여 명이 참가한 도보 행진 운동 끝인 9월 10일 '의료보험 통합, 쌀 자급을 위한 전국농민대회'가 여의도에서 7000여 명이 모인 가운데 진행되었는데 경남도연맹에서는 170여 명이 참가했다. 12월 13일 '쌀 수매가 인상과 통합의료보험을 위한 제2차 전국농민대회'에 경찰은 지역에서 상경하는 농민들을 톨게이트 등에서 방해했으나 8천여 명이 대회에 참가했고, 경남도연맹에서는 210명이 참가했다. 1997년 대통령선거 국면에 11월 18일 여의도에서 전국 각지 3만여 명의 농민이 모여 '농축산물 가격 보장과 농가 부채 해결을 위한 전국농민대회'를 열었다. 경남도연맹에서 1000여 명이 참석했다. 이날 국민회의

김대중 후보, 국민신당 이인제 후보, 국민승리21 권영길 후보 등의 대선 농정 공약을 듣고 각 정당 대통령 후보들에게 농가 부채 등 농업 문제에 대한 해결 약속을 받았다.

공황기 농민운동

1997년 말 외환 위기로 성립된 IMF 관리체제하에서 농업, 농가경제는 농자재 가격 상승, 농산물 가격 폭락, 농가 부채 상환 불능 등으로 공황 상태에 처하게 되었다. 농가소득은 1997년 가구당 연평균 2,349만 원에서 1998년 2,049만 원으로 12.7%나 감소했다. 환율 상승에 따른 비료·농약 등 영농자재 가격 상승으로 농업 경영비는 증가한 반면, 소비 감소로 농업 조수입이 줄어들어 농업소득이 12.2%나 감소했다. 경기 침체와 실업 증가로 농외소득은 19.6% 감소했다. 1999년 말 현재 전체 농가 부채는 35조 7천억 원으로 1996년 17조 3천억 원에서 두 배로 늘어났다.

농업 위기 해결을 외면한 김대중 정부 농정에 분노한 경남 농민들은 전농 경남도연맹, 한농연 경남지부 등이 '농축산물 가격 보장과 농가 부채 해결을 위한 경남대책위원회'를 결성했다. 진주시에서는 면 단위로 농축산물 가격 보장과 농가 부채 해결을 위한 대책위원회를 결성해 나갔다. 7월 16일에는 '식량 자급, 농축산물 가격 보장, 농가 부채 해결을 위한 진주시대책위원회'를 결성했고, 7월 21일에는 진주시 농민대회를 개최했다. 1998년 7월 28일 경남도청 앞에서 1만여 명이 참가한 가운데 '농가 부채 해결, 농축수산물 가격보장을 위한 '98경남농어민대회'를 열었다. 전국적인 농가 부채 투쟁의 출발이었다. 9월 15일의 전국농민대회에는 약 3만여 명이 참가했는데 국민회의 김근태 부총재가 정부의 무성의한 부채 대책에 분노한 농민들의 계란과 돌맹이 투척 세례를 받고 연설 중 단상에서 내려와야 하는 상황까지 벌어졌다. 한농연은 11월 17일에 1만여 명이 보라매공원에서 농가 부채 해결을 촉구하는 대회를 따로 가졌다. 농림부 부채대책위원회는 10월 13일 부채대책안을 발표했으나 4천억 원 정도의 예산만 배정하는 미흡한 수준이었다. 전농 일부 도연맹에서 전농 중앙집행 간부들의 타협적 태도에 대해 비판을 제기했고, 전농 의장과 상임부의장이 사퇴하는 상황이 전개되었다.

1999년에 IMF 체제가 깊어지면서 농민들의 불만이 증폭되었고, 농업협동조합 개혁을 둘러싼 대립 속에서 정부 여당과 농민운동 간의 갈등은 심화되었다. 1998년에 정부 협동조합개혁위원회에서 제출한 협동조합 개혁안으로는 현상유지론(경제사업 독립성 강화), 단순통합론(농·축·임·인삼협의 통합), 기능별 분리 통합론(신용사업과 경제사업 분리, 협동조합은행 설립, 전체 협동조합중앙회 설립) 등 3개 안이 있었는데 정부와 농협중앙회는 단순통합론을 밀고 나왔다. 전농은 민주노총, 참여연대, 민교협 등과 연대하여 기능별 분리 통합론을 주장하며 반대했다. 농협에 흡수될 위기에 처한 축협은 초기에는 현상 유지론을 펴다가 후기에는 기능별 분리 통합론을 주장했다. 8월의 농협과 축협을 단순히 통합하는 농업협동조합법개정안이 국회를 통과하면서 농민을 위한 민주적 협동조합 개혁은 이루어지지 못하고 말았다.

6. 2000년대 이후 농민운동

2000년대에 경남농민운동은 전농과 한농연 등 농민단체들이 연대하여 농가 부채 탕감 운동, WTO 협상 반대, 한칠레 FTA와 한미 FTA 반대 운동, 쌀관세화 개방 반대 운동, 쌀값 보장 운동 등을 홍콩 원정 시위, 서울 농민대회 집결, 경남도청 앞 집회, 고속도로 점거, 나락 적재 등의 방식으로 전개했다.

2000년 농민운동은 농가 부채 탕감 투쟁을 중심으로 전개되었다. 2000년 10월 25일 전농, 한농연 등 21개 농민단체가 정기국회 회기 내 농가부채특별법 제정을 목표로 '농가부채특별법 제정을 위한 농민단체 협의회'를 구성되었다. 11월 21일에는 전국 120여 시군에서 전농, 한농연 회원 등 5만여 명의 농민들이 '농가 부채 해결과 농촌 회생 추구를 위한 100만 농민총궐기대회'를 가지고 고속도로 점거 시위를 벌이면서 농가 부채의 실질적 경감과 농산물 가격 보장을 요구했다. 중부권 상당수 시군과 전남북·경남북 지역 농민들은 막대한 농가 부채와 최근의 농산물 가격 폭락에 대한 항의 표시로 농가 부채의 이자를 농작물로 지급하는 현물 상환 및 농기계 반납 투쟁에 본격적으로 나섰다. 이러한 농민투쟁의 결과 2000년 12월 20일, 「농어업인부채경감에 관한 특별조치법」이 국회에서 의결되었다. 정부 「농어업인 부채경감대책」의 주요 내용은 1999년 말 기준 농어가 부채 26조7,000억 원의 58%에 해당하는 15조5,500억 원에 대해 상환 기간을 연장해 주거나 이자율을 낮춰 주는 것이다. 정부는 이 대책을 추진하는 데 소요되는 예산은 11년간 총 4조 4,378억 원에 달할 것으로 추정했다.

2003년 2월에 전국농민단체협의회 주최로 한칠레 FTA 국회 비준 저지를 위한 농민대회가 서울독립공원에서 열렸고(전체 3,000여 명 참가, 경남도연맹 20대 602명 참가), 4월 4일 도청에서 경남농민단체협의회가 한칠레 FTA 국회 비준 저지 기자회견을 했다. 4월 17일 한칠레 FTA국회비준 저지 1차 농민총궐기투쟁에 전농 경남도연맹 11개 시군 조직이 차량 357대, 500여 명의 회원이 차량 선전전을 펼쳤다. 6월 20일 전농과 전여농이 주최한 '한칠레 FTA 반대 전국농민대회(차량 상경 투쟁)'에 전국에서 7,500여 대(경남도연맹 1,990대)가 참가했다. 농민대회 관련 소환장이 발부된 인원이 경남 106명으로 가장 많았고 이형진 부회장과 빈지태 정책국장이 구속되었다가 구속자 석방을 위한 농민대회(9월 5일)를 통해 석방되었다. 9월 10일 멕시코 칸쿤의 WTO 각료회의 저지 대회(세계각국 농민 5,000여 명 참가)에 전농은 60명이 참석(경남도연맹은 7명)했다. 집회 중 한농연 2대 회장 이경해 농민열사가 할복자살했다. 11월 19일 여의도 둔치공원, 대학로에서 열린 '고 이경해 열사정신계승! 우리농업사수·쌀지키기·농민생존권 쟁취를 위한 전국농민대회'에 전국에서 버스 2,244대 75,618명이 참가했다(경남 농민단체협의회 주관으로 버스 387대 12,620명 참가). 한농연은 10월 학교급식법 개정과 경남도 학교급식조례 제정을 위한 도보순례를 했다. 전농 경남도연맹은 12월 9일 한칠레 FTA 국회비준 저지 전국농민대회에 190명이 참가했다.[10]

전농과 한농연 등은 2004년 1월 한칠레 FTA 국회비준 저지 상경 투쟁을 했다. 2월 9일 한칠레 FTA 국회비준 저지 전국 농민대회에는 1만 2천여 명이 모였고, 전농 경남도연맹에서는 차량 90대에 3,030명(진주 29

---

10 「전농 부경연맹 제12기 1차년도 정기대의원대회 자료집」, 2004. 1. 12.

대, 1,000명, 거창 17대, 500명 사천 10대 350명 등)이 참가했다. 2월 16일에도 한칠레 FTA 국회비준 저지 상경 투쟁(전국 4,500명 참가)에 도연맹은 288명이 참가했다. 경남도연맹은 2월 14일부터 16일 부산 지역 국회의원 지구당 점거 투쟁을 했다.

2004년과 2005년에는 WTO 쌀관세화 개방 반대 투쟁과 WTO 각료회담 저지 투쟁이 전개되었다. 전농은 면 농민투표, 이장단 회의, 전국농민대회, 전국 마을대표자대회, 전국농민대행진, 수입쌀 진격 투쟁, 나락 적재 천막 농성, 농기계 시위, 차량 시위 등을 전개했고 시민들과의 연대 활동으로 〈우리쌀 지키기 식량 주권 수호 국민운동 본부〉를 결성했다. 2004년 9월 10일 백만 시군 농민대회에는 경남에서 진주시 5,000명, 거창군 1,000명, 사천시 1,500명, 함안군 2,000명, 의령군 2,000명, 하동군 2,000명, 남해군 3,000명 등 20,600명이 참가했다. 경남도연맹이 주관한 면 농민 투표는 8개 시군 30개 읍면에서 33,902명이 참가해 쌀 수입 개방에 대해 93.6%의 압도적인 반대 투표를 했다. 2005년 2월에는 경남에서 60여 명이 참가하여 마산항 수입쌀 하역 저지 투쟁을 했다. 11월 23일 쌀개방 국회비준 저지 전국 동시다발 차량 상경 투쟁을 하던 중 경찰의 무리한 진압에 항의하여 경남 의령군의 진성규 농민이 분신하는 사건이 벌어졌다.

2005년 12월 12일부터 21일에는 '제6차 WTO 각료회담 저지 홍콩 투쟁'이 전개되었다. 현지 투쟁에는 한국 농민과 노동자 1천500여 명이 참가했다. 전농 부경연맹에서 69명, 전여농 경남연합에서 20명이 참여했고, 한농연 소속 농민 140여 명은 WTO를 상징하는 상여를 메고 집회장에 입장했다. 13일 비아캄페시나 1차 국제농민행동의 날 및 개막 투쟁으로 컨벤션센터를 향해 전농 회원 100여 명을 비롯, 250여 명이

<그림 7-4> 제6차 WTO 각료회의 저지를 위해 홍콩 현지에서 삼보일배 투쟁을 벌여 전 세계 농민들의 이목을 집중시킨 전농 회원들 ©전국농민회총연맹

해상시위를 전개(5명 연행 후 석방)했고, 17일 2차 국제농민행동의 날에 컨벤션센터로 진격, 50m 앞까지 진출하여 밤샘 노숙 투쟁을 했고, 전원(한국 시위대 1,001명 등)이 연행되었다. 11명(전농 8명)을 제외하고 석방되었고, 구속자는 23일 보석으로 전원 석방되었다. 경남 참가자 중에 이형진(경남 함안)이 구속되었다가 석방되었다.

2006년 노무현 정부하에서 한미FTA협상이 개시되면서[11] 한미FTA 반대 운동이 전국적 차원에서 전개되었고 경남 지역에서도 강력한 반대 운동을 벌였다. 2차 본협상이 진행 중이던 7월 12일 서울시청 앞 광장

11 2006년 1월 19일 노무현 대통령은 대국민 신년연설을 통해 한미 FTA 체결 필요성을 언급했고, 김현종 통상교섭본부장과 롭 포트먼 미국 무역대표부(USTR) 대표가 2월 3일 새벽 5시 미국 워싱턴에서 한미 FTA 협상 개시를 발표했다. 양국 협상단은 2007년 3월께 협상을 타결하고 이듬해에 FTA를 발효시킨다는 방침을 내놓았고, 2007년 4월 2일 한미 FTA 협상이 타결되었다. 2010년 12월 3일 추가 협상 타결을 거쳐 2011년 11월 22일 한나라당 단독으로 국회에서 비준 통과되었다.

에서 열린 '한미 FTA 저지 범국민대회'에는 7만 명(전농 부경연맹 버스 14대 490명)이 참가했다. 9월 5일 '고 이경해열사 정신계승 한미FTA 저지 시군 동시다발대회'에 경남에서는 14개 시군에서 3,720명이 참가했다. 11월 22일 '한미 FTA 저지 경남도민대회'에는 11,188명(진주시 1,200명, 하동군 1,350명, 합천군 1,200명 등)이 참가했다.

한미 FTA 저지투쟁은 2007년에도 계속되었다. 3월 25일 8차 협상 저지 투쟁에 경남에서 534명이 참가했다. 6월 29일 '한미 FTA 체결 저지 경남도민대회'에 3,000명(진주시 773명, 의령군 400명 등)이 참가했다. 이경해열사 추모, 한미 FTA 저지 9월 11일 경남시군 동시다발대회에 진주시 700명 등 1,000여 명이 참가했다. '한미 FTA 저지, 쌀값 보장, 농가 부채 해결' 11월 11일 전국농민대회에 경남에서는 3,200명이 참가를 시도했으나 대부분 경찰의 고속도로 진입 봉쇄로 참가를 저지당했다.

2008년 7월 9일 '쇠고기 협상 반대! FTA 반대! 농민생존권 쟁취!'로 열린 시군 동시다발 투쟁에는 진주시 400명을 비롯해, 경남에서 800여 명이 참가했다. 11월 25일 전국농민대회에는 경남에서 버스 37대, 1,060명이 참가했다. 한편 전농 부산경남연맹은 농협 자체 벼 수매가를 조곡 40kg 기준 6만 원을 하한선으로 해 줄 것을 요구하며 나락 적재 운동을 전개했다. 11월 20일 현재 적재된 나락은 20,184포대(216톤)에 달했다. 2009년 6월 29일 '한미 FTA 저지, 농업 선진화 분쇄, 이명박 정권 심판 전국농민대회'에 전농 부산경남도연맹에서 365명(농민 243명, 학생 122명)이 참가했다. 9월 10일 712명이 참가하여 '농업 농촌 씨말리는 이명박 심판' 경상도 농민대회를 열었다. 11월 17일 서울 여의도 2009년 전국농민대회에 전농, 한농연 등 농민 3만여 명이 참가했고, 경남에서는 버스 28대 663명이 참석했다. 2009년에도 나락 적재 운동이 전개되어 12월 1일까지 6,390가마가 적재되었다. 2010년에는 26,301명의 서명을 받아 입법 청구한 결과 경상남도 '벼 재배농가 경영안정자금지원 조례'가 제정되었다. 이로써 매년 도비 200억 원, 시군비 100억 원, 합계 300억 원의 안정자금(ha당 30만 원)이 벼재배 농가에게 지원되고 있다.

2000년대 이후 농민대회 참가자가 농민회 회원으로 한정되는 경향이고 회원과 조직 확대도 정체되고 있어 이를 작목별 조직이나 협동조합 운동으로 극복하려는 노력이 이루어지고 있다.

7. 농민운동의 분화

우리영농조합법인과 진주텃밭

1990년대에 농민회가 주도하는 경제협동사업 운동이 전개되었다. 진주시농민회는 경제협동사업 추진으로 1993년 5월 18일에 1차 출자금(150명, 3,336만 원)을 모았다. 1994년 4월 20일 '우리영농조합법인'(이하 우리영농)을 설립했고, 1994년 6월 10일 2차 출자(124명, 9,136만 원 출자금 합계 1억 4,141만 원)를 완료했다. 1994년 7월 10일 우리영농 지수주유소를 개업(임대 2,500만 원)했고 1996년 5월 22일 우리퇴비제조공장을 준공(토지: 1억 235만 원, 건립 비용: 3억 7,374만 원)했다. 1997년 11월 28일 '농민의 집'을 준공(건립 비용: 5억 111만 원)했다. 그곳에는 본점 및 금산분점, 대곡분점, 지수분점(주유소 포함), 명석분점, 문산분점, 우리퇴비제조공장, 우리영농석유 등의 사업장이 있고, 상근 임직원은 30명이나 되었다. 사업으로는 진주 지역에 발달한 시설원예농업에 사용되는 농약, 유류, 유기질 퇴비를 공동 구매하는 사업을 중심으로 하고 있고, 1999년 말 현재 조합원 450명, 직원 22명, 사업 규모 64억 원의 실적을 올렸다. 그 후 조합원 600명으로 증가했고 2001년 매출은 100억 원을 돌파했다(정진상, 2003). 우리영농은 2004년 금산농민주유소를 개점하여 일반 시민에게도 기름을 판매했고, 2009년 퇴비제조공장을 확대 이전했다. 진주시 우리영농의 한계는 농산물 판매 사업을 전개하지 못한 것이다.

진주농민회 우리영농조합법인의 성공 요인을 보면 우선 진주 지역은 시설채소 집단재배 지역으로서 농약, 비료, 석유 등의 수요가 큰데 그동안 농협과 상인들의 폭리 행위 때문에 제대로 된 경제협동사업에 대한 지역 농민들의 절박한 요구가 있었다. 또한 경제협동사입 담당 주체들은 1980년부터 관방원예작목회라는 마을 단위 경제협동사업을 해 온 경험이 있었고, 농민회 차원으로 민주성, 공개성의 원칙을 지켰으며[12], 임원들의 헌신성, 청렴성 등이 힘이 되었다. 임직원은 농민의 평균 소득 이상의 급여를 받지 않는다는 원칙을 고수했을 정도다. 상인과 농협의 방해, 이용 조합원과 농민의 수동성과 의존성을 임직원의 헌신적 노력으로 극복했다.

우리영농은 농민들에게 생산비 절감 혜택을 주었고, 농민회는 투쟁비와 실무자 인건비를 안정적으로 충당할 수 있었다(진주시농민회, 2020: 282-307). 농자재 가격을 낮추었고, 질과 양을 속이는 과거 상인들의 관행을

12 "농민회가 비용을 마련하기 위해 재정사업(장사)을 하려는 목적으로 하면 성공할 수 없다. 지역 농민들을 중심에 놓고 사업을 해야 한다."(초대 대표 이사 정현찬), 정진상(2003).

<그림 7-5> 진주텃밭 금산점

해소했다. 경제협동사업은 농민회 조직 확대에 기여했다. 우리영농조합 사업을 이용하는 농민들의 농민회에 대한 신뢰가 높아지고 영농조합법인 직원이 농민회 면지회 업무를 지원함으로써 회원 확대에 도움이 되었다. 진주시 우리영농조합법인 활동은 전농 협동조합사업의 모범 사례로 경남 창원, 거창, 고성, 전남 나주 담양, 보성, 경북 상주, 강원 철원, 춘천 등지로 확산되었다. 전농에서는 경제협동사업단(단장 하영오: 진주시 우리영농조합법인에서 파견)을 발족하여 진주시 우리영농조합법인의 협동 사업 모델을 체계적으로 보급하려 했으나 전농 지도부가 투쟁 사업에 중점을 둔 관계로 그 후 뚜렷한 성과를 거두지는 못했다.

진주시여성농민회는 2010년 들꽃영농조합법인을 설립하여 농산물 직거래 운동을 시작했다. 진주시농민회와 진주시여성농민회는 2013년 3월 '진주우리먹거리영농조합'을 창립하여 금산면에 '진주텃밭'이라는 직매장을 열었다. 진주텃밭은 소비자와 생산자가 함께 참여하는 로컬푸드협동조합으로, '지역먹거리문화센터'도 개장해 소비자들과 소통한다. 진주텃밭은 사업을 확장하여 초전동과 평거동에도 매장을 개장했다.

가톨릭농민회의 농촌살리기 운동

한편 경남에서 1980년대까지 농민운동을 주도해 온 가톨릭농민회 경남연합회(경남 가농)는 권익 투쟁적 농민운동을 전농 도연맹과 각 시군 농민회로 이관하고, 생산자-소비자 직거래 운동, 우리밀 살리기 운동, 우리농촌 살리기 운동 등 생명공동체 운동으로 전환했다. 물론 쌀값 보장 및 농산물 수입 저지에는 전농 부경연맹 등과 함께한다. 1990년 고성군 마암면 두호마을에서 밀 종자 70포대를 가져와 함안에서 7만 평에 밀 재배를 시작했고, 1993년에는 창원 등 13개 군에서 170만 평에 파종했다. 경남 가농은 2005년 8월 함안에 가농·우리농본부 신축 건물을 지어 이사했고, 2009년에 『경남가농30년사』를 발간했다.

여성 농민운동

경남 지역에서는 여성농민들의 운동도 활발하게 전개되었다. 1993년 거창여성농민회, 1994년 진주여성농민회, 1997년 고성여성농민회, 1998년 합천여성농민회 등 지역적으로 조직을 넓혀 갔고, 1999년에 전국여성농민회 총연합(전여농) 경남연합을 결성했다. 그 후 2003년 함안여성농민회, 2006년 창녕여성농민회가 조직되어 연합에 합류했다. 여성농민회는 여성농업인센터 운영(농촌어린이집사업 등), 식량 주권을 위한 토종씨앗 지키기 활동, 언니네텃밭사업(채소꾸러미 직거래), 로컬푸드 운동 등을 펼쳐 왔다. 거창여성농민회는 여성농업인센터를 운영하고, 고제면, 북상면, 웅양면에 지역아동센터도 운영한다. 진주시여성농민회는 1994년부터 운영해 온 들꽃어린이집을 바탕으로 2001년부터 '진주여성농업인센터'를 운영하고 있다. 여성 농민운동의 요구로 경남도 의회는 2008년 「여성농어업인육성지원조례」를 제정했다.

농민운동의 정치 세력화

2000년대에는 농민운동의 정치 세력화도 진전되었다. 경남 인구 320만 명 중에 농민이 60만 명을 차지한다. 한칠레 FTA 때 농민들이 일 년 동안 싸웠지만, 결국 통과됐다. 또한 많은 농민들이 쌀협상 비준안을 막기 위해 투쟁했지만 비준안은 결국 통과됐다. 이러한 정부의 농민권익 무시 정책과 보수적 여야당이 지배하는 국회에 실망한 농민운동은 점차 진보적 성격을 강화해 갔다. 전농은 민주노총과의 연대에 적극적으로 나서 민주노동당에 조직적으로 참가했다. 2002년까지만 해도 지방선거 출마를 결의한 민주노동당 농민 후보는 10명에 훨씬 못 미쳤다. 그러나 2006년 지방선거에서 민주노동당 경남 후보 60여 명 중 전농, 전여농 등 농민 지도자가 32명에 달했다. 2004년 총선에서는 강기갑(전농 경남도연맹 의장)이 민주노동당 비례대표로 국회의원에 당선되었다. 강기갑의원은 2008년 총선에서는 사천 지역구 국회의원으로 당선되었다. 2010년 지방선거에서는 10개 시군에서 농민 후보가 출마하고 7명이 당선되었다.

경남 각 군 농민회 사무국장이나 정책실장 등 주요 실무자들 중 상당수가 통일운동에 관심 있는 경남대, 경상대, 동아대 등 자주계열 학생운동 출신이다. 이들이 농민회 활동과 지역 운동을 주도하다 보니 농민의 생활상의 요구에 기반한 운동보다는 통일운동과 같은 이념적 운동이 많아 정책과 사업들이 농민들에게 쉽게 다가가거나 폭넓은 이해를 받지 못하고 내부 갈등을 일으키거나 지역 내 운동을 대중화하는 데 제약을 받기도 했다(황창호, 2010).

8. 맺음말

경남 농민운동의 흐름

조선 후기에 경상남도 지역에서는 지리산록의 풍부한 수자원에 따른 안정된 농산물 생산, 행정중심지 진주에 관료의 집중 등에 따라 봉건관료의 농민 수탈에 저항한 '진주농민항쟁'이 선구적으로 일어났다. 일제강점기에 서부 경남 지역 지주들의 진주시 거주, 지식인의 성장 등을 배경으로 소작인 운동 조직이 진주에서 처음으로 탄생했다.

해방 후 전국농민조합총연맹이 대규모로 조직되고 토지개혁투쟁과 건국및 분단 반대 운동을 전개했지만 한국전쟁을 거치면서 농민운동 역량은 파괴되었다. 1950년 농지개혁으로 지주제가 해체됨에 따라 농촌 내 계급 대립도 해소되었다. 공업화, 도시화 이전이었으므로 도농 간의 격차도 나타나지 않았다. 이를 배경으로 1950년대와 1960년대에 농민운동은 침잠되고 빈곤 문제를 스스로 해결하려는 농촌개발 운동이 전개되었다.

1960년대 공업화를 위한 저임금을 뒷받침하는 저농산물 가격 정책이 시행됨에 따라 도농간 격차 심화와 농산물 가격 문제가 대두되었고, 이를 배경으로 1960년대 말과 1970년대 초에 걸쳐 농민운동 조직인 가톨릭농민회가 탄생했다. 1970년대 농민운동은 쌀수매가 인상 투쟁, 농협 민주화운동, 관료 농정 피해 보상 투쟁 등의 형태로 전개되었다.

경남은 남강과 낙동강 변에 충적토 평야가 펼쳐져 있고, 따뜻한 남쪽에 위치해 있어서 시설 원예에 유리한 지역이다. 1980년대에 증가한 시설원예 농민은 빚을 내어 시설투자를 하여 농산물 가격 변동에 민감한 편이다. 이를 배경으로 경남 농민운동이 활발하게 전개되었다.

1980년대에 신군부 권위주의 정권이 물가안정을 위해 쌀 수매가를 동결하고 개방 농정으로 살아 있는 소까지 도입하여 소값이 폭락하자 농민운동은 쌀값 인상 투쟁과 소몰이 시위, 부채 탕감 투쟁을 중심으로 전개되었다.

1987년 민주화 이후 농민운동은 수세 폐지 투쟁, 의료보험 개혁 투쟁, 수입 개방 저지 및 농산물 제값 받기 투쟁을 중심으로 대중적으로 전개되었다. 투쟁에는 농민운동 조직 회원만이 아니라 일반 농민들까지도 광범하게 참여하여 군 단위 집회에는 평균 1,000여 명이 참여했다. 1988년에만 300여 회의 투쟁에 연인원 20만여 명 이상이 참여했으며, 운동방식도 대부분 집회의 수준을 넘어서서 시위·농성 등의 형태를 띠었다. 이러한 대중적 농민 투쟁에 힘입어 1990년 전국 90여 개 농민회가 모여 전국농민회총연맹이 결성했다.

1990년대에 경남 농민운동은 WTO 가입 국회 비준 거부와 WTO 이행특별법 제정 및 조기 실시 등 수입 개방 반대 투쟁을 벌임과 동시에 쌀수매가 인상 투쟁을 지속적으로 전개했다. 1997년 외환위기로 인한 농가 소득 감소, 농가 부채 상환 곤란 등을 배경으로 경남의 전농과 한농연은 연대하여 농가 부채 해결, 농축수산물 가격 보장을 요구하는 대중적 투쟁을 전국에서 선구적으로 벌였다.

2000년대에 경남농민운동은 전농과 한농연 등 농민단체들이 연대하여 농가 부채 탕감 운동, WTO 협상 반대, 한칠레 FTA와 한미 FTA 반대 운동, 쌀 관세화 개방 반대 운동, 쌀값 보장 운동 등을 홍콩 원정 시위, 서울 농민대회 집결, 경남도청 앞 집회, 고속도로 점거, 나락 적재 등의 방식으로 전개했다.

경남 농민운동에서는 우리영농조합법인과 진주텃밭 등 협동조합 운동이 전개되어 전국에서 모델이 되었고, 농민운동의 정치 세력화도 상당한 성과를 거두었다.

경남 농민운동의 과제

현재 농촌과 농민은 위기 상황에 있다. 23%라는 낮은 곡물자급률은 에너지 위기와 함께 국민들의 안정된 삶을 위협한다. 기후 위기는 세계적으로 식량 위기를 부른다. 대부분의 농촌 군 지역은 인구 감소와 노령화로 소멸 위기에 놓여 있다. 농작업을 담당한 노동 인력이 부족해 외국 이민 노동력에 의존하고 있다. 스마트농업으로 활로를 찾을 수 있는 것은 소수의 축산농가와 시설원예 농가에 한정된다.

농업 농촌의 위기를 해소하고 식량 자급률을 높이기 위해서는 농업 정책의 근본적 변화가 필요하다. 첫째, 농산물 가격과 농가 소득을 보장해야 한다. 대부분의 농민들이 농협을 통하여 농산물을 출하하도록 하고 농협은 생산 조절과 출하 조절을 통하여 도매시장에서의 교섭력을 높여야 한다. WTO체제 하에서 다양한 직접지불제를 도입하면 실질적인 가격 지지 효과를 거둘 수 있다. 농업 소득 확충 방안으로 농업의 다원적 기능의 가치 평가를 기초로 농민 수당이나 농민 기본 소득을 도입해야 한다.

둘째, 농업협동조합을 올바로 개혁해야 한다. 현재 농민들의 핵심적 요구는 농산물 가격 보장인데 여기에는 협동조합의 역할이 결정적이다. 농협중앙회를 개혁하여 지주회사 방식의 경제사업 분리를 연합회 방식으로 개편해야 한다. 또한 영농조합법인의 발전을 통하여 기존의 농협과는 대비되는, 진정으로 봉사하는 협동조합의 모습을 보여줄 필요가 있다.

셋째, 농민의 농정 참여를 보장해야 한다. 네델란드와 덴마크의 경우처럼 농업 정책 결정기구로서 '농업위원회'를 설치하여 여기에 모든 농업 농민 단체들이 참여하는 것이 필요하다. 농업회의소는 또 하나의 관제 조직을 만드는 결과를 낳기 쉽다. 농민 단체, 농업 단체는 A멤버로서 발언뿐만 아니라 의결권을 가지고, 농자재 생산, 농산물 가공 등 농업 관련 단체는 B멤버로서 발언권만 가지는 등의 형식으로 제도적 농정 참여를 보장하여 농민들의 요구가 단체를 매개로 정부 정책과 국회 의결에 반영되어야 할 것이다.

이러한 정책적 과제를 달성하도록 농민 단체의 역량을 키우기 위해서는 첫째, 농민운동의 주체를 다수의 중소농 중심으로 강화하고 조직을 확대해야 한다. 둘째, 농민운동 단체 내부의 조직 내 민주주의를 실천해야 한다. 셋째, 대중운동을 바탕으로 정부와 교섭하는 자세를 견지해야 한다. 넷째, 지방 농정에 적극적으로 관여해야 한다. 다섯째, 연대 활동을 강화해야 한다. 한농연과 전농 등 농민 단체들은 2003년 한칠레 FTA 반대 투쟁 과정에서 '농민연대'란 이름으로 정책 공조를 했고 2006년 한미 FTA 반대 투쟁을 기점으로 농민 단체들은 '농민연합'을 건설했는데 한농연과 한여농은 2009년 12월 농민연합에서 탈퇴했다. 2013년 11월에 한농연, 농업기술자협회 등이 모여 '한국농축산연합회'를 결성했다. 이합집산이 심하면 농민 단체 전체의 영향력이 축소될 우려가 있다. 연대 조직 내 회원 단체 간 다양성을 인정하면서 같은 점을 기초로 단결하는 자세로 농민 단체들 간의 연대에 노력해야 할 것이다. 또한 전체 국민 중 농민의 수가 소수이기 때문에 농민문제는 농민들만의 힘으로는 해결하기 어렵다. 소비자 단체와의 연대, 노동운동 단체들과의 연대를 높여야 보호 농정을 쟁취할 수 있을 것이다.

여섯째, 농민 조직의 정치적 영향력을 높이기 위한 활동을 해야 한다. 필요에 따라 요구안을 작성하여 수용하는 정당과 정책 제휴를 할 필요는 있다 그러나 전농이 진보당을 배타적으로 지지하는 것처럼 농민 조직이 특정 정당과 고정적으로 연계되는 것은 나양한 농민들을 포괄하는 데 지장을 초래해 오히려 정치적 영향력을 축소시킬 수 있다. 농민조직 내에서 다양한 정당에 대한 지지를 허용해야 할 것이다.

참고문헌

1. 가톨릭농민회 마산교구연합회(2009), 『가톨릭농민회 경남연합회 30년사 1977-2007』.
2. 가톨릭농민회 마산교구연합회(2012. 2. 13.), 〈2012년 정기총회 자료집〉.
3. 관방원예작목회(1985), 「농민운동의 새로운 기수가 되어-경남진양의 농민운동 보고」, 『농촌현실과 농민운동』, 현장 제4집, 돌베개.
4. 김준형(2001), 『1862년 진주농민항쟁』, 지식산업사.
5. 김준형(2003), 「진주 인근에서의 동학군 봉기」, 『진주 농민운동의 역사적 조명』, 역사비평사.
6. 김태일(1991), 『한국의 농민운동과 국가』, 고려대학교 정치외교학과 박사학위논문.
7. 노금노(1989), 「현단계 농민현실과 농민운동의 과제와 방향」, 한국농어촌사회연구소 편, 『한국농업·농민문제연구Ⅱ』, 연구사.
8. 서봉석(1989), 「농민문제와 경남 지역 농민운동」, 『형평』, 창간호, 도서출판 형평.
9. 송찬섭(2003), 「1982년 농민항쟁과 진주」, 『진주 농민운동의 역사적 조명』, 역사비평사.
10. 윤수종(2010), 「1070년대 이후 주류 농민운동의 형성과 도전」, 『농촌사회』 제20집 1호, 한국농촌사회학회, 47-87쪽.
11. 윤수종(2021), 『해남수세투쟁』, 심미안.
12. 오미일(2003), 「1920년대 진주지역 농민운동」, 『진주 농민운동의 역사적 조명』, 역사비평사.
13. 이영기(1989), 「1980년대 경남 지역 농민운동의 전개와 그 과제」, 『농업정책연구』, 제16권 1호.
14. 이우재(1986), 『한국농민운동사연구』, 한울.
15. 이창한(2011), 「1970~80년대의 농민운동과 '전국농민회총연맹' 창립」, 『기억과 전망』 제24호, 한국민주주의연구소
16. 장상환(1987), 「현단계 농민운동의 과제」, 『사회경제평론』, 제1집, 한울.
17. 장상환(1989), 「농민운동의 현단계와 과제」, 『현정세와 민족민주운동의 진로』, 두리.
18. 장상환(2001a), 「제9장 농민운동」, 『한국의 사회운동』, 경상대학교출판부.
19. 장상환(2001b), 「1970년대 사회운동과 크리스천 아카데미교육」, 『이론과 실천』, 2001년 11월호, 민주노동당.
20. 장상환(2003), 「해방 직후 진주지역의 농민운동」, 『진주 농민운동의 역사적 조명』, 역사비평사.
21. 장상환(2010), 「해방과 전쟁, 그리고 전쟁 이후의 농민운동」, 『농촌사회』, 제20집 1호, 한국농촌사회학회, 7-46쪽.
22. 장상환(2019), 「세계화시대 한국 농업문제와 농민단체의 대응」, 『농민운동 조직의 역할과 과제-농민운동단체 이대로 괜찮나?』, 〈2019 한국농어촌사회연구소 연례심포지움 자료집〉, 한국농어촌사회연구소.
23. 장상환(2020),「농민운동」, 『경상남도사』 제7권, 경상남도(경상남도사편찬위원회).
24. 전국농민운동연합 준비소위원회(1989), 〈전국농민운동연합(가칭) 결성과정에 관한 보고서〉.
25. 전국농민회총연맹준비위원회(1990. 4. 10.), 〈전국농민회총연맹준비위원회 총회 자료집〉.
26. 전국농민회총연맹준비위원회(1990. 4. 24.), 〈전국농민회총연맹창립대회 자료집〉.
27. 전국농민회총연맹(2013), 『희망으로 가는 길 1990~2012-전국농민회총연맹 20년사』 1, 2.
28. 전농 경남도연맹, 〈대의원대회 자료집〉, 1991~2005.

29. 전농 부경연맹, 〈정기 대의원대회 자료집〉, 2006~2012.

30. 정광훈 외(1989), 「농민운동의 현황과 과제」, 한국농어촌사회연구소 편, 『한국농업·농민문제연구Ⅱ』, 연구사.

31. 정진상(2003), 「진주지역 농민운동의 현단계」, 『진주 농민운동의 역사적 조명』, 역사비평사.

32. 진주시농민회(2020), 『진주시농민회30년사』, 민중의소리.

33. 황창호(2010), 『경남 함안지역의 농민운동에 관한 연구』, 경남대학교 대학원 NGO협동과정 석사학위 논문.

Ⅷ. 경남의 민주화운동

3·15의거와 부마항쟁

박영주(경남대학교박물관 비상임연구위원)

1. 머리말

지난 2019년 9월 17일 열린 당시 국무회의는 '각종 기념일 등에 관한 규정'을 개정하고 10월 16일을 부마민주항쟁[1] 국가기념일로 지정했다. 10월 16일은 부산에서 부마항쟁이 일어난 첫날이다. 일반적으로 4·19혁명(1960년)과 5·18광주민주화운동(1980년), 6·10민주항쟁(1987년)과 함께 '4대 민주화운동'의 하나로 일컬어 왔다. 부마항쟁이 가장 늦게 국가기념일로 지정되었다. 항쟁이 일어난 지 꼭 40년 만의 일로 부산과 경남지역에서 국가기념일 지정 촉구 100만인 서명 운동을 벌이는 등 오랫동안 노력한 결과이다. 이러한 민주화운동, 민주항쟁을 기념해 국가기념일로 지정한 것은 '항쟁'의 타도 대상이었던 '국가권력'이 다시는 그 주체인 국민의 뜻에 반하지 않고 국민의 민주적 통제하에 있겠다는 국가적 선언이다. 부마항쟁 국가기념일이 지정되면서 그해 10월 16일, 경남대학교 대운동장에서 제40주년 부마민주항쟁 기념식이 첫 정부 주관 행사로 진행되었다. 이 자리에서 대통령은 "부마민주항쟁은 우리 역사상 가장 길고, 엄혹하고, 끝이 보이지 않았던 유신독재를 무너뜨림으로써 민주주의의 새벽을 연 위대한 항쟁"이라고 의미를 부여했다.

3·15의거가 국가기념일로 지정된 때는 2010년 3월이었다. 2001년 제정된 민주화운동기념사업회법을 통해 우리나라 최초의 민주화운동으로 규정됐으나 4월 혁명의 연장선이라는 인식이 주를 이루다가 국가기

1 그동안 부마사태, 부마사건, 부마민중항쟁, 10·16부마항쟁, 10·18마산민중항쟁, 부마민주항쟁 등 시대에 따라 또 역사적 의미의 강조점에 따라 여러 용어로 불려 왔으나 공식적으로는 부마민주항쟁, 일반적으로는 부마항쟁으로 정착되고 있다. 마찬가지로 마산사건, 3·15의거, 3·15학생의거, 3·15마산의거, 3·15민주의거 등이 사용되었으나 공식적으로는 3·15의거로 고정되었다.

념일 지정으로 독자적인 위상을 갖게 됐다. 한편 3·15의거에 대해 62년 만에 처음으로 국가 차원의 진상 규명 작업이 시작되었다. 2021년 국회에서 「3·15의거 참여자의 명예 회복 등에 관한 법률」(3·15특별법)이 통과 제정되고, 2022년 1월 국무회의에서 「3·15의거 특별법 시행령」이 의결되었다. 이에 따라 '진실화해를위한과거사정리위원회(이하 '진실화해위')'는 1월 21일 창원사무소를 개소하고 진상 규명 작업에 들어갔다. 3·15특별법은 진실화해위의 진상 조사 결과를 토대로 3·15의거와 관련한 행위로 유죄 판결을 받았거나, 면소 판결을 받은 사람에 대해 특별 재심을 청구할 수 있는 내용 등이 담겨 있다. 이 조사를 통해 그동안 제대로 된 법적인 평가를 받지 못했던 3·15의거가 재평가를 받고 관련자들의 명예 회복 등이 이뤄질 것으로 기대된다.

한국 민주화운동의 역사에서 경남은 확고한 위치를 차지한다. 우리나라 최초의 민주혁명이라 평가받는 4월혁명 당시에도 마산만이 아니라 진주·하동·통영·삼천포·고성·함안·의령·밀양·창녕·남지·김해·양산 등 경남 전역에서 이승만 독재정권에 맞선 투쟁이 일어났다. 1979년의 부마항쟁에서도 부산에 이어 마산에서 박정희 유신독재 체제에 정면으로 항거했다. 1987년 6월항쟁 때에도 마산·창원 지역의 중부 경남, 진주를 중심으로 한 서부 경남, 김해를 비롯한 동부 경남에서 청년 학생과 시민, 노동자와 농민이 최루가스가 자욱한 길거리를 메우고 '호헌철폐', '독재타도'를 외쳤다. 이처럼 한국 민주주의가 위협을 받을 때마다 경남은 반민주 세력에 대한 투쟁을 멈추지 않았다. 그런 과정을 통해서 우리나라 민주주의를 지켜내고 또 민주주의를 한 단계씩 진전시키는 데 큰 역할을 했다.

여기서는 경남의 민주화운동 중에서 1960년의 3·15의거와 1979년의 부마항쟁, 그중에서도 마산에서의 항쟁의 전개 과정을 정리하고 그를 통해서 민주화운동의 역사적 의미를 되새겨 본다.

2. 3·15의거의 전개 과정과 역사적 의의

3·15의거의 배경

정치 사회적 배경

1948년 제헌국회에서 국회의장에 피선된 이승만은 초대 대통령을 지낸 후, 1952년 자유당을 창당하면서 제2대 대통령으로 선출된다. 1954년에는 대통령의 3선 금지 조항을 고쳐 실질적인 종신 대통령의 길을 마련하기 위한 개헌안을 내놓았으나 국회에서 부결되자, 사사오입 논리를 적용하여 부결을 번복하고 통과시킨다. 1956년 3선에 성공한 이승만은, 장기 독재에 대한 국민의 비판 통로를 원천 봉쇄하기 위해 1958년 8월 국가보안법 개정안을 국회에 제출한다. 야당과 언론의 거센 항의에도 불구하고 신국가보안법은 1959년 1월 발효되었다. 1958년 5월 2일 열리는 제4대 민의원 선거를 앞두고 자유당은 개헌선인 3분의 2 이상의 의석을 확보하여 간선제 개헌으로 영구 집권을 획책하고 있었고 민주당은 이를 저지해야 할 상황에 놓여 있었다. 선거 결과 총 233석 중 자유당 126석, 민주당 79석, 무소속 27석, 통일당 1석으로 자유당은 개헌선 3분의 2를 확보하는 데 실패했고, 민주당은 호헌선인 78석에서 1석을 초과했다. 개헌을 반대하고 정권 교체를 바라는 국민의 의사가 드러난 결과였다.

이런 상황에서 이승만의 자유당 정권은 12년간의 장기 집권에 이어 또다시 4년을 집권 연장하기 위해 온갖 술수를 다 동원했다. 자유당은 내무부장관 최인규의 지휘 아래 일 년여에 걸쳐 치밀하게 부정 선거를 준비했다. 전국 경찰의 주요 간부는 모두 정권에 맹목적으로 충성하는 인물로 교체되었고, 야당 의원들에 대해 집요한 분열 공작이 펼쳐졌으며, 정치깡패 등을 동원해 야당의 선거 운동을 방해했다. 일반 공무원은 물론 교육 공무원들까지 부정 선거 운동에 투입되었다. 자유당에 투표할 것을 설득·권유하는 담임교사의 가정 방문이 이루어지기도 했다.

그러던 중 민주당 대통령 후보인 조병옥이 신병 치료차 미국으로 건너가자, 자유당 정권은 1960년 5월 중에 실시하기로 되어 있던 정·부통령 선거(제4대 대통령 및 제5대 부통령 선거)를 2개월 앞당겨 3월 15일에 실시한다고 공고했다. 현재의 미국처럼 러닝메이트 제도가 아니라 대통령과 부통령을 따로 선출했다. 그런데 선거를 불과 한 달 남긴 2월 15일 조병옥이 급서했다. 이에 따라 대통령은 이승만 단일 후보로 당선이 확실해졌고, 부통령에 이기붕 후보를 당선시키기 위해 선거 부정을 더욱 노골적으로 추진했다. 이른바 4할 사전 투표, 3인조 5인조 공개 투표, 금권 관권 동원, 야당 참관인 배제 등의 수법이 동원되었다.

6·25전쟁을 겪으며 권력과 유착한 소수 특권층은 산업자본가로 전환했고 원조 체제를 활용하여 신흥 재벌로 성장한다. 재벌과 집권당의 정경유착은 필연이었다. 수많은 특혜에 대한 대가로 재벌들은 정치자금에 깊이 관여될 수밖에 없었고, 자유당은 엄청난 선거자금을 조성했다.

극심한 생활고에 시달리던 서민들과는 대조적으로 거의 모든 경제권과 부를 독점할 수 있었던 소수의 재벌과 뿌리 깊은 정경유착의 고리를 이어온 집권당의 부정부패는 1950년대 굴절된 사회상의 단면이었다. 1950년대 한국 경제는 원조경제 시대라 불릴 만큼 미국의 원조와 매우 긴밀한 관계에 놓이게 되었다(3·15의거사(2쇄), 179쪽). 6·25전쟁으로 산업시설은 큰 타격을 받았고 거기에다 악성 인플레이션, 생활필수품의 기근, 실업자의 속출은 우리 사회에 전반적인 불안 요인으로 작용했다. 이에 사회적 안정과 경제 재건을 위해서는 원조물자의 대량 유입이 불가피한 상황이 되었다. 이후 1957년을 고비로 미국의 한국 원조는 급속하게 줄어들기 시작했다. 이에 따라 미국의 원조물자에 경제의 생명력을 의존하고 있던 한국 경제는 성장률이 대폭 둔화하며 걷잡을 수 없는 불황으로 접어들었다. 3·15의거의 사회경제적 배경에는 원조경제의 위기와 그에 따른 경제 파탄이 자리 잡고 있었다.

지역적 배경

3·15의거가 일어난 1960년 당시 마산은 인구 15만 8,010명의 중소상공업 도시였다. 당시 부산이 116만 명인 대도시였으니 도시의 규모를 짐작할 수 있다. 1945년 해방 당시에는 6만여 명이었고 이중 일본인이 6,000여 명이었다, 해방 후 마산에 살던 일본인들은 그들 나라로 돌아가고 일본에 있던 수많은 동포가 고국으로 귀환하기 시작했다. 동포들은 부산과 마산 같은 항구도시를 통해 귀환하게 된다. 귀환동포들은 마산에 일시 머무르다 귀향했는데 일부 동포들은 마산에서 새로운 삶의 터전을 일구게 된다. 해방 다음 해인 1946년에는 마산의 인구가 8만 2,000여 명으로 증가한다. 그리고 불과 몇 년 후 6·25전쟁이 터지면서

마산은 거대한 병참 도시이자 피난 도시가 되었다. 전쟁이 끝난 1955년에도 4곳의 수용소에 3,000명이 넘는 피난민이 수용돼 있던 상태였다. 마산은 인구의 폭증으로 주거, 직업, 식량 등이 부족해 심각한 사회 문제로 대두되었다.

전쟁이 끝나고 본격적인 전후 복구가 시작되면서 경제 규모도 성장하게 된다. 1950년대 마산의 주요 생산업은 주류, 양조, 방직, 기계공업 등으로 거의 귀속재산(적산)에 기반한 산업이었다. 영세한 규모의 소비재 생산업체가 대부분이었다. 마산은 전통적으로 남해안의 어업과 수산물 유통의 중심지였다. 마산어시장과 부림시장을 중심으로 하는 수산물 유통과 상업이 지역 경제의 큰 축을 형성하고 항만 물류가 활성화된 상태가 1950년대 마산 지역 경제의 한 측면이기도 했다. 하지만 경제난이 가중되면서 도시 서민의 삶은 궁핍한 상황에서 벗어나기 어려웠다.

마산의 급격한 인구 변동은 정치적으로도 큰 영향을 미치게 된다. 그 상징적인 하나의 예가 1948년 실시된 제헌의회 선거에서 마산에 온 지 몇 년 되지 않은 귀환동포 출신의 후보가 쟁쟁한 지역 토호를 물리치고 당선된 일이다. 지역적 기반이 약한 귀환동포들의 결집력을 보여 주었을 뿐 아니라 지역에 뿌리내린 토호들의 응집력 또한 그리 크지 않았음을 보여 준 정치적 사건이었다. 1950년대 마산은 귀환동포로, 피난민으로, 또 일자리를 찾아온 이주민으로 마산에 삶의 터를 닦은 이들이 인구의 상당 부분을 차지하고 있었다. 혈연, 지연, 학연 등 기존의 인적 네트워크에서 자유로운 이들이 상대적으로 개인주의적이고 합리주의적인 태도와 정치 의식을 가질 수 있었을 거라고 짐작해 볼 수 있다. 이와 관련하여 또 하나 생각해 볼 수 있는 것은 3·15의거 당시 어떻게 해서 고등학생이 주역으로 등장했는가이다. 당시 마산에는 8개 고등학교에

5,000여 명의 학생이 재학하고 있었다. 16만이 안 되는 전체 인구에 비하면 적지 않은 숫자이다. 전후 세대인 이들은 새로운 민주주의 교육을 받은 세대로서 불법과 부정 비리를 용납하지 않는 정의감과 민주 시민으로서의 주권 의식 역시 높았을 거라고 본다. 이승만 정권의 독재, 부정 비리와 부패, 노골적인 부정 선거는 이들의 자존심을 모욕했을 것이다.

지역의 정치 상황도 전국적인 흐름과 함께 변화의 조짐을 보였다. 1958년 5월 제4대 민의원 선거는 마산에서는 앞선 선거의 당선자인 자유당의 김종신과 낙선자인 민주당 허윤수의 재대결이었다. 선거 결과 민주당의 허윤수가 압승을 거뒀다. 이것은 후보 개인의 힘만이 아니라 정권교체를 갈망하는 마산 유권자들의 염원이 나타난 것이었다. 시민들은 금력과 권력의 비호를 받아 재선을 노리는 자유당 후보에 반발하고 영구 집권을 노리는 자유당을 막기 위해 온갖 박해를 무릅쓰고 야당 후보를 지지했다.

그런데 허윤수 의원은 당선 2년 만인 1960년 1월 민주당에서 탈당해 자유당에 입당해 버렸다. 그의 놀라운 변절에 마산 시민은 크게 분노했다. 자유당의 거액 정치자금에 매수됐을 거라는 풍설이 떠돌았다. 그런 상황에서 매수설을 입증하는 듯한 '동양주정 매수 사건'이 터졌다. 1960년 3월 6일자 신문에 대서특필된 내용은 허윤수가 동양주정 회사를 2억 3,500만 환에 인수했다는 것이다. 사람들은 자유당으로부터 받은 돈으로 동양주정을 산 것이 아니냐고 격분했다. 이로 인해서 얼마 후 일어난 3·15의거 당시 시위 군중들이 허윤수의 집을 완전히 파괴해 버리게 된다. 물론 배경에는 흑막이 복잡하게 얽혀 있지만 단순하게 보면 허윤수는 중간에 대리 역할을 하고 실제 인수는 다른 사람이 한 것으로 드러났다. 어쨌든 그의 정치적 변절과 부정 비리 의혹은 마산 지역에서 3·15의거의 한 중요한 배경이 되었다.

3·15부정선거의 원흉이 이기붕과 최인규라면, 경남 특히 마산과 창원에서 엄청난 부정 선거를 자행한 장본인은 자유당 경남도당 위원장 이용범이었다. 마산 오동동에 있던 그의 자택을 '오동동 경무대'라 부를 정도로 그는 엄청난 세도를 부렸다. 1954년 제3대 민의원 선거에서 자유당 공천을 받아 창원군 을 선거구에서 당선된 이용범은 막강한 자금력을 바탕으로 세력권을 만들었다. 그는 이승만에 대한 충성과 자신의 정치적 야심을 달성하는 데에 어떠한 폭력, 부정, 비리도 마다하지 않는 '자유당형 인간'이었다는 평가다. 1958년 제4대 민의원 선거에서도 온갖 수단을 다 동원하여 유력 경쟁자의 입후보를 막아 무투표 당선으로 재선 국회의원이 되었다.

그는 자유당 경남도당 위원장으로서 1960년 3월의 정부통령 선거의 부정 선거 전략을 세우고 실행하는 실질적 책임자였다. 마산 창원의 기관장들을 포섭하여 자기 심복으로 삼고 이들을 앞세워 끈질긴 공작 활동을 펼쳐 민주당 허윤수의 변절을 유도해 내기도 했다. 그의 지휘와 독려에 따라 번호표를 받지 못한 유권자가 상당수에 달했다. 마산 시내 47개 투표소 중에서 민주당 참관인이 들어간 곳은 2~3곳뿐이었으며 투표소 시설에 장막을 설치해 뒤에서 감시할 수 있도록 만들었다. 비밀 투표를 할 수 없게 만든 것이다. 3인조로 유권자를 묶은 데다가 투표지를 뒤집어 기표 내용을 보이게 하도록 강요했다. 심지어 자유당계가 아닌 투표지는 찢어버리고 선관위원들이 다른 투표지에 찍어 투입하도록 하는 등 온갖 부정 선거를 자행했다. 그의 지휘 아래 자행된 노골적인 부정 선거는 역설적으로 3·15의거라는 시민들의 항쟁을 불러오는 주요

원인이 되었다.

3 · 15의거의 전개 과정

3·15의거는 3월 15일 1차 의거가 일어난 이후 4월 26일 이승만 대통령이 하야할 때까지 거의 40여 일 동안 진행된 일련의 사건이다. 당시 모두 다섯 차례에 걸쳐 시위가 벌어졌다. 간단하게 정리해 보면 다음과 같다.

①3월 14일 밤 민주당사 앞에서 일어난 시위.

②1차 의거: 3월 15일 선거일 당일 오후 민주당의 선거 포기 선언에 이은 가두시위와 저녁에 일반 시민들이 대거 참여하여 한밤중까지 마산 전역에서 격렬하게 일어난 시위. 경찰의 발포로 희생자 발생.

③2차 의거: 김주열 열사(이하 김주열)의 주검이 바다에 떠오른 4월 11일 분노한 시민들이 벌인 시위. 또다시 경찰이 발포하여 희생자 발생. 계속 이어진 4월 12일과 4월 13일의 시위.

④4월 24일 할아버지들의 시위와 25일 할머니들의 시위.

⑤이승만 대통령 하야 발표 후 4월 26일과 27일 부산 시위대의 마산 원정 시위. 시청, 소방서, 경찰서, 파출소 등 공격. 이 과정에서 또다시 희생자 발생.

이처럼 3·15의거는 우발적으로 하루 이틀에 발생한 일회성 사건이 아니라 하나의 목표를 향한 움직임이 계속 연결되어 일어난 사건이다. 그 목표를 향한 끈질긴 투쟁의 과정이 3·15의거의 전개 과정이다. 아래에서는 3·15의거의 전개 과정을 그동안 연구 자료[2]를 토대로 간략히 정리하면서 그날의 발자취를 따라가 본다.

3·15의거 이전

마산에서 3·15의거가 일어나기 전에도 전국 각지에서 자유당과 이승만에 반대하는 크고 작은 시위가 일어났다. 그중에 대구 2·28의거와 대전 3·8의거가 대표적이다. 1960년 2월 28일 일요일. 정부 수립 이후 최초의 민주 의거라 일컬어지는 대구 2·28의거가 일어났다. 이날은 대구에서 민주당 장면 부통령 후보의 선거 유세가 있을 예정이었다. 갑자기 대구 시내 각 고등학교에 등교 지시가 내려졌다. 고등학생들의 유세장 접근을 차단하기 위한 치졸한 조치임은 누구나 알 수 있었다. 학생들은 반발했다. 그날 낮 1시경 대구 경북고생 800여 명이 "학원을 정치 도구화하지 말라"는 구호를 외치며 시가지로 향했고 뒤이어 대구고, 경북여고, 경북대사대부고 등 1,200여 명의 고등학생이 대구 시내 중심가로 쏟아져 나왔다. 경북도청 앞에 도달한 학생들은 선언문을 낭독하고 오후 3시경까지 시위를 벌였다. 이 과정에서 경찰과 충돌하여 120여 명이 연행되었다.

---

2 3·15의거의 전개 과정은 주로 다음의 자료에 근거해서 정리했다.
마산일보사(1960), 『민주혁명: 승리의 기록』.
김태룡(1962), 「3·15마산의거의 역사적 고찰」, 『마산시사 사료집』, 제1집, 마산시사편찬위원회.
유종영(1983), 「3·15마산의거의 배경과 경과」, 『마산문화』, 제2권, 도서출판 청운.
홍중조(1992) 엮음, 『3·15의거』. 4·19의거상이자회 경남지부.
남부희·서익진·이은진·홍중조(2004), 『3·15의거사』, 3·15의거기념사업회.
이은진(2004), 『근대 마산: 압축된 모순의 폭발지』, 경남대학교 출판부.
경상남도(2020), 『경상남도사』, 제5권(경남의 현대).
3·15의거사편찬위원회(2021), 『3·15의거사』(2쇄), 사단법인 3·15의거기념사업회.
당시 발행 일간지(『마산일보』, 『부산일보』, 『국제신보』, 『동아일보』, 『조선일보』, 『경향신문』) 기사.

대구에서 시작된 고등학생들의 함성은 전국으로 퍼져나갔다. 부산, 대전, 청주, 전주, 광주, 인천, 서울 등 곳곳에서 고등학생들이 학원의 자유를 달라, 공명선거 실시하라고 외치며 시위를 벌였다. 1960년 3월 8일 대전 공설운동장에서 장면 민주당 부통령 후보의 연설회가 예정되어 있었다. 대전고 학생 1,000여 명은 학교 당국의 방해와 경찰의 저지를 뚫고 공설운동장까지 시위를 벌였으며 수십 명이 경찰에 연행되었다.

대구 2·28의거와 대전 3·8의거는 학생들이 독재에 맞서 벌인 최초의 반정부 시위였다. 이후 한국의 학생들은 30여 년 동안 불의와 부정, 독재에 맞서 시위 등을 통해 발언하기 시작했다(한국민주화운동사 1권, 106).

전국 주요 도시에서 학생 시위가 '요원의 불길'처럼 번져 가는 가운데 마산은 겉으로는 이상하리만치 조용했다. 하지만 은밀하게 학교마다 '데모'를 모의하고 있었다. 단지 형사와 교사들의 감시도 심해지면서 실행에 옮기지 못하고 있을 뿐이었다. 3월 13일 밤에는 마산상고 학생 3명이 시험 답안지 뒤에, "백만학도여 궐기하라", "자유당 타도" 등의 구호를 쓴 '삐라' 100여 장을 시내에 뿌리다 경찰에 체포되었다. 또 시내 곳곳에 "마산 학생이여 일어나라", "조국의 위기는 바야흐로 내일로 박두(迫頭)했다!" 하는 격문이 붙기도 했다.

3월 14일 오후 6시경 오동동의 민주당 마산시당부 앞에는 군중이 모여들어 스피커를 통해 울려 퍼지는 민주당의 선거 유세를 듣고 있었다. 옥상에 설치된 스피커에서는 자유당을 규탄하고 '못 살겠다 갈아 보자'라고 외치는 구호가 터져 나왔다. 학생들을 비롯한 수백 명의 군중은 '협잡 선거 다시 하자'라고 화답하듯 외쳤다. 경찰 지프와 반공청년단 단원들이 나타나자 사람들은 돌멩이를 던졌다. 일부 청년들이 경찰에 연행되자 군중은 고함을 지르면서 석방을 요구했다. 민주당원들의 만류로 시위는 중단되었다.

1차 의거

3월 15일 아침 7시부터 마산 시내 47개 투표구에서 일제히 투표가 시작되었다. 백색 완장을 찬 자유당원들과 녹색 제복의 반공청년단원들이 투표소 길목에 배치되어 위압적인 분위기를 만들었다. 게다가 투표가 시작된 지 얼마 지나지 않아 시내 곳곳의 투표소에서는 야당 참관인이 참관하지 못하거나 투표함에서 사전투표가 발견되는가 하면 번호표가 나오지 않아 투표를 못 하게 된 유권자들이 속출했다. 오전 9시가 넘어가자 민주당사 앞에는 유권자들이 몰려와 '도둑맞은 내 표'를 찾아달라고 호소하기 시작했다. 벌써부터 마산시 전체 유권자의 20%에 해당하는 1만 3,000여 명에게 번호표를 주지 않고 사전투표를 할 것이라는 등의 소문이 나돌고 있던 차였다.

곳곳에서 갖가지 부정 선거의 작태가 적나라하게 드러나자 민주당 마산시당은 확대간부회의를 열어 선거를 포기할 것을 결의했다. 10시 30분에 독자적으로 '선거 포기'를 선언하고 부정 선거를 규탄하는 데모 준비에 들어갔다. 오후 1시 30분경 민주당 경남도당이 선거 포기를 선언한 데 이어, 투표가 끝나기도 전인 오후 4시 30분에는 민주당 중앙당이 "3·15 선거는 불법 무효"라는 선언을 하게 된다.

민주당사 앞과 주변 불종거리 일대에는 수많은 시민이 모여들었다. 오후 2시 30분경 민주당 간부 30여 명이 머리에 수건을 동여매고 '협잡선거 물리치자' 등의 플래카드를 들고 시위에 나섰다. 시위 대열이 중심가를 한 바퀴 돌아서 오자 수십 명의 경찰이 곤봉을 휘두르며 들이닥쳐

<그림 8-1> 1960년 3월 15일 오후 선거포기를 선언하고 부정선거 규탄시위를 벌이고 있는 민주당 당원들
©3 · 15의거기념사업회

간부들을 '스리쿼터'(3/4톤 트럭)에 실어 연행해 갔다. 격분한 군중은 남성동파출소와 자유당 마산시당 쪽으로 몰려갔다. 파출소 앞에 대기하고 있던 소방차가 물대포를 쏘아 댔고 시위 군중은 돌팔매질로 맞섰다. 녹색 제복을 입은 반공청년단원 십여 명이 몽둥이를 휘두르며 데모 군중을 덮쳤다. 경찰과 반공청년단의 위력에 군중들은 일단 흩어지며 저녁 7시 개표 장소인 시청에서 다시 모이기로 했다.

한편 이날 오후 1시경 진주에서 민주당원 10명이 '무언의 데모'를 벌이다 경찰에 체포되었다. 이들은 민주당이라고 쓴 머리띠를 하고 '공명

선거 다시하라', '선열은 지하에서 통곡한다', '공개투표는 선거가 아니다'라고 쓴 플래카드를 들고 부정 선거를 규탄하는 무언의 데모 행진을 하다가 경찰에 의해 수갑에 채워진 채 연행되었다.

어둠이 내리고 전깃불이 켜지자 마산 시내 중심가에는 뭔가 일어날 것 같은 심상치 않은 분위기에 일부 가게들은 철시했다. 낮에 일어난 시위 소식에 크게 자극받은 청년 학생들이 하나둘 모여들었다. 7시가 넘어서자 민주당사 주변에 모여든 군중 속에서 "파출소로 가자!" 하는 고함이 터져 나왔다. 군중은 무리를 지어 파출소를 향해 몰려가 돌멩이를 집어 던졌다. 경찰이 카빈총으로 위협 사격을 가했다. 경찰의 총격에 분노한 시위대는 파출소에 난입해 집기를 파괴했다. 시위대는 시청을 향해 몰려가며 주변 점포에 큰소리로 불을 끄라고 소리쳤다. 자신들의 얼굴이 드러나지 않게 등화관제를 요구한 것이다. 어둠 속에서 시위대는 거침없이 나아갔다. 그들은 자유당 마산시당, 국민회, 서울신문 지사 등을 공격했다.

한편 변절자로 지탄받던 국회의원 허윤수와 마산시장 박영두의 집도 시위 군중의 공격을 받았다. 군중은 허윤수의 집 기둥을 밧줄로 묶어 잡아당겨 기와지붕을 내려앉히고 분뇨를 퍼서 끼얹어 버렸다. 민주당을 탈당해 자유당으로 넘어간 변절 정치인에 대한 대중의 분노가 어느 정도였는지 보여 주었다.

개표장인 시청 방면으로 시위 군중이 구름처럼 몰려갔다. 시청 근처에 다다르자 경찰은 시청 앞에 이중삼중의 방어막을 치고 소방차를 세워 놓고 강력한 헤드라이트를 시위 군중을 향해 비추고 있었다. 시위대가 돌을 던지자 경찰이 길바닥으로 위협 사격을 했다. 시위대가 "공포다!", "나가자!" 외치며 돌진하자 최루탄이 펑펑 터졌다. 시위대는 뒤로 물러서며 "전우의 시신을 넘고 넘어 앞으로 앞으로..." 하는 '전우가'를 합창했다. "협잡 선거 다시 하자", "내 표를 내 놔라" 하며 아우성을 쳤다. 이즈음 구마산 쪽에서 자산동 무학초등학교(당시 무학국민학교) 방향으로 소방차 한 대가 시위대를 향해 물대포를 쏘며 다가왔다. 소방차를 향해 사방에서 돌이 날아갔다. 그중 하나가 운전사의 눈에 정통으로 맞았다. 운전사가 황급히 차에서 뛰어내리자 소방차는 지그재그로 움직이다가 학교 앞 전봇대를 들이받았다. 순간 섬광이 번쩍이고 꽝 하는 굉음이 일면서 전봇대가 쓰러지고 변압기가 폭발해 버렸다. 이와 동시에 구마산 일대가 정전돼 암흑천지로 변했다.

그즈음 시청 쪽에서 경찰의 발포가 시작되었다. 8시 10분쯤이었다. 기어코 비무장 시위대를 향해 공포탄이 아니라 실탄 사격을 개시한 것이다. 앞에 섰던 한 학생이 풀썩 쓰러졌다. 이를 생생히 목격한 청년들은 "경찰이 학생을 쏘아 죽였다!" 하는 비명을 질렀다. 총성이 울리는 밤하늘로 수십 발이나 쏘아 올린 조명탄 불빛이 휘황했다. 비 오듯 쏟아지는 총탄에 길거리는 아수라장으로 변했다. 혼비백산한 군중은 산지사방으로 흩어졌다. 3·15의거 최초의 희생자가 거리에 나뒹굴었다. 총상을 입은 사상자가 거리에 쓰러졌다. 그 긴박한 순간에도 부상자를 등에 업고 병원으로 나르는 용감한 청년들도 있었다. 한편 소방차 앞에서 시청을 경비하던 경찰 병력은 시위대의 중심부를 향해 강력한 성능의 최루탄을 무차별 발사했다. 그 순간 남선전기 마산지점 앞에서 3·15의거의 상징, 김주열이 얼굴에 최루탄을 직격으로 맞아 쓰러지고 말았다. 하지만 당시는 그 사실을 아무도 몰랐다. 이 현장에서의 총격으로 4명의 사망자와 수십 명의 총상자가 발생했다.

거의 비슷한 시간에 남성동파출소에서도 총성이 울렸다. 정전으로 캄캄한 시가지에 콩 볶는 듯한 총성이 요란하게 이어졌다. 총상을 당한 부상자의 날카로운 비명도 들렸다. 길바닥에는 선혈이 낭자한 부상자가 뒤엉켜 있었다. 이날 밤, 시민극장 부근에서 또다시 1명의 사망자와 여러 명의 총상자가 생겼다.

한편 북마산파출소도 시위대가 양쪽으로 에워싸고 있었다. 팽팽한 긴장 속에 대치하던 중에 경찰이 카빈총을 난사하기 시작했다. 순식간에 여기저기서 사람들이 쓰러졌다. 발포에 격분한 시위대는 파출소를 향해 돌멩이를 던지며 공격했다. 드럼통을 굴리며 파출소로 돌진하는 시위대의 맹렬한 공격에 경찰은 뒷담을 넘어 도망가 버렸다. 파출소로 쏟아져 들어온 군중의 발길에 차인 난로가 넘어지면서 파출소에 불이 붙었다. 불을 끄기 위해 온 소방차는 시위대의 돌멩이 세례에 박살이 나 버렸고 단층 목조 건물이었던 파출소는 완전히 불타 버렸다. 북마산파출소 앞에서도 경찰의 발포로 3명이 사망하고 많은 사람이 총상을 입었다.

시청 앞에서 밀려난 청년 학생들을 비롯해 시내 곳곳에서 동시다발 시위를 벌이던 군중이 무학초등학교(당시 무학국민학교) 앞 도로로 몰려들었다. 인근의 직업 청소년들은 인근 시외버스 주차장에서 경찰에 맞설 무기를 즉석에서 만들었다. 사이다병에 휘발유를 적신 모래를 넣고 헝겊 심지를 연결해 만든 수제 수류탄이었다. 또 여학생들은 마진선(마산-진주선) 철길에서 자갈을 스커트에 담아 운반해 왔다. 신마산의 신포동, 중앙동 일대 해안가와 철로 주변에는 해방 이후부터 귀환동포와 피난민들이 모여들어 판자촌이 형성돼 있었다. 이 빈민가의 품팔이, 노점상, 부두 노무자, 구두닦이, 넝마주이, 홍등가의 여성들도 거리로 뛰쳐나왔다. 그늘진 곳에서 숨죽여 살아온 이들이 그동안 쌓이고 쌓인 울분과 응어리진 한을 폭발시키려는 듯 시위도 한층 격렬한 양상을 띠었다.

인근 지역의 각 경찰서로부터 병력을 보충받은 경찰은 강력한 공격을 해 왔다. 실탄을 쏘며 밀고 들어오는 경찰에 맞서 시위대는 돌멩이와 수제 수류탄으로 대항했다. 얼마 지나지 않아 경찰의 화력에 밀려 시위대의 저지선은 무너지고 말았다. 경찰은 지프에 기관총을 장착하고 시가지를 질주하며 총을 난사했다. 달아나는 시위대를 뒤에서 무차별 난타했다. 밤 11시 30분경에는 데모 군중은 거의 흩어졌다.

경찰에 밀려 추산공원으로 쫓겨 간 시위대는 추산 뒤쪽 교방동 의신여중 교정에 집결했다. 200여 명에 이르는 이들은 최후의 시위대로 학생과 구두닦이, 직공들이었다. 그들 중에 누군가가 자유당에 정치자금을 헌금한 고려모직과 대동공업을 습격하자고 제안했다. 시위대는 산호동 용마산으로 이동했다. 이들은 경찰에게 뺏은 카빈총을 맨 청년을 앞세우고 고려모직 쪽으로 이동하다가 경찰과 맞닥뜨렸다. 일부는 체포되고 나머지는 흩어졌다. 시간은 이미 새벽 2시 30분을 넘기고 있었다. 격렬했던 하루가 끝나고 시가지는 정적에 빠졌다. 3월 15일 이날의 희생자는 사망자 9명, 총상자 123명인 것으로 나중에 집계되었다.

이후의 상황

악몽의 밤이 지나고 3월 16일 날이 밝았다. 길거리에는 지난밤의 격렬했던 흔적이 그대로 남았다. 크고 작은 무수한 돌멩이와 깨진 유리와 엉겨 붙은 핏자국과 탄흔이 처참했던 상황을 보여 주고 있었다. 마산경찰서에는 체포돼 온 200여 명의 학생, 시민이 경찰의 배후 추궁에 고문을 당하고 있었다. 좁은 경찰서 바닥에는 유혈이 낭자했고 고통에 찬 신음이 새어 나왔다. 경찰은 처음부터 그들의 발포를 호도하기 위해 3

<그림 8-2> 시위에 참여한 혐의로 경찰에 잡혀가는 학생 ©3 · 15의거기념사업회

월 15일의 시위를 공산당 지하조직에 의한 '계획적인 폭동'으로 조작하려고 광분했다. 최인규 내무장관은 배후에서 공산당이 조종한 혐의가 있다고 발표했다. 경찰과 자유당, 서울신문 등은 북마산파출소 방화범은 좌익분자이며, 도립병원 있는 사망자들의 호주머니에서 '이승만을 죽여라', '인민공화국 만세'라는 삐라가 발견되었고, 시위대 속에서 '인민공화국 만세'라고 외치는 소리를 들었으며, 마산은 밀수 루트이기 때문에 간첩이 많이 드나드는 곳이고, 마산에는 용공분자가 많다는 등의 이유를 대며 공산당 배후설로 몰아가고 있었다. 하지만 시일이 흐르며 민주당, 대한변호사협회, 언론 등에 의해 차차 경찰의 조작임이 밝혀졌다. 연행자를 방화범으로 조작하기 위해 잔인한 고문을 가했으며, 권총으로 병원장을 위협하여 시신의 주머니에 삐라를 넣었다는 것 등이 모두 드러나면서 용공 조작은 실패하고 말았다.

중앙선거관리위원회에서 발표한 선거 결과는 '당연히' 이승만 이기붕의 압승이었다. 이승만은 유효 투표수의 88.7%인 966만 3376표, 이기붕은 유효 투표수의 79%인 833만 7059표, 장면은 184만 3758표로 발표되었다. 그러나 이 결과를 그대로 믿는 국민은 아무도 없었다. 이와 같은 발표에 귀를 기울이기는커녕 인정조차 하지 않았다.

예상을 뛰어넘는 대규모의 부정 선거 규탄 시위가 일어나고 경찰의 무차별 발포로 다수의 사망자가 발생한 이 사건은 국내외에 큰 파문을 던졌다. 다음 날 곧바로 전국의 신문 기자들이 달려왔으며 자유당과 민주당의 조사단이 왔고, 23일에는 국회 조사단이 파견되었으며 대한변호사협회도 조사단을 보내 진상을 조사했다.

경찰은 또한 발포의 정당성과 발포 책임자 문제에도 책임을 회피하고 궤변을 늘어놓았다. 최루탄이 부족해 공포를 발사한 것이며 데모 군중의 사인은 압사인지 총상인지 알 수 없다고 했다. 심지어 이기붕은 기자회견에서 총은 쏘라고 준 것이라고 해 국민을 경악하게 했다. 국민의 분노가 높아가자 검찰은 3월 25일 발포 책임을 묻는다며 남성동파출소 주임 등 순경 5명을 구속했다. 하지만 이는 민심 수습용 기만책이었다. 누구도 일개 파출소 주임이 발포 책임자였다고 믿지 않았다. 발포의 최종 책임자는 최인규와 이기붕, 이승만이었음은 4월혁명 이후에 밝혀졌다.

자유당 독재정권에 맞서 벌인 마산 시민의 투쟁은 청년 학생들의 피를 끓게 하기에 충분했다. 3월 16일 오후 3시경 진해여고 학생 20여 명이 여좌동에 있는 학교 앞에서 "협잡선거 물리치자!" 하는 구호를 외치며 3분간에 데모를 했으나 교사들의 제지로 계속되지 못했다. 제1차 데모에 실패한 여고생들은 20분 후에 진해극장 앞에서 다시 20여 명이 플래카드 2개를 앞세우고 구호를 외치며 데모를 하다가 출동한 경찰관과 교사들에 의해 학교로 끌려갔다. 3월 17일에도 진해고 학생 200여 명이 역전광장에 집결한 후 두 대열로 나누어 "협잡 선거 물리치자" 구호를 외치며 데모를 감행하다가 출동한 경찰과 헌병들에 의하여 20분 만에 해산당했다. 경찰은 공포탄을 발사하며 7명의 학생을 연행했다. 마산에서는 17일부터 22일까지 중·고교생 등교를 아예 중지시켰다.

2차 의거[3]

4월 11일 오전 11시경, 마산 신포동 중앙부두 앞바다 위로 괴이한 형상의 시신 한 구가 떠올랐다. 10대 소년으로 보이는 시신은 눈에 포탄 같은 쇠붙이가 박힌 참혹한 모습이었다. 신고를 받은 경찰과 검사가 현장에 도착했다. 당시 취재기자 중에 가장 먼저 현장에 달려온 사람은 부산일보 마산주재 기자로 수면 위 시신의 모습을 촬영하여 특종 보도했다. 그 사진은 즉각 AP통신을 통해 전 세계에 보도되면서 센세이션을 일으키게 된다.

바다에 시신이 떠올랐다는 소식은 삽시간에 퍼져 나갔다. 신고를 받은 경찰이 시신을 인양했다. 신원은 친척인 이모할머니에 의해 확인되었는데 3월 15일 저녁 그의 형 광열과 함께 시위에 참여했다가 행방불명된 김주열(17) 군으로 드러났다. 그는 남원 출신으로 마산의 친척 집에 와서 마산상고 입학시험을 치르고 합격자 발표를 기다리고 있었다. 원래 14일이었던 발표일이 16일로 연기되었는데 그는 우수한 성적으로 합격한 상태였다.

시신은 오후 2시경 도립마산병원(도립병원)에 안치되었다. 행방불명되

3 최근 들어 이날의 의미를 강조해 '4·11민주항쟁'이라 부르는 경우도 있다.

었던 김주열이 처참한 모습으로 나타나자 시민들은 충격과 함께 분노에 휩싸였다. 시민들은 이미 그의 이름을 잘 알고 있었다. 김주열의 실종 이후 아들을 찾기 위해 온 마산을 헤매고 다닌 그의 어머니 때문이었다. 그의 어머니 권찬주 여사는 그동안 아들의 행방을 찾아 백방으로 노력했다. 당시 서울에서 내려온 민주당 국회조사단과 마산 시장에게 호소하여 시신이 몰래 수장됐을지도 모른다는 의혹이 일었던 마산시청 뒤편의 기관차 급수용 저수지의 물을 양수까지 했으나 허사였다. 권찬주 여사는 마산 거리를 헤매면서 만나는 사람마다 "내 아들을 찾아 주시오"라며 호소하고 다녔다. 시청, 경찰서, 자유당사에 가서는 "내 자식을 내놔라!"라고 호통을 치며 울부짖기도 했다. 어느덧 김주열의 행방은 마산 시민의 관심사가 되었으나 묘연하기만 했다. 그런 상황에서 하필이면 그의 어머니가 마산을 떠나 남원으로 돌아가던 바로 그 무렵 시신이 바다에 떠오른 것이었다. 그 어머니는 그날 밤 남원에서 라디오를 통해 자기 아들의 시신이 발견되었다는 뉴스를 접했다.

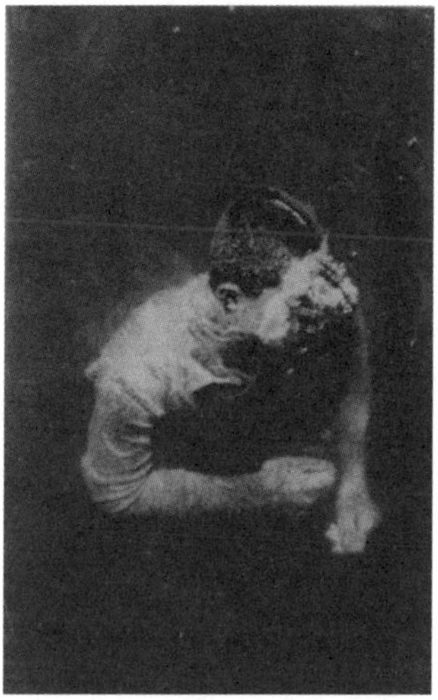

<그림 8-3> 3월 15일 밤 실종되었다가 27일 만인 4월 11일 참혹한 주검으로 마산 앞바다에 떠오른 김주열 열사 ©3 · 15의거기념사업회

김주열이 경찰의 최루탄에 희생되었다는 소문에 격분한 시민들은 도립병원으로 몰려들었다. 끔찍한 모습을 실제 확인한 시민들은 몸서리를 치며 '세상에 이럴 수가 없다'라며 분통을 터뜨렸다. 분개한 청년 학생들

은 오후 6시 15분경 도립병원 앞길에서 글씨가 채 마르지도 않은 "협잡 선거 다시 하자!", "살인자를 잡아라"라는 플래카드를 앞세우고 시위를 시작했다. 시위 행렬은 구마산을 향해서 움직이기 시작했다. 가는 길목마다 사람들이 합류하면서 거리는 인산인해였다. 선두의 청년 학생들은 전우가와 애국가를 부르며 앞으로 나아갔다. 남성동파출소에 이르자 경찰은 모두 도망을 가 버렸다. 일부 청년들이 파출소에 들어가 비품을 두들겨 부수었다. 시위 행렬은 오동동파출소를 거쳐 도립병원으로 되돌아왔다. 시위대는 신마산 댓거리까지 갔다가 다시 마산경찰서 앞으로 되돌아왔다. 7시 10분경 시위대는 시청과 경찰서를 점거했다. 시위대는 부정 선거의 증거인 투표함이 보관되어 있으며, 공무원이 부정 선거에 앞장섰기 때문에 마산시청을 집중 공격했다. 시위대는 보관 중이던 투표함을 끌어내어 파괴하고 투표용지 묶음을 가지고 나와 길거리에 뿌리면서 "협잡 선거 다시 하자!" 구호를 외쳤다.

당시 마산에서는 3만 명 이상의 시민이 시위에 가담하여 크고 작은 십여 개의 시위대를 형성해 시가지를 휩쓸고 다니고 있었다. 이를 선도하는 청년 학생 집단은 1차 의거의 경험이 있었기에 훨씬 조직적이고 과감하게 시위를 벌였다. 저녁 7시 이후 마산 시내는 무정부적 상태가 되었다. 남성동 신마산 등 5개 파출소와 시청, 창원군청, 경찰서, 동양주정, 무학주조, 소방서, 자유당사, 서울신문, 국민회, 마산형무소, 허윤수 의원 집, 마산시장 관사, 경찰서장 관사, 기타 자유당과 관계있는 인사들의 집은 시위 군중의 습격을 받아 그 악행의 정도에 따라 파괴되었다. 법의 심판보다 훨씬 냉혹한 시민의 심판이라고 얘기될 정도였다.

9시 10분경 경찰은 공포를 쏘면서 경찰서 본서로 진입하여 이를 탈환하고자 했다. 시위대와 경찰 사이에 경찰서를 사이에 두고 맹렬한 공방전이 벌어졌다. 시위대는 경찰서장 지프를 우체국 앞 도로로 끌어내어 불 질러 버렸다. 시위 군중에 붙잡힌 경찰서장은 폭행을 당하다가 탈주하기도 했다. 경찰은 9시 30분경부터 실탄 사격을 개시했다. 시위 군중이 몸을 감추고 투석을 했으나 경찰의 총격에는 역부족이었다. 시위대는 2명의 사망자와 많은 부상자를 낸 채 뿔뿔이 퇴각했다. 밤 10시경 인근 경찰서에서 급파된 증원부대가 속속 도착하자 시위대의 기세는 꺾이고 말았다. 시간이 흐름에 따라 시위 군중의 숫자는 현저히 줄었다, 게다가 가랑비마저 내리기 시작했다. 자정 무렵에는 마지막 시위대가 경찰서로 몰려가 연행자 석방을 요구하며 연좌데모를 했다. 12시 15분경 경찰이 4명의 학생을 비롯한 10여 명의 연행자를 석방했고 시위대는 자진 해산했다.

12일 아침, 비가 내리는 거리에는 3인조 경찰이 곤봉을 차고 순찰하고 있었다. 이날의 시위는 마산 시내 고등학생들로부터 시작되었다. 당시 마산에는 8개의 고등학교가 있었다. 각 고등학교 학생들은 학생회장 등을 통해 사전에 서로 연락해서 오전 10시에 일제히 '일어서기로' 약속을 했다. 하지만 학교 측의 만류와 저지로 실제 행동은 일치하지 못했다. 먼저 마산공고 학생 300여 명은 학교 종 난타를 신호로 일제히 시가지로 뛰쳐나갔다. 이들은 '민주정치 다시 살리자'라는 플래카드를 들고 "압박과 설움에서 해방된 민족..." 하는 '해방의 노래'를 부르며 시가행진에 나섰다. 뒤이어 창신고 200여 명, 마산고 500여 명의 학생이 질서정연하게 시위에 나섰다. 마산여고 학생 400여 명은 '껍질만 남은 자유 필요치 않다'라는 피켓을 들고 시위를 벌였다. 오후 1시 30분에는 '우리는 젊은 피를 가졌기에 불의에 항거한다'라는 피켓과 '공명선거 다시하자'라고 쓴 플래카드를 높이 든 제일여고 학생들이 길거리를 행진했다. 오후 2시경에는 마산상고 학생 1,000여 명이 '김주열 군을 사살한 경찰을 학생에게 맡겨라'라고 적은 피켓을 앞세우고 시가지로 진출했고 여기에 간호고 학생 100명도 합류했다.

학생 시위에는 일반 시민들도 합세했으며 경찰은 직접 충돌을 피하면서 3중 4중으로 저지선을 쳤다. 학생 시위대는 질서정연하게 시가지를 행진한 후 도립병원에 집결하여 태극기와 조화에 덮여 있는 김주열의 주검에 참배하고 애도사를 한 후 해산했다. 도립병원 주변에 인산인해를 이룬 시민들은 흩어지지 않고 민주당 윤보선 국회의원 등의 연설을 듣기도 했다. 7시 20분경 일부 시민들은 경찰서로 몰려가 투석을 했고 창원군청에도 몰려갔다. 마침 창원군청 군수실에서는 국회의원들과 도지사, 도경국장 등이 사태수습 회의를 열고 있었다. 시위 군중이 돌을 던지며 들어가자 회의장은 아수라장이 되었고 참석자들은 혼비백산하여 도망쳐 버렸다. 군중은 경찰서로 몰려가 "뭉쳐라" 외치면서 농성을 벌였다. 경찰은 밤 9시경부터 공포를 쏘기 시작했고 소방차는 물세례를 퍼부었다. 투석과 공포, 함성과 물세례가 반복되는 치열한 공방전이 벌어졌다. 한편 시청을 점거한 시위 군중은 집기 등을 파괴하며 농성을 벌였고 구마산 쪽 5개 파출소는 경찰이 철수한 가운데 다시 한 번 시위대의 공격을 받아 파괴되었다. 밤 11시 40분경 피로에 지친 시위대가 점차 해산하며 이날의 시위는 막을 내렸다.

13일에도 시위는 계속됐다. 비가 오는 가운데 해인대학(현재 경남대학교) 학생 100여 명이 처음으로 시위에 나섰다. 이들은 시청 앞에 집결해 "피로서 찾은 자유 총칼로 뺏을쏘냐?", "보장된 기본인권 그 누가 뺏을손가?"라는 플래카드를 앞세우고 행진하여 도립병원 앞에서 선언문을 낭독했다. 오전 11시 30분경, 성지여고와 성지여중 학생 300여 명, 마산여고 마산여중 학생 800여 명이 마산상고 앞에 집결했다. 미리 계획된 공동 시위였다. 학생들은 김주열에 바칠 조화를 앞세우고 '고문한 경찰을 법률에 호소하여 정당한 처벌하라', '3·15 때 잡혀간 사람을 무죄석방하라', '학생에게 자유를 달라'라고 적은 소형 플래카드를 들고 도립병원을 향해 시가 행진에 돌입했다. 봄비가 추적추적 내리는데도 흐트러짐 없이 대오를 지어 군가를 부르며 나아갔다. 자산동 철교 밑에 이르자 대기하고 있던 소방차 2대에서 물대포를 쏘기 시작했다. 그냥 맑은 물이 아니라 붉은 물감을 푼 염색수를 호스로 사정없이 뿌려댔다. 이에 맞서 여학생들도 돌을 던졌다. 순식간에 여학생들의 교복 하얀 컬러에 핏빛 물이 들었다. 도로 곳곳에 붉은 물이 넘쳐흘렀다. 여학생들로부터 돌멩이가 날아오자 40여 명의 경찰은 50여 발의 공포를 발사했다. 여학생들은 붉은 염색수 세례와 공포탄으로 말미암아 강제로 해산당하고 말았다. 오후 들어 빗줄기가 점점 굵어져 세찬 폭우로 바뀌었다. 시민들도 발이 묶여 거리는 인적이 끊겼다.

이렇게 하여 사흘간에 걸친 2차 의거는 일단락되었다. 1차 의거 때와 비교해 훨씬 많은 군중이 운집한 대규모 시위로 그야말로 각계각층의 시민이 다 나온 시민항쟁이었다. 아무런 정치적 저의도 없이 비조직적인 익명의 군중으로 뭉쳐 자유당 정권에 맞서 싸운 항쟁이었다.

이후 상황과 4월혁명

마산 시민들의 격렬한 시위에 당황한 자유당 정권은 3·15의거 1차 시위 때와 마찬가지로 용공 조작에 광분했다. 4월 12일 홍진기 내무장관은 "특히 마산은 지난 선거에서 조봉암 표가 제일 많이 나왔고 6.25 동란 전에는 공산당이 가장 심하게 준동한 곳일 뿐 아니라 해안에 접해

<그림 8-4> 김주열의 참혹한 죽음이 알려지자 분노한 시민과 학생들은 4월 11일부터 13일까지 사흘 연속으로 시위를 벌였다 ©3 · 15의거기념사업회

<그림 8-5> 시위 행진을 막아선 경찰에 항의하는 여학생들 ©3 · 15의거기념사업회

있어 밀수의 근거지가 되어 조총련계의 불온문서가 나돌고 있음을 볼 때 조총련과 이들 불순세력과의 접촉이 쉽다"라고 하면서 "오열이 개입되었음을 의심할 여지가 없다"라고 했다. 또한 긴급각료회의와 자유당 당무회의를 통해 "마산 사태는 적색분자가 게재된 혐의가 짙다"라고 하면서 "'대공합동수사위원회'를 구성하고 적색분자들의 준동 혐의에 대해 과학적 수사를 펼쳐 나가겠다"라고 말했다. 경남도지사도 "마산의 2차 데모는 공산당의 수법과 흡사하다"라고 하는가 하면 치안국장도 덩달아 "2차 데모에 공산당이 개입한 모종의 중대 정보를 입수했다"라고 발표했다. 게다가 이승만 대통령은 4월 15일 발표한 특별 담화문에서 "지금 듣기로는 마산 폭동이 철모르고 덤비던 사람들이 정신을 차려 거반 정돈이 되어 가게 된 것은 잘된 일이다. 해내외에서 들어오는 소식은 마산에서 일어난 폭동은 공산당이 들어와 뒤에서 조종한 혐의가 있다고 하는 것"이라며 역시 공산 오열의 배후설을 당연시하고 있어 현실과 완전히 동떨어진 인식을 하고 있었다. 야당인 민주당은 경찰의 강압적 진압책과 정부의 오열 개재설을 통렬히 비난하고 3·15 부정 선거의 무효와 재선거를 주장했다.

김주열의 참혹한 죽음이 알려지고 마산에서 연사흘 격렬한 항의 시위가 일어나자 전국의 여론은 들끓었다. 이승만 자유당 정권을 향한 분노는 더욱 높아만 갔다. 청년 학생들의 투쟁 의식도 더욱 높아만 갔다. 경남의 여러 지역에서도 시위가 이어졌다. 4월 14일 진양군 문산면에 있는 청곡사로 소풍 갔던 진양고 학생들이 데모를 감행했다. 진주경찰서는 1개 소대의 경찰기동대를 현지로 파견했다. 같은 날 진주 시내에서도 민주당원 20여 명이 소규모의 시위를 벌였다. 4월 15일 오전 마산상고, 마산고 학생 50여 명은 마산 산호동 용마산과 상남동 제비산 마

<그림 8-6> 4월 17일 부정선거 규탄 성명서 발표 후 시위를 벌이는 민주당 진주시당부 당원들
ⓒ3 · 15의거기념사업회

루턱에서 플래카드를 들고 시위를 감행했으나 미리 눈치를 챈 경찰의 제지로 해산되고 말았다. 같은 날 정오 함안군 가야읍에서 민주당원 9명이 경찰의 제지에도 불구하고 부정 선거를 규탄하는 데모를 감행했다. 4월 16일 오전 9시경 창녕에서도 민주당원들이 데모에 들어가려다 출동한 경찰에 의해 좌절되었다. 하동에서는 16일 오후 소풍에서 돌아오던 하동고 학생 수백 명 사이에서 17일 진주에서 예정된 민주당원들 데모에 호응하자는 움직임이 있었으나 경찰의 경계망에 걸려 좌절되었다. 이날 진주에서 민주당원들이 부정 선거를 규탄하는 성명서를 낭독하고 '3.1정신으로 돌아가자'라고 쓴 플래카드를 들고 길거리로 나섰으나 경찰이 민주당사 앞을 겹겹이 포위하고 행진을 차단했다. 민주당원들은 경찰과 몸싸움을 벌이며 그 자리에서 농성을 벌였다.

4월 18일 고려대생 3,000여 명은 신입생 환영회를 한다며 교내에서 집회를 열었다. 학생들은 선언문에서 "오늘은 진정한 민주 이념의 쟁취를 위한 반항의 봉화를 높이 들어야겠다"라고 다짐하고 "기성세대는 자성하라", "마산 사건의 책임자를 즉시 처단하라", "경찰의 학원 출입을 엄금하라" 등의 5개 항을 요구한 후, 스크럼을 짜고 시위에 나섰다. 경찰의 저지선에 막히자 개별적으로 국회의사당 앞에 1,000여 명이 재집결했다. 학생들은 "대학의 자유를 보장하라" 등의 대정부 건의문을 채택하고 연좌시위를 벌였다. 그런데 시위를 마치고 학교로 이동 중인 학생들을 쇠사슬 등으로 무장한 80여 명의 정치 깡패들이 습격했다. 선두에 섰던 학생과 기자 등 40여 명이 피투성이가 돼 쓰러졌다. 이 사건은 4·19의 기폭제가 되었다. 분노한 시민들과 학생들은 이튿날 일제히 궐기했다. 4·18 고대생 시위는 2·28의거와 3·15의거로 이어지는 지방 고등학교 학생과 청년들의 시위에서 대학생의 대규모 항쟁으로 전환되는 계기가 되었다. 부정 선거 규탄에서 이승만 독재 체제를 무너뜨리는 것을 목표로 하는 혁명적인 노신으로 발전했다.

4월 19일 새벽. 각 조간신문에 고려대생 시위 피습 사건의 전모가 보도되자 국민은 경악과 분노에 치를 떨었다. 이미 상당수의 대학이 시위를 준비해 오던 중이었는데 이 사건으로 학생들의 분노는 더욱 커졌다. 그리하여 19일 서울에 있는 거의 전 대학의 학생 2만여 명이 차례로 시가지로 쏟아져 나와 시위에 나섰다. 고등학생 수천 명도 길거리로 나섰다. 한꺼번에 여러 학교에서 연속적으로 시위가 터지자 경찰은 아예 진압을 포기했다. 시민들도 무더기로 합세하기 시작했다. 정오 무렵에는 시위 행렬이 동대문에서 신촌까지 서울역에서 중앙청까지를 온통 뒤덮어 버렸다. 이때 서울 시내의 시위 참가 군중의 숫자는 10만 명이 넘었다. 경찰은 경무대와 중앙청에 집중 배치되었다. 시위대가 경무대를 향해 움직였다. 시위대가 세종로를 지나면서 "이승만 물러가라", "독재 정권 물러가라" 하는 구호가 데모 대열 속에서 터져 나왔다. 오후 1시 40분, 소방차를 앞세운 데모대와 경찰의 간격이 10여 미터로 좁혀졌을 때 경찰의 총구가 일제히 불을 뿜었다. 삽시간에 경무대 어귀는 수라장이 되고, 도로에는 시신이 나뒹굴었다. 경무대 앞 데모 희생자는 사망 21명, 부상 172명이었다.

사태가 걷잡을 수 없이 번지자 정부는 오후 3시 서울시 일원에 계엄령을 선포하고, 군대를 동원하여 시위를 진압했다. 계엄령에도 불구하고 시위는 더욱 확산되고 격화되었다. 일부 시위대는 무장을 갖추고 경찰과 군대에 대항했다. 평화적 시위로 출발했던 항쟁은 경찰의 유혈 탄압과 맞부딪치면서 급속히 혁명으로 전환되었다. 오후 3시경 서울신문사가 요란한 폭음과 함께 불길에 휩싸였다. 소방차 3대가 긴급 출동해 진화 작업을 벌이려 하자, 시위 군중이 돌을 던지고 소방차를 탈취해 불 질러 버렸다. 악명을 떨치던 서울신문사는 완전히 불타고 말았다. 오후 3시 30분경 반공청년단이 들어 있는 반공회관도 불길이 솟구쳤다.

오후 5시부터 경찰은 중앙청 앞에서부터 일렬횡대를 지어 앞으로 나가면서 일제 사격을 퍼부어 흡사 시가전 같은 소탕 작전을 펼쳤다. 사람들이 죽어 쓰러지고 총상으로 병원으로 실려 갔다. 맨주먹뿐인 시위 군중은 점점 밀려났다. 그러나 밤 8시에는 40여 대의 차량에 분승한 시위대가 동대문에서 청량리에 이르는 파출소를 모조리 불태우며 카빈총을 탈취하여 경찰과 총격전을 벌이기도 했다. 밤 10시 계엄군이 탱크를 앞세우고 시내로 진주하자 군중은 대부분 흩어졌다. 이승만 정권이 오후 5시를 기해 서울, 부산, 대구, 광주, 대전 등 전국 5대 도시에 비상계엄을 선포했다. 서울뿐 아니라 전국 곳곳에서 시위가 발생했다. 부산에서도 고등학생들이 처음 시작한 시위에 시민들이 가담했고 경찰이 발포했다. 광주에서도 고등학생과 시민이 합세한 시위대에 경찰이 발포했다. 대전, 대구, 전주, 청주, 인천에서도 시위가 일어났다. 전국적으로 4월 19일 이날 쓰러진 피해자는 서울에서만 104명, 부산에서 13명, 광주에서 6명 등이었다. 역사는 이날을 '피의 화요일'로 기록했다. 4월혁명 이후 확인된 전체 사망자는 186명, 부상자는 6,026명이었다.

전국 각지에서 시위는 계속되었다. 이승만 자유당 정권을 향한 분노는 하늘을 찔렀다. 경남에서도 22일 오후 1시 40분경 김해에서 민주당 간부 18명이 철통같은 경찰 경비망을 뚫고 데모를 감행했다. 이들은 김해읍 소방서 앞에서 데모에 들어가 군청사 앞까지 행진했다가 출동한 경찰에 의해 해산당하고 14명이 경찰에 연행됐다. 폭우가 내리던 24일 오후 7시경 김해읍에서 김해농고, 김해여중, 김해중 학생 200여 명이 시위를 감행했다. 경찰의 제지에도 불구하고 40여 분 동안 세 차례에 걸쳐 시가를 행진했다. 학생들은 "학원에 자유를 달라", "경찰은 각성하라", "읍민은 궐기하라" 등의 구호를 외쳤다. 이 학생들은 지난 20일에도 시위를 시도했다가 경찰의 제지로 실패한 적이 있었다.

25일 오전 진주고 학생 500여 명이 '탄압 민주주의는 멸망한다' 하는 플래카드를 앞세우고 교문을 나와 법원 앞 로터리-중앙로터리-철교 앞-시공관 앞-경찰서 옆길-진주군청 앞으로 해서 다시 법원 앞으로 행진했다. 진주농대와 농고 학생 2,000여 명도 진주경찰서 앞에 집결하여 '이승만 정부는 물러가라' 하는 플래카드를 들고 농성했다. 진주경찰서장은 이들 시위대에게 "천하 공당인 자유당도 해체의 운명에 놓여 있고 국무위원들도 사표를 냈다. 오늘날까지 역사 깊은 진주에서 학생 데모가 없기를 바라고 막아 온 것은 이 진주가 평온하기를 바란 것뿐이며, 오늘 학생들이 평화리에 데모를 한 데 대해서 고맙게 생각"한다고 연설했다. 또 시위대 앞에 나타난 진주시장은 "3·15 선거는 부정 선거였다"라고 시인하고 "사표를 내겠다"라고 했다. 학생 시위대는 갈수록 증가했고 진주사범학교 학생들도 교정에 집결했다. 한편 자유당 진주시당 위원장까지도 3·15 선거가 부정 선거였음을 인정하고 시민들에게 사과하겠다고 약속했다.

할아버지, 할머니 시위대

4월 24일 오전 11시, 두루마기에 갓 쓰고 지팡이를 든 마산애국노인회 회원 70여 명이 마산 시외버스 주차장 입구에 모였다. 이 '할아버지 시위대'는 경찰의 제지에도 불구하고, '노 대통령은 요번 기회에 민주정치를 바로잡자', '책임지고 물러가라 갈아치울 때는 왔다', '행방불명자 색출하라, 체포 학생 석방하라' 등의 플래카드를 들고 시청 방면으로 출발했다. 11시 30분경 남선전기 앞에 이르자 제지하는 사복 경찰과 옥신각신하는 틈에 플래카드를 빼앗기고 말았다. 할아버지 시위대가 방향을 되돌려 자산동 향원다방 쪽으로 시위를 이어가자 주변에는 이 낯선 광경을 보려고 군중이 몰려들었다. 경찰의 만류에도 불구하고 이들은 플래카드를 달았던 막대기만을 들고 구마산 남성동파출소 앞을 거쳐 콘티넨탈 다방, 북마산파출소 앞을 경유, 오후 1시 40분경 포교당 앞에서 해산했다. 1954년 결성된 마산애국노인회는 '충효예의' 등의 전통 가치의 교육을 주창하던 노인 단체였는데 이들마저 이승만의 퇴진을 공공연히 주장한 것이다.

<그림 8-7> 4월 24일 이승만의 퇴진을 요구하는 할아버지 시위대
ⓒ3 · 15의거기념사업회

<그림 8-8> 4월 25일 '죽은 학생 책임지고 리 대통령 물러가라'며 시위를 벌이는 할머니 시위대
ⓒ3 · 15의거기념사업회

할아버지들이 데모를 일으킨 데 이어 할머니들까지 길거리로 나섰다. 4월 25일 오후 1시경, 부림동 강남극장 앞에 모인 할머니 200여 명은 대오를 갖추고 '죽은 학생 책임지고 리대통령 물러가라', '총 맞아 죽은 학생 원한이나 풀어주소' 하는 플래카드를 들고 데모를 시작했다. 할머니들은 애국가와 전우가 같은 노래를 손뼉 쳐가며 부르면서 북마산파출소를 거쳐 구마산 시가를 한 바퀴 돈 다음 신마산 방면으로 향하여 시청 앞을 통과했다. 오후 3시 30분경에는 엄청난 수의 시민들이 이에 호응하여 마산경찰서 안으로 밀고 들어가 "고문 경찰 잡아내라", "살인경관 잡아내라" 외치면서 시위를 벌였다. 당시 남자들뿐 아니라 여자들도 시위에 많이 참여했는데 특히 2차 의거 당시에는 시위대에 대거 합류했다. 그런데 독자적으로 시위대가 꾸려진 것은 처음 있는 놀라운 일이었다. 그만큼 이승만과 자유당 정권에 대한 민심이반이 심했음을 보여주었다.

정치적 상황이 급격히 소용돌이치는 가운데 4월 25일, 250여 명의 대학 교수가 시국선언문을 발표하고 '학생들의 피에 보답하라'라는 플래카드를 앞세우고 이승만의 하야를 요구하는 시위를 벌였다. 정국은 막바지로 치닫고 있었다. 4월 26일 이른 아침부터 서울에는 데모대가 형성되기 시작해 "이승만 정권 물러가라" 외쳐댔다. 그리고 10시 30분 마침내 라디오를 통해 이승만의 하야 성명이 발표되었다. 시위 군중은 물론이고 온 국민이 민권이 승리했다며 환호성을 올렸다. 탑골공원의 이승만 동상은 끌어 내려져 새끼줄에 묶인 채 길거리로 끌려다녔다. 이로써 제1공화국은 11년 8개월 만에 막을 내렸다.

부산 시위대의 마산 원정 시위

4월 26일 이승만의 하야 성명이 발표되자 전국 각지에서 군중이 환호하며 거리로 몰려나왔다. 이날 오후 1시경 부산지방법원 마당에 운집한 군중은 3·15의거의 주동자 전원의 석방을 요구했다. 이들 8명 모두가 형무소에서 풀려나자 만세를 부르며 이들을 맞았다. 경남고 학생 100여 명이 2대의 버스에 분승하여 '승리의 도시' 마산으로 향했다. 이들을 필두로 부산 일대를 휩쓸며 시위를 벌이던 군중은 "자유당은 끝났다!", "가자! 마산으로!" 외치며 오후 3시경부터 트럭, 버스, 택시, 지프 등 50여 대의 차량을 몰고 마산으로 향했다. 180리 거리의 마부가도(마산-부산 간 도로)를 거쳐 승리에 도취한 시위대가 마산으로 밀려왔다. 이들은 진영, 덕산, 창원을 거치는 동안 세 곳의 지서를 습격하여 카빈총과 검은 경찰복을 뺏기도 했다. 의기양양하게 마산 시내로 진입한 거의 2000여 명에 달하는 시위대는 남성동파출소, 시청, 경찰서 등을 점거하고 닥치는 대로 기물을 파손했다. 이미 경찰서와 파출소는 지레 겁먹은 경찰관들마저 피신한 뒤였다. 마산은 무방비 상태에 빠졌다. 원정 시위대의 폭력적 시위가 도를 넘게 되자 시내 고등학교 학생위원장들과 각 정당의 소장파 등은 트럭에 분승하여 원정 시위대가 몰려 있던 무학국교의 출구를 막고 원정 데모대의 자제를 요청하고 설득했다.

이들 중의 200여 명의 시위대는 27일 새벽 0시 30분경, 트럭 3대에 나눠 타고 인근 지역인 함안군 가야읍으로 몰려갔다. 이들은 함안경찰서와 가야지서, 자유당 사무소 등을 파괴하고 다시 마산으로 돌아왔다.

27일 0시를 기해 마산시와 창원군 일대에 비상계엄이 선포되었고 39사단 병력이 계엄군으로 출동하여 시위를 진압했다. 마산 시민과 학생들은 원정 시위대를 마산상고 교정에 모아 놓고 주먹밥을 제공하며 위로했다. 부산에서 온 원정 시위대는 27일 새벽에 돌아갔으나, 26일의 시위 과정에서 또다시 2명의 희생자가 발생했고 관공서 등의 피해는 심각했다. 이 부산 원정 시위대는 이승만 하야 이후 마산 시민을 격려하기 위해 출발한 것이겠지만 통제되지 않는 폭력 일변도의 시위 행태를 보임으로써 시민들로부터 환영을 받지 못하는 상황이 되었다.

이승만이 하야한 이후에도 전국 각지에서 시위가 발생했고 경남 지역에서도 3·15부정 선거에 대한 책임을 추궁하고 이승만 자유당 정권을 규탄하는 시위가 연이어 일어났다. 4월 26일 오전 9시부터 진주사범학교 학생, 진주여중, 진주여고, 재경 유학생 등 2,000여 명이 '민주주의는 죽었다'라고 쓴 관을 멘 학생 4명을 선두로 시내를 행진했다. 이들은 "국회는 해산하라", "민주 역적 최인규를 처단하라", "자유당과 민주당은 정권 획득에 학생을 이용치 말라" 하는 플래카드를 들고 구호를 외치며 시위를 벌였다. 같은 날 오후 2시부터 밀양의 민주당 당원 10여 명은 '살인경관 잡아내라' 하는 플래카드를 들고 "민주주의 살았다" 하는 구호를 외치며 시위했다. 이들은 중앙로를 거쳐 시장통을 지나 경찰서 앞까지 이르러 "우리의 자유는 왔다"라고 소리쳤다. 이들에게 호응하는 군중 수백 명이 동참했다.

같은 날 오전 8시 울산 신시장에서 출발한 울산농고 학생 150여 명이 "동포여 일어나라", "협잡 선거 물리쳐라", "구속된 학생을 석방하라" 하는 구호를 외치면서 스크럼을 짜고 행진했다. 군중 3,000여 명도 함께 뒤따랐다. 군청과 경찰서 앞에서 시위 군중은 "앞으로 공무원이 선거에 간섭할 것인가? 군수, 서장은 답변하라!"라고 강력히 요구했다. 군수와 서장은 앞으로 선거에는 공무원이 간섭하지 않겠다고 답변했다. 시위대는 시내를 행진하면서 자유당, 반공청년단, 서울신문 울산지국 등의 간판을 떼어 버리고 12시경 해산했다. 같은 날 오후 7시경 충무의 통영고 학생 600여 명과 통영상고, 통영수산고 학생들과 시민들이 합세하여 1만여 명에 이른 시위대는 "경찰국가 물리치고 복리국가 건설하자" 하는 구호를 외치며 시위를 벌였다. 시위대는 충무경찰서를 습격하여 경찰서장으로부터 "3·15 선거는 확실히 부정 선거였으므로 나 자신과 사찰계장은 자진사퇴" 하겠다는 확언을 받았다. 시위 군중들은 이어 자유당 충무시당 부위원장의 사택, 충무시장 사택에 돌팔매질하여 사택들을 파괴했다. 다음 날인 27일에는 함안, 의령, 창녕, 남지, 삼천포, 언양, 고성, 양산, 김해 등 경남 전역으로 시위가 확산했다. 이들 지역에서도 주로 중·고등학교 학생들이 중심이 되고 지역 주민이 합세하는 양상으로 시위가 이뤄졌다.

3·15의거 주도층과 역사적 의의

3·15의거로 당시 12명이 사망하고 70여 명이 중상을 입은 것으로 알려져 왔다. 총상을 입고 치료하다가 비교적 사건 초기인 1963년까지 사망한 이들을 포함하면 3·15의거의 희생자는 다음의 14명이다. 이후의 전반적인 상황을 고려하면 3·15의거의 희생자는 14명으로 보는 게 타당하다.

김영호(19세, 학생) 김용실(18세, 학생) 김주열(17세, 학생) 김영준(20세, 무직)
전의규(18세, 무직) 김영길(18세, 직공) 김효덕(19세, 공원) 김삼웅(19세, 무직)
김종술(17세, 학생) 김평도(39세, 상업) 조현대(21세, 무직) 김동섭(28세, 재단사)
강융기(20세, 학생) 오성원(20세, 구두닦이)

이 14명의 희생자 중에 학생(중·고등학생)은 6명뿐이었고 나머지 8명은 구두닦이, 철공소 직공, 점원, 상업, 무직 등의 일반인이었다.

4월 11일 이후 2차 의거에 대한 경찰의 진압 과정에서 1,000여 명의 시민이 통행금지 위반 혐의 등으로 검거되었고 이들 중에서 67명이 소요죄로 입건되었다(구속 32명, 불구속 35명). 이들을 당시 경찰이 발표한 대로 직업별로 보면, 무직 18명, 공원 및 노동 15명, 학생 14명, 공업 4명, 행상 3명, 매춘부 3명, 회사원 2명, 이발사 2명, 간호원 1명, 요리사 1명, 식모 1명, 상업 1명, 세탁업 1명 등이었다. 또 연령별로는 10대가 26명, 20대가 26명, 30대가 8명, 40대가 7명이었다. 이를 통해서 당시 시위대의 선봉에서 투쟁한 이들이 어떤 사람들이었는지의 일단을 짐작할 수 있다.

위의 명단에서 알 수 있듯이 3·15의거 당시 시위대의 선두에서 맞서 싸운 집단은 10대 후반 20대 초반의 청년 학생들이었다. 위의 희생자 외에도 총상을 입거나 부상한 수백여 명의 부상자들도 대부분 이들이었다. 특히 4월 11일 이후에는 고등학생들이 시위를 이끌어 가는 주역이었다. 학생들은 학교와 경찰의 압박과 제지에도 불구하고 과감하게 자신들의 의견을 표출함으로써 여론의 지지를 받았다. 군대와 학교 외에는 조직 집단이 미약하던 당시에 학교는 강한 응집력을 가진 공간이었고 학생들은 교육을 통해 자유, 평등, 국민주권 등 민주주의의 이념과 가치를 받아들였다. 민주정치의 기본 이념을 받아들인 학생들에게는 장기 집권을 획책하는 이승만과 비민주적 정치 행태를 일삼는 자유당 정권은 타파해야 할 대상으로 전락했다. 3·15의거와 4월혁명으로 이어진 일련의 과정은 학생들에게 민주주의의 가치와 작동 원리를 체득하게 하는 또 하나의 교육 현장이었다고 할 수 있다.

물론 3·15의거의 현장에는 이들 정규 교육 과정에 있는 학생들만이 아니라 정규 교육에서 일찍부터 배제된 하층 청소년 노동자들도 있었다. 최후까지 경찰과 맞서 싸운 집단은 이들이었다. 특히 야간의 격렬한 시위 현장에는 이들과 함께 인근의 빈민 청년들이 있었다. 불안정한 각종 직업에 종사하던 이들 청년은 평소 자신들을 억압하고 멸시하던 경찰서와 파출소, 행정관서를 가차 없이 공격했다. 부정 선거를 규탄하고 절차적 민주주의의 확립을 주장하는 것을 넘어서 불평등한 세상을 향한 분노를 표출했다.

3·15의거 첫날 오후에 자유당의 부정 선거를 묵과하지 않고 단호하게 선거 포기를 선언하고 직접적인 시위 투쟁을 벌인 민주당원들의 행동도 평가받아야 한다. 가장 큰 공적은 다수의 일반 시민에게 돌아가야 한다. 현장에서 직접 싸운 이들도 많았으나 취지에 공감하고 함께 분노하며 응원함으로써 민주항쟁의 대의가 큰 물결이 되도록 만든 구원은 시민에게 있었기 때문이다.

마산의 3·15의거를 상징하는 가장 유명한 이미지는 바다에 떠오른 김주열의 모습이다. 3월 15일 밤 행방불명되었다가 4월 11일 마산 중앙부두 앞 바다에 떠오른 모습을 촬영한 사진이 다음 날 부산일보 4월 12일 자 1면에 크게 실렸다. 부산일보의 특종 보도였다. 이 사진은 AP통신을 통해 전 세계에 퍼졌고 뉴욕타임스 1면에도 실렸다. 참혹한 시신의 모습을 본 사람들은 경악했다. 이승만 정권의 잔혹함에 치를 떨었다. 이 사진은 4월혁명이 전국으로, 전 세계로 퍼져나가는 데 큰 역할을 하면서 3·15의거와 4월혁명을 상징하는 표상이 되었다.

이 사진의 예처럼 마산의 3·15의거는 국민의 저항 의식을 북돋워서 4월혁명을 촉발한 항쟁이라는 데 역사적 의의가 있다. 일차적으로는 집권 자유당 정권의 유례없는 부정 선거를 규탄하고 '협잡 선거 물리치자'라고 외쳤지만, 그 밑바탕에는 12년간 계속되어 온 이승만 정권의 부정부패와 비민주 독재 정치를 용납하지 않겠다는 단호한 의지가 깔려 있었다.

3. 부마항쟁의 전개 과정과 역사적 의의

정치 사회적 배경

1972년 10월 17일 박정희 대통령은 전격적으로 10·17 비상조치를 선언하고 비상계엄 선포, 국회 해산, 정치 활동 금지, 헌법 기능을 정지시켰다. 소위 '10월 유신'이라 불린 친위 쿠데타였다. 이어 11월 21일 헌법개정안에 대한 국민투표에 이어 12월 27일 유신헌법이 공포됨으로써 이른바 유신체제가 시작되었다.

유신헌법은 대통령 직선제를 폐지하고 간선으로 선출토록 했으며, 대통령이 국회의원의 1/3을 임명하고 대통령에게 긴급조치권, 국회 해산권, 법관 임명권을 부여했다. 또한 대통령 임기를 6년으로 연장하고, 연임 제한을 폐지하여 종신 집권을 가능케 한 헌법이었다. 대통령 한 사람에게 입법·사법·행정의 삼권을 집중시켜 제왕적 권한을 행사할 수 있게 했다. 한마디로 민주주의를 원천 부정하는 전제군주제와 다름없었다.

이에 1973년 10월에는 유신철폐 투쟁이 벌어졌고 1974년에는 '민주회복국민회의'가 조직되어 반독재 연합전선을 형성했다. 1976년에는 정치인·종교인·학자들이 참여하여 '3·1민주구국선언'을 했다. 이러한 유신 반대 움직임을 박정희 정권은 철저히 탄압했다. 박정희는 대통령의 초헌법적 권한인 '긴급조치'를 1974년부터 1979년까지 9차례나 선포했다. 특히 긴급조치 제9호는 1975년 5월에 발포되어 유신체제 몰락 때까지 무려 4년 동안 지속되었다. 긴급조치 9호는 헌법의 개정 또는 폐기 주장, 집회 시위 또는 정치 관여 행위, 긴급조치 비방 행위 등을 금지했다. 더구나 긴급조치를 위반한 자를 영장 없이 체포 구금할 수도 있는 무소불위의 권한을 휘두를 수가 있었다. 1970년대는 그야말로 '긴급조치 9호'의 시대였다.

유신정권의 철권통치가 계속되자 대학과 종교계, 재야 민주 인사들이 중심이 된 유신체제 반대 운동도 확대된다. 박정희 정권의 폭압 통치에 굴하지 않고 맞서 싸우고자 하는 세력들이 점차 늘어났다. 민주주의와 인간다운 삶을 갈망하는 사람들이 각계각층에서 일어났다.

하지만 마산에서는 유신체제에 반대하는 별다른 움직임이 없이 순응하는 모습이 나타났다. 그러나 이승만 정권에 항거하던 3·15의거의 도시, 4월혁명에 앞장섰던 도시 마산에서도 1970년대 중후반으로 접어들면서 동토의 땅 밑에서 싹이 트듯 민주 세력의 싹이 트고 있었다. 한때 '유신대학'이란 오명을 쓰고 있던 경남대학에서도 새로운 움직임이 태동하고 있었다. 10월 유신이 선포되던 1972년 당시 마산은 인구 21만여 명의 중소도시로 대학생 수도 경남대학, 마산교육대학, 산업전문학교 등 3개 대학을 합해 모두 1800여 명에 불과했다. 저항 세력이 형성되기에는 우선 인적 토대가 약했다고 할 수 있다. 하지만 1970년대 중반을 넘어서며 학생 수도 증가하고 유신체제의 억압도 심해지면서 학생들의 저항 의식도 성장해 나가게 된다.

1972년 10월 유신 이후 마산 출신 대학생들이 서울에서 유신 반대 투쟁에 적극적으로 참여하고, 재경마산학우회가 방학을 이용해 여러 가지 지역 활동을 벌임으로써 지역 사회에 새로운 자극을 주게 된다. 또 1970년대 중반 이후에는 마산학생연극회, 경남대 예술연구회, 마산오광대복원추진위원회 등의 문화 활동이 활발해지면서 지역 문화의 저변이 넓어지기 시작했다. 청년 학생들 사이에 비밀 학습 소모임이 꾸려졌고, 경남대 내에 이념 서클인 사회과학연구회가 만들어지고 마산 시내에 경남양서보급회가 결성되어 활동하면서 사회 비판적 의식이 확산해 갔다. 이런 여러 단위의 활동이 이어지면서 상호 영향을 주고받으며 비판의식을 키워 온 청년 학생들이 이후 부마항쟁에 직·간접적으로 참가하게 된다.

지역적 배경

1970년대 들어 마산은 흔히 비유하듯 상전벽해의 변화에 직면한다. 1960년대 중반 이후 한국철강과 한일합섬 등의 대기업이 유치되고 임해공단 설치가 추진되면서 공업 도시로서 면모를 일신해 가던 마산은 1970년대 들어 마산수출자유지역과 창원기계공업기지(이하 창원공단)라는 대규모 공단이 조성되며 획기적인 변화의 계기를 맞게 된다. 전국 각지에서 노동자들이 일자리를 찾아 모여들면서 인구도 급증세를 보이게 된다. 1965년에 16만여 명이었던 인구는 1970년에는 20만여 명에 달했다. 1973년에는 현재의 창원시 의창구, 성산구에 해당하는 지역이 마산시에 편입되면서 1975년에 37만여 명으로 급증하게 된다. 인구 유입은 계속되어 부마항쟁이 일어난 1979년에는 42만여 명에 달하게 된다.

인구의 증가는 바로 노동자의 증가를 의미한다. 1979년 당시 마산 지역의 등록 제조업 공장은 모두 128개(섬유 13개, 화학 32개, 기계 55개, 기타 28개)로 여기에 취업한 노동자 수는 2만 2,120명에 달했다. 마산수출자유지역은 전기기계, 기구, 금속, 정밀기기 등의 업종이 주력인 입주 기업 94곳에 노동자 수는 3만 1,153명으로 이중 여성 노동자가 75%를 차지하고 있었다. 창원공단에는 121개 기업(가동 65개, 건설 중 20개, 미착공 33개)이 입주한 가운데 고용 인원은 3만 100명에 달했다. 그러므로 1979년 당시 마산 창원의 제조업체 노동자 수는 공식 부문에서만 모두 8만 3,373명에 달하는 규모였다.

이처럼 통계로 드러나는 제조업 노동자 외에 불안정한 취업 상태의 비공식 부문의 노동자와 실업자들이 광범위하게 형성되어 있었다. 도시의 빈곤층을 이루고 있는 이들은 저임금, 장시간 노동, 취업난, 불안정 고용 등으로 임시직을 전전할 수밖에 없는 데다가 물가와 생활비 상승, 주거 불안 등 이중삼중의 열악한 상황에 놓여 있었다.

부산과 마산은 1970년대 박정희 정권의 중화학공업화 정책에 따라 설치된 6개 전략산업 중 5개 산업의 공단이 집중된 동남해안 공업벨트에 속해 있었다. 중화학 공업화가 강력히 추진되면서 수출 신장과 고속 성장이 이뤄지고 중화학공업 중심의 생산구조 고도화가 진행되었다. 하지만 이러한 급속한 산업화와 고속 성장의 이면에는 부의 집중과 함께 불평등이 심화하고 노동자, 농민, 도시하층민 등 서민 대중의 희생과 고통이 누적되었다(부마민주항쟁진상조사보고서, 2022: 93). 부산과 마산은 수출 주도 공업화 정책의 수혜 지역이면서도 그 이면에는 공업화와 도시화에 따른 여러 모순을 안고 있었다. 따라서 1970년대 말 수출 부진과 중화학공업 과잉 중복 투자에 따른 위기가 발생하고 1979년 들어 경제 불황이 가시화되자 부산과 마산은 큰 타격을 받을 수밖에 없었다.

마산 지역 항쟁의 전개 과정

유신정권 몰락의 징조

1979년 여름을 지나면서 YH무역 사건, 김영삼 국회의원 제명, 부마항쟁 등으로 이어진 일련의 사건들은 박정희 유신정권을 몰락의 길로 재촉했다.

1979년 8월 11일 새벽 1,200명의 경찰이 신민당사에 들이닥쳤다. 회사의 폐업에 항의하며 사흘째 농성 중인 YH무역(가발 및 봉제품 수출업체) 여성 노동자 172명을 진압하기 위해서였다. 경찰은 무차별 폭력을 사용해 노동자들을 끌어냈고 이 과정에서 여성 노동자 김경숙 열사가 숨졌다. 의지할 데 없어 야당 당사를 찾아온 힘없는 여성 노동자들을 무참히 짓밟자 국민은 분노했다.

9월 16일 자 뉴욕타임스에 김영삼 총재의 인터뷰 기사가 실렸다. 인터뷰에서 김영삼은 "미국은 국민으로부터 점점 유리되고 있는 소수의(minority) 독재 정부냐, 민주주의를 갈망하는 대다수(majority) 국민, 둘 가운데 (미국 정부가) 누구를 택할 것인지 확실하게 결정해야 할 시점"이라며 카터 행정부는 박정희 대통령에 대한 지지를 중단하라고 요구했다.

10월 4일, 공화당과 유정회는 김영삼 총재의 발언이 사대매국 행위이자 국회의원으로서 품위를 손상한 행위라며 국회에서 의원직 제명안을 전격적으로 날치기 통과시켰다. 정당 대표를 제명한 건 처음 있는 일이었다. 민심은 요동쳤다. 10월 13일 신민당 소속 의원 66명 전원과 통일당 의원 3명이 국회의원직 사퇴서를 국회에 제출했다. 유신정우회와 공화당은 10월 15일 합동 회의에서 사퇴서를 일괄 수리 또는 선별 처리한 후에 보궐선거를 하겠다는 강경론으로 기울었다. 이 소식은 다음 날인 10월 16일 보도되었다. 바로 그날 부산에서 항쟁의 불길이 타올랐다.

10월 16일 부산 항쟁의 발발

1979년 10월 16일 오전 10시경 부산대 학생들이 유신체제에 반대하는 시위를 시작했다. 그 전날인 10월 15일, 두 명의 부산대 학생이 유인물을 뿌리고 학생들에게 '10시, 도서관 앞'으로 모이도록 했으나 상황이 맞지 않아 실패했다. 10월 16일 아침 다시 '선언문'이 배포되고 도서관 앞에서 학생들은 스크럼을 짜고 "유신 철폐!" "독재 타도!"의 구호를 외치며 시위를 시작했다. 오전 11시경 도서관 앞에 재집결해 대열을 정비한 학생들이 정문에 이르렀을 때는 4,000여 명으로 불어났다. 이후 학생들은 세 갈래로 나누어져 학교 밖으로 진출했다.

이날 오후 학생들은 속속 부산의 도심으로 향했다. 학생들은 시청 주변 남포동, 광복동 일대로 집결했다. 오후 2시경부터 학생과 경찰의 공방전이 시작되었다. 오후 5시를 지나면서 시위는 격렬해졌다. 시위 소식이 전해지면서 인파가 몰리기 시작했고 거리는 더 혼잡해졌다. 시위대에 가담한 시민들이 늘어나면서 곳곳에서 경찰과 접전이 벌어졌다. 오후 7시 무렵 퇴근길의 회사원, 노동자, 상인, 접객업소의 종업원, 재수생, 교복을 입은 고등학생을 포함한 다양한 계층의 시민들이 합세하면서 5만여 명의 인파가 시청 앞에서 충무동에 이르는 4차선 도로와 광복동 일대를 메웠다. 장대한 인파의 물결이 거리에 넘쳐흘렀다. 시위대는 시청 앞과 충무동 로터리 사이를 왔다 갔다 하며 구호를 외치고 노래를 불렀다. 시민들은 '독재 타도', '유신 철폐', '언론 자유', '김영삼 총재 제명 철회' 등의 구호를 외쳤다.

점차 시위 양상이 바뀌기 시작했다. 게릴라전과 비슷한 양상을 띠면서 파출소, 경찰 차량 등을 공격 목표물로 삼았다. 이날 밤 자정을 넘어 새벽 1시까지 계속된 항쟁으로 11곳의 파출소와 경남도청, 부산문화방송국 등이 공격을 당했다.

10월 17일 아침부터 부산 시내 모든 공장, 사무실, 시장, 가정에서 전날의 항쟁이 화제가 되었다. 언론에는 보도되지 않았으나 소문은 빠르게 퍼졌다. 부산대와 동아대 학생들은 교내 시위와 농성을 벌이다가 시가지로 모여들었다. 오후 6시 30분경 남포동에 모인 학생들이 "모여라!" 하는 외침과 함께 애국가를 부르며 시위 대열을 형성했다. 이때부터 200~300명 규모의 여러 시위대가 남포동, 광복동, 국제시장, 부평시장 등을 중심으로 "유신 철폐" "독재 타도"를 외치며 시위를 벌였다. 경찰은 최루탄을 쏘고 곤봉으로 난타하면서 시위를 진압했지만 역부족이었다. 10월 18일 0시를 기해 비상계엄령이 선포되었다. 제3공수 특전여단과 해병 7연대가 투입되었다. 부산지구 계엄사령관은 포고문 1호를 발표하여 일체의 집회와 시위를 금지했다.

탱크와 장갑차를 앞세운 계엄군이 각 대학교와 관공서에 일제히 배치되었다. 하지만 부산의 학생과 시민들은 계엄령이 내렸는데도 계엄군에 맞서 시위를 벌였다. 저녁 어둠이 깔리기 시작하면서 또다시 부산의 도심이 꿈틀거리기 시작했다. 가을비가 내리는 가운데 부산의 도심에는 계엄군과 경찰기동대가 탱크와 장갑차를 포진시키고 삼엄한 경계망을 펴고 있었다. 저녁 7시 20분경 부영극장 주변에 운집한 학생과 시민들은 계엄군에게 야유를 보내기도 했다. 시위대는 경찰과 공수여단 병력의 공세에도 불구하고 곳곳에서 다시 모이고 흩어지기를 반복했다. 이처럼 부산 시민들은 박정희 정권의 계엄령에 굴하지 않고 대담하고 용맹한 투쟁을 펼쳤다.

전야

부산에서 '데모'가 크게 일어났다는 소식은 인접 도시인 마산에도 전파되기 시작했다. 경남대학에도 부산에서 통학하는 통학생들이 있었다. 이들을 통해 부산에서 대규모 시위가 일어났다는 소식이 하나둘 전해지면서 분위기가 조금씩 술렁이기 시작했다. 10월 17일 저녁. 도서관 열람실에는 중간고사에 대비해 시험공부를 하는 학생들이 모여 있었다. 그때 한 학생이 "오늘이 무슨 날인 줄인 줄 아시오? 1972년에 유신헌법을 선포한 바로 그날이요! 지금 부산에 어떤 일이 일어나고 있는 줄 아시오? 우리가 시험공부나 할 때입니까!" 하며 고함을 질렀다. 그리고는 책상 위에 올라가 애국가를 불렀고 학생들은 웅성거렸다. 이 작은 해프닝은 반어적으로 '유신선포 7주년 기념식'이라 부르기도 했다.

10월 18일 아침 7시경 경남대학 안에 위치한 연못인 월영지 옆의 수양버들 나무 기둥 등 교내 곳곳에 부착된 '불온 벽보'가 발견되었다. 4절 크기의 흰 켄트지에 검은 매직으로 글씨가 쓰여 있었는데 '민주회복 대학생동맹' 명의로 '경남대학생 제위'에게 보내는 형식의 격문이었다. 그중 하나에는, '독재자 박정희 파쑈 물러가라! 박정희의 앞잡이 공화당을 말살하자'라는 내용이 적혀 있었다. 그 전날 밤 한 학생이 부착한 이들 격문은 아침 일찍 수거되었기 때문에 직접 본 학생은 거의 없었으나

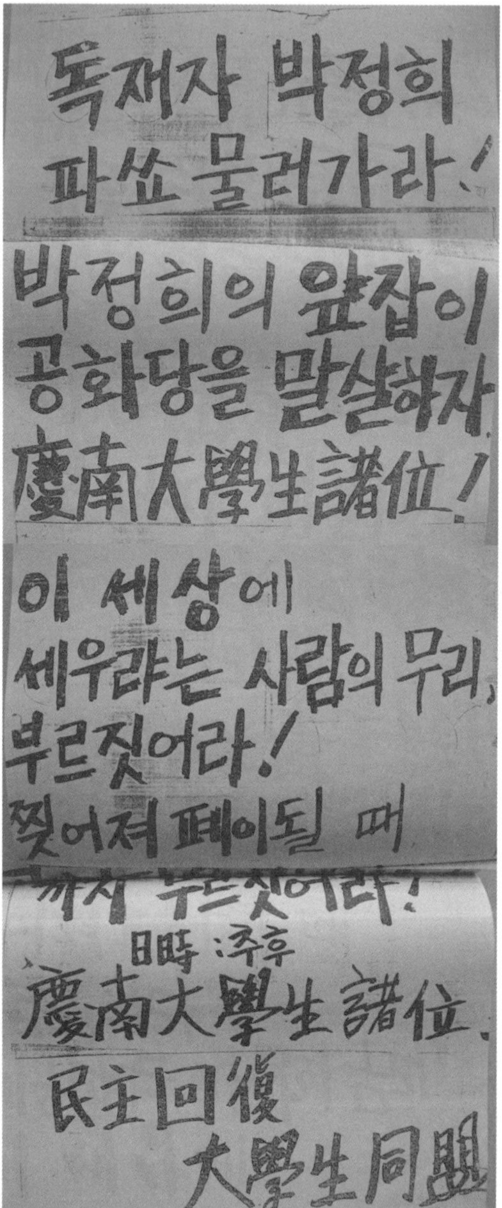

<그림 8-9> 1979년 10월 17일 밤
경남대학 교내에 부착된 격문
ⓒ부마민주항쟁기념사업회

소문은 빠르게 번졌다. 이 격문 외에 다른 두 건이 더 발견되었다. 이들 격문은 짧고 투박하나 마산항쟁의 대의를 드러내는 '유일한 문자 자료'로서 당시 학생들의 정치의식을 보여 준다.

부마항쟁이 일어나기 전 1979년 여름을 지나면서 경남대학에서도 직접적인 반유신 시위가 추진되기 시작했다. 사회과학 서적을 읽고 토론하는 공개 서클 사회과학연구회에서 활동하던 학생들과 가톨릭교회를 통해 유신체제에 반대하던 학생들이 만나 2학기가 되면서부터 구체적인 행동을 준비하게 된다. 9월 말로 계획한 첫 교내 시위는 준비 미흡으로 불발에 그친다. 다시 계획을 추진하던 중에 10월 16일 갑자기 부산항쟁이 발발했다. 그들은 급하게 시위 계획을 잡는다. 학생들의 참여를 높이고 시국 관련으로 의심받지 않기 위해 시위의 표면적 주제를 경남대의 '종합대 승격 좌절'에 대한 문제 제기 및 학내 문제로 하기로 했다. 문교부 장관과 재단 이사장에게 보내는 메시지를 교내 방송을 통해 낭독하고 교내 시위에 이어 시내로 진출해 노동자들과 합세한다는 계획을 세웠다. 디데이는 중간고사가 시작되는 10월 22일로 잡고 준비해 나가던 중에 10월 18일 경남대학에서 갑자기 교내 시위가 터져 나왔다. 시위를 준비해 오던 또 하나의 그룹도 있었다. 법정 계열과 경상 계열 일부 학생들도 9월 중순부터 여러 차례 만나면서 반유신 시위를 일으키기로 의기투합했다. 그들도 시위 계획을 세우고 구체적인 준비를 의논해 가는 과정에서 부산에서 갑자기 시위가 터져 나오자 아무런 준비도 되지 않은 상태에서 10월 18일 교내 시위를 일으키게 된다.

10월 18일 경남대 교내 시위

부산에 계엄령이 내려지고 부산항쟁의 소식이 전해진 경남대는 '부산애기'로 술렁거렸다. 학생들은 삼삼오오 모이기만 하면, 우리 이리 있어도 되냐, 무언가 해야 하지 않느냐, 그냥 있을 수는 없지 않으냐, 곧 터지지 않겠느냐 하는 말들이 오갔다. 강의는 제대로 진행되지 않거나 휴강했으며, 대신 부산 상황 이야기를 듣기도 했다.

시간이 지나면서 많은 학생이 도서관 앞 노인정 근처로 모여들었다. 학교 당국은 학생 소요를 막기 위해 무기한 휴교를 결정했다. 오후 2시 15분경 교내 방송을 통해 휴교령이 알려졌다. 교문 앞에는 무기한 휴교를 알리는 공고문이 나붙었다. 방송을 들은 학생들은 놀라 강의실 밖으로 쏟아져 나왔다. 학생들은 도서관 주변으로 몰려들었다. 학생들이 모여들자 학교 당국은 방송을 통해 귀가를 독려했다.

그때까지 한 번도 시위 경험이 없던 학생들은 어찌할 줄을 모르고 망설이고만 있었다. 그 순간 한 학생이 불쑥 일어섰다.

"우리는 한국대학생연맹에도 가입돼 있지 않고 많은 사람으로부터 경남대는 돼지 새끼만 모여 있다는 소리를 들었다. 그러므로 여기 있는 자들은 모두 탈을 쓴 돼지다. 아무리 우리의 자유와 진리에 대한 이상이 높고 거룩하다고 해도 현실과 격리된 이상은 가치가 없다. 오늘을 사는 우리는 옳은 것은 옳고, 그른 것은 그르다고 솔직히 얘기할 수 있는 용기가 필요하다. 그것이 우리를 대역사의 증인으로서 부끄럽지 않게 하는 것이다. 이러한 대의를 인식한다면 지금 이 자리에 멍청히 앉아만 있지를 말고 우리의 이상을 과감히 외쳐라."

연설이 채 끝나기도 전에 자리를 박차고 일어난 학생들은 함성을 지르며 스크럼을 짜고 "으쌰! 으쌰!" 외치면서 교문을 향해 움직였다. 5·16 군사쿠데타 이후 최초의 경남대 학생시위가 시작된 것이다.

학생들은 교문 쪽으로 몰려왔으나 교문은 이미 차단되었고 교수와

<그림 8-10> 10월 18일 오후 시위를 진압하기 위해 출동한 경찰이 경남대학 교문을 차단한 모습 ©부마민주항쟁기념재단

교직원들이 학생들을 만류했다. 수백 명의 학생은 운동장으로 올라가 스크럼을 짜고 돌면서 유신 철폐, 학원 자유 같은 구호를 외쳤다. 학생들은 다시 교문으로 몰려 내려왔지만 돌파하지 못하고 일부는 교문 밖의 전경들을 향해 돌을 던졌다.

학생들은 경찰과 대치하다 정문 돌파가 어렵게 되자 자연스레 3·15의거탑에서 재집결하자는 의견이 여기저기서 나왔다. 누군가는 5시에 3·15의거탑에서, 또 누군가는 5시 30분에 모이자는 말이 입에서 입으로 전달되었다. 학생들은 "3·15의거탑으로!" 외치며 뿔뿔이 흩어져 학교 밖으로 빠져나가기 시작했다.

학생 시위대의 시가지 진출

운동장 공사장 쪽으로 학교를 빠져나온 2백여 명의 학생들은 박수를 치고 "유신 철폐", "박정권 타도" 구호를 외치며 도로를 따라 내려오다가 창원군청 앞에서 진압 경찰과 맞부딪혔다. 학생들은 "경찰 물러가라"라고 외치며 돌멩이를 던졌다. 지원 병력을 태운 경찰차가 도착하자 학생들은 뒤로 후퇴했고 일부 학생이 체포되었다. 경찰에 밀린 학생들은 산복도로 방향으로 움직였다. 학생들은 수십 명씩 무리를 지어 소리치며 산복도로를 뛰다시피 행진했다. 제일여고, 중앙고를 지날 때는 고등학생들이 창밖으로 내다보고 박수를 치며 응원을 보내기도 했다.

오후 5시경 재집결 장소인 추산동 3·15의거탑 주변으로 학생들이 속속 모여들었다. 3·15의거탑은 이미 경찰이 원천 봉쇄하고 있어 접근할 수가 없었다. 일부 학생들은 자산동 무학초등학교 옆 도로에서 스크럼을 짜고 이동하다가 경찰에 체포되었다.

3·15의거탑 접근이 차단되자 학생들은 서성동 MBC 주변으로 모여들어 "모입시다!", "우리는 평화적인 시위를 하고자 합니다!" 외치며 도로 가운데로 나왔다. 학생들은 스크럼을 짜고 "언론 자유", "유신 철폐" 등의 구호를 외치며 시내 중심가를 향했다. 남성파출소를 향해 시위대는 돌을 던지기 시작했고 경찰도 처음으로 최루탄을 발사했다. 본격적인 시가지 시위가 벌어지기 시작했다.

창동, 오동동 일대는 상가가 밀집된 번화가여서 평소에도 많은 인파로 붐비는 곳인데 시위 소식을 들은 사람들이 하나둘 모여들었다. 최루탄이 계속 터지자 시위 군중들은 상점이나 골목길로 뛰어들었다가 다시 나와서 경찰을 향해 돌을 던졌다. 시위가 점차 격렬해지면서 도심지에는 최루가스가 난무하는 가운데 군중들의 고함과 최루탄 터지는 소리가 뒤섞여 울려 퍼졌다.

시위 군중들은 "박정희는 물러가라!", "언론 자유 보장하라!" 등의 구호를 외치고 박수를 치면서 기세를 올렸다. 이런 가운데 군중 속에서 "공화당사로 가자!", "공화당사를 때려 부수자!"라는 말들이 터져 나왔다. 시위 군중들은 산호동에 있는 공화당사를 향해 밀려가기 시작했다. 시위 대열의 선두에서 "유신!" 하고 외치면 뒤에서 "철폐!" 하며 받아서 외쳤다. 밤거리에 유신 철폐의 함성이 드높이 울려 퍼졌다.

군중들 사이에서 누군가 "경찰이 옥상에서 사진을 찍는다!"라고 소리치자 사람들은 주변의 상가를 향해 "불 꺼라!", "불 꺼!"라고 외치며 강제로 소등을 시키기 시작했다. 얼굴 노출을 막으려는 자연스러운 자기 보호 본능이었다. 불이 켜진 곳으로는 사정없이 돌멩이가 날아갔다. 삽시간에 주변이 암흑천지로 변해 버렸다. "불 꺼라"라는 외침이 이제 시위 군중의 구호가 됐다.

시민항쟁으로 발전

저녁 7시 25분경 시위 군중이 오동동다리에 이르자 경찰 병력 수십 명이 도로를 차단하고 있었다. 어둠 속에서 몰려오는 엄청난 인파를 보고 경찰은 트럭을 둔 채 황급히 후퇴해 버렸다. 시위 군중들은 이 차량을 뒤에서 밀어 오동천 하천 바닥으로 처박아 버렸다. 시위 군중들은 박수를 치며 환호성을 올렸다.

기세를 올린 시위 군중들은 집권 여당이던 민주공화당(공화당)을 공격하기 위해 산호동 용마맨션으로 몰려갔다. 저녁 8시경 시위 군중은 셔터를 부수고 사무실로 올라가 '민주공화당 경남제1지구당' 현판을 떼 나왔다. 도로 건너편의 주유소에서 석유를 가져와 현판에 뿌리고 불을

<그림 8-11> 10월 18일 밤 시위대의 공격으로 파손된 민주공화당 경남제1지구당 ©부마민주항쟁기념사업회

질러 버렸다.

저녁 8시 10분경 시위대는 마산수출자유지역 후문 앞에 있는 양덕파출소에 도착해 "박정희 물러가라"라는 구호를 외치고 돌멩이를 던졌다. 시위대는 파출소 벽에 걸려 있던 태극기와 박정희 대통령의 사진 액자를 떼어내 액자를 부수고 대통령의 사진은 찢어 불태워 버렸다. 시위 군중들은 애국가를 부르며 태극기를 앞세우고 왔던 길을 되돌아갔다.

창동네거리, 부림시장 일대에서는 시위대가 경찰과 계속 대치 중이었다. 벌써 많은 사람이 체포되어 경찰서로 끌려간 상태였다. 시위대는 "잡힌 애들을 구하자"라고 함성을 지르며 마산경찰서로 향했다. MBC 앞에서는 "언론 자유"를 외치고 돌을 던졌다.

자산파출소를 거쳐 마산시청 앞에 도착한 시위대는 "유신헌법 철폐" 등 구호를 외치며 돌멩이를 던져 유리창을 파손했다. 마산시청 맞은편의 마산세무서에도 돌멩이가 날아갔다. 시위 군중 속에서 상인으로 보이는 사람들이 주먹을 치켜들고 "부가가치세를 철폐하라", "부가세를 없애라"라고 외쳤다. 당시 경기 침체와 더불어 1977년 실시된 부가가치세 제도는 중소상인에게 큰 부담을 준다는 불만이 고조되어 있었다. 더구나 확정신고 마감일인 10월 25일을 며칠 앞두고 있었기에 불만은 최고조에 달해 있었다.

밤 10시 20분경 시위 군중은 중앙동 마산소방서 앞을 지나며 시위 진압에 소방차가 동원된 데 대한 반감 때문인 듯 돌팔매질을 했다. 시위대가 함성을 지르며 10시 30분경 마산경찰서에 도착하자 경찰은 최루탄을 발사하기 시작했다. 시위 군중도 이에 맞서 돌멩이를 던지다가 우체국 앞에 세워 둔 선전용 아치를 넘어뜨려 바리케이드 삼아 대치하면서 연좌 농성에 들어갔다. 시위 군중들은 "구속 학생 석방하라", "박정희 물러가라", "김영삼 만세", "언론 자유 보장하라" 등의 구호를 외쳤다. 비가 약간씩 내리는 가운데 시위 군중들은 '애국가', '우리의 소원은 통일' 등의 노래를 목이 쉬도록 불렀다.

경찰의 해산 작전으로 시위대는 뒤로 밀리며 "내일 창동에서 7시에 만납시다!" 서로 다짐하듯 외치며 흩어졌다. 군중들은 장군동의 검찰청(부산지검 마산지청), 법원(부산지법 마산지원) 앞을 지나면서 "유신헌법 철폐하라!", "사법부의 양심을 지켜라!"라고 구호를 외치며 돌을 던졌다.

시내 중심가에서 비교적 가까운 거리에 있는 상남동 북마산파출소는 세 차례에 걸쳐 시위대의 집중 공격을 받았다. 창동네거리, 불종거리 일대에서 시위를 계속하던 시위대는 저녁 8시 20분경 북마산파출소를 공격했다. 3백여 명에 달하는 시위대는 사이다병, 돌멩이, 벽돌 조각 등을 던지고 유리창을 부수고 불을 질렀다.

밤 10시 30분경 시내 중심가에서 시위를 벌이던 시위대는 "불 꺼라!"라는 함성과 동시에 도로변의 불이 켜진 상가를 향해 돌팔매질하며 북마산파출소 쪽으로 이동했다. 시위 군중은 파출소에 들어가 내부에 방화하고 오토바이와 자전거에도 휘발유를 뿌려 불을 질렀다. 불길이 치솟자 주위 군중들은 "잘 탄다"라고 고함을 지르며 박수를 쳤다. 밤 11시 20분경에도 다시 2백여 명의 시위대가 몰려와 10여 분간 돌과 공병 등을 던져 파출소를 파괴했다.

회원동의 회원파출소는 시위대가 세 차례에 걸쳐 공격했다. 북마산파출소를 습격한 시위대 3백여 명은 회원파출소에 도착하여 사이다병, 돌멩이, 벽돌 등을 던지며 유리창을 파손하고, 불을 지른 뒤 21시경 다른 곳으로 이동했다. 이후 이들은 공화당사와 양덕파출소를 습격했던 시위대와 합류하여 산호파출소를 공격했다.

산호1동의 산호파출소도 모두 세 차례 시위대의 공격을 받았다. 공화당사를 파괴한 시위대의 일부가 저녁 8시 20분경 산호파출소로 이동해 왔다. 시위대가 파출소 앞에 이르자 경찰은 모두 피해 버리고 텅 빈 채였다. 몇몇 청년이 파출소에 안으로 들어가 불붙은 종이를 집어 던졌다. 기름이 쏟아져 나온 오토바이에 불이 번지면서 파출소 내부가 불에 탔다. 시위 군중들이 박수를 치며 노래를 부르고 있을 때 북마산 방면에서 회원파출소를 파괴하고 온 시위대가 도착했다.

한편 중심가인 창동, 남성동, 오동동에서도 시위 군중들은 어둠 속에서 경찰과 치열한 공방전을 벌이고 있었다. 시위 군중이 돌멩이를 던지고 함성을 지르며 몰려 내려가면 경찰은 파출소 쪽으로 후퇴하면서 최루탄을 쏘았다. 최루탄이 뻥뻥 소리 내며 터지면 시위 군중은 골목으로 숨어들었다가 다시 나와 경찰을 공격하곤 했다.

유흥업소가 밀집해 있는 오동동에 있는 오동파출소도 여러 차례 시위대의 공격을 받았다. 시위대 중 일부는 동성동에 있던 당시 공화당 국회의원이자 대한체육회 회장이던 박종규의 마산 자택으로 몰려가 돌팔매질을 했다. 도심에 있던 남성파출소는 시위대 집결지의 중심에 있었기 때문에 가장 많은 시위대의 공격을 받았다. 시위대는 파출소 옆에 세워져 있던 병력수송용 트럭과 오토바이에 불을 질렀다.

이런 상황이 계속되던 중에 경찰 사복 체포조들은 시위 군중 속에 섞여 들어가 시위자들을 연행했다. 경찰은 이날 남성파출소 일대에서 2백여 명의 시위자들을 체포했다.

10월 18일 밤 11시 30분경 공설운동장 방면으로 진출하던 일단의 시위대는 저지하는 경찰과 돌을 던지며 대치하다가 산호동 쪽으로 이동했다. 산호동 육교 근처에 모인 50~60명의 이들 시위대는 노래를 부르고 "유신 철폐", "정권 타도" 같은 구호를 외치다가 어시장 방면에서 오는 트럭 한 대를 만났다. 이 트럭은 오동동다리 못 미친 지점에서 시위 군중들이 빼앗은 타이탄 트럭이었고 이미 시위대가 타고 있었다. 트럭에 탄 이들 시위대는 양덕동 역전파출소 근처에서 시가지로 들어오는 탱크를 목격했다. 트럭에서 내린 이들은 역전파출소에 돌을 던지던 중에 경찰버스를 타고 뒤쫓아 온 경찰들에 쫓겨 뿔뿔이 흩어졌다. 이들은 마산역 광장으로 또 시외버스터미널 쪽으로 도망가다가 여러 명이 체포되었다. 이들 최후의 시위대가 잡혔을 때는 19일 새벽 1시경이었다.

군 병력 투입

한편 경찰은 시위가 확산 격화되어 자체 병력만으로는 진압이 불가능해지자 함안 고성 등 인근 지역 경찰서에서 병력을 지원받아 반격에

<그림 8-12> 10월 20일 마산에 투입된 공수부대 병력 ©부마민주항쟁기념사업회

나섰다. 또 경남도지사는 경찰력으로는 진압이 불가능하다고 판단해 창원 39사단 및 부산 2관구사령부에 병력 지원을 요청했다. 이에 따라 이날 밤 10시 39사단 사령부의 병력이 출동해 마산시청, 마산경찰서, 법원, KBS, MBC, 마산교도소. 송신소. 신문사 등 8개 주요 공공시설에 대한 방호임무에 들어갔으며 경찰 병력과 함께 시위 진압에 나섰다. 39사단의 전차 3대도 출동하고 이어 마산 인근의 군부대에서도 병력이 출동하게 된다. 위수령이 내리기 이전에 이미 군 병력이 투입된 것이다. 군 병력은 시위 군중이 거의 해산한 뒤인 18일 밤과 19일 새벽에 경찰과 같이 골목골목을 다니며 청년들만 보면 무조건 연행해 갔다.

이날 항쟁에 대해 일반 시민들은 유·무언의 지지와 성원을 보냈다. 초저녁에 학생 시위대가 행진할 때는 주변 건물에서 시민들이 창밖을 내다보고 박수를 치며 "학생들 잘한다!" 하고 소리치기도 했다. 일반 시민도 시위대를 지원했다. 창동네거리에서는 시위대에게 물수건을 던져 준 사람이 있는가 하면, 빈 맥주병 상자를 가져다주는 사람도 있었다. 또 중앙극장 위의 외과병원에서는 머리를 다친 청년 세 사람이 들이닥치자 이들을 무료로 치료해 주기도 했다. 시위 도중 목이 말라서 가게에 들어가면 음료수를 그냥 내놓는 주인들도 많았다.

시간이 지날수록 일반 시민들의 직접적인 참여가 많아지는 양상을 보였다. 학생들만이 아니라 실업자, 노동자, 상인, 회사원 등의 참여가 늘면서 단순한 학생 시위가 아니라 시민들의 직접적인 참여와 폭넓은 지지를 얻는 시민항쟁으로 발전해 갔다. 3·15의거에 참여했던 한 시민은 이날 시위를 보고는, 자유당 정권이 무너지던 그때가 번개같이 떠올랐다고 했다.

10월 19일, 이틀째 시위

마산 시가지 전체를 뒤흔들었던 거대한 항쟁의 열기가 휩쓸고 지나간 밤이 지나고 10월 19일 아침이 되었다. 도로에는 온통 깨진 유리조각과 돌멩이, 벽돌, 각목 등이 널브러져 있고 유리창이 깨지고 간판이 파손된 건물이 곳곳에 있어 간밤의 격렬했던 시위를 말해 주고 있었다. 이른 아침부터 시청에서는 청소 차량을 동원해 거리 청소에 나섰다. 각 파출소를 비롯한 공공건물에서도 유리창을 갈아 끼우고 페인트칠을 다시 하는 등 복구에 나섰다.

시청과 경찰서, 방송국 등 공공건물에는 착검한 총을 든 군인들이 경비를 서고 있었고 장갑차와 탱크가 곳곳에 보여 살벌한 분위기였다. 시민들은 심상치 않은 얼굴로 지난밤의 시위 사태에 대해 심각하게 얘기를 나누기도 했다. 그 큰 사건에 대해 단 한마디도 보도하지 않는 언론에 대해 분통을 터뜨리기도 했다.

오전 11시 5분에 내무부는 19일부터 마산시와 창원출장소 일원에 야간통행금지 시간을 밤 10시부터 다음 날 새벽 4시까지 2시간 연장했다. 마산시에서는 매달 25일에 실시되던 반상회를 앞당겨 이날 하오 6시부터 일제히 열고 부산 사태 및 마산 사태에 대해 '불순분자들의 폭동'이라고 설명하고 사태의 재발 방지를 위해 행정력을 동원했다.

마산 지역의 시위가 진해로 확산하는 것을 막기 위해 마산과 진해의 경계인 마진고개 검문소에서 마산 지역 학생들이 진해로 이동하는 것을 단속했다. 오후 6시경부터 경찰은 3·15의거탑 주위에 군용 대형버스 2대, 경찰 트럭 1대, 순찰차 1대 등을 배치하고 전경대 1개 중대도 함께 배치했다. 남성파출소 네거리에는 경찰 150여 명을 배치했다. 김해, 의령, 함안, 창녕, 거제, 고성, 남해 등지의 경찰서장이 마산에 비상 소집되어 지구별로 파출소를 맡아 진두지휘했다.

날이 어두워지고 밤이 되면서 창동, 불종거리, 오동동 일대의 상가나 유흥업소는 셔터를 내리고 철시한 데가 많아 길거리가 어두웠다. 뭔가 벌어질 것이라는 소문을 듣고 모여든 사람들은 어둠 속에서 삼삼오오 모여 무엇인가 일어나기를 기다리고 있었다. 시위에 참여하거나 호기심에 구경하려고 모여든 일반 시민이나 학생들이었다. 군중들 속에는 사복형사와 기관원들도 섞여 있었다. 저녁 8시 30분경 창동 한성백화점 앞에서 10여 명의 청년이 "와" 하고 함성을 지르면서 나서자 순식간에 대열을 형성해 남성파출소를 향해 움직였다.

불종거리, 코아빌딩 일대에 모여든 수백 명의 시위대는 "유신 철폐", "민주 회복" 등의 구호를 외치며 오동파출소 쪽으로 이동하다가 저녁 8

시 40분경 진압경찰관과 대치했다. 밤 9시부터 10시경에는 오동동다리 부근에서도 수백 명이 돌을 던지고 공중전화부스를 파괴하는 등의 시위를 벌였다.

불종거리 일대의 시위 군중들은 남성동 어시장 쪽으로 이동하면서 어느새 '우리의 소원은 통일'을 큰소리로 합창하고 있었다. 시위 군중들이 어시장 대로로 내려오자 경찰은 최루탄을 발사하기 시작했다. 선두의 시위대가 길 양쪽으로 흩어졌으나 위에서 계속 밀려오는 군중의 힘에 눌린 경찰은 후퇴하지 않을 수 없었다. 군중 속에서 "마경으로 가자!", "MBC를 때려 부수자!"라는 고함이 터져 나왔다. 엄청난 숫자로 불어난 시위 군중들은 "타도! 타도!" 하는 구호를 외치면서 남성동 극동예식장 앞을 지나 서성동 분수로터리로 진출하기 시작했다.

시위대가 분수로터리에 도착하자 경찰은 최루탄을 쏘고 페퍼포그를 발사하며 앞으로 돌격했다. 경찰과 시위대와의 격렬한 난투극이 벌어져 사람들이 다치고 잡혀가자 흥분한 시위 군중들은 각목을 휘두르며 경찰저지선으로 돌진, 경찰은 구 시외버스주차장, MBC 앞까지 밀려났다. 시위 군중들은 관제언론의 상징인 MBC를 향해 "언론 자유 보장하라!" 하고 구호를 외치며 돌을 던졌다. 밤 9시 15분경 경찰과 군인이 합동이 된 진압부대가 공포탄을 쏘며 총공세로 나오자 시위 군중은 흩어지기 시작했다.

시청과 경찰서 방면으로 진출하려다 저지당한 1백여 명의 시위대는 밤 9시 30분경 북마산파출소와 3·15의거탑 사이의 도로를 왕복하면서 시위를 벌였다. 9시 40분경에는 추산동사무소에 돌을 던져 유리창을 파손하기도 했다. 또 MBC 앞을 지나 청과시장 주변 건물에도 돌을 던져 유리창을 파손하기도 했다. 3·15의거탑 위 철길에서는 30여 명의 청년이 지나가는 경찰 차량을 향해 돌을 던져 파손하자 경찰은 이들을 추격했다. 청년들은 도망가다가 자산동사무소 앞 공터에서 애국가를 부르고는 사라졌다.

마산 곳곳에서 시위가 일어나자 진압을 위해 군 병력이 증강되었다. 진해의 해군 통제부 병력이 마산으로 이동하기 시작했고, 밤 9시경에는 진해의 수송교육대 장갑차(APC)가 마산으로 이동했다. 부산 방면에서 마산으로 오는 버스 등 각종 차량이 시위와 10시 통금으로 시내로 들어오지 못하고 고속도로 톨게이트 밖에서 장사진을 치고 있기도 했다.

밤 9시경에 북마산파출소 앞에 모인 2백여 명의 시위 군중은 북마산역으로 이동해 그 주변의 5백여 명과 합세하여 7백여 명으로 늘어났다. 시위대는 회원동 방향으로 행진하며 계속 시위를 벌였다. 9시 30분경 고등학생이 포함된 3백여 명의 시위대가 회원동 쪽에서 북마산파출소를 향해 이동해 왔다. 진압경찰과 맞서 두 차례에 걸쳐 2백여 미터 구간에서 일진일퇴하다가 진압부대가 회산다리까지 계속 밀어붙였다. 시위 군중들은 흩어졌다가 회산다리 옆에 세워 둔 경찰 버스에 돌을 던졌다. 교원동 철길 쪽에 있던 시위 군중들은 뒤편에서 역습한 경찰에 의해 10여 명이 체포되었다. 10시 30분경부터 11시 20분에는 회원동 상가시장에서 80여 명의 시위대가 민가와 점포에 소등을 요구하며 투석했으며 이들은 회원동에서 석전동까지 시위했다. 10시 50분경 북마산파출소 일대에서 밀려난 시위 군중들은 서원곡 도로의 철도 건널목과 성호동사무소 부근에서 경찰과 투석전을 벌였다. 여기서 여학생들이 돌멩이를 날라다 주기도 했다.

10시 10분에서 10시 30분 사이에 통금 시간이 지나 일반 시민들이 대부분 귀가했고 시위대는 산발적으로 이합집산했고 회원동 환금장여

관 앞에서는 경찰과 격투가 벌어지기도 했다. 비슷한 시각 상남동 상남초등학교 진입로 부근 도로에서도 1백여 명이 "뭉치자!"를 외치며 북마산파출소 쪽으로 돌진해 가기도 했다. 오동동다리 쪽에서도 수백여 명이 경찰과 대치, 일진일퇴하면서 "타도!" 구호를 외치며 시위를 벌였고 경찰은 최루탄을 발사했다.

밤 10시 50분경 MBC 뒤쪽 신포동 철교 부근에서 39사단 포병대대 소속 군인 한 명이 날아온 돌에 맞아 부상하기도 했다. 11시경에는 일단의 경남대학 학생들이 시위에 참여하기 위해 이동하다가 산복도로 제일여고 근처에서 군인들에게 체포되었다. 11시 30분경에는 신마산 두월동 외교다방 앞에 50여 명의 시위대가 모였다가 경찰에 의해 해산되었다. 밤늦게까지 산발적으로 이어진 시위는 밤 11시경에는 자산동 학생과학관 입구, 오동동 산호동 일대, 북마산파출소 인근, 자산동 몽고간장 근처 등 네 군데에서 계속되었는데 11시 55분경에는 거의 종료되었다.

19일의 시위는 전반적으로 전날과는 달리 대학생보다는 주로 10대 후반, 20대 초반의 실업자, 노동자들이 많이 참여했으며 고등학생들도 일부 가담했다. 경찰은 차를 타고 돌아다니며 시위 진압에 나섰고 군인들은 골목길을 돌아다니며 청년들만 보면 무조건 잡아다가 버스에 태우고는 무차별 구타한 후 경찰서 유치장으로 끌고 갔다. 경찰서 유치장에는 이렇게 연행되어 온 사람들이 많았다. 또 시위에 참여한 고등학생 중에는 너무 늦어 집에 갈 수 없게 되자 인근 초등학교 교실에 들어가 커튼을 뜯어 덮고 잔 학생들도 있었다. 밤늦게까지 시내 곳곳에서 시위를 벌이던 시위 군중들은 해산하면서 큰소리로 외쳤다.

"내일 또 봅시다!"

10월 20일 이후 상황

이틀간에 걸친 마산 시민들의 항쟁이 끝나고 20일이 되었다. 정부에서는 이날 정오를 기해 마산시와 창원출장소 일원에 위수령을 발동하고, 시민들의 반독재 투쟁을 '일부 학생과 불순분자의 난동'이라고 몰아세웠다. 위수령은 육군이 어떤 지구에 주둔하여 그 지구의 경비, 육군의 질서 및 군기의 감시와 육군에 속하는 건축물 기타 시설물의 보호를 목적으로 하는데, 비상계엄령과 달리, 위수 지구 안의 행정 사법권을 행사할 수 없으며 치안 유지 조처도 그 지구의 시장 및 경찰서장과 협의해야 한다. 그러나 위수령이 발동되기 이전에 이미 군인들은 주요 공공건물을 경비하고 있었다.

위수령이 발동되고 난 20일 오후 최창림 마산경찰서장은 기자회견을 통해 이번 사태에서 '사제 총기'가 발견되었으며 조직적인 불순 세력이 개입됐다는 발표를 했다. 한편 보안사의 자료에 따르면 이 사제 총기는 신호용으로 제작된 것으로 큰 위력은 없으나 10m 이내에서는 화상 및 방화가 가능할 것으로 판단하고 경찰과 합동으로 용의자를 색출할 계획을 세웠다. 그러나 이후 별다른 수사가 없이 종결되었다. 이는 시민항쟁을 '불순분자의 난동'으로 규정짓고 10월 9일 발표된 '남조선민족해방전선 검거'와 연결하기 위한 포석이었을 가능성이 있다.

마산경찰서 유치장은 연행되어 온 시위 참여자들로 몹시 혼잡했다. 사람들은 차례로 불려 나가 조사를 받았다. 경찰은 조사 과정에서 무차별로 구타하고 고문을 자행했다. 당시 경찰서 뒤편 주택가에 살던 사람들은 밤에 경찰서에서 들려오는 비명 때문에 잠을 자기 힘들었다고 한다.

10월 20일 이후 마산에서 시위는 종료되었다. 10월 20일 0시 45분

1공수특전여단 2대대 병력이 마산에 도착했다. 8시 30분경에는 2군 사령관이 39사단에 도착하여 마산 지역 시위에 대한 수습책을 논의했다. 그리고 12시부터 마산과 창원 지역에 위수령에 따른 병력 출동 명령이 내려졌다. 오후 2시에는 5공수특전여단 병력이 마산으로 이동하여 장갑차를 앞세우고 39사단 병력과 합세하여 시가지를 돌며 무력 시위를 함으로써 시가지에 공포 분위기를 조성했다. 수송교육단 장갑차(APC) 2대가 추가로 출동했다.

경남대와 경남공업전문대는 18일 오후 2시부터 무기한 휴교 상태에 있었고 추가로 마산대학도 이날부터 1주일 동안 추계 가정실습에 들어감으로써 학생들의 집결을 막으려고 했다. 마산시 교육청은 고등학생의 시위 참여를 방지하기 위해 20일부터 시내 각 고교의 수업을 오후 2시까지 단축 수업하도록 긴급 지시했다. 또 마산수출자유지역, 창원기계공업단지 등의 각 기업도 시위에 내비하여 조업 단축을 시작했다.

부산에 이어 마산에도 연이틀 대규모의 항쟁이 발발하자 외신도 이에 마산으로 직접 취재차 왔다. 그중에 일본 동경방송(TBS) 기자도 있었다. 그는 20일 오후 5시경 한국인 통역을 대동하고 마산에 와 시민들을 만나 취재한 후 동경으로 송신했다.

10월 24일에도 별다른 움직임은 발견되지 않았고, 경남대학 학생 5명, 목공 1명 등 시위 참여자 6명이 추가로 체포되었다. 위수령에 따른 병력 출동 및 휴교 조치에 따라 10월 25일 다른 지역 출신 대학생들은 대부분 귀향했고 고교생들은 예비고사 준비 등으로 정상 수업을 했다. 그리고 다음 날 충격적인 10·26사건이 터졌다.

부마항쟁의 결과

부마항쟁과 관련하여 부산에서 1,060명 마산에서 505명 등 모두 1,565명이 체포되었다. 이 중에 122명이 군법회의나 일반검찰에 넘겨져 구속되었고 즉결심판을 받은 사람은 651명, 훈방된 사람은 792명이었다. 마산 지역에서 시위에 참여했다가 연행된 505명 중 59명이 구속되었고, 125명이 즉심에 회부 되었고 321명이 훈방되었다. 경찰의 수사 과정에서 구속자에 대한 폭행과 고문이 자행됐다. 특히 1979년 10월 9일 내무부가 발표한 남조선민족해방전선(남민전) 사건과 부마항쟁을 조직적으로 연결하려는 의도로 주동 인물들에 대한 고문 수사가 벌어졌다. 야당 정치인, 북한과의 연계도 조작하려고 했다.

10월 18일부터 19일 밤까지 계속된 시위로 25개의 관공서, 100곳 이상의 개인 건물이 피해를 입었다. 마산시장 관사, 법원, 검찰청, 공화당 제1지구당사, 마산시청, 세무서, 소방서, 마산경찰서, 마산우체국, 전신전화국, MBC, 동사무소 4곳(회원동, 성호동, 추산동, 동성동), 파출소 10곳(남성, 양덕, 북마산, 오동, 회원, 산호, 자산, 역전, 상남2동, 신마산2) 등이 시위 군중들의 공격을 받았다.

부마항쟁 당시 경찰의 폭력적 진압으로 많은 부상자가 나왔다. 사람이 죽었다는 소문도 나돌았다. 당시 현장을 취재한 기자의 취재기록에도 사망 의혹이 기록되어 있었다. 하지만 오랫동안 진실은 알 수 없었고 부마항쟁으로 인한 사망자는 없는 것으로 알려졌다. 그러다가 2014년 11월, 부마항쟁 당시에 의문의 주검으로 발견된 한 고인의 유족이 진상규명위원회에 진상규명을 요구했다. 그 후 진상규명위원회는 조사 결과 2019년 9월 고인(고 유치준, 당시 51세)을 부마항쟁 관련 사망자로 공식 인정했다. 부마항쟁 피해자 중 첫 사망자 인정이었다. 당시 건설 현장에서 일하던 고인은 1979년 10월 19일 오전 5시경 마산 산호동 새한자동차 앞 도로변에서 변사체로 발견되었다. 진상규명위원회는 사인이 물리적 타격에 의한 외상이라고 보는 게 타당하고, 사고 지점에서 시위가 격렬하게 발생했던 점 등을 종합해 항쟁 관련 사망자로 판단했다. 타살 정황이 당시 경찰 문서에 기재돼 있었고 경찰이 시신을 암매장하고 검사에게는 시신을 유족에게 인도했다고 허위 보고한 점 등 사망 사실이 은폐된 것도 결정에 반영됐다. 하지만 사망의 과정과 원인, 구체적 은폐 상황 등은 밝혀지지 않았다.

부마항쟁 주도층과 역사적 의의

부마항쟁 초기 반유신 시위를 계획하고 성명서를 만들어 배포하고 시위를 일으킨 것은 학생들이었다. 학생 시위대가 부산과 마산의 시가지로 진출하자 시민들이 열렬히 호응하면서 시위에 동참하기 시작했다. 밤이 되면서 학생들의 숫자는 줄어드는 대신 일반 시민들이 대거 합류하여 본류를 이루었다. 파출소 경찰서 언론기관 등을 공격하고 불을 지르는 등 시위는 한층 격렬해졌다. 애초의 학생 시위에서 시민항쟁으로 그 성격이 변해 갔다.

부산과 마산의 시가지 시위를 어떤 계층이 주도했는지를 보기 위해 당시 항쟁에 참여했다가 구속되거나 즉결심판을 받은 이들에 대한 자료(부마민주항쟁진상조사보고서, 2022: 356-405)를 간단히 살펴본다. 당시 구속된 122명 중 일반법원 재판에 넘겨진 31명(부산 18명, 마산 13명)은 3명을 제외하곤 모두 대학생이었다. 소요, 긴급조치 위반, 계엄법 위반, 공용건조물 방화, 포고령 위반 등의 혐의로 군사재판에 넘겨진 사람은 모두 91

명(부산 45명, 마산 46명)이었다. 부산의 45명 중 학생은 20명, 일반인은 25명(회사원, 철공, 노동, 점원, 상업, 운전, 요리사, 금형공, 목공, 가정교사, 직공, 서적상, 사회단체 간사, 무직 등)으로 나이는 16세~39세 사이였다. 마산의 46명 중 학생은 19명, 일반인 27명(회사원, 노동, 양복공, 상업, 전기공, 점원, 농업, 목공, 석공, 공원, 철공, 요리사 등)으로 나이는 16세~45세 사이였다.

또 당시 651명(부산 526명, 마산 125명)은 즉결심판에 넘겨져 구류형, 벌금형 등의 처분을 받았다. 부산 지역 즉결심판 대상자 526명의 연령대를 보면 10대가 226명, 20대가 273명, 30대가 15명, 40대가 10명, 50대가 1명, 60대가 1명이었다. 30대 이하가 전체 즉결심판 대상자의 98% 가량을 차지하며, 미성년자 비율도 43%에 이른다. 즉결심판 대상자 중 가장 어린 나이는 14세이고 가장 많은 나이는 68세였다.

마산 지역에서 즉심에 회부된 125명을 연령대로 보면 10대가 63명으로 가장 많았고, 20대가 59명, 30대가 3명으로 즉결심판을 받은 사람의 절반 이상이 미성년자였다. 직업별[4]로 보면 중고생 12명, 대학생 11명, 상업 농업 11명, 회사원 43명, 점원 23명, 노동 9명, 공무원 1명, 무직 15명 등이었다. 여기서 학생(중고생, 대학생)은 전체의 18% 정도이고 나머지는 다 일반인으로 실제 직업은 다양한 편이다. 구속자와 즉결심판을 받은 이들의 직업 중에 회사원으로 분류된 이들의 대다수는 마산수출자유지역과 창원공단 기업체의 생산직 노동자들이었다.

부마항쟁 당시 초기 시위에는 학생들이 주도 세력으로서 역할을 했고 이후 시가지 시위에는 다양한 직업의 일반 시민들이 주도했는데 특히 노동자층의 참여가 두드러지는 양상을 보였다. 이는 당시 부산과 마

---

4 부산 지역 즉결심판 대상자의 경우에는 자료에 직업 관련 정보가 없어 직업별 구분을 할 수가 없다.

산에 산업 노동자층이 대규모로 형성되어 있었기 때문이다.

10월 26일, 자신의 마지막 공식 행사가 된 충남 당진의 삽교천 방조제 준공식에 참석한 박정희 대통령은 이날 저녁 궁정동 안가에서 연회 도중 김재규 중앙정보부장이 쏜 총탄에 절명했다. 자신의 심복 차지철 경호실장과 함께였다. 우연히도 유신헌법 초안이 비밀리에 만들어졌던 바로 그 안가에서 '유신의 심장'은 최후를 맞이했다. 영구 집권은 불과 7년 만에 종말을 맞았다. 흔히 '철옹성'으로 비유되던 그 강고해 보였던 유신체제는 권력의 심장부에서 안으로부터 허물어진 것이다. 그것도 일반의 상식을 완전히 뛰어넘는 방식으로 무너져 내렸다. 김재규는 뒷날 법정에서 '자유민주주의 회복'을 위해 '야수의 심정으로 유신의 심장'을 쏘았다고 진술했다. 김재규의 이 진술에 대한 평가와 수렴은 아직도 진행 중이지만, 분명한 점은 재판 과정에서 드러난 대로 10·26사건은 부마항쟁이 그 결정적 계기로 작용했다는 점이다.

이렇듯 부마항쟁은 유신체제 붕괴의 도화선이 되어 반민주 통치 세력의 폭압 통치를 중단시키는 역사적 계기가 되었다는 점에서 큰 의미가 있고, 3·15의거와 4월 혁명의 역사적 전통을 이어받아 한국 민주화 운동사에서 또 하나의 이정표를 세웠다는 의미가 있다.

4. 맺음말

1960년의 3·15의거와 1979년의 부마항쟁은 19년의 시차를 두고 일어난 민주화운동으로 독재 정권에 정면으로 대항해 투쟁함으로써 한국 민주주의의 발전에 이바지한 역사적 사건으로 평가받고 있다. 부마항쟁 이후 '마산이 일어나면 정권이 무너진다'라는 말이 대중에 회자된 적이 있다. 3·15의거와 부마항쟁의 결과를 단순화하고 과장한 말이지만 다른 한편으로는 마산 시민들이 들고 일어나 역사의 물줄기를 바꾸었다는 자부심의 표현이기도 했다.

1950년대 한국경제를 지탱해 오던 '원조경제'가 미국의 원조 축소로 위기를 맞으면서 민중의 생활난이 가중되고 있던 상황에서 이승만 정권의 장기 독재와 극심한 부정부패는 민심이 돌아서게 한 근본 원인이었다. 거기다가 마산에서는 자유당 정치인의 전횡과 무소불위, 민주당으로 당선된 허윤수 의원의 변절과 동양주정 매각 흑막 등에 대중이 분노한다. 정부통령 선거를 앞두고 자유당의 노골적인 부정 행위와 선거 폭력이 난무했다.

3월 15일 선거일 당일 민주당사 앞으로 모여든 시민들은 "도둑맞은 내 표를 찾아달라"라고 호소했다. 민주적인 선거가 시행된 지 얼마 되지 않은 당시에 유권자로서 내 한 표를 행사하는 일은 민주주의의 상징과도 같았다. 그런데 거의 20% 가까운 유권자들이 선거 번호표를 받지 못했다. 그러므로 선거 자체를 원천 부정할 수밖에 없었다. 마산의 민주당원들은 선거 무효를 선언하고 거리 시위에 나섰다. "협잡 선거 다시하라"라고 요구하는 맨주먹의 학생과 시민들을 향해 경찰은 총을 무차별 난사했다. 10여 명이 아스팔트에 피를 뿌리며 쓰러졌고 수백 명이 부상했다. 그 거리에서 한 학생이 행방불명되었다.

그리고 4월 11일 마산 앞바다에 주검으로 떠오른 한 소년의 참혹한 모습은 국민을 분노에 떨게 했다. 미제 최루탄이 박힌 김주열의 처참한 얼굴은 이승만의 자유당 정권이 어떤 정권인지 그 본질을 선명하게 각인시켰다. 사람들은 "주열이를 살려내라" 절규했다. 전국이 들끓었다. 4월 19일, 이승만의 경무대를 향해 시위 군중이 몰려갔다. 피의 화요일로 불리게 된 그날이었다. 그로부터 얼마 뒤 시민들은 탑골공원으로 몰려가 그의 동상을 끌어 내렸다.

4월혁명으로 열린 자유의 공간에서 여러 운동이 새로이 펼쳐지기 시작했다. 특히 민족적 과제인 통일촉진운동이 활발하게 전개되었다. 3·15의거의 자부심이 높은 마산에서도 선도적으로 양민학살 진상 규명 운동, 교원노조 운동, 영세중립화 통일운동, 혁신정당운동 등이 벌어졌다. 그러나 운동이 채 열매도 맺기 전에 된서리가 내렸다. 5·16 군사쿠데타를 일으킨 박정희는 모든 민주세력, 혁신세력, 사회운동 단체의 싹을 잘라버렸다. 마산에서도 운동을 이끌던 노현섭, 김문갑, 이봉규, 황낙구 등 수십 명의 활동가가 투옥되면서 운동의 맥은 완전히 끊겨버렸다.

3·15의거와 4월혁명에 참여한 이들을 가차 없이 제거한 박정희는 다음 해인 1962년 9월 21일, 마산의 3·15의거기념탑 제막식에 국가재건최고회의 의장 자격으로 참석해 동상을 제막하고 연설까지 한다. 박정희는 연설에서 "5·16혁명을 이룩한 기틀을 만든 마산의거"라고 '칭송'했다. 이날 행사는 4만여 명이 참석한 가운데 '혁명 공약'도 낭독되었다. 3·15의거는 박정희에 의해 그 정신까지 유린당한 셈이다.

그로부터 17년 후 마산 시민들은 그 치욕을 박정희에게 되돌려 주게 된다. 1979년 10월 18일 밤, 시위에 나선 시민들은 유신 철폐 독재 타도를 외치며 공화당사를 공격해 공화당 현판을 불태우고 공화당 국회의원의 집으로 돌팔매질을 했다. 또 한 파출소에 걸린 박정희의 사진액자를 떼어내 사진을 찢어 불태워 버리기까지 했다. 10월 16일 부산대생들이 시작한 반유신 시위는 20일까지 5일째 부산과 마산의 시민들이 참여한 항쟁으로 확산했다.

부마항쟁은 유신체제 붕괴의 도화선이 되어 반민주 통치 세력의 폭압 통치를 중단시키는 역사적 계기가 되었다는 점에서 큰 의미가 있다. 이러한 점에서 3·15의거와 4월혁명의 역사적 전통을 이어받아 우리나라 민주화 운동사에서 중요한 또 하나의 이정표를 세웠다는 의미가 있다. 학생들의 반유신 시위로 시작하여 시민들의 광범위한 호응과 참여가 이뤄지면서 유신독재 체제에 도전해 민주주의를 요구한 시민항쟁이었다는 점에서 큰 역사적 의의가 있다.

참고문헌

1. 3·15의거사편찬위원회(2021), 『3·15의거사』(2쇄), 사단법인 3·15의거기념사업회.
2. 경상남도(2020), 『경상남도사』, 제5권(경남의 현대), 제7권(경제 사회).
3. 김동춘 외(2020), 『한국 민주주의 100년, 가치와 문화』, 한울아카데미.
4. 김동택·김정인(2019), 『한국 민주주의, 100년의 혁명 1919~2019』, 한울아카데미.
5. 김주완(2005), 『토호세력의 뿌리』, 도서출판 불휘.
6. 김태룡(1962), 「3·15마산의거의 역사적 고찰」, 『마산시사 사료집』, 제1집, 마산시사편찬위원회.
7. 남부희·서익진·이은진·홍중조(2004), 『3·15의거사』, 3·15의거기념사업회.
8. 마산개항백년사편찬위원회(1999), 『마산개항백년사』, 마산시.
9. 마산고등학교 총동창회(2022), 『마산고등학교 1960년 3월 15일: 김용실·김영준 열사를 재발견하다』.
10. 마산상공회의소(1987), 『마산상공회의소 90년사』.
11. 마산시사편찬위원회(1985), 『마산시사』, 마산시.
12. 마산시사편찬위원회(2011), 『마산시사』, 마산시.
13. 마산일보사(1960), 『민주혁명: 승리의 기록』.
14. 민주공원(2003), 『부마민주항쟁 연구논총』.
15. 민주화운동기념사업회 한국민주주의연구소(2009), 『한국민주화운동사 2 유신체제기』, 돌베개.
16. 박영주(1985), 「10·18 마산민중항쟁의 전개과정」, 『마산문화』, 4권 희망과 힘, 마산문화사.
17. 박진해(2020), 『김종철 그의 시대 그리고 벗들』, 부마민주항쟁기념사업회.
18. 부마민주항쟁기념사업회, 부마민주항쟁십주년기념사업회(1989), 〈부마민주항쟁10주년기념자료집〉.
19. 부마민주항쟁진상규명및관련자명예회복심의위원회(2022), 『부마민주항쟁 진상조사보고서』.
20. 부산민주운동사 편찬위원회(2021), 『부산민주운동사 1』, 부마민주항쟁기념재단.
21. 상공부마산수출자유지역관리소(1987), 『수출자유지역 십오년사』.
22. 서익진(2020), 「박정희 공업화 발전모델의 위기와 부마항쟁」, 『사회경제평론』 통권 제62호, 한국사회경제학회.
23. 손상민(2020), 『집현전 그때 그 사람들: 유신X청춘 금기의 시대를 지나온 그들의 이야기』, 나무와바다.
24. 유시춘 외(2005), 『70 80 실록민주화운동 1: 우리가 강물이 되어』, 경향신문사.
25. 유종영(1983), 「3·15마산의거의 배경과 경과」, 『마산문화』, 제2권, 도서출판 청운.
26. 이은진(2004), 『근대마산 압축된 모순의 폭발지』, 경남대학교출판부.
27. 이은진(2008), 『1979년 마산의 부마민주항쟁–육군고등군법회의 자료를 중심으로』, 민주화운동기념사업회.
28. 조희연 편(2001), 『한국 민주주의와 사회운동의 동학』, 나눔의 집.
29. 창원시20년사편찬위원회(2001), 『창원시20년사』, 창원시.
30. 창원시사편찬위원회(1997), 『창원시사』, 창원시.
31. 한국정치연구회 편(2010), 『다시보는 한국 민주화운동: 기원, 과정, 그리고 제도』, 민주화운동기념사업회.
32. 홍순권·김선미·박영주·이은진·전재호·지주형(2016), 『부마항쟁의 진실을 찾아서』, 도서출판 선인.
33. 홍중조(1992) 엮음, 『3·15의거』, 4.19의거상이자회 경남지부.
34. 『마산일보』, 『부산일보』, 『국제신보』, 『동아일보』, 『조선일보』, 『경향신문』.

IX. 경남의 노동운동

1987년 이후 마창 지역 민주노조운동을 중심으로

김정호(미래를 준비하는 노동사회교육원 소장)

1. 자본주의 사회와 노동운동

자본주의 시장경제에서 노동력의 판매자인 노동자와 노동력을 구매하여 사용하는 사용자는 기본적으로 이해관계가 서로 대립된다. 사용자는 더 많은 이윤을 창출하는 데 최대 목적이 있기 때문에 노동자에게 더 싼 임금을 주고, 더 많은 일을 시키려 하며, 노동 과정을 더 장악하고 통제하려 든다. 이에 반해 노동자는 더 높은 임금과 짧은 노동 시간, 안전하고 건강한 노동 환경을 추구한다. 노동운동은 자본주의 경제체제의 계급적인 대립 관계 속에서 발생하는 것으로 자본주의가 출현하면서 시작되었고, 지금도 계속 진행되고 있는 사회운동이다.

노동운동은 노동자가 스스로 주체가 되어 노동 조건 개선과 사회적 정치적 지위를 개선하기 위해 벌이는 모든 활동을 포괄하지만 크게 노동조합운동과 노동자 정치운동으로 구성된다. 노동조합은 가장 대표적인 노동운동 조직이다. 오늘날 단결권과 단체교섭권, 단체행동권 등 노동3권은 민주사회에서 노동자의 가장 기본적인 권리로 인식되고 있다. 하지만 노동조합운동의 역사를 보면 노동조합 활동의 자유는 국가와 자본에 의해 주어진 것이 아니라 노동자들의 치열하고 끈질긴 투쟁을 거치면서 확장되어 왔다. 자본주의가 가장 일찍 발달한 나라인 영국만 해도 노동자들이 단결금지법 등에 맞서 백수십 년간 투쟁을 거친 후인 20세기 초에 와서야 비로소 노조 활동의 자유를 확보했다.

자본주의 사회에서 계급 관계는 산업 현장이나 경제 영역에 한정되지 않고 사회, 정치의 영역으로 확장된다. 따라서 노동운동이 노동자들이 일하는 작업장의 범위를 뛰어넘어 시민사회와 국가의 영역에서 사회적 영향력을 확대하고 정치적 이익을 추구하는 활동을 벌이는 것은 자연스러운 일이다. 이 과정에서 노동자들은 노동조합운동의 한계를 인식하여 독자적인 노동자정당을 만들어 보수정당들과 정치권력을 차지하기 위한 경쟁을 벌이기도 한다. 노동운동이 발달한 나라들에서 노동자정당이 발전한 것도 이 때문이다.

한국 사회에서 노동운동을 바라보는 시선은 그다지 곱지 않다. 오랜 반공 이데올로기의 영향으로 노동운동을 불온한 것으로 바라보는 시선이 여전히 남아 있는가 하면, 대기업 노동자들의 합법적인 파업과 투쟁을 집단이기주의로 바라보는 시각도 흔히 볼 수 있다. 그렇다고 해서 '철밥통'이나 '귀족 노동자'의 이미지와 전혀 무관한 저임금 비정규노동자들의 요구와 투쟁에 대해 쉽게 우호적인 여론이 조성되는 것도 아니다.

노동운동은 당사자인 노동자들에게만 필요한 것이 아니다. 노동운동은 자본주의 시장경제와 민주정치에서 중요한 기능을 담당하고 있다. 그것은 자본주의 시장경제의 부정적인 기능에 맞서 분배 구조의 개선과 경제 민주화를 통해 불평등을 교정하는 중요한 역할을 한다. 노동운동은 또한 다양한 방식의 사회연대 및 정치 활동을 통해 사회 여러 영역의 민주화와 전체 사회의 진보를 추동하는 중요한 기능을 담당한다. 이는 전국공무원노조가 벌였던 공직 사회 개혁과 부정부패 추방 운동, 전국교직원노조의 촌지 거부 운동, 언론노조의 언론 민주화 투쟁 등이 우리 사회에 미쳤던 긍정적인 효과를 보면 알 수 있다. 오늘날 노동 문제는 취업난과 불안정한 일자리로 고통을 겪고 있는 청년 세대에게도 가장 큰 문제가 되고 있다. 이러한 문제는 개인의 문제가 아니라 사회구조적인 문제이고, 따라서 노동운동을 비롯한 시민사회의 협력과 공동 대응을 통해 해결책을 찾아야 한다. 노동 문제에 대한 사회 구성원들의 올바른 인식이 절실히 요구되는 까닭이다.

이 글은 경남 지역 민주노조운동[1]의 흐름을 개략적으로 정리한 것이다. 아직 지역 노동운동사 분야의 자료 정리와 연구 성과가 모자라는 탓에 민주노조운동이 가장 활발했던 마산·창원 지역 제조업 부문을 중심으로 해서 다루었다. 기간도 1980년대 이후 1990년대 중후반까지에 집중되어 있다.

1987년 노동자 대투쟁 이후 민주노조운동의 발전 과정에서 지역 노동운동은 매우 중요한 역할을 담당했다. '지역'은 노동자들이 기업별 노조의 벽을 넘어 계급적 연대를 실천하는 일차적 단위였고, 국가권력과 직접적으로 충돌하는 공간이었다. 또한 지역은 민주노조운동의 주요한 활동 기반으로 노동자들의 계급적 정체성이 형성되고 재생산되는 단위였으며, 노동자 정치운동의 측면에서는 계급 정치의 기초를 다지고 확장하기 위한 출발점이었다(조효래, 2001). 그런 맥락에서 이 글에서도 단위 노조의 활동과 투쟁보다는 지역 연대 활동에 더 초점을 맞추어 지역 민주노조운동의 역사를 조명할 것이다.

---

1 민주노조운동이란 개념은 명확하게 정의된 개념은 아니며 다양한 의미로 쓰일 수 있다. 이 글에서는 일반적인 용법대로 '어용으로 비판받던 한국노총 중심의 노조 체제를 거부하고 자주성·민주성·계급성에 기초한 대안적 노조운동을 추구한 노동운동 내부의 흐름'이라는 의미로 사용한다.

2. 1987년 이전의 노동운동

1970년대까지의 노동운동

한국의 노동운동은 일제가 조선을 병합하고, 식민지 공업화를 추진하면서부터 본격적으로 시작되었다. 일제 강점기의 노동운동은 계급적 과제와 민족적 과제 해결을 동시에 추구했다. 3·1 만세운동에 참가하면서 역사의 전면에 출현한 노동자들은 1920년대 초부터 노동조합을 결성하여 처우 개선을 위한 투쟁을 벌이기 시작했고, 1929년에는 원산 지역에서 약 3개월 동안 완강한 동맹파업(원산 총파업)을 벌일 정도로 조직 역량이 발전했다. 기록에 따르면 마산에서도 1907년에 전국 최초로 노동야학이 설립되고, 1927년에는 '마산노동연맹'이라는 지역 조직이 결성되어 활동했던 것으로 확인된다.

1930년대 들어서면서 일제는 합법적인 노동조합 활동을 원천적으로 차단하고 봉쇄했지만 노동자들은 비합법 영역에서 사회주의 운동과 결합한 혁명적 노동조합운동 등을 통해 저항을 계속했다.

일제 강점기에 다져진 노동운동의 역량은 해방 공간에서 조선노동조합전국평의회(전평)의 결성과 활동으로 되살아났다. 전평은 1945년 11월, 해방된 지 3개월도 채 안 된 시기에 결성된 55만 명의 조합원을 포괄하는 16개 산별 노조의 연합체였다. 전평은 1946년 9월 철도 노동자들의 파업을 이어받아 전국 총파업을 벌였으며, 1946년 3월 22일 24시간 시한부 총파업, 1948년 2·7 구국 투쟁 등을 벌이는 등 노동자들의 노동 조건 개선과 자주적 통일국가 건설을 위해 노력했다. 그러나 해방과 더불어 남한에 진주한 미군정은 사회주의 세력과 결합되어 있는 전평의 활동을 인정하지 않고 극심한 탄압을 자행했다. 한편 1946년 3월 우익 청년 단체들을 중심으로 구성된 대한노총(대한독립촉성노동총연맹)이 결성되었다. 출발부터 노동자 대중의 자주적인 조직이 아니었던 대한노총은 미군정의 비호 속에서 전평에 대한 테러를 가장 주요한 활동으로 삼았다. 1948년에 한반도의 분단이 굳어지고 남한에 이승만 정권이 들어서면서 전평은 궤멸되었고, 이승만 정권의 정치행동대나 다름없는 대한노총이 노동운동을 장악했다. 4·19혁명으로 잠시 민주적인 노조 운동이 활성화되는 듯했으나, 5·16 군사쿠데타로 이내 무산되었다. 박정희 군사정권은 대한노총을 한국노동조합총연맹(한국노총)으로 재편하여 노동통제 기구로 활용하는 한편 각종 노동기본권을 봉쇄한 법제도적 장치를 통해 자주적인 민주노조운동은 철저히 억압했다. 예컨대 1969년에 제정된 「외국인투자기업에서의 노동쟁의에 관한 임시특례법」은 마산수출자유지역에서 일하는 여성 노동자들의 노동기본권을 원천 봉쇄했다. 1976년 5월 한국스와니(섬유업체) 노동자들의 노조 결성 시도가 실패한 것도 이 때문이다.

민주노조운동이 새롭게 다시 일어선 것은 1970년 11월 전태일의 분신이 계기가 되었다. 전태일의 분신 사건은 경제 성장의 그늘 아래 신음하던 노동자들의 열악한 현실을 한국 사회에 생생하게 고발했고, 이와 더불어 노동자들의 주체적인 각성을 불러왔다. 청계피복노조를 시작으로 동일방직, 원풍모방, 반도상사, 콘트롤데이타 등 민주노조들이 들어섰고, 이들 노조들은 어용으로 지탄받던 한국노총과 달리 조합원들의 주체적인 참여와 민주적인 운영에 기반한 높은 단결력을 바탕으로 기업주와 유신 독재 정권의 억압에 맞서 근로 조건을 개선하고 노동조합을 지켜냈다. 1979년 YH무역 노동자들의 폐업 반대 투쟁은 신민당사 점거 농성 투쟁으로 이어졌고, 이는 군사정권의 몰락을 앞당기는 커다란 계기가 되었다. 1970년대 민주노조운동의 주역은 면방, 모방, 봉제, 전자, 가발 등 노동 집약적인 경공업 부문에 종사하는 여성 노동자들이었다. 그리고 이 시기에는 도시산업선교회, 가톨릭노동청년회 등 교회 단체들이 노동운동을 지원한 유일한 세력이었다.

전두환 정권의 노동 통제와 노동자들의 저항

1979년 10월 26일 박정희 대통령의 피살로 인해 빚어진 정치적 공백기는 '80년의 봄'을 가져왔다. 노동자들도 새롭게 열린 활동 공간 속에서 투쟁에 나섰다. 노동쟁의 건수는 1979년 105건에서 1980년 407건으로 급격히 증가했다. 신규 노조 결성 투쟁도 활발하게 벌어져 불과 두 달 동안 조직 노동자가 8만여 명이나 증가했다. 사북 동원 탄좌 노동자들의 투쟁이 대표하듯이 어용 노조 민주화 투쟁도 격렬하게 전개되었다. 원풍모방, 동일방직, 반도상사 등 1970년대 민주노조들은 어용 간부들의 사퇴를 촉구하면서 한국노총 민주화 투쟁에 나서기도 했다.

마산·창원 지역의 노동자들의 투쟁도 봇물이 터지듯 터져 나왔다. 마산수출자유지역의 북릉(수산물 가공업체) 노동자들이 1980년 3월 31일 수출자유지역 설립 10년 만에 노동조합을 결성한 것을 시작으로 5월 중순까지 5개의 노조가 결성되었다. 한국삼양공업, 신흥화학, 동경전자 등과 진동의 두산유리, 창원의 현대양행, 동양기계 창원공장, 풍성정밀, 동명중공업, 한국공작기계, 삼성라디에터, 창원산재병원, 진해의 진해화학 등에서 임금 인상이나 노동 조건 개선, 어용노조 퇴진 등 다양한 요구를 내걸고 농성이나 파업 투쟁을 전개했다. 그러나 '80년 봄'은 짧게 끝나고 말았다. 신군부는 광주민주항쟁을 진압한 후 노동운동에 대한 대대적인 탄압에 나섰다. 먼저 노동청을 통해 8월 21일 '노동조합 정화지침'을 시달하여 산별 위원장급 12명을 사퇴시키고, 산별 노조 산하 105개의 지역 지부를 해산케 했다. 이어서 중앙정보부 등 관계기관들이 선정한 정화 대상자 191명을 대상으로 노조 간부직 사퇴와 현장 복귀를 명령했다. 정화 조치를 거부한 간부들에게는 해고가 뒤따랐다. 이와 더불어 전두환 정권은 12월 8일 민주노조 파괴 작업의 사전 단계로 민주노조 간부 및 조합원 70여 명을 계엄사로 끌고 가서 협박과 폭행을 일삼으며 사표를 강요하고, 일부는 삼청교육대로 보내 '순화 교육'이란 명목으로 가혹한 폭력을 행사했다.

그리고 12월 31일, 전두환 정권은 국가보위비상입법회의를 통해 근로기준법, 노동조합법, 노동쟁의조정법, 노동위원회법을 개정하고 노사협의회법을 새로 제정했다. 개정 노동관계법의 내용을 보면 먼저, 노동조합의 형태를 산별 체계에서 기업별 노조 체계로 강제 전환했다. 또 유니온 숍 제도를 폐지하고 예전에 2인 이상이면 가능하던 노조 설립을 30인 이상 또는 1/5 이상 찬성을 얻어야 가능하도록 하는 등 노조 설립 요건을 대폭 강화했다. 그뿐만 아니라 행정관청에서 노조의 해산이나 임원의 개선을 명할 수 있도록 하고, 노조의 결의를 취소·변경할 수 있도록 했다. 단체교섭권 위임 금지, 제3자 개입 금지, 국공영업체와 방위산업체의 쟁의 행위 금지, 냉각 기간 설정, 행정관청의 긴급조정 등을 통해 단체교섭권과 단체행동권에 대한 제한도 대폭 강화했다. 그리고 노사협의회법을 제정하여 노사 관계를 노사협조주의로 왜곡·순치시키려고 기도했다. 한마디로 전두환 정권이 노동관계법을 전면 개정한 목적은 노조운동을 원천적으로 차단하고 억압할 수 있는 제도적 틀을 갖추는 데 있었다. 전두환 정권은 1981년 들어서면서 민주노조들에 대한 대대적인 파괴 공작을 진행한다. 청계피복노조를 시작으로, 반도상사, 콘트롤데이타, 서통, 남화전자, 태창메리야스 노조를 차례로 깨트렸으며, 마지막으로 1982년 9월 원풍모방 노조를 무너뜨렸다. 노동운동은 다시 얼어붙었다.

불법 쿠데타로 권력을 잡은 전두환 정권은 늘 정통성의 약점을 안고 있었다. 또한 1985년 총선, 1986년 아시안게임, 1988년 올림픽 등 중요한 정치 일정과 국제 행사를 앞두고 마냥 채찍만 휘두를 수는 없었다. 그래서 전두환 정권은 1983년 12월 대학 제적생 복교 허용, 대학 상주 경찰의 철수, 해직 교수 복직, 정치 활동 규제자 해금 등을 주요 내용으로 하는 '유화 조치'를 내놓았다. 일시적이고 제한적인 조치였지만 탄압의 고삐가 다소 풀린 틈을 타고 노동 현장에서 노조 결성과 생존권 확보를 위한 투쟁들이 터져 나왔다. 그 결과 1984년 한 해만 해도 전국적으로 200여 개의 신규 노조가 결성되었는데 이는 1980년부터 1983년까지 3년 동안의 총 신규 노조 결성 건수보다 많은 숫자였다.

눈에 띄는 투쟁은 택시 부문에서 먼저 터져 나왔다. 1984년 5월 25일, 대구에서 시작된 택시 노동자의 파업 시위는 전국의 거의 모든 도시로 확대되었는데, 6월 4일과 5일에 일어난 부산, 마산 지역 택시 노동자들의 파업 시위는 대구의 투쟁과 함께 가장 규모가 크고 격렬하게 진행되었다. 마산·창원 지역의 택시 노동자들은 그 이전인 1983년 7월 이후 1984년 초까지 21개의 노조를 결성했으나, 행정관청과 사업주들의 노조 와해 책동으로 거의 파괴되어 1984년 6월에는 8개만이 남아 있었다. 그럼에도 불구하고 대구를 비롯한 전국적인 택시 노동자들의 투쟁 분위기에 고무되어 '우리도 이번 기회에 한번 본때를 보여 주자'는 분위기가 무르익고 있었다. 그리하여 1984년 5월 11일과 12일에는 사업주가 같은 석전택시와 용마택시의 노동자들이 공동으로 파업을 벌여 근로 조건 개선과 징계 철회 등의 요구를 관철하기도 했다. 마침내 6월 5일, 마산의 택시 노동자들은 지역 차원의 공동 투쟁에 나섰다. 이날은 택시업체의 사용자 대표자와 노조 대표자들을 비롯하여 노사 관계자와 마산시장, 마산지검 공안검사, 마산경찰서장, 마산동부경찰서장 등이 참석하는 '마산지역 노동대책회의'가 열리는 날이었고, 노조 대표들은 오후 5시까지 결말이 나지 않으면 행동에 들어가기로 조합원들과 약속한 상태에서 8개 항의 요구사항을 들고 오후 3시 회의에 참석했다.

이런 가운데 노동자들이 오후 5시 30분쯤 분수대로터리에서 택시를 동원하여 로터리를 차단하면서 시위 농성이 시작되었다. 한번 터진 시위는 마산 시내 전역으로 급속히 번져 나가 삽시간에 시가지 교통이 마비되는 상태에 이르렀다. 이날 택시 노동자들은 육호광장, 3·15의거탑, 불종거리 등 마산 시내 10여 곳에서 100여 대의 택시를 동원하여 도로를 차단하고 격렬한 가두 투쟁을 벌였다. 노조 대표들도 동료들의 투쟁 소식을 듣고 용기백배하여 요구사항을 계속 밀어붙였다. 마침내 밤 9시 30분쯤 사납금 인하를 비롯한 노조 쪽의 근로 조건 개선 요구가 대부분 관철된 채 협상이 끝났다. 노조 대표들은 마산시청에서 급히 나와 이 소식을 조합원들에게 알리고, 경찰서를 찾아가 이날 투쟁 과정에서 연행된 21명의 석방을 이끌어 냈다. 비록 이 투쟁의 성과는 택시노조들의 조직력이 약화된 틈을 타고 택시업체들이 9월 들어 기습적으로 사납금을 인상하는 바람에 물거품이 되고 말았지만 이후 택시 노조운동이 성장하는 데 커다란 발판이 되었다.

이러한 흐름은 경남 지역의 제조업 부문에도 서서히 형성되고 있었다.[2] 특히 ㈜통일이나 기아기공과 같이 이미 노조가 결성되어 있던 대기업들이 서울에서 창원공단으로 이전해 오면서 앞서가던 경인 지역의 노동운동 분위기가 직간접적으로 전파되었다. 먼저 창원 공단의 삼성라디에타에서 노동자 40여 명이 1984년 5월 노조를 결성했으나 회사 쪽의 회유와 협박에 못 이긴 노조 간부와 조합원들이 탈퇴하는 바람에 노조가 해산되고 말았다. 이 과정에서 수십 명의 노동자들이 '자진퇴사'라는 이름으로 사직을 강요받고 회사에서 쫓겨났다. 그러나 삼성라디에타 노동자들은 그 후에도 끈질기게 노조 결성을 준비하여 이듬해인 1985년 4월 노조 결성에 성공했다. 창원공단의 손꼽히는 대기업인 한국중공업에서도 1983년부터 노조 설립을 준비하는 모임이 시작되었고, 이들 중 4명이 1985년 5월, '악질 반장'의 갑질을 바로잡기 위한 연판장을 돌리다가 해고되었다. 하지만 남은 이들은 김창근을 중심으로 6월 24일 기습적으로 노동조합을 설립했다. 그러자 회사는 노조 지도부에 대해 건설 현장에 출장 명령을 내리고, 이를 거부하는 김창근 등 9명을 해고했다. 결국 나머지 노조 설립 발기인들은 회사의 회유와 협박을 견디지 못해 노조를 탈퇴했고, 이를 근거로 회사 쪽이 조합 해산서를 제출하면서 노조 설립은 무산되고 말았다. 하지만 해고자들은 유인물을 내고, 통상임금 지급 소송 등을 벌이며 1987년 노동자 대투쟁까지 끈질기게 노조 민주화 투쟁을 이어갔다.

노동자들의 민주노조 건설 열망은 ㈜통일에서 더 위력적인 대중 투

---

2 이에 앞서 마창 지역 노동자들은 1981년 1월에 풍성전기(1981. 1.), 화천기계(1981. 3.), 제일정밀(1981. 6.), 효성기계(1982. 7.), 쌍용양회(1982. 10.) 등에서 노조를 결성한 바 있다. 경남금속에서도 1982년 7월 노조가 결성되었으나, 해고 등을 앞세운 사측의 탄압으로 실패하고 말았다.

쟁의 형태로 터져 나왔다. 1982년 동양기계가 ㈜통일에 합병되면서 동양기계 영등포 공장 노동자들이 창원 공장으로 옮겨온 이후 노조는 간부진을 보강하는 등 조직력 강화에 힘을 기울여 1984년 가을 단체협약 갱신 투쟁에서 상당한 성과를 거두었다. 이 일을 계기로 400~500명에 불과하던 조합원 수가 2,000여 명으로 크게 증가했다. 조직력에 자신감을 갖게 된 통일 노조는 1985년 임금 인상 투쟁을 조합원들의 높은 참여 열기 속에서 진행했다. 하지만 4월 20일, 김재진 노조 위원장이 회사 쪽의 4.5% 인상안에 직권 조인을 하는 일이 발생했다. 이에 분노한 조합원들은 대학생 출신 노동운동가인 문성현 사무국장을 중심으로 투쟁을 계속했고, 4월 25일에는 전 조합원이 참가하는 파업 농성을 밤새워 벌였다. 이에 놀란 회사가 이튿날 새벽 4시, 문성현 위원장을 비롯한 노조 간부 징계 철회, 파업 조합원에 대한 보복 행위 금지 등 노조의 요구를 전면 수용함으로써 통일 노동자들의 투쟁은 성공적으로 마무리되었다. 기세를 탄 노동자들은 5월 초 위원장을 불신임하고 문성현 사무국장을 새로 위원장에 선출하는 등 민주노조의 기틀을 다지는 데 주력했다.

하지만 통일 민주노조의 봄날도 길게 가지 못했다. 6월 27일 늦은 밤부터 이튿날 새벽 사이에 노조 간부 18명이 국가보안법 위반으로 대거 연행되었다. 구로동맹 파업 투쟁이 폭력적으로 진압된 바로 그 무렵에 벌어진 일이었다. 통일 노조의 노조 민주화 투쟁은 그해 4월에 일어난 인천의 대우자동차 임금 인상 투쟁, 그리고 6월의 구로동맹 파업 투쟁과 함께 1985년을 대표하는 노동자 투쟁으로서 1987년 노동자 대투쟁의 전주곡으로 평가된다. 통일 노동자들은 그 후에도 노조 민주화를 위한 활동을 계속했고, 그 과정에서 1987년 노동자 대투쟁 이전까지만 해도 20여 명의 노동자가 해고되었다. 이들 해고 노동자들은 회사의 탄압에 맞서 출근 투쟁, 유인물 배포, 소모임 조직, 점심시간 식당을 이용한 기습 선동 등 다양한 방법을 활용하여 ㈜통일 노조 민주화 투쟁을 이어갔다.

1980년대 전반기는 노동운동 활동가 집단이 본격적으로 형성되기 시작한 시기이기도 하다. 1970년대에 민주노조 활동을 하다가 전두환 정권의 탄압으로 쫓겨난 해고 노동자들이 기업의 울타리를 넘어 교류하고 힘을 모으면서 반격을 준비하고 있었다. 다른 한편 광주민주항쟁을 거치면서 이념적으로 급진화된 학생운동은 적극적으로 '노학연대' 전략을 추구했고, 이에 따라 수많은 학생 운동가들이 노동자들의 계급의식을 각성시켜 사회변혁에 나서게 하려는 목적을 갖고 공단 지역으로 들어갔다. 이른바 '위장취업자'들로, 그 수는 정확히 헤아릴 수 없으나 최대 1만여 명에 달했던 것으로 추산된다. 이들은 초기에는 수도권의 공단에 많이 몰려 있었지만, 나중에는 창원, 부산, 울산 등 지역의 공업단지로도 흘러들었다. 앞서 살펴본 한국중공업과 ㈜통일의 민주노조 건설 투쟁에서도 위장취업자의 '활약'이 있었던 것을 확인할 수 있다.

6월 민주항쟁과 노동자들의 참가

전두환 정권의 폭압 통치는 임기 후반으로 가면서 시민들의 저항에 맞닥뜨리기 시작했다. 시민들의 저항은 대통령 임기를 1년 남긴 1987년에 들어서면서 더욱 거세어졌다. 1월 14일 서울대생 박종철이 남영동 대공분실에서 조사를 받다가 물고문을 당해 목숨을 잃었다. 정부당국은 "책상을 탁 치니 '억' 하고 죽었다"라고 거짓말을 했다. 군사독재 정권의 잔악한 만행과 거짓말에 분노한 시민들은 2월 7일 국민추도회와 3월 3일 고문추방 국민대행진을 거치면서 행동으로 나서기 시작했다. 창원 지역에서도 2월 7일 가톨릭 여성회관에서 추도회가 열렸으며, 3월 3일에는 경남대와 창원대 학생들을 중심으로 집회와 시위가 벌어졌다.

전두환 정권은 제 손으로 무덤을 파고 있었다. 모든 개헌 논의를 중단하고 차기 대통령도 체육관에서 선출하겠다는 4·13 호헌 조치는 불에 기름을 부은 격으로 국민들의 분노를 증폭시켰다. 4·13 호헌 조치를 반대하고 직선제 개헌과 민주화 조치를 요구하는 시국선언과 서명 운동이 전국 각계각층에서 줄을 이었다. 창원 지역에서는 4월 17일 경남대와 창원대 학생 400여 명이 경남대 대운동장에서 '4·19 기념식 및 직선제 쟁취 결의 실천대회'를 연 뒤 가두 진출을 위한 시위를 벌였다. 5월 들어 학생과 시민들의 항거는 더 확산되었다. 5월 4일 천주교 마산교구 소속 신부 14명이 오동동 마산교구청 5층 회의실에서 민주개혁을 요구하며 1주일간의 단식기도에 들어갔으며, 5월 7일에는 천주교 마산교구 소속 신부와 수녀·신자 등 1,000여 명이 오후 8시 마산교구청 앞뜰에 모여 시국 관련 특별미사를 열고 한국은행 마산지점까지 침묵 시위를 벌였다. 5월 8일에는 경남대 교수 35명이, 5월 30일에는 창원대 교수 13명이 호헌조치 철회를 요구하는 시국선언문을 발표했다.

전국 62개 대학에서 5·18 추모 집회 및 시위가 벌어진 5월 18일, 천주교정의구현전국사제단이 박종철 고문치사 사건이 은폐 및 축소 조작되었다는 사실을 폭로하면서 전두환 정권은 더욱 궁지로 몰렸다. 이처럼 국민들의 민주화 열기가 고조되고 있는 가운데 5월 27일 민주운동진영과 야당이 연합한 '민주헌법쟁취 국민운동본부'(이하 국본)가 출범했다. 국본은 6월항쟁의 구심이 되었다. 경남에서도 민주헌법쟁취국민운동 경남본부(이하 경남국본)가 6월 초에 결성되었다.

그러나 전두환 정권은 이에 아랑곳하지 않고 6월 10일 민정당 전당대회를 열어 노태우를 대통령 후보로 지명했다. 이에 맞서 국본은 같은 날 '고문살인 은폐조작 규탄 및 민주헌법쟁취 범국민대회'를 전국 22개 도시에서 동시다발로 개최했다. 전국에서 24만 명이 집회와 가두 시위, 철야농성 등에 참가했다. 이날 마산에서 열린 경남의 범국민대회는 경찰이 마산공설운동장 앞에서 최루탄을 발사함으로써 대통령배 축구대회를 관람하고 있던 관중들이 대거 합세하고, 퇴근하던 노동자들까지 합류하면서 3만여 명이 참가하는 대규모 시위로 발전했다.

6월 민주항쟁은 6월 18일 '최루탄 추방대회'를 거쳐 26일 '호헌철폐 민주헌법쟁취를 위한 국민평화대행진'에서 절정에 이르렀다. 26일 마산·창원 지역의 시위는 오후 5시 40분께 북마산 회산다리 부근에서 200여 명의 학생들이 도로를 점거하면서 시작됐다. 오후 6시 오동동 사거리에서는 경남국본과 천주교 마산교구 사제단 등 100여 명이 애국가를 부른 뒤 펼침막을 들고 행진에 들어갔다. 경찰은 원천 봉쇄와 백골단을 앞세운 강경 진압으로 대응했다. 이에 따라 시위는 육호광장 주변과 북마산 회산다리, 중앙극장 및 부림지하상가 일대, 어시장, 창동, 불종거리, 산호동 여성회관, 마산공설운동장 입구 등 시내 곳곳에서 산발적으로 벌어졌다. 경찰의 과잉 진압에 분노한 시민들이 직접 돌과 화염병을 들고 대응하면서 거리 투쟁은 시가전을 방불케 했다. 술집에서 나오던 일반 시민들까지 화염병을 들었으며, 택시 노동자들도 경적을 울리며 합세했다. 시민들은 시위 과정에서 전경 1개 중대를 에워싼 후 무장해제 시켜 버리기도 했다. 2만여 명이 참가한 이날 시위는 이튿날 새벽 2시까지 계속되었다.

<그림 9-1> 수출자유지역 후문으로 진출하는 시위대의 모습(1987년 6월 10일) ©6월항쟁정신계승경남사업회

6월 27일과 28일에도 시위는 이어졌다. 이 과정에서 모두 28명이 경찰에 연행되어 무자비한 폭행을 당했다. 6월 29일 연행자 중 갈비뼈가 부러진 부상자 2명이 병원에 입원하고, 나머지는 가족 및 시민 500여 명과 합세하여 마산경찰서 앞에서 경찰의 사과문 작성 및 신문방송 보도, 피해 보상 등을 요구하며 연좌 농성을 벌였다. 그 결과 경찰서장으로부터 공개 사과를 받아내고 연행자 전원이 풀려났다.

연인원 400~500만 명이 참가한 거국적인 항쟁 앞에 전두환 정권도 무릎을 꿇을 수밖에 없었다. 전두환은 6월 29일 노태우를 내세워 대통령 직선제와 김대중 사면복권 및 시국 관련 사범 석방, 인권 침해 시정, 언론 창달, 지방자치 실시, 대학 자율화와 교육자치 실시 등을 주요 내용으로 하는 '6·29선언'을 발표하기에 이른다.

마산·창원의 6월 민주항쟁은 초기엔 경남대 등 대학생들이 주도했지만, 경찰의 진압이 폭력적으로 변하면서부터 시민들과 노동자들이 폭넓게 참여하는 양상으로 발전했다. 노동자들은 처음에는 개별적으로 또는 소모임 형태로 참가했으나, 나중에는 퇴근하는 버스에서 한꺼번에 내려서 집회에 참가하기도 했다. 심지어 몇몇 기업에서는 노동자들의 시위 참여를 막기 위해 일부러 연장 근로를 시킬 정도로 6월항쟁에 참여하는 노동자 수는 늘어났다. 노동자들 중 일부는 가두 투쟁에서 화염병을 던지고 군중을 선동하는 구호를 외치면서 새로운 투쟁 경험을 쌓았고, 집회가 끝난 후에는 뒤풀이 자리를 통해 자연스레 '민주노조 건설'에 대한 공감대를 넓혀 갔다.

3. 노동자 대투쟁

십 년을 하루에 뛰어넘은 투쟁

6월 민주항쟁의 큰 걸음은 공장 문 앞에서 멈추었다. 민주항쟁의 결과 한국의 민주주의는 커다란 진전을 이루었지만 노동자들에게 돌아온 것은 없었다. 6·29선언에는 임금 인상을 비롯한 처우 개선이나 단결권 보장 등 노동기본권 신장과 관련한 내용은 단 한 줄도 담겨 있지 않았다. 현장은 여전히 비민주적이고 반인간적인 지배와 착취가 계속되고 있었고, 합법적인 노동조합의 결성은 거의 불가능했다.

당시 한국경제는 1986년부터 시작된 '3저(저유가·저금리·저환율)' 현상에 힘입어 엄청난 호황('3저 호황')을 누리고 있었다. 연평균 경제성장률은 12~13%에 이르고, 1인당 국민소득은 1989년에 5,000달러를 넘어섰다. 무역수지는 흑자로 돌아서 1986년 46억 달러, 1987년 99억 달러, 1988년 142억 달러를 기록한다. 하지만 노동자들의 삶은 여전히 고단했다. 전두환 정권과 기업들은 1980년대 초반의 경제 위기를 노동자들에게 전가했고, 이 때문에 노동자들의 실질임금은 1986년까지 지속적으로 하락했다. 1980년 실질임금을 100으로 환산했을 때 1986년 임금은 72에 불과했다. 그뿐만 아니라 장시간 노동과 높은 노동 강도, 열악한 작업 환경, 잦은 산업재해, 강압적 노동 통제로 인해 노동자들의 불만은 폭빌 직진이었다.

1987년 7월 5일, 현대엔진에서 노조가 결성되었다. 노동자 대투쟁의 시작을 알리는 신호탄이 터진 것이다. 현대엔진에서 지펴진 노동자 대투쟁의 불꽃은 삽시간에 울산 전역을 휩쓸었다. 7월 15일 현대미포조선, 21일 현대중공업, 24일 현대자동차에서 노조가 결성되어 설립 신고를 둘러싸고 노동자들과 회사가 충돌했다. 울산에서 불붙은 노동자 대투쟁의 불길은 7월 말에 부산과 창원으로 옮겨붙었고, 8월에는 마산을 거쳐 대우조선으로 건너갔으며, 이후 전국으로 번져 나갔다. 공단이 밀접한 영남권과 서울·인천·경기 등 수도권은 물론, 전라, 충청, 강원, 제주에 이르기까지 전국의 모든 지역에서 빠짐없이 파업이 전개되었다. 산업·업종별로 보면 대투쟁은 금속산업 사업장들에서 시작되었지만, 이내 제조업의 담장을 넘어 광산, 서비스산업으로 번져 나갔고, 민간 부문의 경계를 넘어 공공 부문으로 퍼져나갔다.

노동자 대투쟁은 말 그대로 "10년을 하루에 뛰어넘은" 비약적인 투쟁이었다. 노동부에 따르면 이해 6월 29일부터 10월 31일까지 발생한 노사분쟁 총 건수는 3,311건이었고, 그 가운데 쟁의 행위를 수반한 분쟁은 97.7%에 해당하는 3,235건이었으며, 쟁의 행위에 참가한 총 인원수는 122만 5,830명이었다. 이는 10인 이상을 고용한 기업체에서 일하는 정규직 노동자들의 36.8%에 해당하는 수치이다. 또 1977년부터 1986년에 걸친 10년 동안 노동쟁의 발생 건수가 1,638건, 참가자 수가 22만 8,495명이었던 데 비해, 1987년 한 해 동안 일어난 노동 쟁의 발생 건수가 3,749건이었고, 참가자 수는 26만 2,285명이었다. 업종별로 살펴보면 제조업이 1,740건으로 전체 투쟁의 53%를 차지했고, 운수업이 1,186건, 광업이 118건을 차지했다.

노동자들의 투쟁은 대체로 체계적인 계획이나 전략, 조직적인 통솔 없이 진행되었다. 쟁의는 대부분 작업중단, 파업, 또는 시위의 형태를 띠고 격렬하게 진행되었다. 당시 노동법 절차에 따라 합법적인 노조 설립을 하기는 어려웠고, 설사 노조를 설립한다고 해도 일반사업장의 경우 30일, 공익사업장의 경우 40일의 냉각 기간을 거쳐야 비로소 파업이 가능했으므로 합법적인 파업을 한다는 것은 사실상 불가능했다. 그래서 노동자들은 대체로 파업에 먼저 들어간 후 노조를 만들어 회사 쪽과 단체교섭을 진행하는 방식을 선호했다. 노동자들은 '선 투쟁 후 협상'을 하나의 원칙으로 삼았고, 투쟁을 통해 악법을 무력화시켜 버렸다.

노동자들의 요구는 임금·상여금 인상, 수당 신설, 법정공휴일 유급휴가제, 악덕 관리자 처벌, 두발 및 복장 자율화, 생산직과 사무직 간 차별 철폐, 어용 집행부 퇴진 등으로 다양하게 분출되었다. 한마디로 요약하면 '노동자도 인간답게 살고 싶다'는 것이었다.

전두환 정권은 8월 28일 대우조선 노동자 이석규의 장례 투쟁에 대한 탄압을 계기로 대대적인 반격에 나선다. 이날, 김정렬 국무총리는 '좌경용공세력 척결을 위한 담화문'을 발표했다. 이어서 정부는 9월 4일 대우자동차와 현대중공업 파업농성장에 경찰 병력을 투입, 대우자동차 농성자 94명 전원, 현대중공업 노동자 40명을 구속했다. 경동산업과 영창악기 투쟁도 같은 시기에 회사와 경찰의 합동 공격으로 파괴되었다. 이때부터 노동자들의 투쟁은 급격히 줄어들었고, 7·8·9월 노동자 대투쟁은 하강 국면으로 접어들게 된다.

경남 지역의 투쟁

마창 지역은 1987년 노동자 대투쟁 이전까지만 해도 노동운동이 미약한 곳이었다. 수출자유지역은 1987년 이전까지 '외국인 투자기업 특례법'에 묶여 노조의 결성 자체가 사실상 금지된 노동운동의 불모지였다. 1980년 봄 몇몇 사업장에서 있었던 노조 결성 시도도 신군부 집단의 5·17 쿠데타로 인해 좌절되었다. 창원공단은 수출자유지역과 달리 일부 입주업체 중에 노조가 있는 곳도 있었고, ㈜통일과 한국중공업처럼 노조 결성이나 노조 민주화 투쟁을 경험한 곳도 있었지만, 전체적으로는 노동운동의 무풍지대나 다름없었다.

그렇지만 두 공단 모두 공장이 밀집되어 있고, 동일하거나 유사한 업종으로 이루어진 데다, 20대 젊은 노동자가 70% 이상을 차지하는 등 노동력 구성의 동질성이 높아 투쟁의 확산에 유리한 잠재적 조건을 갖추고 있었다. 마산수출자유지역은 전기전자와 금속의 비중이 크고 외자

기업, 특히 일본 기업이 많이 입주해 있었으며, 업종의 특성상 여성 노동력이 주를 이루었다. 이에 비해 창원공단은 대규모 기계산업과 장치산업, 그리고 군수산업이 큰 비중을 차지했으며 삼성, 현대, LG, 대우 등 국내의 대표적인 재벌 기업들이 고루 입주해 있었다. 그리고 업종의 특성상 남성 노동력의 비중이 압도적이었다. 한편 노동자들 사이에 출신 중고교 및 직업훈련원 동문회나 향우회 등 사적 연고에 기반한 친목 모임이 폭넓게 자리 잡고 있었던 것도 투쟁의 확산과 연대의 동력을 만드는 데 유리하게 작용했다.

창원공단

창원공단에서는 7월 21일 동명중공업노조가 노조를 결성한 것을 시작으로 노동자 대투쟁이 전개되었다. 7월 27일 효성중공업 1,500여 명의 노동자들이 임금 인상과 휴가비 지급의 요구를 내걸고 파업 농성에 들어갔고, 7월 31일에는 현대정공에서 노조가 설립되었으며 한국중공업 노동자들은 노조민주화추진위원회를 구성했다.

8월 들어 투쟁은 창원공단 전역으로 확산되었다. 8월 1일 세신실업 1,000여 명의 노동자들이 상여금 400%, 연월차 수당 150%, 식사 질 개선 등을 요구하며 파업에 들어갔다. 8월 2일에는 현대정공 1,000여 명의 노동자들이 노조 결성 보고대회를 갖고, "8시간 근무로 생활임금 쟁취하자", "악덕 관리자는 즉각 물러가라"라는 구호를 외치며 농성에 들어간다. 8월 4일부터 파업에 들어간 대우중공업 1, 2공장 노동자 1,300여 명은 가족들까지 동참하여 7일 동안 파업을 벌인 끝에 기본급 2만원 인상 등을 관철했다. 같은 날 삼성중공업 1공장 일용노동자들은 "하기 휴가를 유급으로 처리하라", "작업복을 사원과 동일하게 지급하라"

라는 등 일상적인 요구를 내걸고 파업에 들어갔다. 그리고 8월 5일에는 한국중공업 2,000여 명의 노동자들이 파업에 들어갔다. 노동자들은 가족들과 함께 4일 동안 철야농성을 벌인 끝에 어용노조 퇴진, 체불 임금 지급, 임금 5% 추가 인상, 해고자 복직 등을 관철함으로써 노조 민주화의 발판을 마련했다. 그 후에도 파업은 줄을 이었다. 8월 6일 한국캬브레타가 임금 18% 인상, 상여금 450% 지급 등의 요구를 내걸고 파업에 들어갔으며, 8월 7일에는 한국철강, 범한금속, 대한화학기계, 효성기계, ㈜통일, 기아기공 등에서 파업 투쟁이 터져 나왔다.

이 중에서도 통일과 기아기공은 노조 민주화를 내걸고 파업에 들어갔는데, 두 회사 모두 '구사대'를 조직하여 파업 농성을 폭력으로 진압하려고 했기 때문에 투쟁이 장기화했다. 8월 10일에는 금성사를 비롯한 10여 개 사업장 노동자들이 파업 농성에 들어갔고, 그 이후 투쟁은 중소기업과 하청기업으로 빠르게 퍼져갔다. '어용노조 퇴진'과 '임금 30% 인상' 등을 요구하며 파업 농성에 들어갔던 금성사 1, 2공장 3,000여 명의 노동자들은 10일 1, 2공장을 왕래하는 가두 시위를 벌인 데 이어 이튿날인 11일 가두로 진출한다. 전날 철야농성을 벌인 1,000여 명의 노동자 중 200여 명이 지게차 25대에 나눠 타고 공장 주변 도로를 돌며 1시간 동안 가두 시위를 벌였다. 이어서 오후 5시쯤에도 250여 명의 노동자들은 지게차를 몰고 가두로 진출, 경찰과 맞서 몸싸움을 벌이다가 경찰의 최루탄 난사로 인해 노동자 3명이 후송되는 사태가 벌어졌다. 이에 노동자들은 규탄대회를 열고 철야농성에 들어갔으며, 회사 쪽은 곧바로 휴업 조치를 내린다. 이날 대림자동차 노동자 500여 명이 "인간답게 살고 싶다. 생활임금 보장하라"라는 펼침막을 들고 2시간 동안 가두 시위를 벌였고, 창원기화기 노동자 300여 명은 가두 시위를 벌이고 창원시청 앞에서 연좌 농성을 벌였다. 또한 400여 명의 풍성전기 노동자들이 회사 통근버스 8대에 나눠 타고 창원 전 지역을 돌며 가두 시위를 벌였다. 8월 20일에는 한국중공업 노동자들이, 8월 투쟁을 주도했던 6명이 강제로 연행되고 이 중 3명이 구속된 것에 항의하여 '구속자 석방'을 외치며 파업과 가두 시위를 벌이기도 했다.

이처럼 창원공단의 투쟁은 거의 동시다발적으로 터져 나와 빠르게 확산되면서 8월 중순에는 창원공단 전체가 사실상 마비되는 상태로 치달았다.

마산 지역

마산 지역의 투쟁은 8월 5일 조선맥주, 동방유량, 태영운수의 투쟁을 시작으로 8월 6일에는 마산공동탁주, 8월 7일에는 화섬업계의 주요 대기업인 한일합섬으로 확산되었다. 8월 9일 코리아타코마 노동자들이 노조 결성 보고대회에 이어 임금 인상 투쟁에 들어갔고, 8월 11일에는 대성공업 1,000여 명의 노동자들이 '임금, 상여금, 식비 인상', '법정공휴일 유급제 실시' 등을 요구하며 파업 농성에 들어갔다. 그리고 같은 날 마침내 투쟁의 불길은 수출자유지역으로 옮겨붙었다. 이날 하루 동안에만 수출자유지역에서 동아실크, 동경실리콘, 한국판창, 한국산본의 여성 노동자들이 임금 인상을 내걸고 농성에 들어갔다. 8월 13일 한국삼미 1,300여 명의 노동자들이 '일본인 공장장 퇴진', '임금 50% 인상' 등을 요구하며 파업 농성에 들어갔고, 신흥화학 노동자 1,000여 명도 임금 30% 인상, 각 부서장 퇴진 등을 요구하며 농성에 들어갔다. 한국삼미 회사 쪽은 파업을 무마하기 위해 즉각 휴무 조치를 내렸지만, 노동자들은 휴무가 끝난 17일 수출자유지역 내에서 가두 시위를 벌이고 노

<그림 9-2> 현대정공 창원공장 노동자들의 노조 결성 보고대회 장면(1987년 8월 2일)

<그림 9-3> 수출자유지역 한국삼미 노동자들의 투쟁 모습

조를 결성했으며, 19일에는 임금 10% 인상을 관철했다. 신흥화학 노동자들도 17일 임금 12.5% 인상 등의 합의를 끌어낸다.

그 후에도 투쟁은 계속 이어졌다. 8월 17일에는 금성교통, 한국일선, 한국성전, 18일에는 한국수미다, 신한공업, 한국동광, 한국I.S.I, 동양통신, 소요엔터프라이즈 등에서 자연발생적으로 또는 노조 주도의 임금 인상 투쟁이 전개되었다. 그리고 8월 20일을 전후하여 한국시티즌, 한국중천, 한국스타 등 규모가 비교적 큰 업체에서도 파업 농성이 잇따라 발생하여 8월 한 달 동안 총 75개 입주업체 중 41개 업체에서 쟁의가 발생했다. 물론 수출자유지역 설치 17년 만에 처음 있는 일이었다.

1987년 당시 마창 지역 전체 노동자 규모는 14만여 명이었는데, 이 중 절반이 넘는 7만 5,000여 명이 투쟁에 참가했다. 수출자유지역과 창원공단에 한정하면 전체 노동자의 63% 이상이 투쟁에 참가한 것으로 추산된다.

<표 9-1> 마산과 창원 지역의 7, 8월 노동자 대투쟁 현황

지역명	업체 수	노동자 수	쟁의 발생 업체 수	쟁의 참가 노동자 수	비고
마산수출자유지역	74	36,800	41(55%)	25,000(67%)	신규 노조 20여 개 설립
창원공단	167	65,800	74(44%)	40,000(60%)	신규 노조 20여 개 설립 노조민주화 쟁취사업장 20여 개
그외 지역	약 50	약 30,000	20(40%)	7,000(23%)	신규 노조 3개 설립
합계	약 270	약 140,000	135(50%)	75,000(50%)	신규 노조 약 50개 설립

[자료] 경남노동자협의회, 1987.

마창 지역 노동자 대투쟁의 유형

마창 지역 노동자 대투쟁은 크게 네 가지 유형으로 구분할 수 있다.

첫째는 어용노조 민주화 투쟁이다. 주로 대기업, 재벌기업 중심으로 진행되었는데, 이는 이들 기업의 노동자들이 기업주 측과 공권력에 의해 노조 어용화, 해고, 구속 등 치밀하고도 극심한 탄압을 받아온 것과 관련이 있다. ㈜통일, 한국중공업, 기아기공 등이 이에 해당하는 대표적인 사업장들이다. 이 중 통일과 기아기공은 쟁의 기간이 각각 22일, 17일로 투쟁이 장기화되었으며, 구사대 조직, 구속 등의 탄압이 나타났다. 두 번째는 신규 노조를 결성한 후 임금 인상 투쟁을 벌인 유형으로 이 경우 전반적으로 초기의 노조 결성 투쟁이 치열했고, 그 기세를 몰아 노동조합이 주도하여 임금 인상 투쟁을 벌여 나갔다. 한국중천, 코리아타코마, 소요엔터프라이즈와 같은 사업장들은 새로 결성된 노동조합의 주도로 조합원 교육 등을 통해 노동자들의 의식을 고취하고 단결력을 다지면서 투쟁의 성과를 만들어 내는 과정을 밟았다. 이 중에서도 코리아타코마는 노동조합이 주도하여 사무관리직 노동자들과 함께 투쟁을 전개함으로써 회사 쪽에 타격을 준 특수한 경우로 꼽힌다. 세 번째는 임금 인상 등을 요구하며 투쟁하는 과정에서 노조 결성으로 발전시킨 유형이다. 대원강업의 경우 임금 인상 투쟁 초기에 결성한 노조를 중심으로 500여 명의 생산직 노동자들이 20여 일 동안 끈질기게 싸워 임금 3만 원 인상 등을 쟁취했다. 한국동경전파, 한국삼미, 한국I.S.I, 마산강관, 한국TT 노동자들도 임금 인상 투쟁 과정에서 노조를 결성하고 투쟁을 이끌어 나갔다. 네 번째는 기존 노조가 임금 인상 투쟁을 전개한 사업장들로 삼미종합특수강, 세방전지, 풍성정밀, 효성기계, 대우중공업 등이 여기에 속한다.

이밖에 노조 없이 자발적으로 임금 인상 투쟁을 전개한 사업장들도 있다. 여기에는 500명 안팎의 중규모 사업장과 100명 이하의 소기업 사업장들이 많은데, 쟁의 기간이 짧고 투쟁 또한 비조직적이며, 성과도 미흡한 편이다. 구심 역할을 할 조직이 없어서 투쟁에 참가한 노동자들의 힘을 모아 내고 동력을 유지하기가 쉽지 않았던 때문으로 보인다. 한편 창원기화기, 한국시티즌, 대성공업 등에서는 쟁의가 끝난 뒤 1988년 임금 인상 투쟁 기간에 1987년 투쟁에서 앞장섰던 사람들을 중심으로 노조를 결성하기도 했다.

사례 1

대중 투쟁의 역동성 보여 준 통일 노조 민주화 투쟁

<그림 9-4> 파업농성장인 본관 옥상에서 구사대와 맞서 싸우고 있는 ㈜통일 노동자들(1987년 8월 24일)

통일 노동자들의 투쟁은 8월 7일 주야 교대 시간인 아침 8시쯤 '민주노조쟁취추진위원회'(민주노조 건설을 위해 7월 30일 결성된 활동가들의 모임)가 1, 2공장 탈의실과 식당에서 선전물을 나눠 주면서 시작되었다. 30여 명의 노동자들이 전날 미리 회사 안에 옮겨 두었던 머리띠를 두르고 펼침막을 펼치면서 스크럼을 짜고 동료들의 참여를 유도했다. 관리직들이 허겁지겁 달려 나

와 제지했지만 소용없었다. 순식간에 1,000여 명으로 불어난 대오가 2공장 B동 뒤 잔디밭을 메웠다. 뒤이어 노동자들은 폭우를 피해 2공장 2층 식당에 자리를 잡고 7명의 투쟁지도부를 꾸리는 한편 어용노조 퇴진, 일당 2,000원 인상, 통일교 원리 교육 중단, 해고자 복직 등 16개 항의 요구안을 마련했다.

회사는 협상에 응하지 않고, 8월 7~8일 휴가를 실시한다고 발표했다. 농성 대오를 흩어 놓으려는 의도였다. 하지만 노동자들은 속지 않고 16개 항의 요구가 관철될 때까지 투쟁하기로 결의를 모은 뒤 1,000여 명이 철농에 들어갔다.

8월 8일, 사무관리직들이 경비조의 저지를 뚫고 공장 안으로 들어왔다. 노동자들은 1공장 본관으로 농성장을 옮기고 본격적인 투쟁 태세를 갖추었다. 농성을 벌이면서 노동자들은 노무부 사무실에서 진영규를 비롯한 감시 대상 조합원 19명의 이름과 사진이 실려 있는 블랙리스트와 노동부·안기부·보안대에 보내는 뇌물리스트, 그리고 노사담합의 증거물로서 김덕훈 어용노조 위원장과 한기일 전 관리이사 등 4명의 명의로 된 통장을 발견하기도 했다. 투쟁의 정당성은 거듭 확인되었고, 조합원들의 사기는 올라갔다. 14일, 농성 노동자들은 대의원들을 대거 사퇴시키고, 저녁에 조합원 총회를 열어 진영규 위원장 등 새로운 집행부를 선출했다. 그러나 회사는 새로운 집행부를 인정하지 않았고, '선 조업 후 협상'을 주장했다. 회사는 반장과 사무관리직들을 앞세워 비농성 조합원들을 대상으로 '농성 해제와 조업재개'를 주장하는 서명 작업을 벌였다. 이 과정에서 회사 쪽과 조합원들 사이에 충돌이 발생하여 해고자들이 구속되거나 수배되기도 했다. 8월 22~23일에는 사무관리직 500~700여 명이 1공장 현관 앞에서 "2만 가족 생계 위협하는 불법 농성 즉각 해제하라!", "외부 세력 배격하여 민주노조 건설하자!" 등의 구호를 외치며 집회를 열기도 했다. 8월 18일 밤늦게 농성 노동자들은 자신들의 심경을 일기나 편지글로 썼다. 한 농성 노동자가 어머니에게 쓴 편지글의 한 구절이다.

"노동자로 살아가는 내 인생이 보잘것없는 삶이라고 스스로 비하하며 한 때는 부모님을 원망하기까지 했던 저 자신이 이제는 떳떳하게 역사의 주인이며 새 역사 발전의 주체가 될 수 있다는 자신감과 확고한 노동자의 긍지와 자부심을 가지고 가열찬 전진을 하고 있습니다. 어머니, 너무 상심하지 마십시오. 저희들은 끝내 승리할 것입니다."

회사는 8월 24일(월) 오전 10시쯤 통일교 신자들과 관리직 사원들로 구성된 1,000여 명의 구사대를 파업농성장에 투입했다. 구사대는 소방차를 끌고 와서 소방수를 뿌리며 진입했고, 70여 명의 농성 노동자들을 상대로 마구 각목을 휘두르며 집단 구타를 자행했다. 수세에 몰린 농성자들은 2층, 3층을 지나 옥상으로 쫓기면서 돌과 화염병, 콘크리트 덩어리를 뜯어내어 던지며 필사적으로 구사대와 맞섰지만 수적인 열세로 와해 직전의 상황에 이르렀다.

절체절명의 순간 조합원들이 나섰다. 소식을 듣고 한달음에 달려온 수백 명의 조합원들이 경찰의 봉쇄를 뚫고 공장 안으로 들어갔다. '와~'하는 함성과 함께 달려오는 조합원들 본 구사대는 도망가기 바빴다. 본관으로 들어간 조합원들은 건물에 있던 구사대를 모두 붙잡아 무장을 해제한 뒤 옥상으로 올라가는 바리케이드를 치우고 옥상에 남아 저항하던 조합원들을 구출했다.

이날 이후 회사 쪽도 협상에 나설 수밖에 없었고, 마침내 8월 28일 새 집행부 인정과 임금 인상, 강제 잔업 철폐 등을 내용으로 하는 합의가 이뤄졌다.

대우조선 투쟁

대우조선 노동자들은 노동자 대투쟁을 눈앞에 둔 1987년 4월에 노동조합 결성을 시도했다가 회사의 방해로 무산되어 1명이 구속되고 15명이 해고되는 쓰라린 경험을 갖고 있었다.

1987년 8월 8일 제12타각실 옆 소조립 외업반 쪽 250톤 크레인 상부에서 이 회사 노동자 이상용이 '노조 건설', '임금 인상'이라는 펼침막을 내걸고 핸드마이크로 "노동조합을 건설하자"라는 구호를 외친 것을 시작으로 삽시간에 수천을 헤아리는 노동자들이 모여들었다. 노동자들은 지게차와 트레일러를 앞세우고 종합운동장을 거쳐 옥포 시가지와 통영의 신아조선까지 진출하여 차량 시위를 벌였다. 이튿날 노동자들은 이상용을 위원장으로 하여 노조를 결성했으나 위원장은 8월 10일 회사 부사장과 관리자들을 만난 후 해고자들에 대해 흑색선전을 하는 등 미심쩍은 태도를 보였다. 이에 노동자들은 8월 11일 새벽 각 부서 대표 40여 명이 모인 가운데 비상계획부 2층 사무실에서 노조 결성식을 갖고 양동생을 새 위원장으로 선출했다. 노동자들은 노조설립신고필증을 받아내기 위해 200여 명의 대표단을 꾸려 오전 10시에 거제군청으로 몰려갔고, 해가 질 때까지 군청 앞에서 농성을 벌인 끝에 오후 6시쯤 신고필증을 받아냈다. 8월 12일 새로이 결성된 노조는 '임금 7만 원 인상, 가족수당·근속수당 지급, 상여금 600% 지급, 사무직과 기능직의 차별 철폐' 등 13개 요구사항을 확정하고 협상을 촉구했으나 회사는 협상에 제대로 응하지 않고 휴무를 강행하는 등 강경한 태도로 나왔다.

노동자들은 분노했고, 8월 18일부터 다시 가두로 진출하기 시작했다. 8월 20일 노동자 5,000여 명이 연좌 농성에 돌입한 가운데 6차에 걸친 협상이 진행되어 기본급 1만 원 인상 등 14개 합의사항이 발표되었지만, 노동자들은 이를 전면 거부했다. 그 결과 협상이 결렬되고 회사 쪽은 무기한 휴업을 단행했다.

이에 노동자들은 8월 21일 22개 부서별로 1,350명을 선발해 30대의 버스에 나눠 타고 서울 본사 상경 투쟁을 시도했으나 경찰은 12개 중대 1,500여 명의 병력을 동원하여 도로를 차단하고는 행진하는 시위 대열을 향해 최루탄을 난사했다. 이튿날 새벽 3~4시까지 옥포 사거리에서는 노동자들의 시위가 계속되었다. 8월 22일, 밤을 꼬박 지새운 노동자 3,000여 명이 단체교섭이 열리고 있는 옥포관광호텔 앞 사거리에 집결했다. 오후 1시 30분 협상이 결렬되면서 분노한 노동자들은 경찰의 최루탄을 뚫고 옥포관광호텔로 진입을 시도했다. 이 과정에서 경찰은 다시 최루탄을 난사했고, 당시 스물한 살의 이석규 조합원이 경찰이 쏜 직격 최루탄에 맞아 대우병원으로 옮기던 중 오후 3시 30분쯤 숨을 거두고 말았다.

투쟁은 새로운 국면으로 접어들었다. 장례 절차에 관해 유족과 회사 쪽, 그리고 재야 인사와 민주화운동 단체들까지 포함된 장례위원회 사이에 의견 대립이 있었으나 장례위원회가 '임금 인상 3개 항의 선 타결 후 장례 절차 협의, 장지는 광주 망월동으로 한다'는 등의 타협안을 제시함으로써 협상의 실마리가 풀렸다. 8월 27일 새벽 1시 옥포호텔에서 양동생 위원장은 회사 쪽과 협상하여 임금 4만 5,000원 인상 등 17개 항에 합의했다.

8월 28일 오후 3시쯤 회사 버스 26대와 관광버스 2대에 나눠 탄 1,500여 명의 노동자들은 옥포호텔 앞 도로에서 노제를 지낸 뒤 장지인 광주로 출발했다. 하지만 경찰 2,500여 명이 고성 삼거리에서 기다리고 있었다. 경찰은 장례집행위원들과 노동자들이 타고 있던 버스들을 가로

막고 유족만 태운 장의차를 6대의 전경 버스로 호위하여 전북 남원으로 빼돌렸고, 밤늦게 시신을 매장했다.

장례식이 거행된 8월 28일, 서울을 비롯한 전국 주요 도시에서 개최될 예정이었던 '이석규 열사 추모제'와 관련하여 933명이 연행되어 64명이 구속되었고 대우조선에서는 이미 구속된 해고자 3명 외에 7명이 더 구속되었다.

노동자 대투쟁이 몰고 온 변화

노동자 대투쟁의 결과 노동 현장에서는 임금 인상과 더불어 근로 조건이 대폭 개선되었다. 마창 지역에서는 1987년 한 해 동안 임금이 18~28% 인상되었다. 이는 대투쟁 이전인 봄에 한 번 인상되고(평균 7.5%), 여름에 또다시 투쟁을 통해 10~20% 추가 인상함으로써 한 해에 두 번 임금 인상을 쟁취한 결과였다.

노동자들의 의식도 크게 향상되었다. 노동자들은 '시키는 대로 일하고 주는 대로 받던 임금 노예'의 굴레를 벗어나 '당당히게 자기 권리를 주장하는 노동자'로 거듭났다. 노동자들은 1987년 이전까지만 해도 자신이 노동자라는 사실을 감추고 싶어 했지만, 노동자 대투쟁 이후에는 '작업복'을 당당하게 입고 다니게 되었다.

무엇보다 중요한 성과는 노동자 대투쟁의 결실로 노동조합들이 대거 결성되거나 민주화된 것이다. 전국적으로 1987년 7월부터 12월까지

1,344개(조합원 21만 7,000명)의 노조가 새로 만들어졌다.[3] 마창 지역에도 노동자 대투쟁 기간에 40여 개의 노조가 새로 만들어졌고, 20여 개의 노조가 민주화되었다. 1987년 노동자 대투쟁은 '민주노조운동'이라는 노동운동의 새로운 흐름이 형성되고 대중화된 전환점이었다. 민주노조들은 기존 한국노총 중심의 노조 체제를 거부하고 독자적인 노조 연대 조직 건설에 나섰다.

노동운동의 주체에도 변화가 있었다. 1970년대에는 경공업 부문 여성 노동자들이 노동운동의 중심에 있었지만, 1987년 노동자 대투쟁을 거치면서 중화학공업 부문 대공장의 남성 노동자들이 노동운동의 주축으로 등장했다. 이러한 흐름은 대기업 남성 노동자들이 밀집해 있던 울산과 마창, 거제 등 영남권 지역에서 두드러지게 나타났다.[4]

1987년 노동자 대투쟁은 비단 노동운동의 역사뿐만 아니라 전체 현대사에도 커다란 획을 그은 역사적 사건이었다. 전평의 붕괴 이후 자주적인 노동조합 활동을 원천적으로 봉쇄당해 왔던 한국의 노동자들은 노동자 대투쟁을 통해 다시 역사의 전면에 등장하여 하나의 계급으로 자리 잡게 되었다. 그리하여 해방 이후 정치사회의 발전을 선도했던 학생층을 대신하여 사회 발전의 중심 세력이자 변혁의 주체로 부상했다.

1987년 노동자 대투쟁의 여진은 1989년까지 이어져 신규 노조 결성과 노조 민주화 투쟁이 지속되었다. 하지만 삼성과 LG(구 럭키금성) 같은 재벌 기업에서 민주노조 건설 시도가 연거푸 좌절된 것은 대투쟁의 한

---

3 1987년 노동자 대투쟁 직전인 1987년 6월 말 현재 노동조합 수는 2,742개, 조합원 수는 105만 명이었다(조직률 11.7%). 그러나 1987년 노동자 대투쟁 이후 노동조합운동이 활발해지면서 1989년 말에는 노동조합 수가 7,883개, 조합원 수는 193만 명으로 증가(조직률 18.6%)했다(김금수, 2004: 145-146).

4 노동부 자료에 따르면 당시 행정구역상으로 울산까지 포괄하고 있던 경남은 중공업 거대 사업장이 밀집해 있어 파업 발생 건수는 352건(전체 3,235건 중 10.9%), 파업 참가자 수는 394,387명(전체 파업 참가자 수 1,225,760명의 32.2%)으로 다른 지역을 크게 상회하고 있다(김금수, 2004: 122-123).

계로 볼 수 있다. 1987년 8월에는 삼성중공업 2공장과 삼성클라크 노동자들이 노조를 결성하고 파업 농성을 벌였으나, 회사 쪽은 실체도 없이 서류상으로만 존재하는, 이른바 '유령 노조'를 사전에 접수해 놓은 상태에서 노조 간부들을 납치·감금하여 회유한 끝에 노조 설립을 무산시켰다. 노동조합은 노동자협의회로 대체되었다. 1988년~1989년에는 삼성중공업 1공장, 그리고 삼성중공업 3공장(거제 삼성조선소)에서 노동조합 결성 시도가 있었다. 특히 삼성중공업 거제조선소 노동자들은 파업 농성과 상경 투쟁을 벌이는 한편 각계각층과 연대하여 지역별 규탄 집회와 삼성제품 불매운동을 전개하는 등 끈질기게 투쟁을 이어갔지만 유령 노조 접수, 미행, 감시, 도청, 납치, 감금, 부서 이동, 해고 등 온갖 수단을 다 동원하며 '무노조 경영'을 고수한 삼성의 두꺼운 벽을 끝내 뚫지 못했다.

금성사는 어용노조를 노동 통제의 유용한 기제로 활용했다. 금성사 노동자들은 1987년의 실패를 딛고 1989년에 다시 노조 민주화 투쟁에 나섰다. 이해 2월에 민주노조추진위원회를 결성한 노동자들은 3월 23일 금성사 노조 역사상 처음으로 조합원 직신제를 통해 하태욱을 지부장으로 하는 지부(창원2지부) 집행부를 꾸렸고, 임금 인상 교섭이 결렬되자 4월 17일부터 전면파업에 들어갔다. 그러나 회사 쪽의 탄압과 분리책으로 다른 지부들이 투쟁에서 이탈하고 2공장만의 고립된 투쟁으로 축소되면서, 결국 6월 3일 회사가 강요하는 제시안에 합의함으로써 투쟁이 마무리되었다. 노조 민주화 투쟁의 여진은 그 후에도 금성사 2공장에서 한동안 지속되었으나 투쟁을 이끌던 노동자 17명이 구속되고 수십 명이 해고된 상황에서 회사 쪽의 집요한 탄압을 이겨내기엔 역부족이었고, 그 결과 끝내 노조 민주화의 결실을 거두지 못했다. 이들 재벌 기업에서의 민주노조 건설 무산은 지역 차원의 노사관계에 영향을 미치는 데 그치지 않고 전국적 노사관계에서 구조적 불균형을 낳는 요인으로 작용했다.

4. 마창노련의 활동과 민주노조운동의 성장

마창 지역 노동자 대투쟁의 결집체 '마창노련'

"우리 마산·창원 지역 노동자들은 자기 운명의 주인으로서 그리고 역사 발전의 주체로서 모든 억압과 예속을 거부하고, 마산·창원노동조합총연합의 깃발 아래 일치단결하여 자주적이고 민주적인 노조운동의 새 시대를 창조해 나갈 것을 엄숙히 선언한다."

1987년 12월 14일 마산의 한 중국집에서 19개 노조 1만 6,000여 명의 조합원를 대표한 50여 명의 노조 대표자와 간부들이 모인 가운데 마산·창원노동조합총연합(이하 마창노련)의 창립이 선포되었다. 참석자들은 이흥석 코리아타코마노조 위원장을 초대 의장으로 선출하고, 4국(사무국, 조직국, 교선국, 조통국) 11부의 조직기구를 구성했다.

이처럼 마창 지역의 민주노조운동 진영은 1987년 노동자 대투쟁의 성과를 마창노련 결성으로 모아냄으로써 이후 노동조합운동의 성장을 위한 든든한 토대를 구축했다. 지역 민주노조운동의 조직적 구심체가 형성됨으로써 간부·활동가들의 지도력과 조합원 대중의 참여를 통일적으로 결합할 수 있는 조건, 그리고 지역 연대 활동을 목적의식적이고 체계적으로 펼칠 수 있는 조건이 확보되었기 때문이다.

마창노련은 1987년 이후 전국 최초로 결성된 지역노동조합협의회로 그 후 다른 지역 민주노조 연대 조직 건설을 선도하는 역할을 했다. 지역별 연대 조직 결성은 서울, 인천, 전북 등을 거쳐 1989년 11월 대구지역노동조합연합에 이르기까지 모두 11개 지역에서 이루어졌다. 경남에서는 마창노련 외에 진주 지역에서도 1989년 4월 16일 우창기계노조 등 16개 노조의 참가로 진주지역민주노동조합연합이 결성되었다. 이들 지역별 연대 조직들은 그 후 1990년 1월 22일 결성된 전국노동조합협의회(이하 전노협)의 중추를 이루게 된다. 마창노련의 결성 배경에는 1987년 투쟁 과정에서 경험적으로 체득한 노동운동 탄압에 대한 공동 대응과 노조 간 연대의 필요성이 크게 자리 잡고 있었지만, 한국노총이 신생 노조들에 대해 지원·지도의 역할을 못하고 있었던 점, 또한 당시 대통령 선거를 앞둔 민주화운동 세력들의 분열로 인한 위기의식도 어느 정도 작용하고 있었다. 물론 마창노련이 한국노총 산하 노조들과의 교류와 연대를 전면 부정한 것은 아니다. 마창노련은 '노동자는 하나'라는 원칙 아래 미가입 노조의 간부들을 개별적으로 부서별 분과위원회에 참여시키고 사안별로 공동 대응 기구를 꾸려서 중간 노조들을 포괄하려고 노력했다.

1988년과 1989년 두 해 동안 마창노련은 공동 임금 인상 투쟁과 활발한 교육 선전 활동 등을 통해 조직의 기반을 다지면서 마창 지역 노동운동의 실질적인 구심점으로 떠올랐다. 그리하여 1989년 상반기 투쟁 이후 마창노련 산하 단위노조들은 노조 발간물에 여전히 법률상 상급 단체로 되어 있던 한국노총 산별연맹의 이름을 쓰지 않고 마창노련을 상급 단체로 표기하는 등 마창노련을 실질적으로 인정하는 단계에 이르렀다.

마창노련은 1988년 말부터 시작된 노태우 정권과 기업주들의 엄청난 탄압에 정면으로 맞서 공세적인 투쟁을 전개했다. 그 결과 마창노련은 1989년 말에는 39개 노조 3만 5,000여 명으로 조직이 확대되었으며, 1990년 2월에는 가입 노조가 최대 수준인 41개에 이르렀다. 그러나 1990년 이후 마창노련은 정권과 자본의 탄압에 따른 단위노조들의 잇따른 탈퇴와 사업장 폐업 등으로 인해 조직 규모가 지속적으로 감소한다.

<표 9-2> 마창노련 가입 조직 현황

87년 12월	88년 말	89년 말	90년 말	91년 9월	93년 4월	94년 11월	95년 12월
19개 노조 16,000 여 명	35개 노조 27,000 여 명	39개 노조 35,000 여 명	25개 노조 18,000 여 명	22개 노조 17,439명	17개 노조 12,675명	14개 노조 10,025명	14개 노조 10,275명

[자료] 1987년~1990년 말은 이상철(1992:168~170쪽), 1991~1995년은 김하경(1999:789쪽)에 근거하여 작성.

<표 9-3> 마산·창원 지역의 노동조합 조직 현황*

지역	업체(개소)	조합(개소)	결성률(%)	노동자(명)	조합원(명)	조직률(%)
수출자유지역	70	40	57	27,830	20,520	74
창원	272	86	33	81,016	44,060	54

*수출자유지역은 1989년 11월, 창원은 12월 기준.
[자료] 노동부 마산지방사무소. 창원기계공업공단. 이상철(1992:167쪽)에서 재인용.

〈표 9-2〉와 〈표 9-3〉에서 확인되듯이 마창노련은 1990년 이후 조직 노동자의 30%도 채 안 되는 규모로도 지역 전체의 운동을 대표했다. 이는 한국노총의 영향 아래에 있는 노조와 간부들의 역량이 미약하여

지역 노동운동에 별다른 영향력을 행사하지 못한 탓도 있지만 마창노련이 조직의 자원과 역량을 최대한 활용하여 중간적 입장인 노조와 간부들에 대해 실질적인 영향력을 행사했기 때문에 가능한 일이었다. 그만큼 마창노련과 산하 노동조합의 간부들은 모범적인 노조 활동과 지역연대 투쟁, 그리고 공동의 교육·조직 활동을 경험하면서 축적한 활동역량을 통해 지역 노동자 대중으로부터 폭넓은 인정과 신뢰를 받았던 것이다.

마창노련, 지역연대 투쟁의 모범을 만들다

마창노련이 중심이 된 마창 지역 노동자 투쟁의 가장 큰 특징은 전국 어느 지역보다도 연대 투쟁이 활발했다는 점이다. 단위 노조의 투쟁이 격렬하게 진행된 사례도 많았지만 노조 탄압에 대한 공동 대응, 마창노련과 지도부를 지키기 위한 투쟁이 큰 흐름을 형성하고 있다. 주요한 투쟁들을 살펴보면 다음과 같다.

구사대 추방 및 마창노련 의장 석방 투쟁(1988년)

창원공단 임단투가 마무리되어 가던 6월부터 마산수출자유지역 노동자들이 임금 인상 투쟁을 시작했다. 이 시기에 미국계 기업인 TC전자와 일본계 기업인 한국소와에는 여성 노동자들을 대상으로 한 남성 구사대의 폭행 사태가 자주 일어났다. 7월 7일에는 한국 소와정문 앞에서 이흥석 마창노련 의장과 간부들이 구사대로부터 폭행을 당하는 사건이 발생했으며, 7월 9일에는 TC전자의 여성 노동자들이 폭행을 당해 병원에 입원하는 일이 벌어졌다.

이에 전국노동운동단체협의회는 7월 10일부터 17일까지 전국노동자대회 주간을 선포하고 첫 전국노동자대회를 마창 지역에서 열기로 했다. 7월 10일 경남대학교에서 5,000여 명의 노동자들이 노동부 장관 화형식을 거행하고 격렬한 가두 투쟁을 전개했다. 그러나 구사대의 폭행은 계속되었고, 7월 17일에는 구사대의 폭행에 맞서 연대 투쟁을 주도하던 이흥석 마창노련 의장을 비롯해 4명의 간부가 구속되었다. 이에 항의하기 위해 이흥석 의장의 출신 사업장인 코리아타코마 노동자들을 비롯한 마창 지역 노동자 3,000여 명은 매일같이 수출자유지역에서 모여 도심지로 진출하며 가두 투쟁을 벌였다. 전국적으로는 KBS노조의 파업과 철도기관사들의 파업이 전개되고 있던 시기였다. 마창노련은 비가 오락가락하는 장마 속에서도 하루가 멀다 하고 조직적인 가두 투쟁을 이어갔고, 마침내 7월 27일 구속된 마창노련 의장과 간부들은 석방되었다.

세신실업 구사대 격퇴 투쟁(1989년)

1989년 4월 10일 새벽 5시, 단체협약 갱신을 위한 단체교섭을 벌이다가 회사 쪽의 직장 폐쇄에 맞서 파업 농성을 벌이고 있던 세신실업(수공구 생산)에 200여 명의 구사대가 침입했다. 비조합원들로 구성된 구사대는 농성을 벌이고 있던 50여 명의 노조 간부와 조합원들을 밧줄로 묶고 몽둥이로 두들겨 패는 등 마구 폭력을 휘둘렀다. 또 노조 사무실 집기를 부수고 서류를 불태웠으며, 조합원들을 강제로 끌고 가서 식당에 감금하고, 노조 간부 10여 명을 경찰로 연행했다. 이날 아침 이 소식을 듣고, 부산산업기계에서 지원 농성을 하던 마창노련 선봉대를 비롯하여 코리아타코마, 대원강업, 금성사 2공장, 통일, 대림자동차, 삼미금속 등에서 노동자들의 자위 조직인 '정당방위대(이하 '정방대')'를 중심으로 700여 명의 노동자들이 속속 세신실업으로 몰려들었다. 마창노련 정방대와 노동자들은 대오를 짜고 코리아타코마노조 정방대가 준비한 사과탄 5발을 터뜨리면서 정문을 돌파했다. 대오 측면에서도 화염병과 돌을 던지며 공격했다. 구사대는 당황하여 이리저리 도망치기에 바빴고, 미처 도망가지 못한 구사대원들은 노동자들에게 붙잡혔다. 정방대원들이 구사대를 체포하고 현장을 탈환하는 데는 5분도 채 걸리지 않았다. 식당에 잡혀 있던 농성 조합원들도 구출되었다. 구사대를 공장에서 몰아낸 지역의 노동자들은 구사대가 쓴 자술서를 토대로 회사의 계획적인 노조탄압 책동을 낱낱이 폭로하는 한편 경찰과 대치한 상황에서 창원경찰서장과 창원시장을 상대로 협상을 벌여 구사대 17명과 맞교환하는 방식으로 세신실업노조 김명길 위원장을 비롯해 10명의 연행된 노조 간부들을 석방하는 데 성공했다. 이 사건으로 마창 지역은 지역 연대 투쟁의 모범으로 꼽혔으며, 마창노련 정방대는 전국에 이름을 떨쳤다.

창원대로 가두 투쟁(1989년)

1989년 4월은 마창 지역 노동자들이 가장 장기적이고 대규모로 가두 투쟁을 벌인 달로 기록된다. 4월 19일 파업 중인 금성사 1공장 노동자들이 KBS의 왜곡 보도에 항의 방문을 하러 갔다가 조합원 6명이 경찰에 연행된 데 항의하여 가두로 진출했다. ㈜통일, 금성사 2공장, 효성기계, 대원강업 등에서 뛰쳐나온 수천 명의 노동자들은 금성사 1공장 노동자들과 함께 연대하여 치열한 가두 투쟁을 벌인 끝에 금성사 노동자 6명을 포함해 이날 투쟁 과정에서 연행된 38명을 석방시키는 개가를 올렸다. 창원대로 투쟁의 서막이었다.

4월 24일 마산 수출자유지역 후문 '노동자 민주광장'에서 '마산·창원 지역 노동법 개정 및 임금인상투쟁본부(이하 '마창투본') 쟁의 결의 및 방산 특위 발대식'이 열렸다. 마산에 있는 사업장과 인근의 한국중공업·세신 실업 노조 조합원들은 오전 근무를 한 후 집단 조퇴를 하고 집회에 참가했으나, 창원공단에 있는 ㈜통일, 현대정공, 기아기공, 대림자동차, 금성사 등의 노동자들에 대해서는 경찰이 마산으로 통하는 모든 길목을 차단하고 가두 행진을 원천 봉쇄했다. 분노한 노동자들은 화염병과 돌, 심지어 길가에 있던 포장용 콜타르 드럼통에 불을 붙여 굴리며 격렬히 저항했다. 창원대로를 가운데 두고 공단 쪽에는 노동자 대오가, 주거 지역 쪽에는 전투복 차림의 경찰 대오가 맞붙는 모양새였다. 최루탄 연기와 화염병, 돌멩이, 콜타르 연기가 난무한 가운데 창원대로 10차선은 차량 통행이 완전히 차단되었다. 이날 경찰에 연행된 노동자들은 창원경찰서 지하실에 끌려가 전신 구타는 물론 전자봉 고문까지 당했으나 경찰은 이를 부인하고 마창노련과 민주당의 진상 조사에 협조하지 않았다. 노동자들은 4월 26일 오후부터 다시 가두 투쟁을 전개했고, 이튿날 이흥석 마창노련 의장이 재차 진상 조사를 하러 경찰서를 방문했다가 구속되면서 투쟁은 더욱 확산되었다.

4월 27일 마창투본 산하 40여 개 노조는 오후에 집단조퇴, 임시총회 등을 통해 가두로 진출하여 '노태우 정권 퇴진'과 '구속자 석방' 등을 요구하며 격렬한 투쟁을 벌였다. 이에 그치지 않고 마창투본은 4월 28~29일 이틀 동안 총파업 투쟁을 감행했다. 이 총파업에는 마창노련 미가입 노조들까지 포함하여 43개 노조 4만여 명이 참가했다. 4월 30일에는 마창지역에서 열린 노동절 기념 전국노동자대회가 원천 봉쇄되면서 다시 한번 격렬한 가두투쟁이 벌어졌다. 그러다가 5월 3일 동의대

사태가 발생하고 5월 4일 경남대에서 열릴 예정이었던 전국노동자결의대회가 경찰의 원천 봉쇄로 무산되면서 수그러들었다.

창원대로 투쟁은 마창 지역 노동자들이 노태우 정권의 공안정국 조성과 노동 탄압에 정면으로 맞섰던 대중적인 정치 투쟁이었다. 창원대로에서는 일주일이 넘는 기간 동안 5,000~1만여 명의 노동자들이 매일같이 시가전을 방불케 하는 가두 투쟁을 벌였다. 신문과 TV에서는 연일 마창 지역의 투쟁을 크게 보도했고, 항간에는 마창 지역에 위수령이 발동될지 모른다는 소문이 나돌기도 했다. 이 투쟁으로 인해 마창노련 지도부와 산하 노조들은 집중적인 탄압을 받았고, 그 결과 1989년 상반기에 구속·수배된 마창 지역 노동자들의 수는 60여 명에 달했다. 그렇지만 이 투쟁은 마창 지역 노동자 투쟁의 역동성과 연대성을 한눈에 보여 준 투쟁으로서 전체 민주노조운동을 지켜내는 데 크게 기여했다.

마창노련 침탈 테러 사건과 11월 총파업 투쟁(1989년)

1989년 9월 2일, 정체를 알 수 없는 괴한들이 마창노련 사무실에 난입하여 일하고 있던 실무자들에게 집단 테러를 가하고, 사무실을 쑥대밭으로 만들어 버렸다. 회사의 노조 탄압이 기승을 부리고 있던 ㈜통일에서도 노조 간부와 해고자들에 대한 테러와 연행이 잇따라 발생하고 있었는데, 10월 28일에는 경찰이 투입되어 12명의 노조 간부와 조합원들을 연행하고 경찰 병력으로 노조 사무실 출입을 봉쇄했다. 10월 29일, 이번에는 무장한 전경들이 마창노련 사무실을 급습하여 이종엽 마창노련 부의장과 통일노조 간부들을 비롯한 19명을 연행했다. 이 사건은 계속되는 노동운동 탄압에 반발하고 있던 지역 노동자들을 극도로 분노케 했고, 마창노련은 10월 30일 오후 비상운영위원회를 열어 총파

<그림 9-5> 1989년 9월 6일 수출자유지역 후문 민주광장에서 열린 '폭력테러 진상보고 및 공정수사 촉구를 위한 마창 노동자 결의대회'

업을 결의했다.

11월 1일 마창노련 산하 41개 노조 중 23개 노조가 임시총회를 마친 후 총파업 투쟁에 들어갔다. 조합원들은 오후에 '마창노련 탄압 분쇄 및 공권력 개입 불법연행 저지를 위한 마창노동자 결의대회'에 참석하려고 마산 수출자유지역 후문으로 모여들었으나 집회장은 이미 경찰이 원천 봉쇄하고 있었다. 노동자들은 몇 개 대오로 나뉘어 검찰청과 마산동부경찰서 항의 방문에 나섰고, 뒤이어 경찰에 맞선 가두 투쟁이 벌어졌다. 경찰은 오후 5시쯤 마무리 집회를 하고 해산하는 노동자들을 마구 연행했으며, 정리해고에 반발하여 두 달째 철야농성을 벌이고 있던 ㈜통일 4공장을 기습적으로 침탈하여 조합원 및 가족 80여 명 전원을 연행하는 폭거를 저질렀다. 이에 마창노련은 11월 1일 밤 비상운영위원회를 열어 파업을 하루 더 연장하기로 결정했다. 11월 2일 파업에는 대림자동차, 대원강업, 세신실업 등 11개 노조가 참가했고, 나머지 노조들은 중식 집회와 준법 투쟁을 벌였다.

총파업 투쟁으로 이승필 마창노련 조직국장을 비롯한 간부 3명이 석방되기도 했으나, 나머지 수십여 명의 노동자들은 풀려나지 못했다. 그렇지만 마창노련은 11월 12일 전국노동자대회가 있다는 점을 고려하여 파업을 중단하고 전국적인 투쟁 일정에 보조를 맞추기로 했다.

11월 1~2일 총파업 투쟁은 노태우 정권과 자본의 노동 탄압에 정면으로 맞서 마창노련이 조직적으로 벌인 정치파업으로 평가된다. 이 투쟁을 계기로 마창노련은 조직 사수 차원의 소극적 투쟁에서 벗어나 노동악법 철폐와 전국노동조합협의회(이하 전노협) 건설 투쟁이라는 전국적 사안과 결합한 공세적 투쟁으로 전환했다.

5. 전노협 사수의 선봉에서 민주노총 건설의 주역으로

마창노련은 마산·창원 지역 민주노조운동의 구심으로서 산하 노조와 교류 노조들의 임금 인상과 단체협약 갱신 투쟁을 지도·지원했다. 그 방식은 대체로 단체교섭과 쟁의 시기를 집중시켜 지역 차원의 공동투쟁이 이루어지도록 하는 것이었다. 이는 단체교섭과 쟁의 시기가 사

<그림 9-6> 경남대 한마관에서 열린 마창노련 해산대회(1995년 12월 16일)

업장별로 분산되면 사용자 쪽의 탄압에 쉽게 각개 격파될 수 있기 때문에, 이를 방지하고 노조들 간의 활발한 연대 투쟁을 가능케 하려는 목적에서였다. 또한 마창노련은 민주 노조운동에 대한 탄압에 맞서 지역 연대 투쟁을 조직했으며, 당시 민주 노조운동의 주요 과제였던 전국 조직, 곧 전노협 건설에 앞장섰다. 마창노련은 전노협 창립을 앞두고 각 노조별로 총회나 대의원대회를 열어 전노협 가입을 결의했으며, 1990년 1월 13일에는 2차 임시대의원대회를 열어 전노협 가입과 더불어 의무금을 조합원 1인당 월 100원씩 내기로 결의했다.

마창노련의 이러한 활동과 투쟁은 노태우 정권과 사용자들의 집중적인 탄압을 불러왔다. 마창 지역에 대한 탄압은 전국적인 흐름 속에서 나온 것으로 1988년 12월 28일 노태우 정권의 '민생치안에 관한 특별지시' 이후 활동가들에 대한 대대적인 구속·수배·해고 조치와 더불어 집행부 교체에 의한 어용화, 마창노련과 전노협 탈퇴 강요, 업무 조사 등 다양한 방법이 동원되었다. 1989년 5월 말 현재 전국의 구속자 수는 364명, 수배자 수는 134명에 달했다. 이 중 마창 지역은 각각 81명(22.3%), 26명(19.4%)를 차지하여 전국 1위를 기록할 정도로 탄압의 표적이 되었다.

외자기업이 많은 수출자유지역에서는 휴폐업, 인원 감축 등 생산 규모를 축소하고 실업을 야기함으로써 노조를 와해하는 방법이 주요 수단으로 동원되었다. 그 결과 1990년 한 해 동안 마창노련 핵심 노조였던 TC노조와 수미다노조가 자본 철수로 인해 해산의 길을 걸었고, 시티즌, 남산업, 동경전파, 중천, 스타 등의 노조가 줄줄이 마창노련을 탈퇴했다.

창원공단에서도 전노협이 건설(1990년 1월 22일)된 이후 몇몇 노조가 마창노련을 탈퇴했지만, 마창노련은 업무 조사 거부 투쟁을 대중적으로 벌이면서 탄압에 정면에 맞섰다. 먼저, 마창노련 가입 노조 중 조합원이 4,300여 명으로 조합원 수가 가장 많았던 한국중공업노조가 1990년 3월 10일 임시대의원대회에서 반대 33명, 찬성 6명의 압도적인 표차로 마창노련 탈퇴안을 부결시켰다.[5] 마창노련의 핵심 노조 중 하나였던 현대정공노조도 3월 28일 조합원총회에서 총투표자의 62.75% 반대로 마창노련 탈퇴를 거부했다. 마창 지역 노동자들은 마창노련을 중심으로 한 대중적인 활동과 투쟁으로 전노협 건설에 이어 '전노협 사수 투쟁'에서도 중심적인 역할을 했던 것이다.

1995년 11월 11일 중소 제조업 노조 중심의 전노협과 사무직 중심의

---

5 마창 지역의 단위 노조들은 개별 단위로 전노협에 가입한 것이 아니라 마창노련 단위로 가입한 것이기 때문에 마창노련 탈퇴는 곧 전노협 탈퇴를 의미한다.

업종회의, 그리고 현대·대우·기아 등 재벌기업 노조들이 모인 그룹별 협의회까지 총망라한 이른바 '민주노조 총단결 조직'으로서 전국민주노동조합총연맹(이하 민주노총)이 결성되었다. 출범 당시 민주노총은 단위 노조 862개, 조합원 42만 명을 아우르고 있었다. 민주노총의 건설은 1987년 이후 비약적으로 성장해 온 한국의 민주 노조운동이 한국노총에 맞설 수 있는 전국적 구심체를 갖게 됨으로써 자주성·민주성·계급성에 기초한 노동조합운동을 본격적으로 벌여 나갈 수 있는 조직적 토대를 갖게 된 것을 의미한다.

민주노총의 출범으로 전노협과 그 산하 지역노동조합협의회들은 잇따라 '발전적 해산'의 길을 걸었다. 마창노련 또한 1995년 12월 16일 대의원대회를 열고 해산했다. 이후 민주노총이 산별 노조 건설로 나아가기 위해 산별 연맹 중심의 조직 체계를 강화함에 따라 경남 지역의 민주노조들은 민주노총 산하 지역조직과 금속을 비롯한 각 산별 연맹(산별 노조) 산하 지역 조직들로 재편되어 갔다.

1996년~1997년 노동법 개정 총파업

1996년~1997년 노동법 개정 투쟁은 1987년 이후 다져온 민주 노조운동의 역량이 한껏 발휘된 투쟁이었다. 민주노총은 국회에서 신한국당이 주도하여 정리해고제를 골자로 하는 노동법 개정을 안기부법 개정과 함께 묶어서 날치기로 처리한 당일인 1996년 12월 26일, 88개 사업장 15만여 명의 노동자들이 파업에 들어간 것을 시작으로 전면적인 총파업에 들어갔다. 민주노총이 주도한 총파업 투쟁은 2월 말까지 4단계에 걸쳐 진행되었는데, 1월 중순에는 한국노총도 합세하여 1월 15일 파업 참가자 수가 35만 명에 이를 정도로 투쟁의 규모가 커졌다. 그뿐만 아니라 노동자들 외에 교수, 종교인, 변호사 등 각계각층의 시민사회 세력도 가세함으로써 범국민적인 투쟁으로 발전했다.

결국 김영삼 정권은 노동자들의 거센 투쟁에 밀려 개정된 노동법을 무효화시키고 1997년 3월, 여야 합의로 노동법을 재개정했다. 그러나 이 법은 정리해고제와 전임자 임금 지급 금지 제도를 일정 기간 유예하는 등 날치기 법안을 약간 완화하는 수준에 그쳤다.

경남 지역에서도 민주노총 마창지역협의회 산하 노조들을 중심으로 노동법 개정 투쟁에 적극적으로 참여했다. 12월 26일 26개 사업장이 총파업에 들어가 8,000여 명이 창원 실내 운동장 앞에서 규탄 집회를 연 것을 시작으로 1997년 2월까지 위력적인 대중 투쟁을 전개했다. 이 투쟁에는 금속 부문 노조들을 중심으로 화학섬유, 언론, 공공, 전국의료보험노조 등에서 폭넓게 결합했으며, 지역의 시민사회 단체들도 서명 운동, 시국선언, 범국민 궐기대회 등을 통해 연대했다.

<표 9-4> 창원 지역의 1996년~1997년 노동법 개정 투쟁 주요 현황

날짜	집회 이름	참가자 수(명)	집회 장소
1996. 12. 26.	노동법·안기부법 날치기 통과 규탄 및 김영삼 정권 퇴진 1차 결의대회	8,000	창원 실내체육관 앞
12. 27.	노동법·안기부법 날치기 통과 규탄 및 김영삼 정권 퇴진 2차 결의대회	10,000	창원시청 앞 광장
1997. 1. 6.	노동법·안기부법 날치기 통과 규탄 및 김영삼 정권 퇴진 4차 결의대회	7,000	창원 중앙체육공원
1. 7.	노동법·안기부법 날치기 통과 규탄 및 김영삼 정권 퇴진 5차 결의대회	5,000	창원 중앙체육공원
1. 15.	노동법·안기부법 전면무효화 총력집중투쟁 결의대회	10,000	마산역→오동동다리→창동
1. 16.	노동법·안기부법 전면무효와 민주주의 수호를 위한 범국민 4차 궐기대회	5,000	마산 창동 코아 앞
1. 17.	노동법·안기부법 전면무효와 총파업 승리를 위한 문화 한마당	3,500	창원 중앙체육공원

날짜	집회 이름	참가자 수(명)	집회 장소
1. 22.	날치기 노동악법·안기부법 전면 무효화와 김영삼 정권 규탄대회	5,000	창원 중앙체육공원

[자료] 민주노총 마창지역협의회, 『제2년차 정기대의원대회 자료집』, 1997.

6. 외환 위기 이후의 노동운동

경제 위기에서 노동의 위기로

1997년 11월에 터진 'IMF 구제금융 사태'는 한국 경제를 뿌리째 뒤흔들면서 공황으로 이어졌다. IMF는 210억 달러의 구제금융을 해 주는 대가로 한국 정부에 대해 초긴축 금리 정책과 금융·기업의 구조조정, 정리해고와 근로자파견제의 법제화를 비롯한 노동시장 유연화를 요구하여 관철했다. 경제 위기는 '노동의 위기'로 전화되었다. 대규모의 산업구조조정을 동반한 부실기업의 구조조정과 함께 금융기관 통폐합, 공기업 사유화가 진행되면서 수많은 노동자들이 길거리로 나앉게 되었다. 제조업 부문의 구조조정은 생산 방식을 외주·분사로 전환하거나 소사장제를 도입하는 등 기업조직 재편으로 이어졌고, 그 결과 원-하청 지배 구조가 더욱 굳어지면서 정규직 일자리는 감소하고 비정규직 노동자들이 급속도로 증가했다. 경남 지역도 이 흐름에서 벗어날 수 없었다. 재벌 산하 대기업들이 큰 비중을 차지하고 있는 창원공단에서는 그 파장이 더욱 컸다.

외환위기 직전 삼미종합특수강이 공장 일부를 포항제철에 자산매매 방식으로 매각하면서 지역에서 첫 대량 해고 사태가 터졌다. 1996년 12월 경영난에 빠진 삼미종합특수강은 강봉·강관 공장을 분할 매각할 것을 발표했고, 1997년 2월 포항제철은 창원특수강을 설립하여 이 공장들을 인수했다. 하지만 포항제철이 4월에 해당 노동자 2,342명 중 1,770명만 신규 채용 형식으로 재고용하면서 572명이 사실상 정리해고를 당하게 된다. 해고된 노동자들은 이후 국회 청원과 상경 투쟁, 단식 농성 등 다양한 방법으로 투쟁을 벌였고, 12월에는 중앙노동위원회로부터 구제신청을 낸 182명 전원의 '부당해고 원직 복직' 결정을 받아냈다. 1998년에는 노사정위원회에서도 원직 복직을 약속했다. 뒤이어 1999년 1월에는 서울고법에서 전원 원직 복직 승소 판결을 받아냄으로써 이들의 싸움은 승리로 마무리되는 듯했다. 그러나 2001년 7월 27일 대법원은 "영업 양도가 아닌 자산 인수로 부당해고가 아니므로 포항제철은 고용 승계 의무가 없다"라고 판결함으로써 해고 노동자들의 복직 노력에 쐐기를 박았다. 해고 노동자들은 그 후에도 한동안 투쟁을 계속했지만 끝내 일터로 돌아가지 못했다.

다른 대기업에서도 구조조정이 잇따랐다. 기아그룹 계열사들은 몇 번에 걸쳐 지배 주주가 바뀌는 기업 변동을 거친 끝에 기아기공은 현대자동차 계열인 현대위아로, 기아정기는 1공장과 2공장이 분리되어 각각 독일계 자본인 ZF삭스코리아와 현대자동차 계열인 현대모비스로 회사명이 바뀌었다.

국가 기간산업인 한국중공업은 민영화를 둘러싼 노사 간의 극심한 진통 끝에 2000년 12월 두산그룹으로 넘어갔다. 노조는 1999년 발전설비와 선박 엔진의 분리 및 빅딜 반대, 그리고 재벌로의 매각을 반대하며 48일 동안 파업 투쟁을 벌였으나 요구를 관철하지 못했다. 대우그룹 산하 대우중공업도 대우그룹 부도 사태로 공장별로 분리·매각 처리되었다.

신자유주의와 노동운동

외환위기는 2003년을 고비로 극복되어 갔지만 신자유주의 정책은 강화되었다. 신자유주의는 먼저 한국의 노동시장 구조에 근본적인 변화를 가져왔다. 기업의 구조조정이 일상화되면서 정리해고가 빈발하게 되었고, 정규직 대신 비정규직이 급증했다. 계층 간 불평등이 심화되면서 사회 양극화 현상이 확산되었다. 노동시장의 구조적 변화는 노조 활동에도 큰 영향을 미쳤다. 일상적으로 고용불안에 노출된 노동자들에게는 무엇보다 고용안정이 중요했다. 이런 상황 속에서 기업들은 고용불안을 무기로 노동 통제를 강화하는 한편 경쟁주의적 임금 체계와 인사 제도를 통해 노동자들 간의 경쟁을 부추겼다. 또한 노동자들의 투쟁에 대해서 구속과 해고 등 전통적인 탄압 수단 외에도 손해배상청구나 가압류 등 민사소송을 활용하여 압박했다.

민주노총을 중심으로 한 민주 노조운동 진영은 이런 상황을 돌파하기 위해 자본의 탄압에 취약한 기업별 노조 체계를 극복하고 산별 노조를 건설하는 데 힘을 쏟았다. 1998년 병원 노조들이 보건의료노조를 건설했고, 2001년 2월에는 금속 부문의 노동조합들이 전국금속노동조합(이하 금속노조)을 출범시켰다. 경남 지역의 금속 사업장 노동자들은 초기 금속노조의 창립 및 발전에 중심적인 역할을 했다. 한국중공업, 통일중공업, 대림자동차노조 등 창원공단 내 주요 대기업 노조들이 산별 전환에 앞장섰으며, 이승필·김창근 등 지역 출신 노조 활동가들이 금속노조 1·2대 위원장을 맡아서 산별 조직 체계를 정비하고 산별 교섭 체계를 마련하는 데 헌신했다. 금속노조는 2006년 현대자동차노조를 비롯한 대기업 노조들이 대거 합류하면서 출범 당시 3만여 명에 불과했던 조합원 수가 14만 명으로 크게 증가했다. 한편 공공 부문 노동자들도 2011년 6월, 비록 철도노조와 같은 대규모 노조가 빠지는 한계가 있긴 하지만 공공운수사회서비스노조를 결성함으로써 조직체계를 산별 노조로 전환했다.

민주 노조운동 진영은 신자유주의 세계화가 초래한 노조운동의 위기를 극복하기 위해 노동자 계급의 정치 역량을 강화하는 데도 힘을 쏟았다. 한국노총은 대통령 선거가 있을 때마다 정치적 영향력을 높이려고 보수정당 사이를 오가는 행보를 했지만, 민주노총은 독자적인 정치 세력화를 목표로 진보정당 건설에 주력했다.

민주노총을 비롯한 진보진영은 1997년 10월 대선 대책기구인 '민주와 진보를 위한 국민승리21'을 결성하여 권영길 민주노총 위원장을 대통령 선거 후보로 출마시키면서 본격적인 정치 세력화에 나섰고, 2001년 1월에 민주노동당을 창립했다. 그 후 민주노동당은 민주노총의 조직적·재정적 지지를 기반으로 다른 보수정당과 달리 선명한 정책 노선과 당원의 참여에 기반한 민주적인 조직 운영을 통해 지지기반을 넓혀 갔다. 그 결과 2004년 4·15 총선에서는 13.0%의 높은 정당 지지율을 바탕으로 10명의 국회의원(지역구 2명, 비례대표 8명)을 당선시키며 제3당으로 부상하는 놀라운 성과를 거두었다. 경남 지역 노동운동 또한 그동안 쌓아온 지역 노동운동의 정치적 역량을 발휘하여 2004년과 2008년 총선에서 창원 성산구에 출마한 민주노동당 권영길 민주노동당 후보를 연달아 당선시키는 성과를 냈다.

그렇지만 큰 흐름에서 보면 민주 노조운동이 추진했던 산별 노조운동과 노동자 정치 세력화는 많은 한계를 드러내고 있다. 먼저, 산별 노조운동은 비정규직·미조직 노동자 조직화, 노조 활동의 집중성 강화와 조직 자원 배분의 효율성 개선 등 부분적인 성과에도 불구하고 산별 교섭 확보나 노동자 계급 내부의 격차 해소 및 연대 강화 등 보다 중요한 산별 노조의 내용적인 측면에서는 별다른 진전을 보지 못하고 있다. 노동자 정치 세력화는 더 큰 어려움에 처해 있다. 민주노동당의 성장은 2004년에 정점을 찍은 후 하강 곡선을 그리기 시작했고, 2008년 분당 사태 이후 몇 차례 이합집산 과정을 거쳤지만 별다른 성과를 거두지 못한 채 오히려 진보진영 내부의 분열을 심화하는 결과를 가져왔다. 이로써 1997년 이후 '민주노총이 주도하여 추진해 왔던 노동자 정치 세력화'는 사실상 실패로 귀결되었다.

노동운동을 둘러싼 이러한 주객관적인 변화는 경남 지역의 노동운동에도 반영될 수밖에 없다. 2000년대 중반 이후 경남 지역 노동운동의 구심 역할을 해 왔던 대기업 노조들은 자본의 구조조정과 신규 채용 기피, 그리고 극심한 노동 통제로 인해 조직력이 크게 약화되었다. 울산과 더불어 크게 주목을 받았던 마창 지역의 진보정당 운동 역시 전국적 상황과 마찬가지로 새로운 활로를 찾지 못하고 있다.

사례 2

두산중공업 노동자 배달호 분신 사망 사건

2003년 1월 9일 새벽 두산중공업에서 회사 쪽의 손배·가압류 등 노조 탄압에 맞서 이 회사 노동자 배달호가 분신 사망한 사건은 경남은 물론이고 전국적으로 엄청난 파장을 불러일으켰다.

2000년 말 특혜 논란 속에서 한국중공업을 인수한 두산은 이른바 '두산식 노무 관리'를 관철하고자 했고, 이에 맞서 금속노조 산하 두산중공업 지회는 완강하게 저항했다. 두산은 2001년 1월 일방적으로 간접부서 인원 157명을 생산직으로 전환 배치한 데 이어 3월까지 사무관리직 1,124명을 명예퇴직이란 이름으로 쫓아냈다. 이와 더불어 식당과 통근버스 외주화, 내연발전 사업의 HSD엔진 이관, 강교사업부의 한중DCM 이관 등 대대적인 구조조정을 단행했다. 2002년도에는 이른바 '신노사문화 정립'이라는 목표 아래 의식개혁 활동, 조합 활동 오피니언리더 밀착 관리, BG(Business Group) 책임 노무 관리 제도, 계파 활동 차단, 현장관리자 위상 강화 등 다양한 방법을 동원하여 현장 통제를 강화하고 노동조합 무력화를 꾀했으며, 이 과정에서 숱한 부당 노동 행위를 일삼았다.

2002년 임단협에서 회사는 2001년 단체교섭의 합의사항인 집단교섭에 합당한 이유 없이 불참했고, 이에 맞서 지회는 5월 22일부터 7월 8일까지 47일간 파업을 벌였다. 회사 쪽은 파업 시작과 동시에 단체협약 일방 해지를 통보했다. 또한 노조 간부와 조합원을 대상으로 해고 18명을 비롯해 620명에 대한 징계를 단행했고, 75억 원에 달하는 손해 배상을 청구하면서 조합비는 물론 개별 간부·조합원의 임금과 재산까지 가압류했다. 이런 강압적인 분위기 속에서 지회는 결국 힘에 떠밀려 전임자 축소, 단협 유효

기간 2년, 집단교섭 삭제, 임금 동결 등 회사 쪽 안을 수용하기에 이른다. 해고자 복직과 손배 가압류 해제 등 노조의 절박한 요구는 깡그리 묵살되었다. 이런 상황 속에서 지회 대의원으로서 징계와 손배 가압류의 고통을 직접 겪고 있던 배달호가 분신이라는 극단적인 방법으로 두산에 항거한 것이다.

다른 측면에서 보면 2002~2003년 두산중공업의 노사 간 분쟁은 두산 재벌과 금속노조 간 투쟁의 대리전이라는 성격도 갖고 있었다. 두산중공업이 2002년 임단협 과정에서 2001년에 합의한 집단교섭 참가 약속을 이행하지 않고, 그것도 모자라 2002년 임단협 합의 과정에서 아예 집단교섭 조항을 삭제한 것은 금속노조의 체계와 존재를 정면으로 부정하는 행위였기 때문이다. 더욱이 두산그룹은 오래전부터 강압적 노무 관리로 이름을 떨치고 있었고, 두산중공업은 갓 결성된 금속노조의 최대 사업장이었기 때문에 두산중공업의 집단교섭 거부는 다른 사업장에 미치는 파장이 클 수밖에 없는 상황이었다.

금속노조는 2003년 1월 16일 52개 지회 1만 4,000여 명이 참가하는 총파업을 벌이는 등 배달호 분신 사건 해결에 적극적으로 나섰다. 경남 지역에는 통일중공업을 비롯한 6개 사업장에서 1,700여 명이 파업, 조퇴, 교육 등의 방식으로 금속노조의 파업에 동참했다. 손배 가압류 문제가 사회적 이슈로 떠오르면서 각계각층의 지원·연대 활동도 활발하게 진행되었다.

결국 노동부가 중재에 나섰고, 3월 12일 협상이 타결되었다. 하지만 협상 결과는 미흡하여 해고자 5명 복직과 손배 가압류의 부분적 해제에 그치고, 해고자 완전 복직과 두산의 강압적 노무 관리 개선, 그리고 금속노조에 대한 태도 변화를 끌어내는 데까지는 이르지 못했다.

7. 맺음말

경남 지역 민주 노조운동의 역사는 노동자 대중이 주체가 되어 노동 현장에서 분출되는 요구를 노동조합이라는 대중 조직의 틀로써 묶어 내는 과정, 그리고 단위 사업장의 벽을 넘어 지역 연대 조직을 꾸리고, 더 나아가 전국적 결집체의 건설로 나아가는 과정을 잘 보여 주고 있다. 그런 점에서 경남 지역 민주 노조운동은 전체 노동운동의 역사에서도 빛나는 지역연대 활동의 규범적 모델로 평가할 만하다.

'연대'는 경남 지역 민주 노조운동을 관통하는 열쇳말이었다. 노동자들은 사업장의 벽에 갇히지 않고 활발하게 지역연대 활동을 벌였다. 구사대가 침탈한 사업장이 있으면 열 일 제쳐 놓고 달려갔으며, 부당한 공권력의 개입에 주눅 들지 않고 연대의 힘으로 맞섰다. 마창노련과 전노협을 지키기 위해 눈앞의 실리를 기꺼이 포기할 줄도 알았다. 그리고 민주노총이 건설된 이후에는 노동법 개정 투쟁과 산별 노조운동, 그리고 노동자 정치 세력화와 같은 전체 노동운동의 과제를 실현하고자 노력했다.

앞서 언급했듯이 경남 지역 노동운동도 외환위기 이후 조직력의 약화로 인해 많은 어려움을 겪고 있다. 더구나 오늘날 노동조합운동에서 지역 조직이 갖는 의미와 역할은 과거와 다르다. 예전에는 마창노련이 산업과 업종을 떠나 지역 노조운동의 단일한 구심체로서 지역 전체의 활동과 투쟁을 관장했지만, 민주노총 건설 이후에는 산별 체계가 강화되면서, 여러 산별 지역 조직과 민주노총 지역 조직 간의 협업과 조율이 더 중요해졌다.

노동운동은 끊임없이 연대의 깊이를 더하고 폭을 확장함으로써 발전한다. 1987년 이후 민주 노조운동의 가장 중요한 조직적 과제는 기업별 민주 노조들을 모아 지역·전국적 연대 조직을 만들어 내는 것이고, 그 다음으로는 노조 간 벽을 허물어 산별 노조로 전환하는 것이었다. 하지만 이제는 연대의 내용이 바뀌어야 한다. 날로 고용 형태가 다변화하는 조건 속에서 계급 내부의 연대를 강화하고, 더 나아가 사회적 약자 및 다른 사회운동과의 연대를 확대해야 한다. 이러한 연대의 과제를 실현하는 데에서도 '지역'은 여전히 중요한 일차적 공간이 될 수밖에 없다. 그런 점에서 경남 지역 민주 노조운동이 일구어 낸 대중적 연대 투쟁의 전통은 노동운동의 새로운 발전을 위해 계승·발전시켜야 할 소중한 역사적 자산이다.

참고문헌

1. 경남노동자협의회(1987), 「7,8월 마창지역 노동자투쟁 일지」, 창원대학 교지편집부, 『봉림문화』, 8집.
2. 금속노조(2008), 『금속노동자를 위한 노동운동사』, 금속노조.
3. 김금수(2004), 『한국노동운동사』6, 지식마당.
4. 김순천(2011), 『인간의 꿈–두산중공업 노동자 배달호 열사 평전』, 후마니타스.
5. 김용기·임영일(1991), 「80년대 지역노동운동사 연구–80~87년 마창지역을 중심으로」, 경남대학교 노동복지연구소, 『노동복지연구』, 제10집(별쇄).
6. 김정호(2015), 『끝나지 않은 저항: 1985–2015 통일–S&T중공업 노조운동 30년사』, 한내.
7. 김정호(2020), 「노동운동(제2편 사회–제6장 경남의 사회운동 3절)」, 경상남도, 『경상남도사』, 7권.
8. 김정호(2015), 「6월항쟁과 노동자대투쟁」, 경남대학교 인문과학연구소 편, 『이야기 지도로 찾아가는 창원의 역사와 문화』, 도서출판 바오.
9. 김하경(1999), 『내 사랑 마창노련』상·하, 갈무리.
10. 노중기·조효래(2012), 「노동운동과 노동정치(12장)」, 비판사회학회, 『산업사회의 이해』(초판1쇄), 한울.
11. 이상철(1992), 『한국의 지역노동운동연구』, 한울.
12. 조효래(2001), 「창원과 울산의 지역노동운동」, 지역사회학회, 『지역사회학』, 제3권 제1호.
13. 주재석(2020), 「부마항쟁 이후의 마산·창원지역 노동운동: 97년 외환위기 이전까지」, 『부마민주항쟁 41주년 기념 학술대회 자료집–부마민주항쟁 이후 지역 민주화운동과 민주정치의 과제』, 부마민주항쟁기념재단.
14. 경남대학교 교지편집실(1988), 「마창지역 7, 8월 노동자대투쟁」, 『경대문화』, 21집.

X. 경남의 여성운동

6월항쟁 이후 경남 여성운동의 흐름

이혜숙(경상국립대학교 사회학과 명예교수)

1. 지역 여성운동의 개념과 의의

지역 여성운동은 지역 사회 수준에서 여성들이 주체가 되어 여성 문제를 해결하고 성평등한 사회를 실현하기 위한 조직적이고 지속적인 사회운동이다. 한국 사회의 민주화 과정과 지방자치제의 실시는 지역 시민사회의 발전을 가져왔고 지역 여성운동의 성장과 다양화를 촉진시켰다. 경남 지역에서도 여성 문제의 해결과 성평등 의식 확산에 주된 관심을 두는 지역 여성운동 단체가 출현했으며 여성 권익의 향상, 여성주의 교육, 상담, 지역 사회 현안 대응 등 그 활동 영역을 지속적으로 확대해 나가고 있다.

지역은 여성운동의 대중화와 저변 확대, 그리고 여성운동의 구체화 과정에서 중요하다. 여성운동은 추상적인 구호나 이념으로써 존재하는 것이 아니라 삶의 현장인 지역 사회에서 구체적인 변화와 발전을 이루는 것이어야 하기 때문이다. 지역 여성운동은 각각의 지역 공간에서 살아가는 여성들이 다양한 이해와 욕구에 관심을 가지며 그동안 비정치적 영역으로 간주되어 왔던 여성들의 일상생활과 지역 사회 활동에 정치적 의미를 부여하고 다양한 운동 방식과 대안을 제시하고자 한다. 이런 점에서 지역이라는 구체적 공간을 기반으로 한 지역 여성운동의 활동이 중요하다고 하겠다.

이 글은 1987년 6월항쟁 이후 경남 지역을 중심으로 여성운동의 흐름을 시기별로 나누어 그 배경과 형성, 성장과 조직화, 전개와 발전, 성과와 과제, 전망을 살펴보고자 한다. 이를 위해 경남 지역 여성운동을 한국 여성운동의 흐름과 지역 시민사회의 발전, 여성주의의 인식 확산

등과 관련지어 살펴볼 것이다.[1]

2. 여성운동의 배경과 형성(1980~1994)

민주화 과정과 여성 문제의 인식

해방 이후 1950~60년대 여성운동은 행정부의 지원 아래 성장한 여성 단체들에 의해 이끌어져 왔다. 이 시기 대표적인 의제로는 가부장적 가족법 개정과 소비자로서의 여성 역할, 여성의 사회 진출과 같은 요구 등이었다. 1970년대 중반 이후에는 여성 인권 문제와 노동 문제가 부각되기 시작했다. 이 시기 주요한 여성 문제는 가족법 등에 남아 있는 가부장적 차별과 함께 한국 자본주의 발전 과정에서 나타난 여성 노동자 등 기층 여성들의 불평등으로 집약된다.

1980년대에 접어들면서 한국 여성운동은 새로운 단계에 들어서게 되었다. 이는 1970년대 여성 문제의 제기라는 기반이 있었기에 가능했지만 무엇보다 1980년 광주항쟁 이후 사회과학이론의 인식의 전환이 있었기 때문이다(이송희, 1992: 64). 이 시기 여성운동은 여성 문제를 전체 사회구조의 모순과 함께 총체적으로 해결하려는 움직임으로 나타났다. 여

---

1 자료 수집에 도움을 주신 〈일본군강제성노예피해자진주평화기림사업회〉 강문순 대표님과 진주여성회 및 〈경남여성회〉 박혜정 대표님께 감사드린다.

성 문제의 인식과 이론적 논의가 시작되었으며 각 부문 여성운동의 활성화와 연대 활동 강화가 진행되었다. 또한 독자적 여성 조직이 출현했으며 여성 노동자운동, 여성 농민운동, 주부운동 등으로의 분화 발전이 나타나게 되었다.

1983년 6월 여성평우회와 여성의전화가 창립되었고 1984년 4월에는 민주화운동 청년연합 여성부 등이 만들어져 전체 운동에서 여성운동, 여성 대중의 조직화에 대한 관심이 커졌다. 1984년 5월에는 출판문화를 통한 여성 해방의 대안을 제시하기 위해 또 하나의 문화가 발족되었다. 이처럼 1980년대 여성운동은 여성들의 구체적인 이해와 요구를 본격적으로 제기하기 시작했으며 1985년 무크지 『여성』의 출판, 한국여성연구회의 출범 등은 이론적 작업에 주요한 계기를 가져다주었다(이송희, 2020: 146).

1980년대에는 여성들이 각기 계층별로 각 부문에서 생존권 투쟁과 성차별폐지 투쟁을 전개해 나갔다. 1986년 3월 8일 한국여성대회에서 24개 여성 단체가 연합으로 여성생존권대책위원회를 발족했다. 이러한 연대 투쟁에 기반하여 1987년 2월 여성운동 세력의 요구를 통일적으로 관철해 나가는 구심체로서 총 24개의 진보적 여성운동 단체로 결성된 한국여성단체연합(이하 '한국여연'이라 함)이 결성되었다. 한국여연의 결성을 통해서 성폭력, 인권 억압 등 성차별 관련 제도개선 운동에 주력하게 되었다.

1987년 6월항쟁 이후 1990년대에 들어서면서 민주화가 진행되고 시민사회가 활성화되면서 가정폭력과 성폭력, 성희롱 등의 심각한 문제가 커다란 사회적 이슈가 되었으며 대중매체에서도 이러한 문제들에 관심을 가지게 되었다. 1991년 김부남 사건, 1992년 김보은·김진관 사건,

1993년 서울대 신 교수 성희롱 사건을 거치면서 성폭력특별법 등 법 제정을 이끌어 내게 되었다. 1990년에는 정신대문제대책협의회를 만들어서 정기 수요 시위를 시작했으며 이러한 활동은 1993년 「일제하 일본군위안부에 대한 생활안정지원법」을 제정하기에 이른다.

이러한 일련의 활동은 그동안 민주화운동의 일환이었던 여성운동이 여성 정체성에 입각한 여성운동으로 본격적인 변화를 이루었다는 점에서 의미를 지닌다(조주현, 1996). 1990년대부터 한국여연을 중심으로 전개해 온 여성운동의 주요 활동은 법과 제도의 개선 및 제정, 정책평가, 선거정치 참여 등 국가에 개입하는 참가의 정치를 통해 이루어졌다.

이와 함께 지식인 여성 집단들이 형성되어 서구 여성학을 도입하고 대학에서 강의가 시작되었고 성평등, 여성주의(feminism)를 사회에 알리기 시작했다. 1977년 이화여대에서 여성학 강좌가 개설되었으며 1982년에는 대학원에 여성학과가 생겼고 1984년에는 한국여성학회가 창립되었다. 이러한 배경에서 이 시기 남녀고용평등법 제정(1987), 가족법 개정(1989), 영유아보육법(1991), 성폭력특별법(1994), 가정폭력방지법(1997) 제정 등이 이루어졌다.

경남 지역 여성운동 단체의 출현

경남 여성의 의식 변화

경남 지역 여성운동의 시작은 일제 식민지 시대까지 거슬러 올라간다(신영숙, 2011). 1920년대 근우회의 경남지회는 21개 지역에 조직되어 전국에서 그 조직 수가 가장 많았으며 활발히 활동한 지역 중의 하나였다. 1930년 근우회 해산 이후 지하화했으나 해방 이후 건국부녀경남동맹의 여성운동으로 이어졌다(경상남도, 2020: 881-882). 그러나 해방 3년과 분단을 거치면서 여성운동의 흐름은 전체적으로 위축되었다. 해방 이후 1980년대 후반까지 지역의 몇몇 여성 단체 활동은 주로 여가 활동이나 취미 활동, 몇몇 명망가 위주의 봉사 활동 등 비정치적인 활동이 주류를 이루고 있었다.

1980년대 이전에는 여성 단체들이 조직되어 있었지만 직업적 이해에 따라 그리고 취미생활이나 자원봉사를 목적으로 조직되어 여성운동 단체로서의 성격은 약했다. 이런 단체들은 권위주의 정권 때 여성 문제를 해결하기보다는 정부 정책을 홍보하는 역할을 하는 등 보수적인 성향을 지녔다고 할 수 있다. 그러나 1980년대 이후의 사회경제적 변화는 가부장적 성격이 강했던 경남 사회에도 변화를 가져왔다. 경남에서 여성들의 경제활동 참여가 늘어나면서 경남 여성들은 주체적인 의식을 느끼면서 사회민주화운동에 참여하기 시작했다. 당시의 사회민주화 분위기 속에서 지역 학생운동 출신의 활동가와 민주화운동 단체와 종교 단체의 여성분과, 다양한 계층의 여성소모임 등이 결집하기 시작했다(강인순, 2007).

1987년 6월항쟁은 지역 사회를 민주적으로 변화시키고 대학 여학생들이 주체적 여성의식을 갖게 되는 계기가 되었다. 6월항쟁 이후 결성된 지역 여성운동 단체의 결성은 민주화운동의 확산과 학생운동에서 배출된 역량의 축적을 통해서 가능했다. 여학생회 조직이 생겼으며 대학 안에서 여성학 강좌가 개설되어 페미니즘 사상이 교육되기 시작했다(오미란·안진, 2015: 152). 여학생들은 대학 내에서 총여학생회를 조직하고 학내 민주화운동에 참여했으며 여성 문제에 대해서도 관심을 가지고 그 과정에서 학생들은 여성학 강의 신설을 요구했다. 당시의 분위기를 반영하여 경상대학교(현 '경상국립대학교')에서도 1989년부터 '여성과 현대사회'(현재는 '여성과 사회')를 개설했다. 총여학생회는 여성운동 활동가들의 인적 자원 형성이라는 점에서 중요한 조직 활동이다. 여기에서 배출된 인력은 경남 지역 여성운동의 활동 영역을 확장하는 역할을 했다.

경남 여성운동 단체의 출현

1980년대 후반 가부장적 성격이 강했던 경남 지역 사회에서 여성이 목소리를 내기 시작했으며 여성 스스로가 자발적으로 여성운동 단체를 조직하게 되었다. 1980년대 민주화 과정을 거치면서 여성 문제는 사회 구조 변화를 통해 함께 이루어야 한다는 문제 인식과 함께 여성의 권익을 실질적으로 확보하기 위한 대안적인 여성 단체의 필요성이 제기된 것이다. 특히 경남 여성들이 6월항쟁에 적극적으로 참여한 것은 여성이 지역 민주화에 주체가 될 수 있다는 자신감을 갖게 하는 계기가 되었다. 이러한 경험은 1990년대 여성운동이 활성화되는 데 기반이 된다. 또한 6월항쟁 이후 7·8월 노동자 대투쟁과 더불어 결성된 여성 사업장의 노동조합이 여성운동의 흐름에 중요한 역할을 했다.

경남여성회는 1985년 12월 크리스천 아카데미에서 실시한 여성지도력 개발 과정에 참여한 구 마산(2012년 현재 '창원'으로 통합) 인근 지역 여성들 9명이 모임을 만들면서 시작되었다. 이들은 '월요회'라는 모임을 만들어 여성학 공부를 했으며 1986년 12월 공간의 필요성을 느끼고 여성문화공간 북카페 '반'을 개소했다. 이후 1987년 4월 경남여성문화연구회로 발전했으며 1988년 6월 경남여성회로 명칭을 바꾸었는데 설립 목적과 사업 내용을 보면 여성 문제를 담당하는 지역 여성운동의 중심 역할을 하면서도 사회의 민주화, 인류의 평화에 관심을 가진다는 점을 명시하고 있다.

경남여성회는 당시 몇몇 남성 운동가들로부터 분파적인 여성운동을 한다는 비난을 받았음에도 불구하고(이경옥, 2007: 4) 여성 문제에 주된 관심을 두게 된다. 이러한 경남여성회의 성립 과정은 1980년대 중앙집중적인 한국 사회운동의 풍토에서 주목할 만한 일이었다고 볼 수 있다. 당시 사회 분위기와 관련하여 민주화운동을 함께 하지만 성차별적인 가부장제 구조를 변화시키기 위한 평범한 여성들에 의한 여성 조직의 필요성이 형성 배경이 되었다고 할 수 있는데 이는 소식지『여성문화』창간호의 글에서 잘 나타나고 있다.

> 여성 문제란 어떤 특별한 사람이 특별한 여성의 문제를 다루어 해결해 주거나 어떤 특별히 잘난 사람들이 한 번씩 나와서 소리높이 외치고 떠들어 대는 것이 아니고 바로 우리 같이 평범하고 대단찮은 사람들이 모여 머리 맞대고 여성의 아픔을 같이 느끼고 또 조금씩 조금씩 서로의 눈을 뜨게 해 주면서 여성 문제에 대한 인식을 모아 나가는 일이며 그것이야말로 바로 이 지역이 가장 필요로 하는 일일 것이다(이경희, 1987).

경남여성회는 여성들을 주체로서 인식하는 교육과 사회 민주화운동, 주부 회원들의 저소득층 공부방 활동, 학부모 회원들의 참교육 학부모 운동 등을 적극적으로 했다. 또한 사무직 여성 회원들의 각 직장 노조 운동과 여직원회 지원 활동을 전개했다. 이와 함께 소모임 조직에 기초를 두고 일반 여성을 향한 교육 및 문화 프로그램을 하면서 적극적인 여성 활동가 양성에 관심을 두게 되었다. 또한 학교 교육에 대한 토론회를 개최하면서 회원들이 주도하여 1989년 3월 '참교육을 위한 학부모회'를 만들었는데, 이는 전국 최초로 결성된 것이었다. 이후 청주와 서울, 그리고 전국 조직이 생겨났다(경남여성회, 2011: 207-209). 그 외 지역 사회 가정법률상담소 개소를 지원하고 환경운동 단체 결성에도 중요한 역할을 했다.

1980년대 말 경남의 여성운동은 여성 문제의 올바른 인식 교육 활동에 치중했고, 이러한 교육을 통해 배출된 여성들이 이후 지역 여성운동이 조직화되고 확대되는 시기에 주도적인 역할을 하게 된다. 경남여성회의 여성운동을 시작으로 1990년대 경남 여성운동이 지역적으로 확산되고 분화·발전한 것이다.

마산창원여성노동자회는 구 마산 지역의 수출자유지역 여성 노동자들과 밀접히 연관되어 조직된 여성 노동자 운동 단체이다. 1987년 '7·8월 노동자 대투쟁' 이후 노동3권의 회복으로 노동조합의 설립이 가능해지자 구 마산수출자유지역 여성 노동자들의 노동조합 결성 투쟁과 임금 인상을 포함한 노동 조건 개선 투쟁이 이어졌다. 여성 노동자들의 이런 투쟁은 1990년대 초까지 활발하게 진행되어 이에 대한 기업과 정부의 탄압은 여성 노동자들의 해고로 나타났다. 여성 노동자들이 자신들의 노동조합 활동 경험으로 여성 문제와 노동 문제에 대한 문제의식이 생기자 지역 여성 지식인들과 함께 1992년 결성한 여성 노동자 운동 조직이 마산창원여성노동자회였다. 여성 노동자들의 노동조합 활동을 적극적으로 지원하고 여성 노동자들과 노동자 가족의 당면한 문제의 해결을 도와주며 나아가 인간다운 평등한 통일된 사회건설을 위해 결성된 것으로 마산창원여성노동자회의 창립은 지역 여성노동자운동에 획을 긋는 작업이었다(강인순, 2007: 197-199; 이혜숙·강인순, 2015: 301-303).

3. 여성운동의 성장과 조직화(1995~2007)

성주류화와 여성운동의 제도화

1990년대는 사회주의권의 변화와 국내 정치경제의 변화 등을 통해 제도적인 민주주의가 시작되고 자율적인 시민사회 공간이 움트기 시작한 시기였다. 이러한 상황 변화는 사회운동과 여성운동에 큰 영향을 미쳤는데 여성운동도 기층 중심성에서 벗어나 대상을 다양화하고 방식을 전문화하기 위한 시도를 시작하게 되었으며 성폭력, 가정폭력, 일본군'위안부' 문제와 같은 과제를 본격적으로 공론화하기 시작했다.

1990년대 여성운동이 집중하기 시작한 것은 법·제도 개선 운동과 여성의 정치 세력화 운동이었다. 이런 맥락에서 1990년대 한국 여성운동은 성차별적인 법 개정 운동과 여성정치 세력화 운동, 성폭력, 성문화의 문제 제기와 여성주의의 확산 등으로 특성화되며 실천 방식에서도 여성운동의 대상과 방식을 다양화하고자 하는 시도들이 나타났으며 여성운동의 주체와 영역이 확대되었다.

여성운동의 법 제정 운동은 세계여성운동의 영향을 받았다. 1995년 북경세계여성대회가 개최되었고 북경여성선언은 한국의 여성운동에 많은 영향을 미쳤다. 북경세계여성대회 이후 성주류화 전략이 여성 정책의 주요 흐름이 되어서 1995년 여성발전기본법(현 '양성평등기본법')이 제정되고 여성 관련 법률 제정 및 개정 등이 이루어졌다. 2001년에는 여성부(현 '여성가족부')가 설립되었고 여성운동 세력의 제도권 진출이 시작되었다. 정부의 각종 여성 관련 기관들에 대한 민간 위탁이 전개되면서 성주류화와 여성운동의 제도화, 국가페미니즘이 시작되었다고 할 수 있다.

1990년대 여성운동은 제도화와 함께 운동의 영역과 주체의 확장을 기반으로 한 여성운동의 지역화와 대중 조직화를 주요 전략으로 설정했다. 1980년대까지의 여성 문제에 비해 1990년대 여성 문제는 훨씬 구체적이고 보다 다양한 쟁점들을 가지고 있다. 여성운동이 추상적 이념운동이 아니라 구체적인 생활과 결합한 운동으로, 소수 활동가 중심에서 여성 대중 조직화 모색으로, 이슈 중심의 과제별 운동에서 지역 운동을 통한 여성의 정치 세력화로, 선전 중심의 활동에서 정책에 대한 대안을 만들고 정부에 요구하는 제도적 투쟁 등으로 새로운 이념과 운동 방식을 추구하게 된 것이다. 종전까지 중앙조직 중심으로 전개해 온 여성운동이 지역 사회에 뿌리내리는 소규모의 조직체로 결성되어 그 지역의 특수성에 따른 구체적인 문제들과 일상적 실천 과제들에 관심을 가지게 된 것이다(이혜숙, 1999).

또한 한국 사회의 중요한 변화 중의 하나는 지방자치의 실시이다. 1995년 지방자치제의 전면적 실시로 지방은 중앙정부에서 입안한 정책을 시행하는 행정적인 기능에서 벗어나 정책의 수립과 집행을 직접 담당하는 주체적인 역할을 하게 되었다. 여성 정책과 관련하여도 지역 여성의 요구를 수렴하고 이를 반영하는 정책 추진이 가능해진 것이다. 지방자치제의 실시는 지역 여성운동의 성장과 다양화를 촉진시켰다. 지방자치 시대를 맞아 시민사회운동이 전반적으로 활성화되고 있는 분위기 속에서 지역 여성운동 단체들의 활동이 활발해졌다고 하겠다(안진, 2007: 91-101; 이송희, 2009: 54-57; 이혜숙, 2012: 99-102). 이처럼 1990년대 시민사회의 활성화, 지방자치제의 실시, 여성주의 시각의 확산 등은 지역 여성운동 단체의 설립에 유리한 정치기회구조(Tarrow, 1994: 85)로 작용했으며 운동 영역도 확대되었다.

한국여연은 2005년부터 생활 속 여성운동의 중요성을 인식하고 지역 여성운동의 역량을 강화하기 위해 지역운동센터를 발족했다. 이를 기반으로 한국여연은 2007년부터 전국에서 다양한 활동을 펼치고 있는 여성운동가들의 성과를 공유하고 향후 바람직한 운동 방향을 모색하기 위한 '풀뿌리여성 조직가 대회'를 개최했다(이숙련, 2011: 24).

경남 여성운동 단체의 조직 활성화

경남 지역의 경우 1986년 구 마산에서 경남여성회가 결성되었으나 각 지역에서 여성 문제에 주된 관심을 두는 여성운동 단체들이 결성되고 조직적으로 확대된 것은 1995년 지방자치제가 전면적으로 실시되면서부터이다.

경남 지역에서 1990년대 여성운동은 1980년대보다 활성화되고 운동의 이슈에 따라 분화되었다. 경남에서 조직된 여성단체들의 성격과 운동의 주체 그리고 운동의 대상이 다양해졌다. 여성 관련 법과 제도들이 개선되고 제정되는 가운데 여성운동의 과제는 다양화되었고 이에 따라 여성운동의 영역도 분화되기 시작한 것이다.

1995년에 창원여성의전화가 창립되었으며, 1997년 진주여성민우회, 전국여성농민회총연합 경남연합, 1999년 전국여성노동자조합경남지부, 2000년 김해여성회, 김해여성의전화, 2001년 진해여성의전화, 경남여성장애인연대, 양산여성회, 2002년 '일본군'위안부' 할머니와 함께하는 통영거제시민모임' 2004년 통영여성장애인연대, 2004년 진주여성회, 2005년 사천여성회, 2006년 남해여성회, 창원여성회, 2007년 함안

여성회, '일본군'위안부' 할머니와 함께하는 마창진시민모임'이 창립되어 각기 지역 사회를 거점으로 활동하게 되었다. 여성농민운동은 지역적으로 1993년 거창여성농민회, 1994년 진주여성농민회, 1997년 고성여성농민회, 1998년 합천여성농민회가 결성되면서 지역적으로 조직을 넓혀 나갔다(이혜숙·강인순, 2015: 296). 서울에서는 1980년대 말 여성운동 단체가 생겼으나 지역은 1990년대 말과 2000년대 초에 들어 와서 여성운동 단체 창립이 활발해졌다는 점에서 시기별 차이를 보여 준다. 몇 사례를 중심으로 여성운동 단체의 설립 과정과 설립 목적을 살펴본다.

1995년 여성의전화 창원지부(현 '창원여성의전화') 창립은 지역 여성들의 권익증진을 위한 상담운동의 필요성에 따른 것이었다. 여성 문제에 관심을 가진 12명의 주부들이 매주 소모임을 갖고 여성 문제와 상담에 대한 전문성을 길렀고 몇 차례 준비 모임을 통해 여성의전화 창원지부와 함께 부설 성폭력상담소를 개소했다. 여성의전화 창원지부의 창립 목적은, '여성 문제는 개인 문제일 뿐 아니라 사회 전체의 문제라는 인식을 바탕으로 여성의 인간화를 도모하고 남성과 여성이 더불어 평등하고 조화롭게 사는 가정과 사회를 건설함을 그 목적으로 한다'로 되어 있다. 1990년대 지방자치 시대를 맞이하여 경남의 여성운동은 분화되고 확대된 것이다. 경남여성회를 중심으로 한 주부, 사무직 여성들의 여성운동이 한국 여성의전화 창원지부의 창립으로 여성 폭력 방지를 위한 여성 상담운동으로 독립한 것이다.

진주여성민우회는 1996년 5월 진주에서 발생한 유치원 성추행 사건이 계기가 되었다. 이 사건은 피해 여교사들이 원장을 검찰에 고발하고 진주 지역 시민단체인 YMCA에 알림으로써, 교육 현장과 사회 여러 곳에서 행해지고 있는 성폭행에 대해 진주 지역 사회에서 사회적으로 이슈화되고 진주 시민들의 관심과 분노를 일으키게 되었다. 이 성추행 사건에 대응하기 위해 '진주 삼일 유치원 성추행 피해 여교사를 위한 대책위원회'(이하 '대책위'라 함)가 구성되었다. 대책위 활동을 통해 진주 지역 여성들과 남녀평등을 추구하는 시민들의 의지와 힘이 모아졌으며 2년 여 동안의 재판을 통해 여교사들이 승소를 했다. 이러한 과정을 거치면서 1996년 7월 18일 대책위 수련회에서 상담소 결성을 위한 준비위원회가 구성되었고 이어 89명으로 준비위원을 조직했다. 준비위원에 참여한 자들은 진주에서 여성 문제에 대한 관심과 여성운동 단체의 필요성에 공감했던 자들이었다. 이들의 재정 확보와 노력으로 1997년 6월 19일 진주여성민우회가 창립되었다(이혜숙, 2002). 설립 목적은 '여성의 능력개발과 권익보호로 여성에 대한 사회적 지위를 향상시켜 여성발전의 새로운 가치관을 형성하고 사회참여를 통한 건전사회 조성과 여성의 복지를 증진함으로써 민주사회실현에 기여함'이라 되어 있다. 드디어 진주에서 성폭력의 피해를 상담하고 피해 여성을 지원하는 '가족과 성 상담소'와 진주여성민우회가 결성된 것이었다.

경남여성장애인연대는 1999년 경남여성장애인연대 준비위원회를 구성하여 2000년부터 매월 정기 모임을 가지면서 2011년 12월 창립된 단체로 2012년 2월 한국여성장애인단체의 경남지부로 승인받았다. 창립 목적은 '경남의 여성장애인들이 연합하여 공동체를 형성함으로써 상호 유대강화 및 교류 협력을 통해 여성장애인의 권익보장과 복지증진을 목적으로 한다'로 되어 있다. 이를 위해 여성장애인 스스로가 보다 전문적이고 구체적인 대안을 제시할 수 있도록 사회 인식 개선 및 차별 없는 사회 참여를 실현하기 위한 활동 내용을 주된 사업으로 하고 있다(강인순, 2007: 194-195).

경남 여성운동 단체의 활동

1990년대 여성운동은 주로 가부장적인 법과 제도를 개선하면서, 일상생활에서의 성평등 의식 제고를 위한 교육, 성차별과 성불평등 문제를 파악하기 위한 실태 조사 등을 했다. 이런 활동을 통해 여성운동 단체의 조직적 확대와 지역 사업, 여성 문제의 사회적 이슈화와 해결을 위해 노력했다. 경남 지역 여성운동 단체들은 1998년 경남여성 정책을 최초로 평가했으며 지역 여성 관련 현안에 대응했다. 또한 여성 활동가 교육과 훈련에도 관심을 가지고 활동했다. 즉 여성인권운동과 법제도적 투쟁, 여성노동자운동, 여성 정치 세력화 운동, 여성의 경제 세력화와 돌봄의 사회화를 위한 활동, 페미니즘 확장과 인식 개선을 위한 활동, 여성문화운동 등을 들 수 있다(이경옥, 2020: 307-317).

설문지 조사를 통해서 본 경남 여성운동 단체의 활동 내용은 다음 〈표 10-1〉과 같다. 여성운동 단체의 활동에는 여성 문제 및 사회 문제의 의식화를 위한 다양한 교육 활동, 지역 내 여성주의의 확산, 성평등한 문화 만들기 활동, 성폭력, 가정폭력 등 여성 인권 관련 활동, 지역 여성 정책에 대한 평가와 의제화, 여성의 정치 세력화와 관련한 활동, 여성 노동 관련 활동, 상담 활동, 지역 실태 조사, 지역 여성 조직 구축 활동, 지방자치 시대에 대응한 여성 정책 및 생활과제의 발굴, 지역 현안 대응과 연대 등이 있음을 알 수 있다.

<표 10-1> 경남 여성운동 단체의 활동(2007년도)

단체명	단체 활동
경남여성회	· 반성매매 사업(피해자 상담, 캠페인, 문화제, 산업형 성매매 실태 조사와 토론회) · 저소득, 한부모가정 지원 사업(방과 후 공부방 5곳 운영) · 노동부 사회적 일자리 창출 사업(방과 후 공부방 교사 파견) · 여성 빈곤화 극복 사업(한부모여성 자아 존중감 향상 교육) · 더디 가도 함께하는 마을 만들기 · 제2회 마을 문화제 개최(마산 월영동, 명곡동, 가음정, 봉림동) · 동네방네 행복정치(의정모니터링, 마을의제 토론회)
마산창원여성노동자회	· 교육 선전 사업(성평등 체험전, 일하는 여성 캠페인 등) · 조사 정책 사업(노동자 실태 조사, 설문 조사 및 정책토론회 등) · 비정규직 사업(비정규직 권리 찾기 캠페인, 거리캠페인 등) · 상담 사업(노동 상담, 취업 상담 등) · 한부모 가족 자립 지원 활동(자녀와 떠나는 캠프, 자조 모임) · 자활센터(재활용 사업, 복지간병 사업, 경로당 지원, 희망집수리)
창원여성의전화	· 하동군 우리부부 "다문화가정 평등교육" · 경상남도 제2기, 제3기 다문화 가정 자녀를 위한 방문한국어 강사 양성 과정 · 창원시 다문화가정 부부캠프 "내 안의 너 있다" · 전국여성인권대회 인권사진전 · 창원시 성폭력/성매매 행위자 교정 치료를 위한 전문 상담 교육 · 산청군 사랑발견 프로젝트 "평등부부캠프" · 경남 지역 다문화가정 베트남 명절 방문 프로젝트 · 제6회 전국 평생학습 축제, 다문화가정체육대회 "우리가족최고" · 소외계층을 위한 평생교육 프로그램 "여성결혼이민자의 한국생활탐구" · 경상남도 "지친 당신의 등을 두드려주는 마음 깊은 벗 멘토" · 창원시(북면)한글교실 위탁 운영
진주여성민우회	피킨미디어 · 성평등 교육 · 진주여성민우축구단(나르샤) · 청사초롱 · 면월경대 교육/제작 사업 · 여성팔씨름대회 · 미디어 바로알기 · 생생프로젝트 · 지역아동센터, 해아해야 공부방(저소득층, 한부모 자녀) · 유기농, 수, 축산물 판매장 · 진주여성평등상 시상 · 진주논개제 여성노래 한마당
김해여성회	· 고용평등촉진 사업, 여성법률아카데미(법을 알면 권리가 보인다) 여성 재취업 관련 워크숍 · 김해여성영화제, <차이와 차별과의 이별> · 한가족 공동체, 의사소통 프로그램(자녀 및 부부 대화법) · 의정참여단, 김해시 의회 모니터링 · 가정폭력상담 및 캠페인

[자료] 이혜숙(2008a), 여성운동 단체 설문지 조사 자료

<표 10-2> 경남 여성운동 단체의 활동(2007년도)

단체명	단체 활동
김해여성의전화	· 제2기 성폭력전문상담원 교육 · 2007 청소년성문화 축제, sexuality 주체되기 · 찾아가는 상담 사업 · 평등한 가족문화를 통한 마을 공동체 문화 만들기 · 2007 성교육 캐릭터 뮤지컬 인형극 "우리 몸은 소중해요" · 5월 평화의 달 캠페인 · 달빛 시위, 밤거리 되찾기 거리 행진 · 인제대 성문화 페스티벌 · 세계여성폭력추방 주간 기념캠페인 · 양성평등을 위한 시민강좌
경남 여성장애인연대*	· 여성장애인의 인권 침해 대처와 인권 보호 · 여성장애인의 자립생활 이념확산 · 여성장애인의 가정폭력 쟁점화 · 여성장애인의 의식화와 조직화 · 여성장애인의 역량 강화와 삶의 질 향상
진해여성의전화	· 너와 나 세상등불 되자(참살이방과후교실) · 정서적 치유캠프, 내 말을 들어주세요!!(참살이방과후교실) · 달빛 아래 당당하게, 달빛축제 · 여성주간 문화축제 · 함께하는 소중한 우리 · 나의 性은 나의 것 · 결혼이주여성과 멘토가 함께하는 문화 사랑방 · 성교육과 만나는 에니어그램
양산 여성회	· 풀뿌리 지역 사업 · 여성 권익 향상 관련 문화 사업 · 어린이 문화 사업 · 어머니 모임
통영 여성 장애인연대	· 한국여성장애인연합 통영지부 승인 · 창립총회 · 사단법인 등록 · 탱자야학(검정고시반) 설립 · 부설 '통영 장애인자립생활센터' 출범식 · 여성장애인 순회 교육 사업 실시 · 여성장애인 인권아카데미 실시 · 한국여성장애인대회 · 세 번째 하루 찻집

*경남여성장애인연대는 2006년도 자료임(강인순, 2007: 206 참조)

[자료] 이혜숙(2008a), 여성운동 단체 설문지 조사 자료

4. 여성운동의 전개와 발전(2008~2014)

여성운동 환경의 변화

2008년 보수 정권의 등장은 시민운동의 전개와 활동에 영향을 주었다. 시민단체들은 사회적 의제를 제기하고 운동을 해 나갈 공간과 기회 자체가 줄어들기 시작했는데 이는 여성운동 전개에도 위기를 초래했다. 호주제 폐지, 여성 교육 기회의 증가와 이에 따른 몇몇 여성들의 사회적 지위 상승 등을 이유로 보수 정권은 여성부는 더 이상 필요하지 않다는 주장을 했다. 2005년 호주제 폐지 등 법제도적인 성과는 마치 여성 억압의 문제가 해결된 것 같은 착시 현상을 가져와서 청년 남성들의 역차별 정서를 가져오기도 했다. 취업 경쟁의 심화로 압박감을 느끼는 청년 남성들에게 군 가산점제 위헌 판결은 박탈감을 주었고 남성들이 오히려 역차별을 받고 있다는 불만이 표출된 것이다.

2008년 촛불 시위는 시민운동의 영역에서 성장해 왔던 여러 운동들이 의제 설정과 운동 방식을 이전과는 다른 양상으로 변화해 나가도록 만들었다. 촛불 시위는 생활 정치의 등장, 단일한 중앙 지도부의 부재, 인터넷을 매개로 한 여론 형성, 다양한 가치를 지닌 사람들의 등장, 엄숙주의가 파괴된 집회 문화, 개인의 결정과 참여라는 특징을 지닌다(하승창, 2015: 156-162). 이런 상황과 함께 정보사회의 진행과 신자유주의적 세계화를 통해 여성운동의 차이와 주체의 다양화에 대한 논의가 시작되었다. 다음 〈표 10-3〉에서 보여 주듯이 여성운동 환경이 변한 것이다.

<표 10-3> 여성운동 환경의 변화

과거 운동 환경		현재 운동 환경
일방향 미디어, 대중의 미디어 접근이 어려움.	미디어	쌍방향 미디어, 1인 미디어
거버넌스에 우호적	정부 측면	거버넌스 약화
언론과 시민들 우호적, 시민들 신뢰 높음, 언론에 신선함.	시민운동 이미지	감시하고 견제해야 할 제5권력, 신뢰감 많이 떨어짐, 새롭지 않음.
여성 단체 대변에 공감, 지지, 동참, 후원으로 표시함.	주체의 욕구	누군가 대변해 주기보다 자신의 의제로 직접 기획하고 행동하려는 사람들이 많아짐.
후원, 협찬, 위탁, 정부 프로젝트로 활동비, 사업비, 사무실 운영비 빠듯함.	재정 상황	기존의 활동비, 사업비, 사무실 운영비 확보가 더욱 어려움.
오프라인 활동	주요 활동 공간	온오프라인 활동
규모가 힘(조직적 연대가 중요 방식)	주요한 힘	속도도 힘(보다 많은 대중에게 확산)
여성연합회원 단체들이 중심	여성운동 세력	다양한 여성(운동) 주체들
입장과 의견을 밝히는 것	요구 방식	불매 등 직접 행동 강화
개인주의 문화 덜 발달	관계 방식	개인주의 문화 성장

[자료] 박영미(2010: 19)

경남 여성운동의 전개와 전문화

1990년 후반과 2000년 초 조직 활성화와 분화를 가져왔던 경남 여성운동 단체는 2000년대 중반을 넘어가면서 그 운동 영역을 넓혀 가고 전문화하면서 운동을 지속했다. 정리하면 다음과 같다.

첫째, 경남 성주류화 기반 조성을 위한 활동이다. 경남 여성운동 단체들은 경상남도에 성평등 추진 체계 기반 조성을 위한 성평등 전담 부서의 조직 체계 강화와 여성 정책 연구기관의 설치, 젠더 거버넌스의 활성화를 제안해 온 이래 이를 위한 활동을 해 왔다. 그 결과 2011년 김두관 도지사 때 여성 정책 추진 체계의 강화로 '여성가족과'에서 '여성가족정책관'으로 여성 정책 전담 부서의 위상을 강화시켰다. 그러나 이후 홍준표 도지사 때 여성 정책 연구기관으로 추진되던 '경남여성재단' 설립계획을 없던 일로 후퇴시키고 기존의 양성평등기금까지 없애는 조치를 했다. 또한 행정 조직 개편을 통해 '여성가족정책관'의 폐지도 시도했다. 이는 지역에서 성주류화 기반 조성 과정이나 여성 정책의 형성 과정에서 지역 여성운동의 역량뿐 아니라 지방 권력의 성격이 매우 중요함을 시사한다고 본다.

둘째, 지방 정부의 여성 정책 평가를 심화시켰다. 여성 단체들은 지방 정부의 여성 정책에 대한 평가를 계속해 왔는데 2011년에는 지역 여성 단체의 전문 영역을 중심으로 노동, 정치, 다문화, 사회 교육 등 정책에 대한 깊이 있는 분석을 실시했으며 2013년에는 여성정책평가토론회를 '여성일자리'를 주제로 세분화된 분석과 평가토론을 했다.

셋째, 경남 여성의 정치 세력화를 위해서 활발한 활동을 했다. 2010년 지방선거에서 경남유권사희망연대를 결성하여 여성 유권자 투표 참여 캠페인과 여성의원 확대를 위한 공직선거법 개정 운동을 전개했다. 2014년 지방선거에서는 도지사 후보들에게 성평등 7대 의제를 제안했다(이경옥, 2020: 311).

넷째, 지방 정부와의 젠더 거버넌스를 구축하고자 했다. 2007년 세계인권 60주년을 기념하여 실시한 워크숍에서 의견이 모아져 2008년 11월 25일~27일 경남세계여성인권대회를 개최했는데 이 대회는 지방자치단체로는 처음으로 '상생의 꿈 하나로, 여성의 힘 세계로'라는 슬로건으로 치러진 세계여성대회였으며 경남여성인권선언문이 채택되었다(경상남도·경남세계여성인권대회, 2008: 94-95). 이는 민관이 협력해 대회를 조직한 민관협치의 성공적인 사례였으며 이를 계기로 2009년 11월 경남여성인권특별위원회가 설치되었다.

다섯째, 국제교류사업도 진행했다. 경남 여성운동 단체는 경남도로부터 국제교류 사업에 대한 예산 지원을 받게 되어 2011년 필리핀 가브리엘라를 방문하고 연대를 강화할 수 있었으며 2012년 경남여성단체연합(이하 '경남여연'이라 함)은 필리핀 가브리엘라 지도부와 여성당의 의원을 초청하여 여성 정치 세력화에 대한 토론회를 개최하며 여성 정치 세력화의 기반을 확대해 나갔다(김경영, 2016: 46).

여섯째, 전문화된 여성운동 단체의 활동이 활발했다. 2002년에는 '일본군'위안부' 할머니와 함께하는 통영거제시민모임'(이하 '통영거제시민모임'이라 함)이, 2007년에는 '일본군'위안부' 할머니와 함께하는 마창진시민모임'이 창립되어 경남 지역에서 활발하게 활동했다[2]. 이후 이들은 일본군'위안부' 피해자 지원, 일본군'위안부' 문제 알리기 위한 다양한 문화 행사와 캠페인, 서명 운동, 청소년 교육 활동, 일본군'위안부' 역사 해결 및 피해자 명예회복 사업, 기념 사업 등을 했고 청소년 국제대회, 청년대학생 국제포럼 등 국제 활동도 했다(이혜숙, 2013; 이경희, 2018: 7; 이경희, 2019: 67-69). 또한 2009년 경남여성회에서 분화되어 여성 정책을 모니터링하면서 평가·분석하고 페미니즘 소모임 활동, 성평등 교육 활동을 하는 창원여성살림공동체가 창립되어(이경옥, 2020: 306) 지역 내 여성 단체 활동가 및 지역 여성들의 성주류화 정책의 역량 강화를 통해 창원시의 성주류화

2 일본군'위안부' 문제와 관련해서 경남정신대문제 대책을 위한 시민연대모임이 1997년 10월 1일 창립되어 2002년까지 활동했는데 일본군'위안부' 관련 활동뿐만 아니라 일제 시기의 강제 징용 문제나 한국전쟁 중의 민간인 학살의 전쟁 범죄에 대한 활동도 했다(이경희, 2019: 66). 이후에는 2004년 경남여연에서 일본군 '위안부' 피해자 지원 활동을 하게 되는데 이후 독자적인 조직의 필요성이 대두되어서 2007년 5월 15일 '일본군'위안부'할머니와 함께하는 마창진시민모임'이 창립하게 된다.

정책을 모니터링하고 평가하는 활동을 2012년부터 해 오고 있다(이경옥, 2020: 313).

경남 여성운동과 연대 활동

2000년대 이후 경남 전역으로 여성운동 단체들이 조직되고 주요 이슈에 따라 여성운동이 전문성을 띠어 가자 개별 여성 단체들의 연대 활동이 필요해졌다. 개별 여성 단체들의 연대 활동은 여성 관련 법·제도 투쟁, 3·8 세계여성대회, 여성의 정치 세력화, 그리고 지역에서 발생하는 여성 현안 문제 등을 중심으로 이루어졌다.

실제로 경남 지역에는 여러 성향의 여성 단체와 관련 연대 조직이 활동하고 있다. 경남여연과 경상남도여성단체협의회(이하 '경남여협'이라 함)는 지역의 여성 단체 연대 조직체로서 각각 지역의 진보 성향의 여성 단체와 보수 성향의 여성 단체들을 포괄하고 있다. 그 외 풀뿌리조직과 통일 문제에 관심이 많은 경남여성연대, 성희롱·성폭력 예방 및 상담소 활동과 관련한 연대 조직체 등이 있다. 구체적으로 살펴보면 다음과 같다.

1983년 5월에 창립된 경남여협은 회원 단체가 직업적 이해를 기반으로 한 여성 단체이거나 정부 주도로 결성된 여성 단체가 많아 순수한 의미의 여성운동 단체라고 보기가 어려우며 단체의 구성원이 주로 여성인 봉사 단체, 혹은 직능 단체가 대부분이다. 그러나 문민정부 등장 이후 경남여협의 회원 여성 단체들 중 일부분은 3·8여성대회나 직장 내 성희롱 방지를 위한 법 제정, 남녀고용평등법 등 성평등이나 성차별 금지와 관련된 법 제정 및 개정, 성평등 제도 마련에 여성운동 단체들과 연대를 하기도 했다.

또한 경남 지역 여성복지와 인권을 위해 상담소 활동을 하는 각 단체들이 긴밀한 유대관계를 가지고 공동 사업을 수행함으로써 여성 폭력을 추방하고 성평등한 사회를 이루기 위해 1999년 경남여성복지상담소시설협의회(이하 '경남상시협'이라 함)가 결성되었다. 여기에 속한 단체들은 여성운동 단체라고 보기 힘든 점도 있지만 여성 문제에 관심을 가지고 있으며 지역 사회에서 활동하고 있다. 경남상시협은 주로 성희롱, 성폭력, 성매매 등과 같은 여성 인권 및 여성 문제를 중심으로 여성 긴급전화 1366, 가정폭력상담소, 성폭력상담소, 성매매인권상담소, 가정폭력·성매매 지원 시설 등 경상남도 내 40여 개 기관이 참여하고 있다.

그 외 아동과 여성을 대상으로 하는 범죄 예방 및 피해자 보호를 위한 지역 내 관련 기관 간 네트워크인 경남아동여성안전지역연대가 활동하고 있다. 경남아동여성안전지역연대는 아동과 여성을 대상으로 하는 범죄 예방 및 피해자 보호를 위한 지역 내 관련 기관 간 네트워크를 구축하여 폭력 피해자의 복합적 욕구 충족과 정책의 실질적 효과를 기대하기 위해 만들어졌다. 경남아동여성안전지역연대는 경남여성폭력방지협의회(2002)가 경남아동여성인권연대(2009)로 되었다가 2014년 경남아동여성안전지역연대로 된 것으로 민·관·경 협력 연계 기구라고 할 수 있는데 경찰청, 교육청, 의료 기관, 보호시설, 성폭력상담소 등 지역의 유관 기관과 단체로 구성되어 있다(경상남도아동여성안전지역연대, 2014). 경남도 및 시군 단위 관련 기관 간 협력 체계를 구축해 아동·여성 관련 폭력 예방 교육 및 홍보 사업을 추진하고 있다.

2002년 2월 5일 창립한 경남여연은 한국여연처럼 진보적인 성향의 지역 여성 연대 조직이라 할 수 있는데 한국여연이 1987년에 조직되었다면 경남 지역에서는 개별 여성운동 조직들이 어느 정도 성립된 이후인 2002년 2월 5일에 만들어졌음을 알 수 있다. 경남여연은 경남여성장애인연대, 경남여성회, 진해여성의전화, 김해여성회, 마산창원여성노동자회, 진주여성민우회, 김해여성의전화, 창원여성의전화의 8개 단체가 모여 창립했다.[3]

경남여성연대는 2008년 2월 16일 경남 지역 여성운동 단체들이 모여 만든 연대 조직으로 여성 해방, 민족 자주, 6·15공동선언 실현, 신자유주의 세계화 반대, 반전 평화 실현, 여성들의 정치 세력화를 목적으로 결성되었다(경남여성연대, 2008). 여성 농민, 여성 노동자, 진보정당 등 다양한 계층, 다양한 부문의 지역 여성들이 모여 2007년 7월 창립한 전국여성연대와 긴밀한 관계를 유지하고 있다.

이처럼 경남 지역에는 여러 여성 단체와 연대 조직이 지방정부와 관계를 맺으면서 활동하고 있다. 여기에서는 그중 여성운동의 목표가 상대적으로 뚜렷하다고 할 수 있는 경남여연과 경남여성연대 활동을 살펴보고자 한다.

경남여성단체연합의 활동

2002년 경남 지역 여성운동 단체 간의 협력과 조직적 교류를 도모하고 성평등, 여성복지, 민주, 평화통일의 실현을 목적으로 경남 도내 여성운동을 묶어 낼 연합 조직의 필요성에 따라 경남여연을 결성했다. 경남여연의 창립선언문에 나타난 창립 목표는 성평등 제도 확립과 지원, 여성의 정치 세력화, 경남 지역 여성운동의 방향과 과제 설정 등으로 이

3 이후 디딤장애인성인권지원센터, 전국여성노동자조합경남지부, 창원여성살림공동체, 통영여성장애인연대가 가입하여 2022년 현재 12개 회원 단체가 가입되어 있다.

해할 수 있다.

〈참고 자료 10-1〉

경남여성단체연합 창립선언문

새로운 천년을 살아가고 있는 우리는 온갖 낡은 틀을 벗어버리고 여성이 주인 되는 세상을 만들기 위해 다음과 같이 결의합니다.

하나, 여성 권익 신장을 위한 각종 법률, 제도의 제정 및 개선을 위한 활동을 한다.
하나, 지역 여성의 정치, 경제, 사회적, 문화적 지위를 향상시키기 위한 활동을 한다.
하나, 지역 여성들의 정치 세력화와 의식 향상을 위한 활동을 한다.
하나, 인구 변화 및 가족 구조 변화에 따라 양성 평등한 가족 정책과 국가와 사회의 책임이 강화되는 가족 지원 정책을 수립하도록 다양한 실천 활동을 전개한다.
하나, 경남 지역 여성운동의 방향과 과제를 설정하고 지역 사회의 문제를 함께 고민하고 해결해 나간다.

[자료] 경남여성단체연합(2002: 4).

경남여연은 지역 여성운동연합체로서 여성운동 단체끼리의 연대 조직이라 할 수 있는데 중점 사업을 정하여 소속 운동 단체 활동의 통일성과 회원들의 결속력을 높이고자 하고 있다. "각 단체의 분담과 협력을 강화하여 지역 사회에 기반한 여성운동의 중심으로서 연합을 강화해야 하고 지방분권 시대에 걸맞은 지역 중심 여성운동을 적극 모색해 가야 한다"(경남여성단체연합, 2006: 30)는 것이었다. 연합체운동으로서 다양한 회원 단체들 간의 운동의 관점, 목적, 방식의 차이로 인한 어려운 점이 있음(이혜숙, 2008b: 196-198)에도 불구하고 지역에서 활동하고 있는 다양한 여성운동 단체의 목소리를 하나의 창구로서 조직적으로 대응한다는 것이다. 따라서 지역 사회의 여성 문제에 대한 인식을 제고하고 지역 여성 정책을 평가하거나 대안을 제시하는 역할을 하고 있다.

한국여연은 지역여연의 활동에 대한 논의와 관련해서는 "중앙과 다르게 분권과 지방자치 확산, 정치/경제적 주류화 확장 필요성, 풀뿌리 지역운동 확산, 진보적 사회운동 주도, 새로운 지역 이슈 개발과 대안적 담론 형성 등으로 지역 여성 연대는 필요하다"(경남여성단체연합, 2007: 40-41)고 보았다. 경남여연은 2012년 4월 지역여연 최초로 여성정책센터를 개소하여 지역 내 성평등한 정책 개발과 젠더 정책의 토대를 갖추었는데 여성 활동가의 정책 역량 강화를 위한 교육과 여성의 정치 세력화를 위한 여성정치학교, 예산 감시 활동 의정모니터링 등을 지속적으로 추진했다.

주요 활동으로는 지역에서의 여성 정책 의제 생산, 여성의 정치 세력화를 위한 활동, 성폭력 및 가정폭력 예방 활동, 여성 관련 조례 제정, 일상에서의 페미니즘 확산과 성평등 지향 활동, 지역 여성 정책에 대한 평가와 의제화, 젠더 거버넌스와 네트워크 형성, 지역 여성 관련 현안에 개입, 그 외 조직 강화 사업과 연대 사업을 들 수 있다. 경남여연은 여성에게 사회 활동과 여성 문제에 대한 공유 기회를 제공하고 여성 권익의 증진, 성평등 의식 확산 등 그 활동 영역을 지속적으로 확대해 나가고 있으며 경남 지역 여성 정책에 대한 평가 등 지방자치단체에 대응하는 다양한 활동을 하면서 여성운동연합체의 기능을 수행하고 있는데 사안에 따라 공동 대응을 함으로써 운동 영역을 넓혀 나가고 있다.[4]

경남여연의 연대 활동을 살펴보면 지역 여성운동은 다양한 이슈에 연대 활동으로 참여하고 있음을 알 수 있다. 사회 전반 이슈와 여성 이슈에 대한 연대 활동을 보면 이슈들은 지구 수준, 국가 수준, 지역 수준

4 경남여연의 활동에 대해서는 경남여성단체연합, 아름다운재단(2022)의 『경남의 성평등 변화, 새로운 물결로 만나다!: 경남여성단체연합 20년』을 참조할 것

으로 나누어 볼 수 있다(이혜숙, 2022: 226-234). 여성 관련 이슈를 중심으로 하는 연대는 지역 수준에서는 성희롱·성폭력 관련 연대가 많았으며 국가 수준에서는 호주제 폐지, 총선/대선 국면에서의 여성의 정치 세력화, 한국여연과의 연대 사업이 있다. 지구 수준에서는 일본군'위안부' 피해자 관련 활동과 필리핀 여성 단체와의 연대 사업이 있다. 2011년 경남여연은 처음으로 지역/국가를 넘는 국제 연대를 주도적으로 했다. 이는 지역 거주 외국인 여성과의 연대를 위한 포괄적 네트워킹을 형성하는 것에서부터 국제 교류 및 연대에 대한 공감대를 형성하는 것으로 초국적 여성연대의 가능성을 보여 주었다. 그동안 국제 연대는 대개 중앙에 의해서 독점되는 경향이 있었는데 이번에는 중앙을 통하지 않고 직접 소통하는 방법을 모색했다는 점에서 의미 있다고 하겠다. 또한 다문화가 진행되고 있는 한국의 현실에서 지역에서 거주하고 있는 다문화가정이나 외국인에 대한 관심을 가져오고 이들과의 네트워킹을 할 수 있는 계기가 되었다는 점에서는 의미 있다. 사회 전반 이슈와 관련하여서는 지구 수준에서의 이슈는 우리쌀 지키기 식량권 수호 경남운동본부, 한미FTA저지를 위한 경남 여성운동본부 등 주로 일반 사회 이슈 관련 연대 활동에서 이루어졌다.

경남여성연대의 활동

경남여성연대는 2008년 2월 16일 결성되었는데 여성 해방, 민족자주, 6·15 공동선언 실현, 신자유주의 세계화 반대, 반전 평화 실현을 목적으로 하는 경남 지역 여성 연대 조직이다. 민족의 문제인 통일의 문제를 해결하지 않으면 여성 문제도 해결할 수 없다고 보며 자주, 민주, 통일에 관심을 둔다. 전국여성농민회경남연합, 진주여성농민회, 합천여성

농민회, 거창여성농민회, 함안여성농민회, 고성여성농민회, 창녕여성농민회, 하동여성농민회(준), 진주여성회, 사천여성회, 합천여성회, 함안여성회, 남해여성회, 경상대학교 총여학생회가 참가했다(경남여성연대, 2008: 3).[5]

〈참고 자료 10-2〉

경남여성연대 출범선언문

· 연대의 어깨 걸어, 이제는 더 큰 하나
· 열어라! 여성 해방, 건설하자! 자주, 평등, 평화, 통일 세상
· 여성 빈곤 가속화시키는 신자유주의 세계화를 반대하고 민중생존권 실현한다!
· 전쟁 위협 걷어내고 한반도의 평화 실현과 자주통일을 이룩한다!
· 여성에 대한 폭력과 차별을 반대하며 성평등 사회를 실현한다!
· 단결과 승리의 약속! 여성해방, 자주, 평등, 평화, 통일 세상 건설한다!

[자료] 경남여성연대(2008: 19-20)

당시 경남여성연대 규약을 살펴보면 경남여성연대는 "경남여성연대 조직으로서 여성의 단결과 연대를 통한 성평등 사회 실현과 여성의 사회, 정치, 경제, 문화적 지위 향상 및 모든 형태의 억압과 차별을 철폐함으로써 자주, 민주, 평등, 통일 세상 실현과 여성해방을 목적"(경남여성연대, 2008: 8)으로 한다고 되어 있으며 그 목적을 위한 사업으로는 "회원 단체 간의 협력과 교류 사업 및 회원 확대 사업, 여성 권리 보장을 위한 각종 법률 및 제도 제·개정 사업, 억압과 차별을 철폐하기 위한 제반 활동, 정책, 출판, 홍보, 교육, 문화 사업, 생태, 환경 관련 사업, 반전 평화 및 통일 관련 사업, 여성 정치 세력화를 위한 제반 활동, 국내 여성 단체, 사회 단체 교류 협력 사업, 기타 본 회의 목적 달성에 필요한 사업"(경남여

5 경남여성연대는 2022년 현재 남해여성회, 민주노총경남본부 여성위원회, 사천여성회, 양산여성회, 전국학교비정규직노동조합 경남지부진주여성회, 창원여성회, 전국여성농민회경남연합으로 구성되어 있다.

성연대, 2008: 8)으로 명시했다.

경남여성연대는 창립 후 여성에 대한 차별 철폐와 성평등 사업, 총선 시기에 맞추어 정책 토론회 등을 통한 여성 의제 개발, 공교육 강화·보육 공공성 확대 등 아이들을 위한 미래 사업 등을 펼쳤다. 이들은 풀뿌리 조직에 대한 문제의식과 목적의식이 강하며 이 조직의 형성과 활동은 창원 지역과 농촌 지역 등 기층 여성에 기반하고 있다.

2008년 경남여성연대 사업 목표는 회원 단체의 단결과 협력을 통한 내부 결속력을 높이고, 조직적 기반을 강화하며 투쟁하는 여성들의 힘과 지혜를 모아 진보적인 여성운동 연대체로서의 내용과 면모를 갖추는 것이었다. 대중 사업으로는 여성에 대한 차별 철폐 및 성평등 사업, 신자유주의 세계화 반대, 한반도 자주·평화통일 사업, 총선 대응 사업, 아이들을 위한 미래 사업으로 보았다. 또 전국, 경남 지역 여성 단체와 일상적 연대 활동을 하며 경남진보연합, 전국여성연대 등에 가입하여 적극적으로 활동할 것임을 제시하고 있다(경남여성연대, 2008: 5-6).

2012년~2014년 자료를 중심으로 활동 내용을 살펴보면 8·15 여성평화기행, 지역 여성 정치 활동, 풀뿌리 여성 지역 활동의 역량을 높이기 위한 교육, 식량주권 사업, 비정규직 여성 사업, 안전한 마을 만들기 사업, 자주통일 사업, 지방선거에서의 진보적 후보 배출 및 지원, 3·8세계 여성대회, 전쟁과 군국주의 반대, 한반도 평화정착 사업, 여성 노동자 성평등 교육 사업 등을 했음을 알 수 있다. 이에 대해 경남여성연대는 지속적으로 추진해 온 8·15 여성평화기행은 서부와 동부 지역으로 나눠서 권역별 일정과 회원 단체의 요구에 맞게 사업을 추진했고 비정규직 여성 사업은 기층 여성과 함께 만들어 가는 사업으로서 의미가 있었다고 평가하고 있다. 그 외 국정원 시국회의, 민생민주공동행동, 반독재 민주수호 특위에 참여하여 활동했고 진주의료원 및 밀양·송전탑 투쟁 활동, 세월호참사 경남대책위, 경남미래교육연대, 친환경무상급식지키기 경남운동본부에도 참여하여 활동했다(경남여성연대, 2013; 경남여성연대, 2014; 경남여성연대, 2015). 2015년 여성운동의 과제로는 "새로운 정세의 요구에 맞는 진보적 여성운동 전개, 진보적 여성운동의 점검과 진단에 기초한 변화와 도약의 모색, 활동가들의 소통과 교류, 지원과 협력을 통한 활동가 육성, 기층 여성을 중심에 세우는 여성 대중 조직의 변화와 도약, 경남 지역 여성운동의 통일단결 강화"(경남여성연대, 2015: 13-14)를 제시했다.

5. 여성운동의 쟁점과 새로운 모색(2015~)

페미니즘에 대한 반격과 재부상

남성 청년들의 불안감과 박탈감은 2005년경부터 인터넷에 유행한 다양한 여성 비하 풍자 시리즈로 표출되었다. 여성을 비하하는 인터넷 담론은 여성가족부를 비난하고 폐지를 요구하는 목소리로 이어지기도 했다. 이처럼 청년 세대에서 젠더 평등은 세대 및 계층 간 재분배의 문제와 맞물리면서 논쟁과 갈등의 대상이 되고 있다(김보명, 2019b).

그러나 페미니즘은 좀 더 대중적으로 확산되면서 그동안 성평등 제도 개혁이 실패한 측면, 즉 법적 제도적 대응이 간과하고 있는 성폭력 의제들을 드러내고 친밀한 공간과 일상생활의 관행에서 반복되는 가부장적 문화를 급진적으로 비판하고자 했다. 2015년 이후 디지털 공간과 대중문화 영역에 만연한 '여성 혐오'에 대한 저항이 페미니즘 재부상 현상이다(김보명, 2018). 2015년 온라인 커뮤니티 '메갈리아'가 사용한 전략은 상대방의 언어를 거울에 반사시키듯 그대로 되돌려 주는 전략 즉 '미러링'(김리나, 2017)이었다. 즉 기존의 인터넷 남초 커뮤니티에서 통용되어 온 '여성 혐오'의 언어를 모방하여 폄하와 조롱의 대상을 여성에서 남성으로 뒤바꾼 패러디를 사용하는 것인데 이와 같은 과정을 통해 일상의 불편함을 적극적으로 드러내고 명명하며 한국 사회의 불평등한 성별 구조에 대해 지속적으로 문제를 제기했다.

2016년 5월 발생한 강남역 여성 살인사건은 대중적인 페미니즘 담론을 더욱 촉발시켰다(이나영, 2019). 경찰과 보수 언론은 '정신질환자의 묻지마 살인'으로 사건을 덮으려 했지만 비통한 심정으로 현장을 찾은 수많은 여성들은 이를 '여성 혐오'에 의한 살인으로 인식했다. 많은 여성들이 '여성 혐오'를 자신의 문제로 공감했으며 여성들은 일상에서 드러내지 못했던 불편한 느낌들과 차별과 폭력의 경험을 나누었다.

2017년 10월 미국에서 미투운동이 일어났고 한국에도 이어지면서 연예계를 시작으로 문학계, 미술계, 학계로 이어지다가 정치계로까지 연결되었다. 이러한 과정 속에서 2018년 5월 '불편한 용기' 주최의 경찰 편파수사에 대한 수만 명의 시위 등은 새로운 양상의 여성운동의 흐름을 주도하고 있다. 이 주체들은 10~20대 젊은 여성으로 자신들의 긴급한 이슈를 드러내는 가운데 디지털 성범죄 등을 중심으로 오프라인 세계와 연결된 정치 행동을 확대해 가고 있다. 2016년 9월 발표된 보건복지부의 임신중절 시술에 대한 처벌 선언에 맞서 시작된 '검은 시위'는 낙태죄의 폐지 및 재생산 정의에의 요구를 전면으로 부상하게 했다. 미투 선언, 불법 촬영 편파수사 규탄 시위, 낙태죄 폐지 운동은 여성 정책의 역사적 성과에도 불구하고 불충분하게 남아 있는 젠더 정의와 여성 시민권을 좀 더 직접적이고 집합적인 실천을 통해 이루어 내고자 하는 시도라 할 수 있다(김보명, 2019a: 189). 이는 촛불 항쟁 이후에도 사회 제도의 변화 속으로 진입하지 못한 여성의 목소리를 반영하는데 '페미니즘 없이 민주주의는 없다'는 것이다. 그러나 여전히 여성을 동원한 성접대 및 버닝썬 사건에 이르기까지 여성에 대한 성적 대상화 등이 지속되고 있으며 페미니즘에 대한 반격이 존재하고 있다.

새로운 의제(들)과 경남 여성운동의 활동, 연대

2015년 이후 페미니즘이 대중화되면서 그에 대한 반격이 커져 갔고 '여성혐오' 범죄, 데이트 폭력, 스토킹, 재생산권, 성매매, N번방 사건, 성적 소수자, 재난(코로나 19)과 여성의 현실, 다문화 여성 등의 이슈가 떠오르게 된다.

이런 사회 상황 속에서 경남 지역에서는 2016년 10월 4일에 디딤장애인성인권상담센터(2020년 2월 20일 현재의 '디딤장애인성인권지원센터'로 명칭 변경함)가 개소식을 가졌다. 인권 단체로서 젠더 폭력과 차별로부터 장애인의 성인권을 보호하고 장애 여성의 복지증진과 나아가 가정·직장·사회에서 양성평등을 이룩하고 정치·경제·사회·문화 등 모든 영역에 여성 및 장애인으로서 주체적으로 참여함으로써 이 땅의 평화와 민주사회의 실현에 기여하는 것을 목적으로 설립되었다. 주요 사업으로는 인권지원 사업, 정책 사업, 강사단 육성 사업, 기타 연대 활동을 하고 있다(디딤장애성인권지원센터 홈페이지).

2009년부터 활동해 온 창원여성살림공동체는 2016년부터 창원시와 젠더 거버넌스의 파트너로서 성주류화 정책 연구 개발, 교육과 청원, 성별 영향 평가와 성인지예산서 모니터링과 평가, 홍보물 모니터링 등 활동을 해 오고 있다(이경옥, 2020: 314). 2017년부터는 지역 내 성평등 교육 전문강사를 양성하기 위해 프로그램을 진행하고 경남 지역 내 페미니즘 확산을 위한 대중 강좌 등을 매년 해 왔다. 특히 20, 30대 페미니스트와의 여성운동 지속성과 여성운동 연대를 위해서 페미니즘 특강, 20대 페미니스트 단체 활동가 초청 특강, 20대 페미니스트 유튜버, 여성 청년 작가, 여성 청년 기획자 등을 초청하여 여성 청년의 참여 확대를 위한 사업들을 발굴하고 있다(이경옥, 2020: 316).

여성운동 단체들은 여성의 정치 참여 확대를 위해 노력해 왔으며 선거 국면에서는 연대 조직을 구성해서 활동해 왔다. 경남 지역에서는 여성의 정치 세력화와 관련하여 지방의회 감시 활동에서부터 지자체 예산 분석, 조례의 제·개정 운동에 이르기까지 다양한 방식으로 지방정치에 참여해 왔으며 쟁점이 되는 여성 이슈에 개입하는 지역 여성운동을 전개했다. 이후 지역 여성들에게 지방정치 참여의 중요성을 연계하는 것과 지역에서 여성의 정치 세력화를 주된 목표로 하는 여성 정치 조직의 필요성에 대해서 논의가 되어 왔다. 이런 점에서 2018년 지방선거를 앞두고 그해 1월 발족한 경남여성정치포럼은 지역 수준에서 여성의 정치 세력화에 주된 관심을 두는 여성 정치 조직으로서 출발했다는 점에서 의미가 있으며 "지역 여성의 낮은 정치적 대표성과 사회적 권한 배분의 기형성에 대해 문제를 드러내고 이를 공론화하는 것"(경남여성정치포럼·경상남도선거관리위원회, 2018: 9)을 주요 활동 목표로 하고 있다. "제도적 수준에서의 성평등은 어느 정도 달성한 것으로 평가하고 있지만 일상에서의 관행적 차별과 폭력은 전혀 줄어들지 않았다...여성의 현실을 제대로 대변하고 정책에 반영해 줄 수 있는 성평등적 정치인이 매우 부족한 현실은 한국 사회 민주주의 발전의 지체 현상에 대한 방증이며 정의롭고 더 나은 민주주의로의 길이 요원함을 말해 준다"(경남여성정치포럼, 2018)라는 발족 선언문처럼 여성의 정치 참여 확대 없는 민주주의는 무의미하고 민주주의의 완성은 성평등임을 분명히 하고 있다.

경남여성정치포럼은 생활정치 시대 여성 의제와 지역 의제 개발, 교육과 유권자 운동, 여성 후보 발굴과 지원을 통해 여성 정치인들이 의회나 자치단체에 더 많이 진입할 수 있는 길을 모색하고자 한다. 지역 여성 조직으로서 선거 국면에만 한시적으로 활동할 게 아니라 지속될 수 있어야 하기 때문이다. 선거 후에도 의정 활동의 모니터링과 평가, 그 대안 제시에 이르기까지 여성 정치인에 대한 다양한 지원과 여성주의 연대가 필요한 것이다.

지역에서의 오랜 기간의 활동을 기반으로 여성의 정치 세력화에 대한 새판짜기가 이루어졌는데 2020년 3월 여성 의제 정당인 '여성의당 경상남도당'의 창당이다. 여성의당 경남도당 창당은 1개월여 만에 창당된 여성 의제 최초의 정당인 여성의당 창당에 중요한 역할을 했다. 여성의당은 2020년 3월 8일 창당되어 경상남도당, 서울시당, 부산시당, 인천시당, 경기도당 5개 시도당이 있다.

경남 지역에도 일상생활에서 체감하는 억압과 성차별을 이야기하는 대중적 페미니즘 담론이 다양한 형태로 확대되었다. 지역 여성 단체에서는 다양한 페미니즘 프로그램과 활동을 만들었고 '미투경남운동본부'

를 통해 미투 생존자를 지원했다. 또한 경남 지역 법원에서 공판 중인 텔레그램 n번방 성착취 범죄의 법정 모니터링을 통해 피해자를 지원하고 방청 연대 활동을 했으며(이경옥, 2020: 315) 강남역 여성 살인사건에 대해서는 경남여성공동행동이 활동했다.

2016년 강남역 여성 살인 사건이나 미투운동 이후 20~30대 여성들의 페미니즘에 대한 관심이 커져서 경남 지역에도 페미니즘을 공부하는 소모임이 생겼고(이경옥, 2019: 42) 또 이들이 지방정부의 성주류화 정책이나 의정 활동 모니터링을 하고 있어서 젊은 여성들의 관심과 참여가 늘고 있다. 대학가를 중심으로 '방과 후 페미니즘', '행동하는 페미니스트', '페밋', '세상의 절반' 등 페미니즘 동아리가 활동 중이며 2021년 2월에는 연합동아리인 '아우르니'를 구성했다(경남도민일보, 2021. 8. 4). 한국 여성운동 흐름의 역사를 보면 1990년대에 온라인을 중심으로 활동했던 영페미니스트들은 주로 수도권 지역에서 활동했다고 본다. 그러나 전북 전주시 연구에서 볼 수 있듯이 최근 지역의 젊은 여성들의 페미니즘에 대한 관심과 활동이 늘고 있다(김혜경, 2022). 경남 지역에도 20, 30대 여성들이 개인별 활동에서 조직을 만들어 지역 내 일상에서의 활동력을 높여 가고 있는 것이다. 이러한 젊은 여성들은 SNS를 통한 페미니즘의 실천으로 일상의 변화를 이끌고 있다(이경옥, 2020: 319).

20, 30대 여성들은 한국의 전통적인 가부장제에 저항하고자 하는 4비운동(비결혼, 비연애, 비출산, 비섹스)으로 이어지면서 지역 내 비혼여성공동체 단체들을 결성하고 있다. 경남 지역에도 비혼여성공동체 WITH가 2019년 11월 창립되어 활동하고 있다. 비혼여성공동체 WITH는 여성 인권 문제에 대해 SNS를 통한 적극적으로 참여하며 실천 활동을 해 오고 있다. 오프라인으로도 활동하기 시작했는데 2020년 5월 발생한 '창원 여

주인 스토킹 살해 사건'에서 집회와 1인 시위, 스토킹범죄처벌법 제정운동을 이어갔다. 또한 지역에서 재판하고 있는 텔레그램 n번방 성착취 공판의 방청 연대와 김해 남교사 불법 촬영 범죄 방청 연대 등 디지털 성범죄를 뿌리 뽑기 위한 다양한 활동을 하고 있다(이경옥, 2020: 319).

다양한 여성 주체들은 여성운동의 가치와 의제의 생성, 운동 방식의 변화, 소통 방식의 변화, 운동 주체의 변화가 필요하다는 문제의식을 제시하고 있다. 낙태를 둘러싼 여성의 재생산권 의제, 성적 소수자 문제 등은 여성운동의 새로운 의제들이다. 지역에서도 차이와 다양성을 지닌 다양한 여성 주체들의 목소리를 어떻게 반영할 것인지가 중요한 과제이다.

6. 경남 여성운동의 성과와 과제

경남 여성운동은 1980년대 중반 구 마산 지역에서 출현한 경남여성회를 시작으로 경남 여러 지역으로 확산되었다(이혜숙, 2022: 94-99). 경남여성회는 지역 사회에 여성 문제 인식을 알리고 확산시키는 데 중요한 역할을 했으며 초기에 활동하던 회원들은 경남 지역의 여성운동의 조직화를 가져오는 데 주도적 역할을 했다. 또한 1987년 7~8월 노동자 투쟁을 거쳐 형성된 노동조합을 기반으로 한 여성 노동자들이 해고되고 이를 지원하기 위해 여성노동자운동단체가 결성되면서 경남 여성운동은 분화·확대되었다. 이러한 여성운동은 구 마산과 창원 지역 외에 양산, 김해, 진주, 진해 등지로 확산되면서 2002년 여성운동 연합체인 경남여연을 만들었고 2008년에는 경남여성연대를 만들어 현재까지 활동을 하고 있다.

경남 지역의 여성운동의 출현과 전개 과정을 살펴보면 여성 문제에 주된 관심을 두는 지역 여성운동이 발생되는 시기나 맥락이 지역마다 다르다는 것을 알 수 있다. 지역에서 여성운동이 활발하게 등장하는 시점은 1990년대 중반 이후로 서울 지역과는 차이가 나며 경남 지역에는 1990년대 후반 등장하여 진보운동 내부의 가부장성과 성차별적 문화를 비판했던 영페미니스트의 존재는 당시에는 잘 보이지 않았으나 최근에는 페미니즘에 대한 젊은 여성들의 관심이 커지고 있다고 하겠다.

경남 여성운동의 성과

지역 여성들은 지역의 여성 문제와 현안들을 자신의 문제로 인식하고 지역 여성운동의 저변을 넓혀 왔다. 상대적으로 보수적이고 인적, 물적 자원이 취약한 현실 속에서도 지역 여성들의 관심에 기반한 다양한 소모임과 교육 프로그램의 실시, 활동을 통해 수동적이고 비주체적이었던 지역 여성들이 스스로 변화하고 리더십을 키울 수 있는 활동의 중심이 되어 왔다. 지역 여성운동은 지역 사회 여성 문제뿐 아니라 환경, 보육, 문화, 지역 정치 등 당면한 문제를 스스로 해결해 나가는 생활정치를 발전시켜 왔다. 경남 여성운동은 다음과 같은 성과가 있었다고 본다.

첫째, 보수적인 지역 사회 분위기 속에서도 여성 문제를 지역 사회에 여론화하여 여성 문제를 해결하는 주체로 자리매김했다. 다양한 여성운동 단체가 만들어지고 분화되면서 여성운동이 전문화되었다.

둘째, 운동의 내용에서 시대적 상황에 따라 다양한 문제를 이슈화하고 이를 극복하고자 시도하여 법과 제도 면에서 성평등을 진전시켰다. 여성과 관련한 법 제정에 힘을 보태고 여성들이 보다 차별받지 않고 인간답게 살 수 있도록 하는 데 기여했다.

셋째, 지방자치단체의 여성 정책을 평가하고 대안적인 여성 정책을 마련하여 지방자치단체의 여성 정책 수립과 성주류화 정책 방향으로의 모색에 기여했고 경남 여성의 정치 세력화에 진전을 가져왔다.

넷째, 2008년 이후 여성운동의 위기와 2015년 이후 여성운동의 새로운 시대의 변화 속에서 새로운 의제들에 관심을 가지고 있으며 최근에는 젊은 여성들의 참여도 시작되고 있다. 운동의 방법 면에서도 대중화를 위하여 지역 중심의 소모임을 강화하고 회원의 조직력을 증강하는 등 운동 방법의 다양화를 모색했다.

다섯째, 물적, 인적 자원이 열악함에도 불구하고 헌신적인 여성 활동가들의 노력에 의해 지역 여성 단체들이 조직적으로 성장했다. 그 과정에서 현장에서 경험을 쌓은 운동가들이 배출되었으며 실무를 담당하는 활동가들도 양성되었다.

여섯째, 경남여연과 경남여성연대라는 연대 조직의 설립으로 여성 관련 다양한 주제들뿐 아니라 다양한 사회 문제 해결을 위해 연대했으며 이를 해결하기 위한 활동을 활발히 하여 지역 시민사회의 발전에 기여했다.

경남 여성운동의 전망과 과제

지역 여성운동의 정체성과 세력화와 관련한 경남 여성운동의 전망과 과제는 다음과 같이 정리할 수 있다.

첫째, 일반적으로 운동 참여자들의 집합적 정체성은 운동의 연속성을 가능케 하며 운동의 목표를 둘러싸고 형성된 운동 조직 참여자들 사이의 결속과 조직 간 연대의 구축에 대단히 중요한 요소이다(홍성태, 2012: 20-21). 앞으로는 회원들이 주체가 되는 소통이 원활한 조직구조를 어떻게 설정하고 운동의 세력화를 위한 조직의 정체성을 어떻게 유지할 것인가에 대한 새로운 모색이 필요한 시점이다.

둘째, 지역 여성운동의 양적, 질적인 도약을 이루어내기 위해서는 변화하고 있는 지역 현실에 맞춰 보다 다양하고 새로운 실천들을 시도해야 하는데 이를 실현하기 위해서는 인적 자원의 동원과 활동가의 안정적인 충원, 운동 리더십이 중요하다. 지역 여성운동의 경우 젊은 여성들의 충원이 원활하게 이루어지고 있다고 보기 어렵기 때문에 인적 자원의 기본적인 충원과 활동가 양성을 위한 다양한 방안이 있어야 한다.

셋째, 제도의 성인지적 재구조화를 위해 제도화의 전 과정에 개입하는 것은 여성운동의 주요 목표이자 전략이다. 그러나 여성운동의 제도화를 통해 정부의 복지서비스 실무자로 귀결되는 것이 아니라 자생적인 기반을 유지, 확보하는 것이 필요하다는 점을 인식해야 한다(박진경, 2016: 54). 제도화 과정 속에서 성평등 사회를 위한 운동을 하는 여성운동의 자율성을 어떻게 확보해 나가야 할 것인가가 과제라 하겠다.

넷째, 여성운동의 대중화와 풀뿌리 여성운동과 관련하여 지역 여성들에게 보다 가까이 다가가기 위해 지부 및 지회 설립의 필요성 여부,

운영 방식, 이들과의 관계 정립 등 풀뿌리 활동이 보다 가능한 조직을 어떻게 만들어 나갈 것인가를 모색해야 한다.

다섯째, 개인적 삶과 일상생활에서 체감하는 억압과 성차별을 이야기하는 대중적 페미니즘 담론이 다양한 형태로 확대되었으며 이러한 대중적 페미니즘은 그동안 여성 정책이 포괄하지 못한 실질적 성차별과 가부장적 문화에 저항하는 여성운동을 하고자 한다. 다양한 여성 주체들은 여성운동의 가치와 의제의 생성, 운동 방식의 변화, 소통 방식의 변화, 운동 주체의 변화가 필요하다는 문제의식을 제시하고 있다. 낙태를 둘러싼 여성의 재생산권 의제, 성적 소수자 문제 등은 여성운동의 새로운 의제들이다. 지역에서도 차이와 다양성을 지닌 다양한 여성 주체들의 목소리를 어떻게 반영할 것인지가 중요한 과제이다.

여섯째, 경남 지역의 경우 보수적인 문화 특성으로 정치적, 사회적으로 중요한 영향력을 미치는 분야에 여성의 진출이 저조한 편이다. 성인지적 시각을 가진 의원들의 목소리가 중요하므로 여성의 정치 세력화를 위한 지역 여성운동의 역할이 중요하다. 최근 경남 지역에서 여성의 정치 세력화를 주된 관심으로 두고 활동하고 있는 조직이 있는데 이들의 활동이 보다 활발해질 필요가 있다.

일곱째, 지역의 상황은 현재까지도 여전히 풀뿌리 보수주의가 강하고 이들은 지방정부와 친밀한 관계를 맺고 있다. 지방정부와의 젠더 거버넌스가 중요하며 지역 내 성향이 다른 여성 단체들과의 여성연대 모색을 어떻게 할 것인가가 중요하다.

참고문헌

1. 강인순(2007), 「마산, 창원 지역 여성운동의 현황과 과제」, 『한국여성학』, 제23권 4호, 177-213쪽.
2. 『경남도민일보』, 2021. 8. 4.
3. 경남여성단체연합(2002), 『창립대회』, 〈창립대회자료집〉.
4. 경남여성단체연합(2006), 〈제5차 정기총회자료집〉.
5. 경남여성단체연합(2007), 〈제6차 정기총회자료집〉.
6. 경남여성단체연합, 아름다운재단(2022), 『경남의 성평등 변화, 새로운 물결로 만나다!: 경남여성단체연합 20년』, 경남여성단체연합.
7. 경남여성연대(2008), 『경남여성연대 출범식』, 〈연대의 기치들고 더 큰 하나되는 경남여성연대 출범식 자료집〉.
8. 경남여성연대(2013), 〈6차 정기총회 자료집〉.
9. 경남여성연대(2014), 〈7차 정기총회 자료집〉.
10. 경남여성연대(2015), 〈8차 정기총회 자료집〉.
11. 경남여성운동단체 설문지 조사자료(2008).
12. 경남여성정치포럼(2018), 「발족선언문」.
13. 경남여성정치포럼·경상남도선거관리위원회(2018), 『지방선거 여성 진출확대, 지금이다!』, 〈2018년 제1차 정기포럼 자료집〉.
14. 경남여성회(2011), 『민주화의 길, 그러나 소외된 Herstory 25년을 열다』, 불휘미디어.
15. 경상남도(2020), 『경상남도사』, 제7권 경제·사회.
16. 경상남도·경남세계여성인권대회추진위원회(2008), 『2008경남세계여성인권대회: 결과보고서』.
17. 경상남도아동여성안전지역연대(2014), 「경상남도아동여성안전지역연대 구성현황」, 내부자료.
18. 김경영(2016), 「경남 지역여성운동 30년: 일상에서의 성평등을 위하여」, 경상대학교 여성연구소·한국여성학회, 『지역여성사를 묻는다: 현황과 과제』, 2016년 가을 학술포럼, 37-53쪽.
19. 김리나(2017), 「메갈리안들의 '여성' 범주 기획과 연대: "중요한 건 '누가' 아닌 우리의 '계획'이다」, 『한국여성학』, 제33권 3호, 109-140쪽.
20. 김보명(2018), 「페미니즘의 재부상, 그 경로와 특징들」, 『경제와 사회』, 통권 제118호, 비판사회학회, 99-138쪽.
21. 김보명(2019a), 「촛불광장 이후의 젠더민주주의를 향한 실천」, 『안과 밖』, No. 46, 영미문학연구회, 179-202쪽.
22. 김보명(2019b), 「젠더 갈등과 반페미니즘의 문법」, 『비교문화연구』, 제56집, 경희대학교 비교문화연구소, 1-25쪽.
23. 김혜경(2022), 「'페미니즘 리부트'와 지역 여성운동: 전주시를 중심으로」, 『한국여성학』, 제38권 1호, 한국여성학회, 179-211쪽.
24. 박영미(2010), 「여성운동의 현황과 전망」, 『심포지엄 : 여성의 눈으로 세상 바라보기』, 김해여성회, 9-23쪽.
25. 박진경(2016), 「경남여성회, 30년 역사 위에 30년의 희망을 찾다」, 『경남 여성운동 Herstory, 다시 길을 찾다: 지역여성운동 30년의 성과와 과제는 무엇인가?』, 경남여성회, 53-64쪽.

26. 오미란·안진(2015), 『민주장정 100년, 광주·전남지역 사회운동 연구: 여성운동』, 생각쉼표 &㈜휴먼컬처아리랑.
27. 신영숙(2011), 「일제 시기 경남 여성의 일상과 여성운동」, 『경남여성 100년의 삶과 역사』, 경상남도·경남여성인권특별위원회(주최), 경상대학교 여성연구소(주관), 〈경남여성사발간을 위한 학술대회 자료집〉, 1-33쪽.
28. 안진(2007), 「광주전남지역 여성운동의 성격 변화에 관한 연구: 진보적 여성운동단체들을 중심으로」, 『여성학논집』, 제24집, 1호, 이화여자대학교 한국여성연구원, 73-110쪽.
29. 이경옥(2007), 「80년대 여성운동 체험과 성찰」, 『경남여성회』, 제37호, 3-5쪽.
30. 이경옥(2019), 「경남 지역의 성 평등추진체계 기반확대 운동과 과제: 경남 지역 여성운동을 중심으로」, 경남여성단체연합, 한국여성학회(외)(2019), 『미투운동 이후 지역여성운동, 어디까지 왔나』, 〈자료집〉, 29-55쪽.
31. 이경옥(2020), 「경남 지역 여성운동의 흐름과 미래과제」, 부산민주항쟁기념재단, 부산대학교, 『부마민주항쟁 이후 지역 민주화운동과 민주정치의 과제』, 〈부마민주항쟁 41주년 기념 학술대회 자료집〉, 305-321쪽.
32. 이경희(1987), 「평범한 여자들이 머리를 맞대고」, 『여성문화』, 창간호, 1쪽.
33. 이경희(2018), 「창원지역의 일본군 '위안부'운동 돌아보기」, 경상대학교 여성연구소, 『일본군 위안부 운동과 페미니즘 정의 또는 이행기 정의』, 〈2018년 경상대학교 여성연구소 추계학술대회 자료집〉, 3-12쪽.
34. 이경희(2019), 「지역에서의 여성인권과 역사정의 운동의 현실과 과제: 창원지역 일본군 '위안부' 운동을 중심으로」, 경상대 사회과학연구원(외) 주최 및 주관, 『지역에서 바라본 일본군 성노예제와 과거사 반성: 책임의 자리와 공동체의 윤리』, 〈2019년 국립대학 육성사업 자료집〉, 64-73쪽.
35. 이나영(2019), 「여성혐오와 페미사이드: 성차별에 저항하는 페미니스트 운동 '강남역 10번 출구」, 『누가 여성을 죽이는가: 여성혐오와 페미니즘의 격발』, 김민정 외, 돌베개, 17-38쪽.
36. 이송희(1992), 「80년대 한국여성운동」, 『여성연구』, 제3집, 부산여자대학교 여성문제연구소, 61-73쪽.
37. 이송희(2009), 「부산 지역 여성운동의 회고와 전망: 진보 여성단체를 중심으로」, 『여성연구논집』20, 신라대학교 여성문제연구소, 31-73쪽.
38. 이송희(2020), 『부마항쟁 이후 부산지역 여성운동의 흐름과 미래 과제: 진보 여성운동을 중심으로」, 부산민주항쟁기념재단, 부산대학교, 『부마민주항쟁 이후 지역 민주화운동과 민주정치의 과제』, 〈부마민주항쟁 41주년 기념 학술대회 자료집〉, 145-168쪽.
39. 이숙련(2011), 『지역여성운동의 풀뿌리조직화 사례 연구: '토곡좋은엄마모임'을 중심으로』, 부산대학교 NGO학협동과정 석사논문.
40. 이혜숙(1999), 「지역여성운동의 성격과 전개과정」, 『사회과학연구』, 제17권 2호, 경상대 사회과학연구소, 35-62쪽.
41. 이혜숙(2002), 「지역여성운동의 형성과 전개: 진주여성민우회를 중심으로」, 『한국사회학』, 제 36집, 1호, 한국사회학회, 195-221쪽.
42. 이혜숙(2008a), 여성운동단체 설문지 조사자료
43. 이혜숙(2008b), 「지역여성운동의 조직과 성격: 경남여성단체연합을 중심으로」, 『한국여성학』, 제24권 4호, 한국여성학회, 175-218쪽.
44. 이혜숙(2012), 「지역여성운동의 조직과 세력화의 전망: 경남여성회를 중심으로」, 『한국여성학』, 제28권 4호, 한국여성학회, 39-83쪽.

45. 이혜숙(2013), "일본군 '위안부' 문제와 지역여성운동: 경남 지역 활동을 중심으로」, 김동노 외, 『한국 사회의 사회운동』, 다산출판사, 141-151쪽.
46. 이혜숙(2022), 『지역여성운동과 젠더정치: 경상남도를 중심으로』, 패러다임북.
47. 이혜숙·강인순(2015), 『나는 대한민국 경남여성』, 지앤유.
48. 조주현(1996), 「여성 정체성의 정치학: 80-90년대 한국의 여성운동을 중심으로」, 『한국여성학』, 제12권 1호, 한국여성학회, 138-179쪽.
49. 하승창(2015), 『나의 시민운동 이야기: 조직하기에서 연결하기로, 변화하는 시민운동을 읽다』, 휴머니스트.
50. 홍성태(2012), 「사회운동과 리더십: 운동리더십의 이론화를 위한 시론적 모델」, 『한국사회학』, 제46집 2호, 1-33쪽.
51. Tarrow S.(1994), Power in Movement: Social Movement, Collective Action and Politics, Cambridge University Press.

웹사이트

1. 디딤장애인성인권지원센터 홈페이지(http://www.didim1366.com).
2. 창원여성살림공동체 홈페이지(http://cwliving.or.kr).

XI. 경남의 교육운동

민주주의와 인권의 길

고영남(인제대학교 법학과 교수)

1. 문제 제기

경남 지역의 근현대사를 구성하는 많은 현안의 집적에도 불구하고 교육과 그 운동의 역사는 지역 사회의 근대성을 압축적으로 드러내는 정치의 공간이다. 교육은 결코 지식의 단순한 공급 장치가 아닐 뿐더러 소비의 단순한 대상 역시 아니다. 교육은 수월한 계급을 획득하기 위한 투쟁의 공간이며, 미래의 이익을 쟁취하기 위한 현재의 싸움 공간이기도 하다.

교육은 민족국가가 국민에게 배움의 평등권을 배분하는 대상이라는 성격을 넘어 자본주의 사회에서 노동의 권리가 구현될 수 있는 토대와 그 동력을 제공하므로, 결코 발달과정에 있는 특정 세대에 제공되는 서비스에 그치지 않는다. 교육을 통하여 획득하는 지위 권력의 양과 질에 따라 그 특정 세대의 노동권이 달라지며, 종국에는 사회적·경제적 지위에 큰 영향을 준다.

교육 공간을 둘러싼 한국에서의 싸움은 단연코 대학입시를 중심으로 이루어진다. 이런 차원에서 흔히 서울 등 수도권 중심주의, 학벌사회, 대학 서열화 등의 문제가 매우 중요한 의제로 다루어진다. 따라서 나라 전체의 차원에서 보면 초중등 교육과 고등 교육에서의 의제가 분리되지 않는 성격도 지니지만 지역의 특수성이 크게 투영되지 않는다.

하지만 이 글에서는 '교육이 지역에서 어떤 정치적 공간'의 성격을 지니는지를 살펴보고자 한다. 특히 경남 지역에 한정된 교육의 의제를 통하여 그 성격을 파악하고자 하므로 그 범위 역시 초중등 교육의 차원에 한정하여 고찰한다.

교육은 다양한 주체에 의하여, 그리고 다양한 공간에서 구현되지만, 이 글에서 다루고자 하는 초중등 교육은 공공성을 가지며 학생의 교육을 위하여 노력하는 학교를 둘러싸고 형성된 현안이다. 따라서 학교의 민주주의를 완성하는 데 필요한 쟁점, 그리고 학교 구성원의 인권을 옹호하는 데 필요한 쟁점을 다루고자 한다. 학교민주주의를 향한 운동의 하나로서 일군의 교사들에 의해 전개된 참교육실천운동을 다루고, 학교 구성원의 인권을 옹호하는 운동으로서 경남학생인권조례제정운동을 다루고자 한다.

2. 참교육실천운동

교육민주화 선언

교육민주화를 지향하는 교육잡지 『민중교육』이 1985년 5월 20일 창간되었다. 당시 『민중교육』이 교사들로부터 큰 지지를 얻자 서울시교육위원회는 당시 여의도고교 교장의 진정을 계기로 잡지의 내용과 집필자들을 조사하고 중고등학교 교감회의와 장학사회의를 열어 각급학교 교사들에 대한 관찰과 지도를 지시했다. 아울러 정부는 실천문학사가 주최한 『민중교육』 출판기념회의 행사 장소를 7월 19일 봉쇄하는 등 관련 교사들을 경찰서로 연행한 후 이들에게 좌경용공의 딱지를 붙이기 시작하는 등 관련 교사들을 검거하고, 8월 17일 김진경 교사(양정고), 윤재철 교사(성동고) 그리고 송기원 주간(실천문학사)를 국가보안법 위반으로 구속했다. 결국 『민중교육』 탄압에 대한 저항이 학교 현장을 중심으로 이어지면서 '한국YMCA 중등교육자협의회' 소속 교사들은 서울, 광주, 춘천, 부산에서 1986년 5월 10일 제1회 '교사의 날' 행사를 열고 참가 교사들의 서명에 이어 '교육민주화선언'을 발표하게 된다.

(전략) 오늘날 우리 사회에 요원의 불길로 타오르는 민주화의 열기는 역사의 필연이며 각 부문의 민주화는 누구도 막을 수 없는 대세가 되었다. 교사들이 주체적으로 이루어야 할 교육 부문의 민주화는 사회 전체의 민주화와 분리해서 생각할 수 없다. 교육의 민주화는 사회의 민주화의 토대이며 완성이기 때문이다. (중략) 교육의 정치적 중립성은 누더기 같은 헌법 속에 그나마 사문화된 채 보장받지 못했고 식민지하에서 구조화된 교육행정의 관료성과 비민주성은 온존되어 왔다. 그 결과 민족운동의 중요한 몫을 담당했던 교사들은 국민의 교사가 아니라 극도로 통제된 관료 기구의 말단으로 떨어졌고 교직은 성직이란 미명 이래에 점수 매김과 서열 짓기에 급급한 사이비 교육의 굴레 속에서 무조건적 희생을 강요당했다. 참다운 교육을 위한 교사의 주체적이고 창의적인 노력과 자율성은 배척되고 있다. (중략) 교육의 주체인 교사, 학생, 학부모가 소외된 상태에서 추진되는 이른바 교육개혁이란 기술적이고 지엽적인 절차상의 손질일 뿐, 진정한 의미의 개혁이라 할 수 없다. 그것은 국민에게 또 하나의 환상을 심어줄 뿐이다. 교육개혁은 교육, 인간 및 사회를 보는 관점의 개혁에서 출발하지 않으면 안 된다. 교사, 학생, 학부모를 교육 주체의 자리에 확고하게 새우지 않으면 안 된

> 다. 이것이 바로 교육 민주화의 첫걸음이다. 진정한 교육개혁은 교육의 민주화에 다름이 아닌 것이다. 교육 민주화를 달성하기 위해서는 우리 교사들의 역할에 일대 전환이 이루어져야 한다. 우리는 이제까지의 무기력한 말단 관료, 역사 속의 방관자의 위치를 탈피, 새로운 교사로서 참삶을 살지 않으면 안 된다. (후략)

이 선언에서 교사들은 교사, 학생, 학부모를 교육개혁을 위한 주체로 정립하면서도 교사의 역할에 전환이 요구된다며 교육의 정치적 중립성이 보장되어야 하고, 더욱이 교사의 교육권과 시민적 권리가 침해되어서는 안 된다고 주장했다. 더욱이 교육행정의 민주화를 위해서는 교육자치제가 실현되어야 하며 자주적인 교원 단체의 설립과 활동의 자유를 요구했다.

한편 당시 전두환 정권은 교육민주화 선언을 주도하거나 여기에 동참한 교사 100여 명을 파면 등 징계를 했다. 이때 해직된 교사들이 주도한 '민주교육실천협의회'는 '전국교사협의회'가 결성될 때까지 참교육실천운동의 중심이 되었다.

전국교직원노동조합의 탄생

1987년, 6월항쟁 후 7월부터 광주와 서울 등에서 '교사 대토론회'가 열려, 해직 교사 원상회복, 교육악법 철폐, 자주적 교원 단체 결성, 비민주적·비교육적 학교 운영 척결 등을 결의했고, 이런 열기는 학교별 평교사회와 교사협의회 건설로 이어졌다.

9월 대다수 지역에서 시·도교사협의회가 조직된 후, 9월 27일 '전국

교사협의회' 결성대회를 열어 교사협의회 정당성 인정, 교사 노동 3권 보장, 교사의 정치적 권리 보장, 교장 등 임기제 실시, 학교민주화 보장, 진정한 교육자치제 실시 등을 촉구했다. 이어 전국적으로 시·군·구교사협의회가 130곳에서 결성되었다.

1988년 4월 총선 이후 형성된 여소야대 정국에서 전국교사협의회는 헌법정신에 반하는 교육관계법의 개정을 요구하는 운동에 주력하면서 교원의 노동 3권 보장을 정면으로 주장하기에 이른다. 당시 야 3당 공동위원회가 9월 '교원과 공무원의 노동 2권 및 제한적 단체행동권 부여'를 내용으로 하는 시안을 마련하는 한편, 전국교사협의회는 13,000명이 참가한 11월 20일 여의도광장의 집회에서 '민주교육법 쟁취 전국교사대회'를 개최하고 교육법 개정을 촉구했다.

1989년 3월 9일 야 3당이 주도한 노동조합법 개정안이 의결되었으나 노태우 정권은 거부권을 행사하기에 이른다. 하지만 단결권에 관한 높은 열기에 놀란 정권은 모든 어용 언론을 동원하여 교사들의 주장을 왜곡하고 국가보안법을 동원하여 탄압하기 시작했다.

법률 개정이 어려워지자 교사들은 헌법의 취지에 따라 노동조합의 결성에 나섰다. 1989년 5월 14일 전국 10개 지역에서 발기인 1만 명이 모인 가운데 28일 예정된 전국교직원노동조합 결성대회의 사수를 결의했다. 최대의 공권력을 동원한 노태우 정권의 탄압에도 불구하고, 마침내 전국교직원노동조합은 투쟁과 연대 속에서 탄생했다. 물론 노태우 정권은 안기부를 중심으로 모든 권력 기관과 공권력을 동원하여 '교원노조 분쇄 대책'을 기획하고 1990년 1월 8일 기준 1,519명을 파면, 해임 또는 직권면직했다.

유례없는 탄압에 저항하는 투쟁과 연대가 이어졌다. 시민사회와 사회 단체들이 '전교조 공대위'를 꾸려 연대 투쟁했다. 중고생들이 동참하면서 1989년 7월 29일 '광주지역 고등학생대표자협의회'가 결성되었고 이후 '부산고등학생대표자협의회'가 결성되는 등 이들은 8월 28일 '전국고등학생협의회' 건설을 제안했다. 특히 9월 30일 '마산·창원지역 고교생대표자협의회'가 결성되어 투쟁에 합류했다. 학생들의 움직임에 놀란 정권은 주동 학생들을 구속하고 20여 명을 퇴학시키는 등 징계하면서 탄압을 이어 나갔다. 한편 학부모들도 전교조와 연대하면서 1989년 9월 22일 '참교육을 위한 전국학부모회'가 결성되기에 이르렀다.[1]

경남에서의 운동

1960년 4월 19일 당시 경남 지역 교원의 노조 조직률은 전국 최고 수준으로 무려 57%에 이를 정도였으나 박정희의 군사쿠데타로 교원노동조합운동은 암흑기에 접어든다. 긴 동면을 지나면서 경남 지역에서도 교원노동조합을 향한 움직임이 여기저기서 드러난다.

- 1983. 조창래 등의 진주 지역 모임
- 1984. 마산YMCA중등교육자협의회(박동규, 고승하, 이인식, 안종복, 박종현 등)
- 1985. 거창YMCA중등교육자협의회(표정숙 등)
- 1986. 부산YMCA충무중등교육자협의회(이영주, 김진덕 등)

경남 지역 교사들은 〈5.10. 교육민주화선언〉(서울)을 발표한 교사의 날 행사에 참석하는 데 실패하지만, '영남지역 YMCA중등교육자협의회'

1 전국교직원노동조합 해직교사 백서 편찬위원회, 『교육민주화운동 관련 해직교사 백서』(1권 총론), 우리교육, 2022, 43쪽 이하 참고.

가 주최하는 '민족민주교육실천대회'(1986. 9. 6., 부산YMCA 강당)에 참석했고 중징계를 받기도 했다. '6월항쟁'을 거치면서 9월 27일 '민주교육추진 전국교사협의회'의 창립을 계기로 경남 지역에서는 8월 14일 교사 150명이 '교육민주화를 위한 경남교사 토론회'를 진주 옥봉성당 교육관에서 개최했고 곧장 '민주교육추진 경남교사협의회 창립준비위원회'를 결성했다. 마침내 경남에서도 10월 18일 '민주교육추진 경남교사협의회'(이하 '경남교협')를 창립했고(회장: 이영주), 이어서 도내 각 시·군마다 교사협의회가 창립되었다.

> 지난날의 우리 교육 현장은 일제하 식민지 교육이 해방된 조국에서 철저히 청산되지 못했고, 역대 정권은 지배를 합리화하기 위해 교육을 권력의 도구로 만들어 버렸다. 이에 우리 경남 교사들은 권력의 노예가 되는 것을 단호하게 거부하고 단결하여 민족·민주·인간화 교육을 실천하고 우리의 손으로 우리의 권리를 확보해 나갈 것이다(경남교협 창립선언문 중 일부).

<표 11-1> 경남에서의 전국교직원노동조합 설립 과정

1989. 4. 30.	<경남초등교사협의회> 창립(회장: 심복종)
1988. 10. 3.	<경남유치원교사(전임강사)협의회> (전국 최초)창립(회장: 구종숙)
1989. 1. 5.	'경남교육 정상화를 위한 도교육위원회-경남교협 대토론회' 개최(도교육위 대강당) - 학생자치 활동 보장 - 교육 환경 개선 - 근무 조건 개선 - 사학 정상화 - 교원 인사 문제 - 도교육위원회와 경남교협의 관계 유지 등
1989. 3. 9.	경남교협, 마산교협, 진주교협, 울산교협, 마산초등연합평교사회, 마산평교사연합회, 경남 57개 교 평교사회의 100여 명은 '돈 봉투 안 받기'와 '부교재 채택료 거부' 운동을 전개
1989. 3. 5.	경남교협, <교원노조건설특별위원회> 구성
1989. 4. 9.	경남교협, '참교육 실현과 교원노조 건설을 위한 경남교사대회' 개최(경상대 가좌캠퍼스 실내체육관)
1989. 5. 14.	<전국교직원노동조합> 경남 지역 발기인대회(마산 가톨릭여성회관, 600명 참석) 및 <전교조 경남준비위원회> 구성(위원장 이영주, 사무국장 안종복) - 교육민주화운동 탄압 분쇄 - 교육악법 개폐 - 교육 여건 개선 - 조합원 가입 운동 전개 등
1989. 5. 28.	<전국교직원노동조합>(이하 '전교조') 결성
1989. 6. 10.	<전교조 경남지부> 창립대회 개최(경남대 도서관 앞 광장, 1,600명 참석) (지부장 이영주)
1989. 7. 31.	노태우 정권의 탄압: 이영주, 안종복, 신숙녀, 윤진구 등 12명 파면, 조창래, 장병공 등 6명 해임, 이후 55명 해임 등 중징계(1989. 10. 31.)
1990. 3. 26.	경남의 교육 현안을 해결하기 위한 교육감 면담 요청 및 농성, 그리고 강제 연행 및 구속(이영주 등 4명)
1990. 4. 1.	구속 교사 석방 촉구 집회(경남대)
1990. 4. 4.	규탄대회 및 가두 시위(마산역 광장)
<전교조> 사수를 위한 학생과 시민들의 연대	
1989. 3. 24.	전국 최초 <참교육 실천을 위한 경남민주학부모회> 결성(공동대표 김영만, 정미라)
1989. 7. 15.	거창종합고등학교 학생 500명, 파면 철회 시위 마산여상 재학생·졸업생, 성명 발표 및 농성
1989. 7. 19.	마산성지여고 학생 700명, 보충수업 거부, 전교조 조합원 교사 징계 철회 등을 요구
1989. 8. 5.	경남대·창원대·경상대 교수, <전교조> 대학분회 결성
1989. 9. 9.	<진주학부모회> 등 시군학부모회 결성

1989. 9. 30.	<마산창원지역 고교생대표자협의회> 결성
1989.	진주 삼현여고, 대아고, 진주제일여고의 '얄개교실' 활동

전교조는 1989년 7월 14일까지 지부 15개, 지회 115개, 분회 565개를 결성하고, 467명의 교수까지 참여하는 강력한 대중적 교원노동조합을 구성했다. 그러나 정부로부터 초강경 탄압을 받아 전교조 결성 전후 약 6개월간 1,500여 명의 교사가 강제로 교단에서 내몰렸다. 이후 전교조는 합법화 투쟁을 꾸준히 전개한 결과, 1998년 10월 30일 노사정위원회는 제10차 본회의에서 '교원노조 설립 및 운영에 관한 특별법' 제정에 합의했고, 1999년 7월부터 교원노조의 활동이 전면 합법화되었다.

한편 2013년 9월 23일 박근혜 정권의 고용노동부는 '노조관계법 시행령 9조 2항'에 따라 "전교조 해직자 9명을 노조 활동에서 제외하지 않으면 한 달 후 법외노조임을 통보하겠다"라고 전교조에 예고했고, 이에 전교조는 10월 16일부터 사흘간 조합원 총 투표를 실시하고 규약개정을 거부했다. 이에 따라 고용노동부는 10월 24일 전교조에 '노동조합으로 보지 아니함'을 공식 통보했다. 이로써 전교조는 1999년 7월 합법화 이래 14년 만에 법률상 노동조합의 지위를 잃고 법외노조가 됐다. 학교 현장은 대혼란에 빠졌고, 학교 복귀를 거부한 전임활동가 34명(경남 송영기, 전희영)은 모두 해임되는 고통을 겪었다.

법외노조 처분의 효력을 둘러싼 긴 법률 투쟁을 거친 끝에 2020년 9월 3일 대법원 전원합의체는 '법률상 근거 없이 법외노조 통보 제도를 규정하고 있으므로 전교조 법외노조 통보는 위법'하다며 서울고법의 판결을 파기 환송했다. 이어 2021년 7월 6일부터 해직 교원도 조합원으로 인정할 수도 있도록 하는 교원의 노동조합 설립 및 운영 등에 관한 법률 일부개정법률안이 발효, 이날부터는 교원으로 임용되어 근무했던 사람으로서 노동조합 규약으로 정하는 사람은 교원노동조합에 가입할 수 있게 되었다.

전망과 과제

필자가 직접 참여했던 경남학생인권조례제정운동과 달리 참교육실천운동은 관찰자로서, 그리고 동지로서 헤아리고 연대하던 지역의 교육운동이다. 필자 역시 교수의 자치기구를 중심으로 대학 자치와 대학민주화운동을 실천하며 최근에는 교수노동조합운동에 참여했지만 여전히 전교조 등 참교육실천운동에는 영역과 주체의 한계로 인하여 늘 지켜볼 뿐이었다.

전국 수준에서 보더라도 전교조를 비롯한 교원노조의 최근 조직률은 20%를 넘지 않는다. 그러나 지역별로 복수 노조가 조직됨에도 불구하고 전교조는 법외노조 사건을 극복하며 다시 참교육실천운동의 중심으로 우뚝 설 것이라고 희망한다. 다만 몇 가지 과제를 제시하면서 그 운동의 전망을 모색한다.

첫째, 전교조는 교직원의 사회경제적 지위와 권익을 옹호하는 데 그치지 않고 그들의 규약대로 학생들이 민주시민으로 자랄 수 있도록 민족·민주·인간화 교육에 매진하고, 시민의 자유·평화·민주주의를 모색할 수 있도록 실천하고 연대해야 한다.

둘째, 학교 역시 민주시민 교육의 마당이 되기 위해서는 궁극적으로 교원의 정치적 자유권이 복원되어야 한다. 국가는 교원의 교권과 전문성을 존중하고 경제적·사회적 지위를 우대한다면서도 윤리의식을 확립하여 품성을 유지해야 한다고 할 뿐 정작 중요한 정치적 자유를 완전히 봉쇄하여 버렸다. 헌법재판소가 2020년 '정당 아닌 정치단체의 결성과 그 가입은 자유'라고 결정했음에도(2018헌마551), 정부는 오히려 정당의 조직, 창당준비위원회, 후원회, 선거운동 기구 및 후보 지지 또는 반대 단체에 관여하거나 가입할 수 없도록 하는 '국가공무원법'의 개정안을 발의하기까지 했다. 결국 교원의 정치적 자유에 관하여, 지난 87년 체제 이후 아무것도 바뀌지 않았다고 말하여도 크게 이상하지 않다. 민주 정부가 연이어 집권하여도, 국가인권위원회와 국제 사회가 수없이 권고를 보내도 교원의 정치적 기본권과 교육의 정치적 중립을 구별하지 못하는 미련함의 극치를 보여 준다. 전교조는 이를 넘어야 한다.[2]

셋째, 노동유연화가 초래한 비정규교원의 권익을 대변해야 한다. 또한 학교 안의 다양한 노동을 전통적 위계에서 해방하고, 모두의 자유롭고 평등한 노동이 존중되어야 한다. 노동에 대한 정확한 진단과 평가는 학교 구성원의 역할과 책무를 정립하므로 학교의 민주주의를 공고하게 하는 데 기여할 것이다. 전교조가 이 변화하는 학교에서의 노동을 다시 구축하는 데 앞장설 것으로 기대한다.

2 고영남, 「나비 꿈 이야기 하나: 교육에서의 위계와 그 해체」, 『대학지성 In&Out』, 2021. 12. 5.자 참고.

3. 학생인권조례제정운동

학생인권의 담론이 한국에서는 주로 규범의 차원에서 형성되다 보니 그 기원을 유엔의 아동권리협약에서 찾는 방식이 일반적이다. 하지만 학생인권은 규범이면서도 인권운동의 영역이어서 역사성과 사회적 성격을 지닌다. 그 까닭에 이 글에서는 학생인권의 역사를 100년 전으로 소급하여 다루고자 한다.

방정환과 어린이 선언문

100년 전, 1923년 5월 1일 첫 어린이날에 '조선소년운동협회'의 선전지에 실린 '어린이 선언문'은 방정환 선생이 김기전, 진장섭, 그리고 박달성 선생과 함께 기초했는데 이 선언문은 20만 장이나 뿌려졌고, 서울과 개성 외에도 진주와 김해 등지에서는 같은 시간대, 같은 방법으로 제1회 어린이날 선언식과 시위가 이어졌다. 이 선언문에는 '소년 운동의 기초조건'과 '어린 동무들에게', 그리고 '실행 다짐' 외에 '어른에게 드리는 글'이라는 꼭지가 있다.

> 첫째, 어린이를 내려다보지 마시고 치어다보아 주시오. 둘째, 어린이를 가까이하사 자주 이야기하여 주시오. 셋째, 어린이에게 경어를 쓰시되 늘 보드랍게 하여 주시오. (중략) 일곱째, 어린이를 책망하실 때는 쉽게 성만 내지 마시고 자세자세 타일러 주시오. (후략)

방정환 선생이 덧붙이기를, “나보다 나이가 어리다고 말을 다르게 하는 것은 아무 까닭 없는 차별이고, (중략) 지식이 나보다 낮거나 돈이 나보다 없다거나 하는 이유로 반말을 하는 것도 잘못”이라고 했다. 나이가 어리다고 해서 결코 ‘낮은 사람’은 아니며, 경어를 사용하든 평어를 사용하든 동등한 층위의 언어를 사용해야 권력 작용이 줄어들 수 있다고 생각했던 까닭일 것이다.

아동권리협약

1989년 11월 20일 유엔총회에서 채택되고 이듬해 9월 2일부터 효력을 가진 아동권리협약은 대한민국에서는 1991년 12월 20일부터 효력을 가지게 되었다. 아동권리협약은 아동의 생존권, 발달권, 보호권, 그리고 참여권의 내용을 규정하고 있다. 네 영역에 걸친 인권규범들은 한국의 학생인권조례가 형성되는 데 큰 영향을 끼쳤다고 평가할 수 있다. 먼저 아동의 생존권과 관련하여

- 생명에 관한 고유의 권리(제6조 제1항)
- 아동의 생존과 발전을 보장하여야 할 당사국의 의무(제6조 제2항)
- 국적을 취득할 권리와 부모에 의하여 양육 받을 권리 등(제7조 제1항)
- 국적, 성명 및 가족관계를 포함하여 법률에 의하여 인정된 신분을 보존할 수 있는 아동의 권리를 존중할 당사국의 의무(제8조 제1항)
- 아동의 신분을 신속하게 회복하기 위하여 적절한 원조와 보호를 제공할 당사국의 의무(제8조 제2항)
- 아동이 그의 의사에 반하여 부모로부터 분리되지 아니하도록 보장하여야 할 당사국의 의무(제9조 제1항)

- 아동이 정기적으로 부모와 개인적 관계 및 직접적인 면접교섭을 유지할 권리(제9조 제3항)
- 정신적 또는 신체적 장애아동의 존엄성 보장과 충분히 품위 있는 생활을 누려야 할 권리(제23조 제1항)
- 특별한 보호를 받을 장애아동의 권리(제23조 제2항)
- 도달 가능한 최상의 건강 수준을 향유하고 질병의 치료와 건강의 회복을 위한 시설을 사용할 수 있는 아동의 권리(제24조 제1항)
- 사회보험을 포함한 사회보장제도의 혜택을 받을 권리(제26조 제1항)
- 신체적·지적·정신적·도덕적 및 사회적 발달에 적합한 생활 수준을 누릴 권리(제27조 제1항)
- 능력과 재산의 범위 안에서 아동 발달에 필요한 생활 여건을 확보할 부모 등의 1차적 책임(제27조 제2항)
- 소수자에 속하거나 원주민인 아동이 자기 집단의 다른 구성원과 함께 고유문화를 향유하고 고유의 종교를 신앙하고 실천하며, 고유의 언어를 사용할 권리(제30조)
- 15세에 달하지 아니한 자가 적대행위에 직접 참여하지 아니할 권리(제38조 제2항)

아동의 보호권과 관련하여

- 신분, 활동, 표명된 의견 또는 신념을 이유로 하는 모든 형태의 차별이나 처벌로부터 보호되도록 보장하는 모든 적절한 조치를 취하여야 할 당사국의 의무(제2조 제2항)
- 가족의 재결합을 위하여 아동 또는 그 부모가 당사국에 입국하거나 출국할 권리(제10조 제1항)
- 부모가 타국에 거주하는 아동이 정기적으로 부모와 개인적 관계 및 직접적 면접교섭을 할 권리(제10조 제2항)
- 아동의 불법 해외이송 및 미귀환을 퇴치하기 위한 당사국의 의무(제11조 제

1항)

- 사생활, 가족, 가정 또는 통신에 대하여 자의적이거나 위법적인 간섭을 받지 아니할 권리(제16조 제1항)
- 아동이 부모·후견인 기타 아동양육자의 양육을 받고 있는 동안 모든 형태의 신체적·정신적 폭력, 상해나 학대, 유기나 유기적 대우, 성적 학대를 포함한 혹사나 착취로부터 아동을 보호하기 위하여 모든 적절한 입법적·행정적 사회적 및 교육적 조치를 취하여야 할 당사국의 의무(제19조 제1항)
- 일시적 또는 항구적으로 가정 환경을 박탈당하거나 가정 환경에 있는 것이 스스로의 최선의 이익을 위하여 허용될 수 없는 아동이 국가로부터 특별한 보호와 원조를 부여받을 권리(제20조 제1항)
- 아동의 최선의 이익이 최우선적으로 고려되는 입양의 권리(제21조)
- 당사국은 경제적 착취 및 위험하거나, 아동의 교육에 방해되거나, 아동의 건강이나 신체적·지적·정신적·도덕적 또는 사회적 발전에 유해한 여하한 노동의 수행으로부터 보호받을 아동의 권리(제32조)
- 마약과 향정신성 물질의 불법적 사용으로부터 아동을 보호할 의무(제33조)
- 모든 형태의 성적 착취와 성적 학대로부터 아동을 보호할 의무(제34조)
- 모든 목적과 형태의 아동의 약취유인이나 매매 또는 거래를 방지하기 위한 모든 적절한 국내적, 양국 간, 다국간 조치를 취하여야 할 당사국의 의무(제35조)
- 해로운 기타 모든 형태의 착취로부터 아동을 보호하여야 할 당사자국의 의무(제36조)
- 고문 또는 기타 잔혹하거나 비인간적이거나 굴욕적인 대우나 처벌을 받지 않을 권리(제37조)
- 위법적 또는 자의적으로 자유를 박탈당하지 않을 권리(제37조)
- 모든 형태의 유기, 착취, 학대, 또는 고문이나 기타 모든 형태의 잔혹하거나 비인간적이거나 굴욕적인 대우나 처벌, 또는 무력 분쟁으로 인하여 희생이 된 아동의 신체적·심리적 회복 및 사회 복귀를 촉진시키기 위한 모든 적절한 조치를 취하여야 할 의무(제39조)

아동의 발달권과 관련하여

- 아동의 능력발달에 상응하는 방법으로 적절한 감독과 지도를 행할 부모 등의 책임과 권리 및 의무를 가지고 있음을 존중하여야 할 당사국의 의무(제5조)
- 아동의 생존과 발전을 보장하여야 할 당사국의 의무(제6조 제2항)
- 사상·양심 및 종교의 자유(제14조. 부모 등이 아동의 능력발달에 부합하는 방식으로 그를 감독할 수 있는 권리와 의무를 존중하여야 한다).
- 종교와 신념을 표현하는 자유(제14조 제3항)
- 부모 쌍방이 아동의 양육과 발달에 공동책임을 진다는 원칙(제18조)
- 교육에 대한 권리(제28조)
- 당사국은 아동 교육이 다음의 목표를 지향하여야 한다는 데 동의한다(제29조).
  가. 아동의 인격, 재능 및 정신적·신체적 능력의 최대한의 계발
  나. 인권과 기본적 자유 및 국제연합 헌장에 규정된 원칙에 대한 존중의 진전
  다. 자신의 부모, 문화적 주체성, 언어 및 가치 그리고 현 거주국과 출신국의 국가적 가치 및 이질 문명에 대한 존중의 진전
  라. 아동이 인종적·민족적·종교적 집단 및 원주민 등 모든 사람과의 관계에서 이해, 평화, 관용, 성(性)의 평등 및 우정의 정신에 입각하여 자유사회에서 책임 있는 삶을 영위하도록 하는 준비
  마. 자연환경에 대한 존중의 진전

- 휴식과 여가를 즐기고, 자신의 연령에 적합한 놀이와 오락 활동에 참여하며 문화생활과 예술에 자유롭게 참여할 수 있는 권리(제31조)

그리고 아동의 참여권과 관련하여

- 자신의 견해를 형성할 능력이 있는 아동이 본인에게 영향을 미치는 모든 문제에서 자신의 견해를 자유스럽게 표시할 권리(제12조 제1항. 이에 대하여

는 아동의 연령과 성숙도에 따라 정당한 비중이 부여되어야 한다).

- 구두, 필기 또는 인쇄, 예술의 형태 또는 아동이 선택하는 기타의 매체를 통하여 모든 종류의 정보와 사상을 국경에 관계없이 추구하고 접수하며 전달하는 자유를 포함하는 표현의 자유(제13조)
- 결사의 자유와 평화적 집회의 자유(제15조)
- 다양한 국내적 및 국제적 정보원으로부터의 정보와 자료, 특히 아동의 사회적·정신적·도덕적 복지와 신체적 정신적 건강의 향상을 목적으로 하는 정보와 자료에 대한 접근의 권리(제17조)

2007년 초·중등교육법 개정의 실패

2007년 12월 14일, 학생인권을 제도적으로 보장하라는 요구를 담은 진보정당의 개정안에 대하여 국회는 아래의 1개 조문만 신설하는 데 그치면서 학생인권보장의 요구를 외면했다.

'초·중등교육법' 제18조의4(학생의 인권보장) 학교의 설립자·경영자와 학교의 장은 「헌법」과 국제인권조약에 명시된 학생의 인권을 보장하여야 한다.

당시 최순영 의원 등이 발의했던 초·중등교육법 개정안의 내용이다.

- 학칙으로 인하여 학생들의 인권이 침해되지 않도록 함. 그리고 학칙 중 학생생활과 관련된 사항을 제정 또는 개정하고자 할 때에는 총학생회와 협의하도록 함(안 제8조 제2항 단서 및 제2항 신설).

- 학교에 학생들의 직접선거로 구성되는 총학생회를 두고, 그 산하에 학년별·학급별 학생회를 구성·운영하도록 함(안 제17조).
- 학생 징계시 해당 학생과 학부모에게 소명 및 재심청구의 기회를 부여하는 등 적정한 절차를 거치도록 함(안 제18조 제2항).
- 체벌을 금지하도록 함(안 제18조 제3항 신설).
- 학생의 행복추구권, 신체의 자유, 사생활의 비밀과 자유, 양심의 자유, 종교의 자유, 언론·출판의 자유, 집회·결사의 자유, 균등하게 교육받을 권리, 건강하고 쾌적한 환경에서 생활할 권리 등 헌법과 국제인권조약에 명시된 학생인권을 보장하기 위한 조치를 강구하도록 함(안 제18조의2 신설).
- 정규수업 이외의 교과수업 또는 자율학습 등의 명목으로 정규 수업 시간 시작 이전에 등교시키는 행위, 추가학습이나 자율학습을 강요하는 행위, 학생 두발·복장·개인소지품·일기를 검사하는 행위, 가정환경·성적·외모·성별·국적·종교·장애·신념·성정체성에 따른 차별 행위 등 학교에서 학생인권을 침해하는 행위를 금하도록 함(안 제18조의3 신설).
- 교육공무원 및 학생들을 대상으로 인권에 대한 교육을 실시하도록 하고, 3년마다 학생인권 실태 조사를 하도록 함(안 제18조의4 신설).
- 학교운영위원회에 학생대표가 참여하도록 함(안 제31조 제2항).

학생인권조례의 운동사

학생인권의 규범체계를 마련하는 데 두 길을 경험한다. 지방선거의 성과에 힘입어 전광석화처럼 학생인권조례를 발의-의결-공포한 '경기도의 길'과 소걸음을 했던 '서울의 길'이라는 갈림길이 그것이다. 그럼에도 불구하고 무엇보다도 조례의 성격상 학생인권이 나름 보장되는 지역이 발생한 반면에 전혀 그렇지 않은 지역이 공존하게 되는데, 이른바 진보 교육감으로 비롯되는 정치적 공간이 없을 경우 누가, 무엇을, 그리고 어떻게 학생인권의 운동성을 전망해야 하는지에 관한 깊은 고민을 던져 주는 시점에 서게 되었다.

무엇보다도 '조례를 제정'하는 데 가시밭길이 예상될 뿐이지 학생인권의 가치가 달라지지 않는다. 그 조례가 지금 이 시대에 '필요'한 법일지 모르지만 학생인권 그 자체는 이미 존재하는 가치이기 때문이다. 따라서 학생인권이 이제야 필요하니 그 운동을 한다고 하면 이는 잘못이다. 학생인권운동은 학생인권이 필요하기 때문에 정당한 것이 아니라 이미 존재하던 가치를 확인하는 데 그 정당성이 있다.

학생인권의 정치화, 즉 규범운동은 크게 국가 차원에서 초중등교육법을 비롯하여 법적 근거를 국회에서 마련하는 방안과, 각 지역에서 조례를 통하여 학생인권을 구체적으로 보장하는 방안으로 나뉠 수 있다. 2010년 6·2 지방선거 후 이른바 '진보 교육감'이 교육자치를 주도하는 시대가 열렸다. 전국의 모든 지역이 여기에 해당하는 것은 결코 아니지만 서울과 경기도를 비롯하여 모두 6곳에서 진보 성향의 교육감이 당선되었다. 비록 낙선했지만 향후 교육혁신의 씨앗을 충분히 파종한 곳도 여럿 있었다. 현재로서는 선자의 방안보다는 후자의 방안이 현실적인 전술로 채택되고 있지만, 다양한 지역의 특수성과 보편성을 잘 묶을 수 있는 리더십과 토대가 관건이다.[3]

그 결과 경기도를 시작으로 광주광역시, 서울특별시, 전라북도, 충청남도와 제주특별자치도까지 6개의 광역지자체에서 학생인권조례가 제정되어 시행되고 있다. 그리고 2013년 이후 몇몇 지자체에서 조례를 제정하고자 시도했으나 모두 좌초하고 말았다. 강원도의 경우, 2013년 1월 16일 교육청이 '강원도 학교 구성원의 인권에 관한 조례'를 입법예고

3 고영남, 「학생인권과 지역교육운동의 과제와 전망: 경남 지역을 중심으로」, 『아주법학』, 제6권 제1호 (아주대학교 법학연구소, 2012), 41쪽 이하.

했으나, 서울 조례 제정 과정과 마찬가지로 반대 측이 "성적 소수자" 관련 조항을 문제 삼으면서 결국 의회의 문턱을 넘지 못하고 2014년 회기 종료로 자동 폐기되었다. 이후 재선에 성공한 강원교육감이 2015년 4월 다시 조례 제정을 추진했으나, 같은 해 9월 도의회에 상정조차 하지 못했다. 충북의 경우는 2011년 5월 19일, 충북 지역 시민사회단체를 중심으로 '충북학생인권조례제정 운동본부'가 출범하여 주민발의를 청구했으나, 충북교육청의 반대에 부딪혀 결국 2013년 3월 27일 충북교육청 법제심의위원회에서 각하되었다.

경남에서의 실패, 실패, 그리고 실패

첫 실패

마산의 모 고등학교에서 발생한 학생인권침해 사건이 발생했고 여기에 시민사회가 대응하면서 경남교육연대의 학생인권조례팀이 구성되고 활동을 이어가게 된다. 학생인권 실태 조사, 학생간담회, 교사간담회를 거치면서 경남학생인권조례를 제정하려는 움직임에 동력이 생기기 시작했다고 볼 수 있다. 경남의 지역별, 단체별로 학생인권조례제정 설명회 및 간담회가 이루어졌고, 조례 초안에 대한 의견을 수렴하고 경남학생인권조례안을 확정하기 위한 워크숍(2009.7.16.)이 경남교육연대(17개 가입 단체)와 교사, 학부모, 학생을 대상으로 열렸다. 또한 경남교육연대와 국가인권위원회 부산인권사무소가 공동 주최하여 "그린마일리지제와 학생인권조례"라는 학생인권증진 방안 모색 토론회(2009. 9. 23.)를 개최했다.

마침내 2009년 12월 29일, 경남학생인권조례의 제정을 교육위원회에 청원했고, 2010년 2월 교육위원회에서 학생인권조례안에 대한 설명회를 개최했다. 그러나 경상남도교육위원회는 시기상조 운운하며 경남 학생인권조례안의 발의는 물론이고 더 이상의 논의를 하지 않아 조례청원안은 폐기되었다. 더욱이 당시 학생인권조례 제정을 공약했던 교육감 후보마저 2010년 지방선거에서 낙선하고 말았다.[4]

두 번째 실패

2010년 10월 경기도 학생인권조례 제정은 경남의 학생인권조례제정운동에 다시 힘을 주는 계기가 되었으며, 경남의 도민들이 직접 나서서 학생인권조례 제정을 발의하도록 추동했다.

전교조 창원 초등·중등지회 학생인권조례 간담회(2010. 10. 12.), 전교조 진주지회 학생인권조례 강좌(2010. 11. 11.), 전교조 경남지부 참교육실천대회 학생인권조례 제정 방안 모색 워크숍(2010. 12. 4.), 전교조 경남지부 일꾼연수 학생인권조례 강좌(2011. 2. 12.) 등이 이어졌다. 마침내 2011년 5월 12일, 경남교육연대를 중심으로 경남 지역의 진보적 시민단체들이 함께 참여한 '경남학생인권조례 제정을 위한 경남본부'(이하 '학생인권조례제정 경남본부')가 출범했다.

학생인권조례제정 경남본부는 학생인권조례 제정을 위한 주민발의 청구인 서명에 박차를 가했다. 2011년 5월 27일부터 11월 26일까지 조례청구인 서명을 받을 수 있기 때문에 학생인권조례제정 경남본부에 소속된 경남도의 시민단체들은 5월 초여름부터 겨울이 시작되는 11월까지 서명을 받으면서 뜨겁게 연대했다. 학생인권조례제정 경남본부의 연대단체들은 청구인 서명과 더불어 학생인권조례의 필요성 및 학생인권

4 윤남식·김소진, 「경남 학생인권조례 제정운동의 역사와 과제」, 『민주법학』, 제69호(민주주의법학연구회, 2019), 361쪽 이하.

조례안의 안내를 위해 설명회, 워크숍, 토론회 등을 함께 추진해 나갔다. 학생인권조례를 지지하는 도의원들의 소모임이나 연구회에서도 토론회를 열었다. 작은 소모임이라도 있거나 회의, 행사, 학교 앞, 대형 건물이 있는 곳 등 사람들이 모이는 곳은 밤낮을 가리지 않고 달려갔다. 교사들은 학교에서 서명을 받았고, 노동조합은 사업장에서 서명을 받았다.

드디어 2011년 12월 5일, 37,010명의 청구인 서명을 마치고 37,010명의 청구인 서명 중에 34,723명의 유효서명이 확인되었다. 절차에 따라 청구요건을 갖춰 경남 도민의 학생인권조례에 대한 염원을 모은 청구서명지를 경남도교육청에 제출했다. 학생인권조례제정 경남본부는 주민발의 최소 청구인 25,441명(경남 유권자의 1%)보다 11,500여 명의 서명을 더 받았다. 무효 처리가 많았던 서울학생인권조례제정 주민발의 사례를 고려하여 충족요건보다 훨씬 더 많은 서명을 받은 것이다.

마침내 2012년 4월 26일, 경남도교육감은 주민발의로 청구한 경남 학생인권조례제정안을 도의회에 부의했다. 학생인권조례 제정을 위해 온 열정과 정성을 모았던 경남도민들은 이번에는 반드시 도의회에서 통과되기를 간절히 염원했다. 그러나 경남도의회 교육위원회는 2012년 5월 22일, 경남교육연대 김현옥 위원장 등이 주민발의한 경남 학생인권조례안을 심의한 끝에 찬성 4표, 반대 5표로 '부결' 처리하였는데 교육자치에 필요한 정치적 주체가 누구인지를 새삼 확인할 수 있는 계기가 되었다. 하지만 긴 동면은 불가피했다. 그만큼 정치적 패배의 충격은 컸다.

세 번째 실패, 그러나 좌절은 아닌

박종훈 후보는 2014년 지방선거에서 승리하면서 경남 지역 최초의 진보 교육감 당선이라는 의미를 얻었지만, 당시 시민사회의 요구에 따라 공약이 된 학생인권조례 제정의 실천은 지지부진한 상태였다. 임기 말에 이르러 박종훈 교육감은 학생인권조례 제정을 포함한 인권친화적 학교문화조성을 위한 종합계획 수립 및 인권 친화적 학교문화 조성을 위한 종합계획 TF팀을 구성했다. 과거 경남교육연대와 학생인권조례제정 경남본부에서 활동한 시민사회의 일부가 인권친화직 학교문화 조성을 위한 종합계획 TF팀 조례분과에 합류했다. 경남에서는 세 번째 학생인권 실태 조사가 이루어졌고, 3차 경남 학생인권조례안의 시안이 만들어졌다. 지난 2008년, 2009년의 1차와 2차 실태 조사와 10년의 차이를 두고 이루어졌다. 이 실태 조사는 이전의 조사에 비해 표본집단과 대상에서 차이가 있다. 표본집단의 수가 2008년과 2009년의 조사에 비해 두 배 정도로 많아졌으며, 그 표본 대상에서 학생이 중·고등학생에서 초등학생까지 확대되었다. 하지만 학부모의 설문 조사가 빠졌고, 무엇보다도 전수 조사로 이루어지지 않은 것은 아쉬웠다. 이처럼 경남의 학생인권조례안은 2008년, 2009년, 2018년의 실태 조사를 기본으로 하면서, 스쿨 미투 등 사회적 파장을 불러일으킨 현실의 문제를 반영하고 수렴하여 정치하게 만들어 나갔다(2018. 3.). 하지만 6월로 예정된 전국동시지방선거를 앞둔 정치적 일정 때문에 조례안 발의의 시의성을 상실하면서 잠시 숨 고르기에 들어가게 되었다.

2018년 6월, 지방선거에서 경남 도민들은 촛불의 힘을 이어받아 도의회의 권력은 물론이거니와 도지사 또한 교체하며 진보 교육감의 여유 있는 재선을 이끌었다. 박종훈 교육감은 지방선거를 마치고 직무에 복귀하자마자 경남조례안을 곧 발의하겠다며 '경남학생인권조례제정추진단'을 결성하고 발의에 필요한 실무 작업에 착수했다. 한편 TF팀 조례 분과에 합류했던 시민사회의 활동가와 전문가들 역시 토론 끝에 추진단의 합류 제안을 수용하고 다시 한 번 완성도 높은 경남조례안을 만들려고 노력했다.[5] 이 결정에는 학생인권조례 초안이 발의안으로 만들어질 때까지 수정은 불가피하지만 그 내용과 수준에서 조례 시안의 원칙과 수준이 훼손되어서는 안 된다는 시민사회의 엄중한 책무성이 존재했다. 그리고 10월에는 '인권친화적 학교문화조성을 위한 경남학생인권조례(안)'이 입법 예고되었다. 이것이 바로 3차 경남 학생인권조례안이다. 한편 시민사회는 입법예고 전에 '경남학생인권조례 제정을 위한 촛불시민연대'를 결성하여 경남의 학생인권조례제정운동에 박차를 가하기 시작했다. 입법 예고가 되자마자 이에 대한 반대 활동 역시 적극적으로 전개되었는데, 경남에서는 지금껏 운동 과정에서 전혀 접하지 못한 상황이었다.

2019년에 이르러 교육감은 공청회를 개최했으나 조례 제정을 반대하는 주민들의 거친 대응으로 행사가 원활하게 진행되지 않았다(2019. 11. 20.).[6] 폭넓은 민의를 듣고자 2차 공청회가 경남 지역 5곳에서 나눠 개최되었고 이 과정에서 제기된 의견을 반영하여 조례안을 수정한 2차 입법 예고가 이루어졌다. 하지만 경남학생인권조례안은 2019년 5월 17일 도의회 교육위원회에서 부결되었다(찬성 3명: 표병호·송순호·김경수, 반대 6명: 강철우·박삼동·원성일·이병희·장규석·조영제). 도의회 의장(김지수)이 직권상정하거나 재적 도의원 20명 이상의 요구가 있으면 본회의 상정이 가능했음에도 불

---

5 고영남, 「하나의 징비록: 경상남도학생인권조례 제정운동」, 『참소리』, 2019. 8. 1.자 참고.

6 박종완·김희곤, 「어른들로 난장판 된 학생인권조례 공청회」, 『경남도민일보』, 2019. 11. 21.자 참고.

구하고 본회의 상정이 이루어지지 않으면서 7월 19일 자동 폐기되었다. 당시 경남도의회는 민주당 34명, 한국당 21명, 정의당 1명 그리고 무소속 2명 등 58명의 도의원으로 구성되어 있었다.

실패의 성찰

'학생 인권을 보장'하겠다는 것은 '학생의 생활문화에 대한 학교의 권력을 내려' 놓겠다는 의지와 실천이기 때문에, 교사와 학교가 스스로 그 권력 작용을 버리지 않는 한 어려운 일이다. 학생인권의 보장은 그 조례나 법률이 제정되어 아름다운 것이 아니라 그 꽃을 피워 내려는 모든 이들의 존중·배려와 조화가 있었기 때문이다. 실패와 비극 속에서도 희망의 씨앗을 뿌렸고 작은 열매도 얻었지만 지역 운동에 남긴 그 상흔이 너무 큰 탓에 오히려 그 실패의 배경이나 원인 등에 대한 비판적 성찰이 절실할지 모른다. 크게 네 개로 나눠 살펴본다.[7]

진보 교육의 주체를 둘러싼 오판

진보 교육감의 당선은 진보 교육으로 다가서는 데 필요한 하나의 요소에 지나지 않는다. 진보 교육으로 채워진 지방교육자치가 완성되려면 교육에 관한 권력이 완전히 지방자치의 주역인 주민들에게 이양되어야 한다. 학교 교육의 책무는 의심의 여지없이 교사에게 있다. 아울러 학생을 비롯한 학습자로 구성된 교육 당사자들이 진보 교육의 주체로 우뚝 서야 한다. 즉, 학교 교육을 중심으로 이루어지는 권력관계가 민주주의

7 앞의 글(고영남, 「하나의 징비록: 경상남도학생인권조례 제정운동」)을 요약한다.

와 인권의 가치에 따라 재구조화되어야 함을 의미한다. 학부모 역시 자율적 결사체로서 다양한 학부모의 모임이나 시민단체에 참여함으로써 마찬가지로 지역의 시민사회도 교육공공성을 옹호하는 시민단체나 포럼 등을 운영함으로써 진보 교육을 완성하는 데 기여할 수 있다.

경남 진보 교육의 주체들은 진보 교육감의 시대를 경험하면서 진보 교육의 주체를 교육감에게 지나치게 집중시키는 한계를 보였다. 대부분의 시민사회와 노동조합들은 도지사를 비롯하여 도의회의 권력까지 촛불 진영이 장악하게 된 정세의 외형만 믿고 바닥의 흐름을 외면했다. 그뿐만 아니라 교육단체를 비롯한 시민사회조차 마치 블랙홀로 휩쓸려 가버리듯 진보 교육감을 견인하지 못했다. 활동을 재개한 경남교육연대의 분투도 있었지만 이미 권력이 되어버린 진보 교육감을 중심으로 재편되어 가는 진보 교육의 재구조화를 견인하거나 저지하기엔 역부족이었다. 오히려 우리 스스로 설정한 '학생인권의 보장'이라는 정치적 공약을 실천해야 한다는 정치적 의무에서 자유롭지 못했다. 그러다보니 정세 분석 능력마저 상실한 채 우리 스스로 결성한 '경남학생인권조례 제정을 위한 촛불시민연대'나 전교조조차도 경남조례안 제정운동의 정세를 전혀 주도하지 못했으며, 더욱이 하청이나 보조적 역할에 만족하며 승리만을 꿈꾸는 순진한 욕심쟁이로 전락했다. 이는 역량이나 능력의 부족이라기보다는 '누가 진보 교육을 이끄는지'에 대한 이해가 부족했기 때문이라고 본다.

비록 진보 교육감의 시대라고 하더라도 진보 교육의 의제와 그 운동 역량을 교사와 학생 그리고 학부모 등 시민사회의 굳건한 연대에서 찾아냈다면, 그리고 여기에서 그 운동을 주도했다면 이러한 결과가 초래되지 않았을 것이다.

인권규범운동의 한계

법률이나 조례는 이것을 제정하는 순간 이미 과거의 현실을 반영한 규범에 불과하게 되며 미래의 다양한 변화를 포섭하거나 규율하는 데 큰 한계를 가질 수밖에 없다. 게다가 비록 과거의 현실을 다룬다고 하더라도 경남학생인권조례의 시행을 맞이할 교육 주체들의 이해와 준비가 부족하다면 경남조례안의 제정 그것만으로는 어쩌면 갈등의 씨앗이 될 수도 있다. 모든 법률이나 조례를 제정할 때마다 이해당사자들의 준비 여부를 기계적으로 검토해야 하는 것은 아니지만, 학생생활문화의 혁명을 도모할지 모를 인권 규범을 스스로 도입하는 데 학교의 교육 주체들이 이를 이해하고 수용할 수 있다는 교육적·정치적 판단이 먼저 확보되어야 함은 매우 당연하다. 과연 박종훈 교육감이 경남조례안의 발의를 발표할 때 교육 주체들의 수용 능력을 어느 정도 판단했을까? 교육 주체들의 오랜 염원이기 때문에, 인권 보장을 주장하는 데 그 정당성을 따로 따질 이유가 없기 때문에, 더욱이 진보 교육감으로 재선까지 되었다면 이미 도민들로부터 경남조례안의 제정에 관해서는 정치적 승인을 받은 것이나 다름 아니라는 정치적 판단을 했기 때문인가. 인권 규범의 정당성이 사회적 설득과 납득을 가져다 주지는 않음을 상기해야 한다.

정세에 대한 오판

경남조례안의 제정에 필요한 교육 정세를 정확하게 읽는 데 실패했다. 하나는 위에서 언급한 것처럼 교육 주체들의 이해와 역량을 전혀 검토하지 않았다는 데 있다. 그 다음으로 박 교육감은 권력 교체에 성공한 경남도의회의 정치적 역량을 비판적으로 견인할 수 있는지를 검토하는 데 명백하게 실패했다. 58명의 도의원 가운데 범여권이 35명이나 확보되다 보니 이들이 모두 경남조례안의 제정을 지지할 것이라는 정치적 판단을 쉽게 했던 듯하다. 그러나 이런 판단의 오류는 시간이 흐를수록 여러 차례 확인되었다. 더불어민주당이 경남조례안을 지지할 것이라는 판단의 오류 중 중요한 점은 이러한 도의원들의 심의·의결 행위 자체가 아니었다. 그들은 자신들의 회의 구조 속에서 경남조례안의 향배를 스스로 논의하긴 했으나 정작 그들이 주도하여 경남조례안의 내용을 주민들과 심각하게 토론한 적 없다. 그들은 이번 경남조례안이 주민들 사이에서 찬반 대립이 심하다, 여론이나 학부모 목소리 청취 등 충분한 협의 과정이 미흡하다, 교사들의 의견을 충분히 수렴하지 않았다는 등의 회피성 발언을 할 뿐, 중요한 경남조례안의 제정 여부에 필요한 공식적인 의견 청취, 토론회를 주관한 적이 없다.

학생인권운동에서의 혼란스러운 전선

경남조례안 제정의 주된 전선은 다름 아니라 학교 현장이다. 그러나 학교에서는 학생인권 보장과 관련하여 '학생인권의 신장은 교권을 위축시키거나 제한할 것'이라는 담론이 광범위하게 퍼져 있었다. 더욱이 학생의 학습권을 새로운 시대에 맞게 창의적이고 적극적으로 보장하기 위한 교육공동체의 운동이 벌어지는 동안 교사들은 새로운 교육과 배움의 모형을 위한 시도에 신심이 지쳐 있는 상태였다. 생활문화의 혁신을 모색하는 학생인권의 담론이 이러한 교사들의 지위를 더욱 어렵게 몰고 갔다는 진단은 쉽게 수용되었다.

이렇듯 진보적 교사와 시민사회는 학생인권과 진보 교육의 상관성에 관하여 전혀 다르게 인식했다. 시민사회에서는 전교조를 비롯한 진보적 교사라면 당연히 학생의 인권을 적극적으로 지지할 것이라는 믿음에 의문을 두지 않았지만, 교사들은 달랐다. 교사들에게 학생의 인권을 지지하는 게 진보 교육의 정체성으로 이해되지는 않았기 때문이다. 마찬가지로 보수 성향의 교사라고 해서 학생의 인권을 반대하는 것 역시 아니었다. 민주주의의 정체성에 대한 인식과 인권감수성 내지 인식은 그 차원을 전혀 달리했음이 드러났다.

이번 경남조례안의 실패 후 제출된 여러 평가들을 보면 대체로 학교 현장에서 인권담론이 크게 제고되었다고 하나, 나는 여기에 동의하지 않는다. 학생의 인권을 보장해야 한다는 강력한 규범의 요구에 대하여 동요하든지 수용하든지 학생생활문화에서의 주요 의제가 되었다는 점은 명확하지만 학생의 감정, 생각, 행동, 문화 등에서의 자유와 평등 가치를 '교사의 것처럼' 또는 '교사만큼이라도' 수용하겠다는 의지와 실천을 확인할 수는 없었다. 한편 학생이나 청소년들의 요구는 거셌다. 그러나 그 요구가 결코 조직적 수준에서 이루어진 것이 아님은 물론 경남의 모든 지역에서 균실하지도 않았다.

이렇듯 그 기운이 모이는 학교 현장에서 학생인권담론이 의제로 정립되지 않으면서, 경남조례안은 그저 조례들 가운데 하나에 불과하고 그저 형식적·절차적 규범의 흐름에 끌려갔을 뿐이다. 무엇보다도 교육청과 교육감은 교사와 학생 사이의 긴장과 토론을 이끌어 내는 지혜와 용기를 끊임없이 제공했어야 했다. 살아 있어야 할 학교 현장에서의 전선이 간과되면서 경남조례안을 제정하고자 하는 동력은 결코 확보되지 않았다. '어떤 학생인권조례이어야 하는지'에 관한 담론이 형성되지 않았다. 학생인권조례에 '찬성하는지 반대하는지'는 결코 이번 운동에서의 전선이 되어서는 안 되는 문제였다.

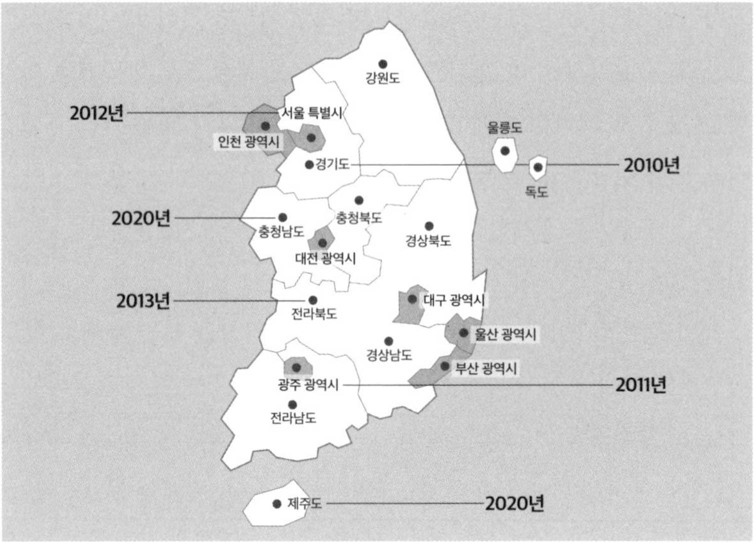

<그림 11-1> 학생인권조례 제정 현황

그런데 학교 현장에서의 전선보다 더욱 중요하게 인식되어 왔던 게 있다. 학교 밖의 반대 목소리를 어떻게 어느 정도 대응할지의 문제였다. 2017년 11월 박 교육감이 처음으로 학생인권조례의 제정 의지를 보였을 때부터 일부 보수기독교는 매우 강력하고 조직적으로 반대의 목소리를 드러냈다. 이 흐름은 박 교육감의 재선 후 더욱 거세게 이어지면서 공청회, 설명회, 도의회 발의, 도의회 심의 등 모든 단계마다 그들의 목소리는 집회 현장뿐만 아니라 교회당과 거리에서 넘쳐났다. '조례보다는 학교의 자율권을 존중해야' 한다는 점 외에 경청할 만한 논리는 전혀 없었다. 왜곡과 가짜뉴스 등으로 포장되었으나 예상보다 강력하게 전파되는 반대의 목소리에 교육청과 촛불시민연대 등 경남조례안의 제정을

지지하는 세력들은 크게 당황했다. 문제는 이 와중에 이번 경남조례안 제정운동의 전선을 사실상 놓치게 되었다는 데 있다. 이들의 목소리로 전달되는 반대 흐름을 차단하는 것 역시 중요하나, 무엇보다도 이번 운동의 전선은 교회당이나 거리가 아니라 학교 현장이라는 점은 점점 잊혀 갔다. 학생인권조례를 찬성하는지 반대하는지를 둘러싼 진영싸움으로 학생인권담론이 흘러가면서 진작 학교 현장에서 살아 있어야 할 '어떤 학생인권조례인지'의 토론이 사라져 버렸다. 교육청조차 2차 권역별 공청회부터는 학생인권담론의 프레임을 스스로 찬반 싸움으로 설정하기 시작했고, 도의회는 애초부터 그런 프레임에서 조금도 앞으로 나아가지 못했다. 촛불시민연대나 여기에 가입된 110개 단체도 이 문제에서 자유롭지 않았다. 거리에 붙인 현수막을 읽다 보면 우리 스스로 찬반 또는 지지·반대의 프레임에 갇혀 있었다. 그러다 보니 언론의 취재 기사나 논설도 찬반 프레임에 포위된 채 진영싸움을 생중계하다시피 하여 무엇이 중요한지에 관한 언론의 역할은 거의 사라졌다. 그럼에도 불구하고 학생인권조례제정운동의 역사와 쟁점 등을 중심으로 '어떤 학생인권조례이어야 하는지'를 다룬 경남도민일보의 이혜영·우귀화·민병욱·김희곤 기자의 빛나는 취재와 탐사보도는[8] 오래 기억될 것이다.

8 우귀화, "경납학생인권조례제정운동이 남긴 것", 『경남도민일보』, 2019. 7. 22.자; 우귀화, "학생인권조례 실효성 검증", 『경남도민일보』, 2019. 6. 7.자; 우귀화, "성문란·교권침해·학력저하 우려, 근거 없다", 『경남도민일보』, 2019. 5. 20.자; 김희곤, "학생인권조례 무효소송 법원 판결문 살펴보니", 『경남도민일보』, 2019. 4. 26.자; 이혜영, "학생인권조례안 오해와 진실", 『경남도민일보』, 2018.11.19. 자; 이혜영, "학생인권조례 타 지역 사례", 『경남도민일보』, 2018. 11. 19.자; 이혜영, "「학생인권조례=맘대로 섹스」 전단은 아동학대", 『경남도민일보』, 2018. 10. 30.자; 이혜영, "학생인권조례제정운동 10년, 강산 변해도 학생인권은 제자리걸음", 『경남도민일보』, 2018. 9. 20.자 등 참고.

전망과 과제

인권운동의 성과를 규범의 옷을 입었는지를 두고 다투는 관념은 쉽사리 바뀌지는 않을 듯하다. 따라서 향후 이번처럼 조례 제정을 시도할 수도 있고, 법률 차원에서 국가가 나서서 학생인권 보장 체계를 꾸릴 수도 있을 것이다. 다만 어느 차원이든 경계해야 할 두 가지의 지점이 있다. 먼저, 조례든 법률에서든 인권 쟁점의 구체적인 범위나 제한·예외 사항 등을 학칙 또는 학교 자율에 위임하는 경우가 많은데 이는 매우 우려스러운 부분이다. 마치 학교의 자율권 내지 자치를 존중하는 듯 보이지만 이는 명분에 불과할 뿐, 민주주의와 인권의 상관성에 관한 오해가 부르는 혼란만 생긴다. 제아무리 인권 감수성이 높은 정책이나 규정을 마련한다더라도 민주주의의 원리나 가치가 존중되지 않는 공간에서는, 다시 말해서 교장과 교사, 교사와 학생 사이에 권력이 작용하는 학교에서는 그 실효성을 확보하는 데 어려움을 겪을 것이다. 그다음으로 인권의 다양한 가치를 조례에서 규범화할 경우 특별규정을 둘 수는 있어도 원칙과 예외의 대립 구도를 둬서는 안 된다. 그 대립 구도가 빈번할수록 학생인권조례가 오히려 혼란을 야기하고 교육 주체들 사이의 갈등을 유발할 수 있으며 행정력이 소모될 수도 있다. 학생의 인권을 보장하겠다는 조례나 법률은 인권의 보편적 선언이자 강령이어야 하며, 더욱이 실천을 안내하는 지침이어야 한다. 다수의 위임 규정이나 예외 규정을 둬 형해화해서는 안 될 일이다.

학생인권조례는 현재 17개 시·도 가운데 경기도 등 6개 광역지자체에서 제정되어 그 역할을 하고 있다. 반면 11개 지역에서는 학생인권조례의 세례를 전혀 받지 못하는 상황이다. 이런 구도는 당분간 이어질 것인데, 문제는 학생인권조례의 제정 여부에 따라 발달과정에 있는 학생의 인권을 보장할 수 있는 규범 체계에 큰 영향을 끼친다는 데 있다. 이런 고민을 해결하고자 2007년 법률운동의 관점에서 다시 초·중등교육법을 개정하여 법률 차원에서 학생인권의 보장체계를 규범적으로 완성하고, 조례가 갖는 한계 등을 극복하고자 하는 노력이 가시화되고 있다.

박주민 의원이 2021년 11월 3일 대표 발의하여 현재 교육위원회에 계류 중인 초·중등교육법 개정안의 주요 내용은 이렇다.

- 학교의 장은 학칙을 제정 또는 개정하려고 하는 때에는 사전에 학교 구성원의 의견을 충분히 수렴하여야 하며, 학칙이 제정 또는 개정된 때에는 이를 지도·감독기관에게 신고하도록 함(안 제8조).
- 학교에서는 학생에 대하여 모욕을 주거나 신체적 고통을 가하는 행위 등 학생인권을 침해하는 행위를 할 수 없도록 함(안 제17조의2 신설).
- 학생은 자치활동을 할 권리를 가지며, 학교는 학생자치활동의 활성화를 위하여 행정적·재정적 지원을 하도록 함(안 제17조의3 신설).
- 학교에 학생의 보통·평등·직접·비밀선거에 의하여 구성되는 총학생회를 두도록 하고, 학생회칙에 관한 사항 등을 심의·의결하도록 함(안 제17조의4 신설).
- 학생인권 침해 사안에 대한 조사 및 구제, 학생인권 증진 및 인권친화적 교육문화 조성의 업무를 집행하기 위하여 시·도 교육청에 학생인권옹호관을 두도록 함(안 제18조의5 신설).
- 국립·공립 학교에 두는 학교운영위원회의 구성원으로서 학생대표를 포함하도록 함(안 제31조).

4. 다시 묻다 학교:
민주주의의 완성, 인권의 확대

경남 지역의 교육운동을 단지 두 개의 영역에서만 다룰 수는 없는 노릇이다. 하지만 필력과 지면의 한계로 인하여 학교민주주의와 관련해서는 전교조의 참교육실천운동을, 인권과 관련해서는 경남학생인권조례 제정운동을 다루면서 민주주의와 인권의 길을 모색하는 데 의의를 두었다.

위에서 언급했듯이 학교민주주의를 구축하는 데 과연 참교육실천운동이 얼마나 기여할 수 있을지 의문을 가진 이도 많겠지만 전교조 스스로 제시한 강령과 규약대로만 고민하며 실천하고 연대한다면 학교는 폐쇄적 학습공장이 아니라 전인적 배움의 공동체로 나설 것이고 그 기반은 무엇보다도 학교민주주의라고 할 수 있다. 이제 학교에서의 민주주의를 구축하는 데 그치지 않고 이를 완성함으로써 진정한 학교자치를 구현하는 데 그들의 역량이 모여지기를 기대한다.

물론 지금까지의 인권 담론은 학생만을 인권의 주체로, 그리고 인권을 규범 장치의 내용물로 채우는 데 그쳤다. 하지만 학교에서의 인권 담론은 교원, 직원 등 모든 구성원에게 확대되어야 하고 인권을 권리라는 옷을 입은 경직된 장치가 아닌, 모든 구성원의 '삶이 투영된 살아 있는 사회'가 되어야 할 것이다.

참고문헌

1. 경기도교육청(2009), 「경기도학생인권조례로 여는 새로운 학교의 전망」, 〈학생인권조례제정추진대회 자료집〉.
2. 경남교육연대(2010), 〈경남학생인권조례 제정을 위한 활동자료집〉.
3. 경남학생인권조례 제정을 위한 촛불시민연대(2018), 『경남학생인권조례를 말하다: 경남학생인권조례 해설서』.
4. 고영남 외(2018), 『인권친화적 학교문화정책의 정립과 실행방안 모색』, 한국교육개발원.
5. 고영남(2012), 「학생인권과 지역교육운동의 과제와 전망: 경남 지역을 중심으로」, 『아주법학』, 제6권 제1호, 아주대학교 법학연구소, 41–68쪽.
6. 고영남(2013), 「홍준표와 위기의 교육자치」, 『민중의소리』, 2013. 1. 5.자.
7. 고영남(2014), 「9시 등교 논쟁의 중요한 시사점」, 『민중의소리』, 2014. 7. 27.자.
8. 고영남(2014), 「다시 무상급식운동을 시작해야 하는가」, 『민중의소리』, 2014. 11. 12.자
9. 고영남(2015), 「교복 입은 '학생'이 아니라 먼저 '인간'을 보라」, 『민중의소리』, 2015. 1. 4.자
10. 고영남(2015), 「급식은 단지 '밥'이기만 할까」, 『민중의소리』, 2015. 5. 20.자.
11. 고영남(2019), 「인권의 눈으로 본 '인성교육법'의 정치학」, 『참소리』, 2019. 9. 26.자.
12. 고영남(2019), 「하나의 징비록: 경상남도학생인권조례 제정운동」, 『참소리』, 2019. 8. 1.자
13. 고영남(2020), 「민주주의와 인권을 향한 학교운영위원회의 제도 혁신」, 『참소리』, 2020. 1. 10.자.
14. 고영남(2021), 「나비 꿈 이야기 하나: 교육에서의 위계와 그 해체」, 『대학지성 In&Out』, 2021. 12. 5.자.
15. 오동석(2010), 「학생인권조례에 관한 몇 가지 법적 쟁점」, 『교육법학연구』, 제22권 제2호, 대한교육법학회, 125–144쪽.
16. 윤남식·김소진(2019), 「경남 학생인권조례 제정운동이 역사와 과제」, 『민주법학』, 제69호, 민주주의법학연구회, 361–397쪽.
17. 전국교직원노동조합 해직교사백서편찬위원회(2022), 『교육민주화운동 관련 해직교사 백서』(1권 총론), 우리교육.

찾아보기

제1부 사건으로 보는 경남 근현대사

I. 근대 사회로 이끈 3·1운동과 형평운동: 진주 지역을 중심으로

II. 강제 동원과 '합천의 히로시마'

III. 강제로 끌려간 경남의 일본군'위안부'들과 운동의 역사

IV. 경남이 겪은 한국전쟁: 한국전쟁 전후 민간인 학살

V. 산청·함양·거창 학살과 유족운동의 전개 과정

VI. 경남의 산업 경관과 국토 개발: 70년대 마산, 창원, 거제의 국가산업단지 형성 과정을 중심으로

제2부 경남의 사회운동과 로컬 민주주의

VII. 경남의 농민운동: 진주농민항쟁에서 우리영농법인까지

Ⅷ. 경남의 민주화운동: 3·15의거와 부마항쟁

Ⅸ. 경남의 노동운동: 1987년 이후 마창 지역 민주노조운동을 중심으로

Ⅹ. 경남의 여성운동: 6월항쟁 이후 경남 여성운동의 흐름

Ⅺ. 경남의 교육운동: 민주주의와 인권의 길

경남 근현대사 사건, 공간, 운동

2023년 3월 1일 초판 1쇄 발행

기획 경상국립대학교 사회과학연구원
지은이 김명희, 이향아, 김중섭, 전갑생, 장상환, 박영주, 김정호, 이혜숙, 고영남
펴낸이 권순기
부장 김경민
행정팀장 장은옥
편집 이가람
디자인 이희은
교정 유화정

펴낸곳 경상국립대학교출판부 | 출판등록 1989년 1월 7일 제16호
주소 경남 진주시 진주대로 501
전화번호 055) 772-0801(편집), 0802(디자인), 0803(도서 주문)
팩스 055) 772-0809
전자우편 gspress@gnu.ac.kr
홈페이지 http://gspress.gnu.ac.kr
페이스북 https://www.facebook.com/gnupub
블로그 https://blog.naver.com/gnupress12
인스타그램 https://www.instagram.com/gnupress

책값은 뒤표지에 있습니다.